TONGXUE TONGWAN
TAN SHIJIE



# 童学童玩探世界

## 幼儿园探究式主题活动
## 4R 模式的探索与实践

金振丽　周慧静　杨丹婵　主编

浙江工商大学出版社
ZHEJIANG GONGSHANG UNIVERSITY PRESS
· 杭州 ·

**图书在版编目(CIP)数据**

童学童玩探世界:幼儿园探究式主题活动4R模式的探索与实践 / 金振丽,周慧静,杨丹婵主编. —杭州:浙江工商大学出版社,2021.9

ISBN 978-7-5178-4635-2

Ⅰ. ①童… Ⅱ. ①金… ②周… ③杨… Ⅲ. ①学前教育—教学研究 Ⅳ. ①G612

中国版本图书馆 CIP 数据核字(2021)第160322号

**童学童玩探世界**

——幼儿园探究式主题活动4R模式的探索与实践

TONGXUE TONGWAN TAN SHIJIE

——YOUERYUAN TANJIUSHI ZHUTI HUODONG 4R MOSHI DE TANSUO YU SHIJIAN

金振丽　周慧静　杨丹婵 主编

**责任编辑**　厉　勇
**封面设计**　沈　婷
**责任印制**　包建辉
**出版发行**　浙江工商大学出版社
（杭州市教工路198号　邮政编码310012）
（E-mail:zjgsupress@163.com）
（网址:http://www.zjgsupress.com）
电话:0571-88904980,88831806(传真)
**排　　版**　杭州朝曦图文设计有限公司
**印　　刷**　杭州高腾印务有限公司
**开　　本**　787mm×1092mm　1/16
**印　　张**　21.25
**字　　数**　398千
**版 印 次**　2021年9月第1版　2021年9月第1次印刷
**书　　号**　ISBN 978-7-5178-4635-2
**定　　价**　88.00元

# 序　言

幼儿园探究式主题活动是真正强调具有探究精神的活动形式，通过4R模式中呈现的四个步骤，即“共享共探，确定主题—厘清脉络，立点梳线—预设生成，灵动调整—整理故事，助力成长”，打破了传统主题活动中单向接受式的知识传授，着重优化教师的引导，强调幼儿自主发现问题，在探究过程中不断建构经验，能够体现以“儿童为中心”的课程理念。活动实施的过程中幼儿运用科学探究能力，例如观察、记录、比较、推导、访问、实验、讨论、验证等，探索生活中的主题或解决相关问题，达到真正的全领域整合，而非只是各学科领域的大拼凑。

更为重要的是，探究式主题活动中幼儿习得的是“探究精神”。探究原意是指科学家为了试图回答他们感兴趣的问题所运用的系统方法，即回答问题或解决问题求得科学知识的方法，所以很长一段时间，人们会把探究一词作为描绘一个好的科学活动的主要用语。近年来，探究也指学生发展知识与理解科学概念的活动：涉及观察、提问、查阅资料，了解已知，计划调查行动，依据实验证据检视已知部分，运用工具以收集与分析及解释资料，提出解答与解释及预测并沟通结果的一个多元活动。所以探究不仅适用于科学领域，所有学科领域均可适用，它是人类学习的基本方式，任何学习都需要探究与科学思考。主动探究的学习过程能刺激儿童学习能力的养成，包括好奇心、创造力、批判性思考，促进做中学，强化发展。

当代与可预见的未来是信息科技时代，21世纪更是人工智能时代，其特色是快速变通、高度竞争，个体必须具有探究能力、创造力与合作协同能力才能适应生存。如今，探究是在快速科技进步中学习新技能和扩展知识的一种方式，培养探究能力成为当代各级学校的重大责任。对于教师而言，更应领悟到我们今日培育的幼儿必须面对未来时代严峻挑战与考验，而教育是有道德使命的。探究式主题活动的开展定能培养以上能力，是带得走、终身受用的能力，不管社会如何变化都能让个体适应并发展的能力，从而帮助幼儿成为终身学习者。

自2011年温州市瓯海区山水名都幼儿园创办至今，历经10年的岁月，这里一直聚集着一群不断“成长”的教师，她们爱孩子，有着自己的教育理想，也愿意为教育理想坚持。她们坚持回归教育的本质，激发儿童的学习动机，在“探究本位”理念的引领下，山水名都幼儿园的老师和孩子，进行了“主题活动”的创新对话、共同成长。

是以序，向全体参与研究的老师们致敬！

宁波大学教师教育学院　汪洁萍

2021年4月

# 前言

“十年磨一剑”，山水人在学前儿童科学探究之路上孜孜以求，历经十年风雨，山水名都幼儿园的探究式主题活动成果终于面世，令人欣慰。这一“剑”来之不易，它是山水人独有的教育理念与教学手段根植于幼儿园科学领域探究的体现，基于发现儿童、理解儿童、引领儿童，更好地支持儿童的适宜性发展才慢慢磨就的。

山水人对于探究式主题活动的模式创新历经了四次的蜕变与成长，可以划分为萌芽初生—生发生长—反思调整—融合创生四个阶段。2012年前为萌芽初生阶段，山水人达成了让科学“入驻”山水的共识，愿每一个孩子都能乐山乐水，快乐生长、快乐游戏、快乐探究。2012—2018年是生发生长阶段，山水人专注于科学特色的探究活动研究，教师们在陪伴幼儿“做中学”“玩中学”的同时也在快速成长，幼儿园在科学领域的教学和研究中积累了扎实的经验，获得了不错的成绩。2018年后，幼儿园关于科学特色的探究陷入瓶颈，但是山水人不惧困难，不断研讨反思、调整方向，开始从单一领域的科学探究活动进入主题引领的探究活动实践。同时我们深信儿童是有能力的学习者，于是在坚持幼儿自主学习、自主探索和自主建构的过程中，调整后的探究式主题活动初具雏形。2019年以后我们的研究进入了一个快速发展期，在宁波大学汪洁萍老师领衔的专家团队，以及瓯海区幼教教研员周慧静、黄建芬等老师的引领下，在山水人的不懈追求下，探究式主题活动的实施路径日渐清晰和成熟，具有本园特色的探究式主题活动实施方式——4R模式完美呈现。以“共享共探，确定主题—厘清脉络，立点梳线—预设生成，灵动调整—整理故事，助力成长”为路径的4R模式，凝聚了老师们的教育智慧与辛勤劳动。现在我们借此机会，将其完整地介绍给大家，既是为了分享我们的研究成果，更是为了助力一线教师的专业发展，这是一件很有意义的事情。

十年来，山水人玩转科学、探究本真、回归自然，坚持做最有价值的学前教育。愿我们继续以梦为马、仗“剑”行走于儿童奇妙的世界，发现儿童的力量。

谨以此书与大家共勉！

温州市瓯海区山水名都幼儿园　金振丽

2021年5月

# 目录 CONTENT

# 第一章

# 探究式主题活动4R模式的构建

## 一、研究背景

主题活动是指围绕某一中心话题进行延伸和拓展，在活动中贯穿健康、语言、科学、社会、艺术五大领域，具有生活性、系统性和灵活性等特点的活动。主题活动按照“教师选择和确定主题—拟定主题总目标—编制主题网络图—设计主题系列活动—组织与实施”的路径进行，整个过程强调学习内容之间的有机关联。

探究式主题活动是指教师依据幼儿身心发展的需要及发展水平，依据周围环境条件，适时适度地引导和支持幼儿围绕一个主题进行的自主学习、自主探索、自我建构的系列活动。与传统主题活动相比，它更突出幼儿内在动机的发挥，支持幼儿在生活环境中自主探究，获得有益的经验，从而真正成为学习的主人。

在探究式主题活动实施过程中，温州市瓯海区山水名都幼儿园构建了独具匠心的4R模式，该模式以“共享共探，确定主题—厘清脉络，立点梳线—预设生成，灵动调整—整理故事，助力成长”四步骤推进实施。4R模式打破了省编教材固定的实施框架和教师原有的思维方式，体现了“以学论教、教为促学”的理念。

### （一）强化“儿童为本”理念，丰富主题活动实施方式

为全面促进幼儿园课程改革，2017年浙江省推出了《关于全面推进幼儿园课程改革的指导意见》，温州市也相继颁布了《关于全面推进幼儿园课程改革的实施意见》，强调幼儿园教育要给予孩子宽松自由的空间与心理环境，相信幼儿内在蕴藏着一种强大的精神能量和发展潜质，只要给幼儿提供发展的条件与环境，必然会见证幼儿自我生长的力量。

但我们山水名都幼儿园调研发现，有部分教师存在课程观念相对滞后、活动实施中多习惯以预设和集体活动为主，活动评价缺少理性的分析和思考等问题。为此，我

们提出了幼儿园探究式主题活动的教学改革。探究式主题活动的实施,能扭转普遍存在的“重知识传授、轻素质提升”的教学观念,打破传统主题活动中单向接受式知识传授的局面,优化教师的引导作用,强调幼儿自主发现问题,在探究过程中不断建构经验,能够体现以“儿童为中心”的课程理念。

### (二)注重主动探究过程,培养幼儿良好学习品质

夸美纽斯认为,“兴趣是创造欢乐和光明的教学环境的主要途径之一”。幼儿只有对活动主题有足够的兴趣才能全身心地投入,从而获得有益的经验。探究式主题活动的实施立足于儿童兴趣、源于儿童生活,满足幼儿自身的探究兴趣和发展需求,突出幼儿内在动机的发挥,教师通过点拨和启发调动起幼儿积极主动投入活动的情绪,从而最大限度地激发他们的主观能动性,发挥自身的潜能,培养幼儿良好的学习品质,为幼儿今后的学习奠定坚实的基础。

### (三)审视教育实践行为,实现教学研究同行共长

在探究式主题活动的实施过程中,教师需要敏锐地捕捉幼儿探究过程中一个个让人惊喜的“魔法时刻”或“哇时刻”,客观解读他们的所思、所想、所为,从中分析识别幼儿独特的视角和思维方式,反思对于幼儿成长的意义和对自己教学实践的理解,然后设想下一步行动的机会和可能性,助推幼儿持续发展。因此,探究式主题活动的进程,也是教师反复审视自身实践行为,不断建构与深化自己对教育的理解,实现教学与研究同行的美好过程。

## 二、理论依据

### (一)皮亚杰“知识建构”理论

皮亚杰强调,以学生为中心,强调学生对知识的主动探索、主动发现和对所学知识意义的主动建构,而不是像传统教学一样,只是把知识从教师头脑中传送到学生的笔记本上。“学生不是空着脑袋走进教室的”,儿童经验世界的丰富性和差异性决定了教师应该关注儿童的已有经验,儿童的已有知识经验是新知识经验的“生长点”。儿童对自己在生活实践活动中体验到的新事物、新现象、新问题和新信息做出解释与假设。在实际的学习过程中,儿童能够依据过去的知识经验主动寻找、甄别与选择信息,经过知识的意义建构,自行加以解释。

### （二）杜威“教育即生长”理论

杜威对教育本质提出了自己独特的见解，“教育即生长”，根本目的在于将儿童从被动的、压抑的状态下解放出来。生长论要求尊重儿童，使一切教育和教学契合儿童的心理发展水平和其兴趣与需要。活动应考虑儿童的本能与先天能力，发展儿童应对新情境的能力，重视个体的理解力，不是把成人的环境当成儿童的标准，而是用对待儿童的方式对待儿童。

### （三）莱夫“情境认知学习”理论

以莱夫为代表的“情境认知学习”理论认为，实践不是独立于学习的，而意义也不是与实践和情境脉络相分离的，意义正是在实践和情境脉络中加以协商的。情境认知理论强调：学习的设计要以学习者为主体，内容与活动的安排要与人类社会的具体实践相联通，最好在真实的情境中，通过类似人类真实实践的方式来组织教学，同时把知识和获得与学习者的发展、身份建构等统合在一起。

### （四）陶行知“创造教育”思想

陶行知在《创造的儿童教育》一文中提到“教育是要在儿童自身的基础上，过滤并运用环境的影响，以培养加强发挥这创造力，使他长得更有力量，以贡献于民族与人类。教育不能创造什么，但它能启发解放儿童创造力以从事于创造之工作。”在陶行知看来，创造能力是先天存在于人的身上，而不是通过教育后天赋予人的，教育就目的而言，应是立足于使人身上的创造力得以发挥出来。创造教育是一种教育方式，它本身无所谓创造什么，而是在人自身的基础之上，利用环境对人的影响，培养发挥人身上已存的创造力，使其得以成长。

## 三、模式概述

探究式主题活动以4R模式来呈现活动的进程。该模式包含相互关联的四个步骤，如图1-1所示。

（1）共享共探，确定主题——Research。

Research意为调查与研究，即挖掘幼儿兴趣点与活动价值，调研幼儿的已有经验。

（2）厘清脉络，立点梳线——Recapitulate。

Recapitulate意为概括与梳理，即对活动内容进行计划与安排，并预设主题网络图与导航图。

(3)预设生成,灵动调整——Reconcile。

Reconcile意为调节与整理,即将幼儿的实际情况与预期计划相结合,重新整合活动的目标、实施的路径以及具体的内容。

(4)整理故事,助力成长——Record。

Record意为记录与存档,即捕捉活动实施过程中幼儿的"哇时刻",并以学习故事的形式记录,形成幼儿独特的成长发展轨迹;同时有助于教师观察、评价、反思及研究等方面多元能力的发展。

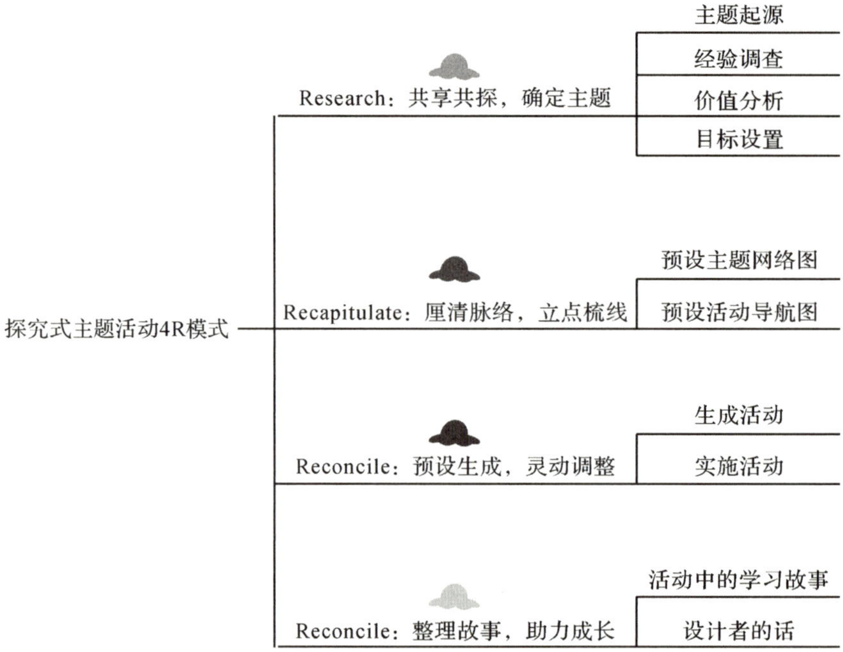


**图1-1 探究式主题活动4R模式**

1. 共享共探,确定主题

"共享"是指教师在一日生活中及时捕捉幼儿的兴趣和需要,与幼儿共同发表看法,在交流互动中激发儿童积极主动地探索、求知。

"共探"是指教师调查与话题相关的幼儿前期经验,以及他们想要了解的问题,一起探究其中蕴含的教育价值、活动实施的可行性。

通过共享共探的方式,师幼协商确定主题,并进一步设定目标,作为探究式主题活动实施的起点,具体步骤如图1-2所示。

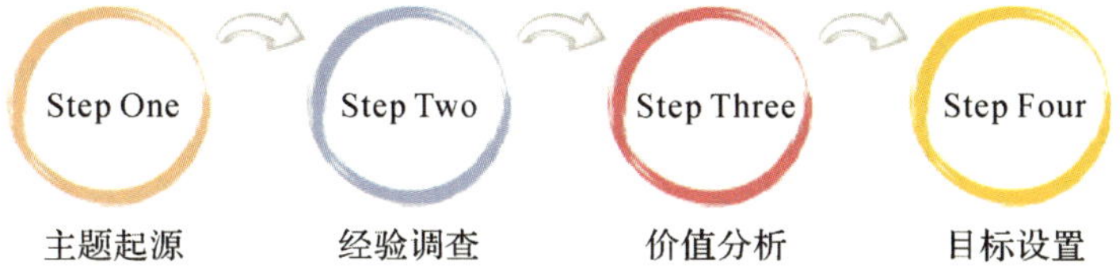


**图1-2　主题确定步骤图**

（1）主题起源：教师在一日生活中及时捕捉幼儿的兴趣和需要。

（2）经验调查：调查幼儿与话题相关的前期经验，以及想要了解的问题。在开展“探究式”主题活动初期，教师可组织幼儿开展关于“我知道、我还想知道”的大调查，如表1-1所示，以了解幼儿对主题的认知程度及兴趣方向，及时进行价值判断，进而对幼儿所要探究的问题进行关键经验的归类与梳理，如表1-2所示。最后设置主题目标，同时准备相关的知识资源库备用。

（3）价值分析：分析话题中蕴含的教育价值及活动实施的可行性，确定实施的主题。

（4）目标设置：设置整个主题活动的目标，体现该主题活动的目的和要求，确定教学计划的范围，同时决定活动效果评价的依据。

**表1-1　“我知道、我还想知道”调查表**

| 关于××，我知道 | 关于××，我还想知道 |
| --- | --- |
| 1. ……（幼儿1）；<br>2. ……（幼儿2）；<br>3. ……（幼儿3）；<br>…… | 1. ……（幼儿1）？<br>2. ……（幼儿2）？<br>3. ……（幼儿3）？<br>…… |

**表1-2　“我还想知道”的关键经验梳理表**

| 幼儿要探究的问题表述 | 所归属的关键经验范畴 |
| --- | --- |
| | |
| | |
| | |
| | |
| | |

2. 厘清脉络，立点梳线

“厘清脉络”是指教师有针对性地进行提前学习，搜查与主题相关的资料，准备相关教学资源，根据儿童前期经验、学习兴趣和特点，绘制预设主题网络图，如图1-3所示。

“立点梳线”是指为了使教师更加明晰活动开展的逻辑思路，需要对预设活动绘制活动导航表，如表1-3所示，以进一步提升活动的计划性和有效性。

（1）预设主题网络图：教师查找相关资料，充实自身经验，同时将要开展的活动紧密联系幼儿的实际发展水平，考虑不同层次幼儿的水平、特点，以及幼儿的可接受性等情况，确立好课程框架结构，考虑活动实施的途径与方式，有机整合各领域活动的活动目标与内容，形成预设主题网络图。

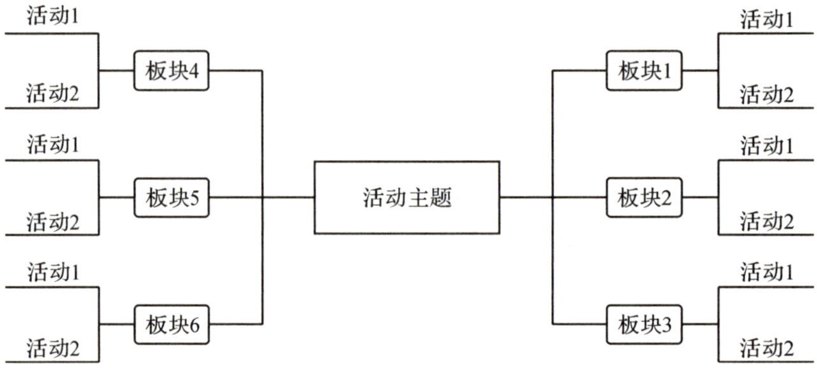


图1-3　预设主题网络图

（2）预设活动导航表：为了使教师更加明晰活动开展的逻辑思路、活动形式、必备资源等，还需预设活动导航表，按照幼儿学习路径依次开展上述各活动。

表1-3　活动方案预设导航表

| 序号 | 所属板块 | 活动名称 | 活动目标 | 涉及领域 |
|---|---|---|---|---|
| 1 | 板块1 | 活动1 | | |
| 2 | | 活动2 | | |
| 3 | | 活动3 | | |
| 4 | 板块2 | 活动1 | | |
| 5 | | 活动2 | | |
| 6 | | 活动3 | | |
| 7 | 板块3 | 活动1 | | |
| 8 | | 活动2 | | |

3. 预设生成，灵动调整

“预设生成”是辩证的对立统一体，预设体现主题活动实施的计划性和封闭性，生成体现主题活动实施的动态性和开放性，两者具有互补性，缺一不可。教师在预设活动的实施过程中，由于突发的事件、情境变化、幼儿探究兴趣等非预期因素，必然需要结合实际进行调整。

“灵动调整”是指灵活整合原有的预设活动和新的生成活动，再次进行活动的建构，包括活动的目标、实施的路径以及活动的具体内容等，使主题活动的实施既能符合教育的要求，又能满足幼儿的发展需要。

(1)预设生成：在实施预设的活动过程中留白，给予生成活动足够的时间与空间，绘制生成活动的思维导图，如图1-4所示。

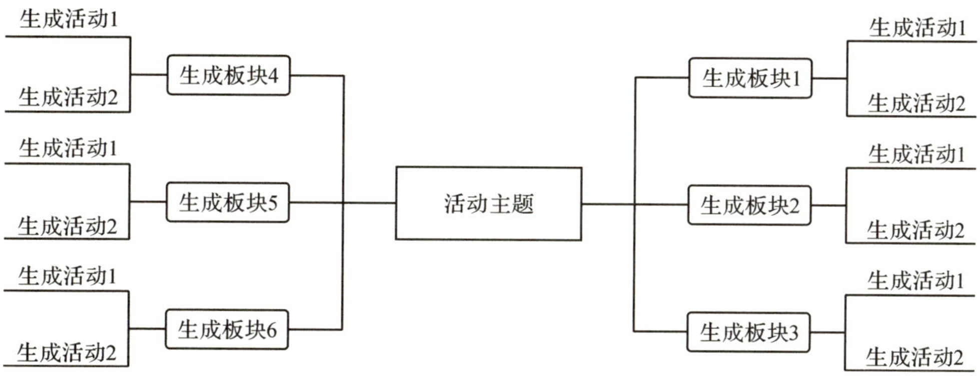


**图1-4　生成活动的思维导图**

(2)实施活动一览表：将预设与生成活动进行整合，形成活动一览表，如表1-4所示。

**表1-4　实施活动一览表**

| 活动名称 | 活动目标 | 涉及领域 | 实施途径 |
| --- | --- | --- | --- |
| | | | |
| | | | |
| | | | |
| | | | |
| | | | |

教师预设活动　　幼儿生成活动　　师生生成活动

## 四、整理故事，助力成长

“整理故事”是指在主题活动实施过程中，教师需要观察与捕捉幼儿的“哇时刻”，整理与记录属于每个幼儿的小故事，如表1-5所示，总结幼儿的经验与收获。

“助力成长”主要指助力幼儿身心各方面的发展与进步，包括幼儿的身体动作发展、情绪情感发展、言语和读写等能力发展，以及学习风格、学习态度、学习习惯等与终身学习相关品质的发展；与此同时，教师整理幼儿成长故事的过程，也是教师积累教学过程中有效经验、反思原有专业知识结构的过程，能助力教师在教育理念、教育实践知识和教育实践能力等方面不断成长。

（1）活动中的学习故事

**表1-5　学习故事记录表**

| | | | |
|---|---|---|---|
| 活动时间 | | 活动地点 | |
| 观察对象 | | 观察者 | |
| 学习故事 | | | |
| 注意 | （描述） | | |
| 识别 | 分析（理论） | | |
| 回应 | 策略（具体做法与思考） | | |

（2）设计者的话

教师的回顾与反思是提升教师专业水平、促进教师专业化发展的有效手段。幼儿活动的终止不代表教学活动画上休止符。教师需要在活动结束来后回顾自己开展活动的初衷，反思自己的教学过程，考虑自己设计与实施的活动是否科学、适宜、有效，找出活动的可取与不足之处，增强反思意识，提高教育质量。

（杨丹婵　金振丽）

# 第二章

# 体验生命的多样

## 设计1　神奇的蛋宝宝（小班）

### 一、共享共探，确定主题

#### （一）问题缘起

在晨间谈话中，和孩子们讨论喜欢吃什么菜，话题一抛出，就激起了千层浪，有的孩子表示喜欢吃鸡蛋，也有个别孩子反驳说不喜欢吃鸡蛋。孩子们纷纷说起了自己对鸡蛋的了解："我妈妈烧的蛋就好像果冻布丁，味道可好了。""蛋卷脆脆香香的。""我看见过母鸡下蛋，是从屁股那里下出来的。"有的孩子还提出了自己的疑问："母鸡妈妈会下蛋，还有哪些动物也会下蛋呢？"可以看出孩子们对蛋充满了好奇心和探索欲望。

#### （二）价值分析

在成人的眼里，"蛋"似乎十分简单。可是，在幼儿的眼里，"蛋"是一个神秘的东西，它是一个谜，是一首诗，更是一个讲不完的故事。对于小班的孩子而言，他们是分不出蛋的种类的，也不知道哪些动物会下蛋，对蛋能做出什么美食非常感兴趣，"蛋"对他们来说是个既熟悉又陌生的奇妙世界。我们要善于发现和保护幼儿的好奇心，充分利用自然和现实生活机会，让幼儿通过与身边的"蛋宝宝"亲密接触，借助观察比较、实验操作等方法，更加全面深入地了解"蛋"的相关信息，培养观察能力、表达能力及动手操作能力。同时，幼儿的创造能力、自主学习能力也将得到不同程度的发展。

### （三）主题确立

为了能让关于蛋的探究式主题活动顺利进行，我们通过预设活动、前期调查以及生成活动三步骤来开展。前期的大调查从“关于蛋我知道”“关于蛋我还想知道”两方面，去了解幼儿关于“蛋”的相关已有经验和孩子们想要探究的方向。具体情况如表2-1-1所示。

表2-1-1 “我知道、我还想知道”的调查表

| 关于蛋，我知道 | 关于蛋，我还想知道 |
|---|---|
| 1. 蛋里面有蛋黄、蛋白。<br>2. 蛋是椭圆形的。<br>3. 蛋可以烧了吃。<br>4. 小鸡、小鸭都能下蛋。<br>5. 小鸡是从蛋里孵出来的。<br>6. 鸡蛋是从鸡妈妈屁股里出来的。<br>7. 蛋是很容易破掉的。 | 1. 红色的蛋是谁生的呢？<br>2. 怎样保护鸡蛋不被打破？<br>3. 咸蛋是怎么变出来的？<br>4. 恐龙的蛋很大，可以吃吗？<br>5. 为什么没有煮过的蛋是透明的，煮了就变成白色的？<br>6. 为什么蛋里会流出像果冻一样滑滑的东西，抓也抓不住？<br>7. 还有哪些动物会下蛋呢？ |

从和幼儿的谈话中，我们发现幼儿对蛋的认知仅是一些感性的经验；而对于蛋的结构、样态、变化等知识并不了解，因此我们对幼儿的提问进行了“关键经验”的梳理，从蛋的外部、内部结构入手，通过亲身体验、实际操作帮助幼儿了解“蛋”的相关信息，包括蛋的沉浮、蛋的生熟、蛋壳的承受力等。具体情况如表2-1-2所示。

表2-1-2 “我还想知道”的关键经验梳理表

| 幼儿要探究的问题表述 | 所归属的关键经验范畴 |
|---|---|
| 红色的蛋是谁下的呢？ | 繁殖后代、蛋的外形特征 |
| 还有哪些动物会下蛋呢？ | 繁殖后代 |
| 为什么蛋里会流出来像果冻一样滑滑的东西，抓也抓不住？ | 蛋的内部形态 |
| 怎样保护鸡蛋不被打破？ | 蛋的外形特征 |
| 咸蛋是怎么变出来的？ | 蛋的内部形态改变 |
| 恐龙的蛋很大，可以吃吗？ | 蛋的种类 |
| 为什么没有煮过的蛋是透明的，煮了变成白色的？ | 蛋的内部形态改变 |

根据小班幼儿年龄特点和调查分析，我们从认知、情感、能力三个维度制订了以下主题目标。

主题目标：

1. 运用各种感官，积极主动地了解蛋的外形特征、结构、种类等相关信息。

2. 通过观察、实验、查阅资料等方式探索蛋的奥秘，培养幼儿的观察能力、思考能力、动手操作能力和语言表达能力。

3. 探索蛋的各种玩法，培养主动探究科学奥秘的兴趣，体验成功的快乐。

## 二、厘清脉络，立点梳线

### （一）预设主题网络图

幼儿对于蛋非常熟悉，但是只局限于日常生活的经验建构。如果需要深入去探索并开展一系列探究活动的话，教师关于蛋的知识储备还是欠缺的。因此我们需要查找更多有关资料来丰富自身的知识储备。在查阅各种文献之后，结合“大调查”中幼儿已有的知识以及感兴趣的点，形成了预设主题网络图，如图 2-1-1 所示。

图 2-1-1　“神奇的蛋宝宝”预设主题网络图

### （二）预设活动导航表

此外，还预设了活动导航图，以活动时间序进行排列，具体情况如表 2-1-3 所示。

**表2-1-3 “神奇的蛋宝宝”活动方案预设导航表**

| 序号 | 主题板块 | 活动名称 | 活动目标 | 涉及领域 |
|---|---|---|---|---|
| 1 | 认识蛋宝宝 | 蛋宝宝的结构 | (1)探索鸡蛋的特征及结构。<br>(2)观察比较生鸡蛋和熟鸡蛋的不同。 | 语言、科学 |
| 2 | 认识蛋宝宝 | 脆弱的蛋宝宝 | (1)了解鸡蛋外壳的脆弱,知道鸡蛋喜软怕硬的特性。<br>(2)体验到护蛋的乐趣。 | 社会、科学 |
| 3 | 认识蛋宝宝 | 蛋宝宝找朋友 | (1)认识各种蛋,发现蛋的不同外形特征,尝试按大小排序。<br>(2)对动物的蛋感兴趣,会爱护蛋宝宝。 | 科学、社会 |
| 4 | 蛋宝宝的秘密 | 生蛋和熟蛋 | (1)自由探索如何区分生蛋和熟蛋,进一步激发对鸡蛋的探究兴趣。<br>(2)了解生蛋、熟蛋的不同,并能通过实验的方法进行区分。 | 科学、语言 |
| 5 | 蛋宝宝的秘密 | 站立吧,蛋宝宝 | (1)通过游戏,探索让蛋立起来的方法。<br>(2)通过动手探索,学会积累经验,尝试记录实验结果。<br>(3)在探索蛋立起来的互动中获得物体支撑的经验。 | 语言、科学 |
| 6 | 蛋宝宝的秘密 | 鸡蛋的沉浮 | (1)探索让鸡蛋浮上来的方法,感知在清水里加入一定量的盐后,鸡蛋沉浮状况的变化,初步感知悬浮现象的存在。<br>(2)通过实验操作,学习记录和描述自己的操作过程和结果。 | 科学、语言 |
| 7 | 蛋宝宝的秘密 | 蛋蛋运动会 | (1)探索蛋快速滚动的方法,体验探索带来的乐趣。<br>(2)对蛋的运动轨迹产生兴趣,并用自己的方式进行记录。 | 健康、科学 |
| 8 | 蛋宝宝大变身 | 蛋壳DIY | (1)通过绘画、粘贴等形式为蛋宝宝设计造型,尝试制作不倒翁蛋宝宝。<br>(2)提高想象力与动手操作能力。 | 艺术、语言 |
| 9 | 蛋宝宝的秘密 | 红蛋排排队 | (1)了解与红蛋有关的中国传统习俗。<br>(2)能亲自动手染红蛋,感知染红蛋的过程。 | 科学、艺术 |
| 10 | 蛋宝宝大变身 | 蛋的一家 | (1)了解认识各种蛋制品,知道蛋制品是有营养的。<br>(2)在品尝蛋制品的过程中愿意与同伴分享食物。 | 社会、语言 |
| 11 | 认识蛋宝宝 | 蛋蛋奇遇记 | (1)阅读并理解绘本故事的内容,感受绘本故事的趣味性。<br>(2)尝试用“你是我的妈妈吗?”句式进行对话表演。 | 语言、社会 |
| 12 | 蛋宝宝大变身 | 鸡蛋画 | (1)尝试用废旧的蛋壳进行拼贴,并且能够在此基础上进行绘画创作。<br>(2)感受蛋壳粘贴画的特殊材质,对美术创作感兴趣。 | 艺术、语言 |

## 三、预设生成，灵动调整

### （一）内容的调整与实施

在整个探究式主题活动开展的过程中，幼儿的兴趣越来越高涨，更多的活动生发点不断迸发，我们要做的就是及时捕捉发现这些生发点，甄别判断它的价值并跟随幼儿的步伐持续探索下去。只有这样才能真正发现他们的需求，解决他们的困惑，帮助他们获得更多更有利于他们成长的宝贵经验。

根据幼儿探究的路径，我们形成了蛋的主题网络图，具体内容如图2-1-2所示。

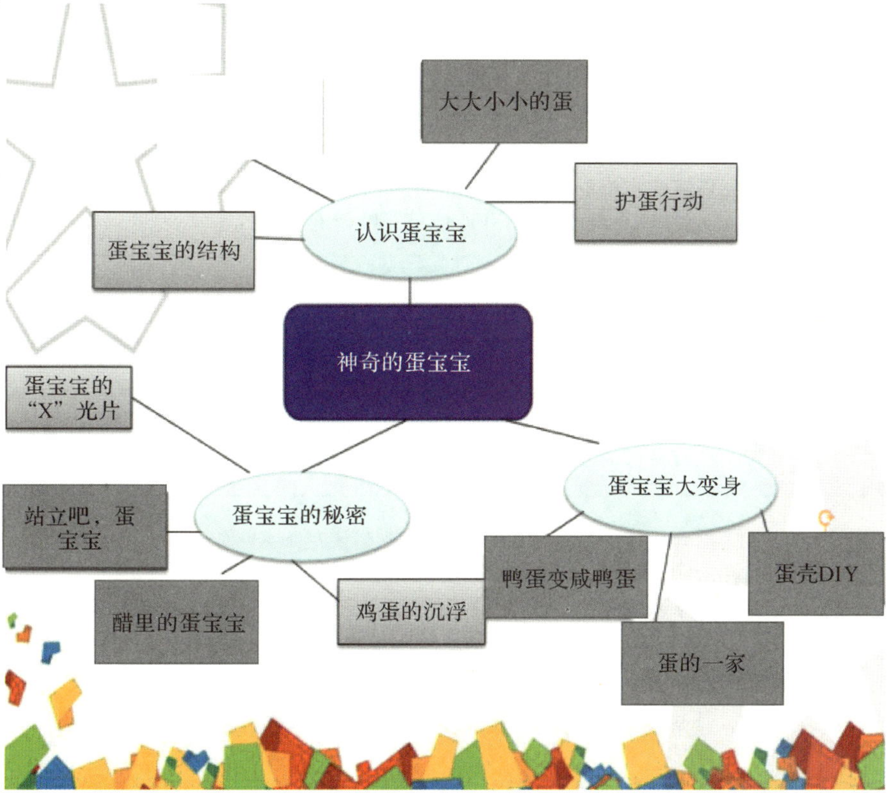


图2-1-2　"神奇的蛋宝宝"主题网络图

表2-1-4 “神奇的蛋宝宝”实施活动一览表

| 活动名称 | 活动目标 | 涉及领域 | 实施途径 |
| --- | --- | --- | --- |
| 护蛋行动 | 1. 了解鸡蛋外壳的脆弱，知道鸡蛋喜软怕硬的特性。<br>2. 根据鸡蛋的特点，给鸡蛋设计一件“保护衣”。<br>3. 体验到护蛋的乐趣。 | 科学、艺术 | 区域探究 |
| 蛋宝宝的结构 | 1. 探索发现鸡蛋的特征及结构。<br>2. 观察、比较生鸡蛋和熟鸡蛋的不同。 | 语言、科学 | 集体探究 |
| 大大小小的蛋 | 1. 认识各种蛋，发现蛋的不同外形特征，尝试按大小排序。<br>2. 对动物的蛋感兴趣，会爱护蛋宝宝。 | 科学、社会 | 集体探究 |
| 醋里的蛋宝宝 | 1. 在有趣的实验活动中观察感知蛋壳在白醋中的变化。<br>2. 尝试用记录表的方式表现实验结果。<br>3. 对科学活动感兴趣，有探究的欲望。 | 科学、语言 | 区域探究 |
| 蛋宝宝的“X”光片 | 1. 自由探索如何区分生、熟蛋，进一步激发对鸡蛋的探究兴趣。<br>2. 了解生、熟蛋的不同，并能通过实验的方法进行区分。 | 科学、语言 | 区域探究 |
| 鸭蛋变咸鸭蛋 | 1. 体验腌咸蛋的过程。<br>2. 初步了解咸蛋黄变硬的秘密。 | 科学、语言 | 区域探究 |
| 站立吧，蛋宝宝 | 1. 探索蛋宝宝站起来的方法，体验探索带来的乐趣。<br>2. 通过动手探索，学会积累经验，尝试记录实验结果。<br>3. 在与材料的互动中获得物体支撑的经验。 | 科学、语言 | 区域探究 |
| 鸡蛋的沉浮 | 1. 探索让鸡蛋浮上来的方法，感知在清水里加入一定量的盐后，鸡蛋沉浮状况的变化，初步感知悬浮现象的存在。<br>2. 通过实验操作，学习记录和描述自己的操作过程和结果。<br>3. 能积极思考，有主动探究科学奥秘的兴趣。 | 科学、语言 | 亲子探究 |
| 蛋壳DIY | 1. 通过绘画、粘贴等形式为蛋宝宝设计造型，尝试制作不倒翁蛋宝宝。<br>2. 发展想象力和动手操作能力。 | 艺术、语言 | 亲子探究 |
| 蛋的一家 | 1. 认识各种蛋制品，初步了解蛋制品的营养价值。<br>2. 在品尝蛋制品的过程中愿意与同伴分享食物，体验分享的快乐。 | 社会、语言 | 亲子探究 |

教师预设活动　　幼儿生成活动　　师生生成活动

## (二)案例呈现

### 案例1　集体探究

**语言活动:蛋宝宝的结构**

活动目标:

1. 探索发现鸡蛋的特征及结构。

2. 观察比较生鸡蛋和熟鸡蛋的不同。

活动准备:

生鸡蛋、熟鸡蛋若干。

活动过程:

**◎蛋游戏(引导幼儿摸一摸生、熟两种鸡蛋,感受特征)**

1. 蛋是什么形状的?它们都有什么区别?摸一摸感觉怎样?

2. 鸡蛋里面有什么?(幼儿根据自己已有的知识进行讲述,例如有蛋黄和蛋清)

3. 教师小结幼儿的发现。

**◎教师打开鸡蛋,请幼儿仔细观察**

教师打开熟鸡蛋和生鸡蛋供幼儿进一步观察。(熟鸡蛋切开,生鸡蛋打在透明的器皿里)

1. 老师打开熟鸡蛋和生鸡蛋的方式一样吗?为什么不一样?

2. 打开熟鸡蛋和生鸡蛋后,里面的东西一样吗?熟鸡蛋里有什么?生鸡蛋里有什么?

幼儿操作,用手拿一拿并说一说自己的感受。(熟的蛋能拿起,生的蛋不好拿)

3. 教师小结,并引导幼儿再次观察用手拿生蛋清的过程。

小结:生鸡蛋和熟鸡蛋都是由蛋壳、蛋白和蛋黄组成的,生鸡蛋里面透明的能流动的蛋清,煮熟了就凝固变成了白色蛋白。

**◎教师总结**

熟鸡蛋和生鸡蛋的外形都是椭圆形,摸起来硬硬的,但它们里面的蛋清不一样。生鸡蛋的蛋清是透明的,蛋清和蛋黄是流动的,熟鸡蛋的蛋清是白色的,摸起来软软的,蛋黄变成了黄色的小球。活动照片如图2-1-3所示。

图2-1-3　蛋的结构

### 科学活动：大大小小的蛋

活动目标：

1. 认识各种蛋，发现蛋的不同外形特征，尝试按大小排序。

2. 对动物的蛋感兴趣，会爱护蛋宝宝。

活动准备：

各种蛋和动物对应的图片，鸡蛋、鸭蛋、鹌鹑蛋、鹅蛋若干。

活动过程：

◎**游戏导入**

今天我们班来了许多可爱的蛋宝宝，我们一起把他请出来："蛋宝宝，蛋宝宝。""骨碌碌，骨碌碌出来了。"教师边说边从身后滚出鸡蛋，（让幼儿感知蛋可以滚动）并问："这是什么蛋？"

◎**分散找蛋**

1. 今天还有很多不一样的蛋宝宝正在和我们小朋友一起玩捉迷藏的游戏呢！请你们赶紧去找一找。

2. 看看这些蛋宝宝一样吗？（鼓励幼儿比比、看看、掂掂，引导幼儿从蛋宝宝的大小、颜色、分量上来比较蛋。提醒幼儿保护好蛋宝宝。）

3. 小结：有的蛋大，分量重，有的蛋小，分量轻；有的蛋是白色的，有的蛋颜色偏红、有的浅绿色，还有的蛋带有花纹……不同的动物下的蛋宝宝也是不一样的。

4. 那你知道它们的妈妈是谁吗？（教师出示图片逐一验证。）

◎**比较大小**

1. 动物妈妈要比比谁的宝宝大，谁的宝宝小？你来帮帮它们，好吗？

2. 你为什么要这样给他们排队？（幼儿说出自己的排列顺序。）

3. 小结。

## 案例2　区域探究

### 科学区：鸭蛋变咸鸭蛋

活动目标：

1. 体验腌咸蛋的过程。

2. 知道咸蛋黄变硬的秘密。

活动准备：

红泥鸭蛋、密封缸、红泥、食盐、草木灰、一次性手套、水等。

指导要点：

1. 观察鸭蛋和咸鸭蛋的区别，讨论咸鸭蛋外部包裹的东西是什么？

2. 将备用的水烧开后，加入食盐进行溶解，溶解不完全也没关系，溶解后冷却备用。注意：水宜少不宜多。冷却后加适量白酒，提升口感。

3. 戴手套，将红泥和草木灰混合均匀。取步骤1中适量的盐水加入红泥和草木灰的混合物中，搅成糊状泥浆备用。

4. 将准备好的鸭蛋均匀地裹上红泥浆，放到准备好的密封罐子里。密封30—40天即可。

注意事项：

1. 制备泥浆一定要用红泥，黄泥容易松散，且口感不好。

2. 草木灰要过完筛子后方可使用，防止混入炭块。

3. 密封的罐子要清洗干净，防止细菌滋生使鸭蛋变质。

鸭蛋变咸鸭蛋活动如图2-1-4所示。

图2-1-4　鸭蛋变咸鸭蛋

**科学区：站立吧，蛋宝宝**

活动目标：

1. 探究蛋宝宝站起来的多种方法，体验探究带来的乐趣。

2. 通过幼儿动手探究，学会累积经验，并做好记录。

3. 在与材料的互动中获得物体支撑的经验。

活动准备：

1. 为幼儿准备熟鸡蛋，并涂成彩蛋或加上图案，使其具有蛋宝宝的特征。

2. 辅助材料：盐、沙包、纸、铅丝、海绵、积木、电线、布、瓶子、各种盖子等。

指导要点：

1. 首先幼儿每人选择一个蛋，用彩笔进行装饰，使每个蛋都有不同的特征，方便辨认。

2. 依次使用各种辅助材料进行让蛋站立的实验。

3. 将盐撒在桌面上，两只手稳稳托住鸡蛋，确认保持平衡后再缓缓张开双手。

活动照片如图2-1-5所示。

图2-1-5　站立吧，蛋宝宝

**美工区:蛋壳DIY**

活动目标:

1. 通过绘画、粘贴等形式为蛋宝宝设计造型,尝试制作不倒翁蛋宝宝。

2. 提高孩子们的想象力与动手操作能力。

活动准备:蛋壳、彩笔、胶水、废旧装饰物、轻泥等。

指导要点:

1. 绘制蛋的设计稿。

2. 选择制作材料,并裁剪成合适的尺寸。

3. 在蛋壳上进行装饰,完成后放入展示盒中。

活动照片如图2-1-6所示。

图2-1-6 蛋壳DIY

## 案例3 亲子探究

**醋里的蛋宝宝**

活动目标:

1. 在有趣的实验活动中观察感知蛋壳在白醋中的变化。

2. 尝试用记录表的方式表现实验结果。

3. 对科学活动感兴趣,有探究的欲望。

活动准备:

醋、生蛋、带盖的碗。

指导要点:

1. 将白醋倒到碗里(可以没过鸡蛋的高度)。

2. 将鸡蛋放入白醋中,盖好盖子,静置24小时以上。(在此过程中,观察鸡蛋表面的变化,会产生许多的小气泡,而且会有脱落物。)

3. 拿出鸡蛋清洗干净。

图2-1-7 醋里的蛋宝宝

原理:鸡蛋壳中的碳酸钙与白醋中的醋酸反应产生二氧化碳。最后只剩下鸡蛋里的一层薄膜。

活动照片如图2-1-7所示。

**蛋的一家**

活动目标：

1. 认识各种蛋制品，初步了解蛋制品的营养价值。
2. 在品尝蛋制品的过程中愿意与同伴分享食物，体验分享的快乐。

活动准备：

幼儿每人带一份蛋制品美食。

指导要点：

1. 家长和幼儿共同设计出自己想制作的蛋制品，并准备好材料。
2. 运用各种材料，制作蛋制品。
3. 给蛋制品取好听的名字，并准备好作品解说词。
4. 家长和孩子共同展示蛋制品并进行解说，和伙伴分享美食。

## （三）环境创设

环境是孩子的第二任老师，活动环境和材料是有效开展活动的重要组成部分，幼儿在与环境和材料的相互作用中能获得更多的经验和知识。因此，我们根据主题与幼儿探索的需求创设了相应的区域以及主题墙。

1. 小主题墙板块："蛋的结构""各种各样的蛋"；
2. 小主题墙板块："护蛋行动""旋转吧，蛋宝宝"；
3. 小主题墙板块："染红蛋""腌咸蛋"；
4. 小主题墙板块："蛋宝宝的X光片"蛋宝宝浮起来啦"；
5. 大主题墙板块：神奇的蛋宝宝主题计划书。

活动照片如图2-1-8所示。

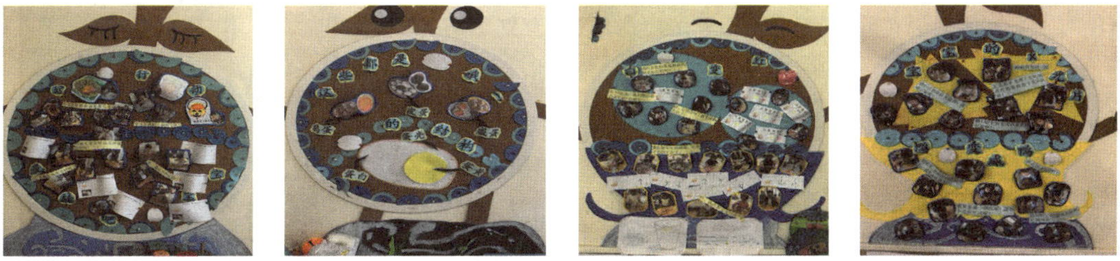

a　　b　　c　　d

图2-1-8　小主题墙照片

区角渗透：

1. 科学区：实验操作各种各样的蛋、鸡蛋的沉浮、辨别生熟鸡蛋、醋蛋的科学实验、“旋转吧，蛋宝宝”及“站立吧，蛋宝宝”等；

2. 建构区：鸡蛋托的利用、叠鸡蛋；

3. 美术区：蛋壳作画、蛋壳碎粘贴图案，制作蛋壳画绘画等；

4. 娃娃家：各种替代物、仿真食物、布娃娃，研究蛋的烹调方法。

## 三、整理故事，助力成长

在探究式主题活动开展过程中，教师要静下心来走近幼儿，捕捉幼儿的探究行为，采用叙事性的文字进行记录并识别分析，发现幼儿行为背后的意义，思考后续跟进的方向。学习故事的梳理能够帮助教师读懂幼儿心声，支持助推每一个幼儿富有个性的发展，同时也彰显了教师的专业水平，体现教师在活动实施过程中理念的转变以及行为的跟进。这样整理故事的过程对教师的专业发展有着至关重要的提升作用。

### （一）活动中的学习故事

预设活动中的学习故事，如表2-1-5所示。生成活动中的学习故事，如表2-1-6所示。

**表2-1-5 “神奇的蛋宝宝”预设活动中的学习故事记录表**

| 活动时间 | 2017年5月15日 星期一 | 活动地点 | 科学区 |
|---|---|---|---|
| 观察对象 | 小江、冉冉 | 观察者 | 仇梦艳 |
| 学习故事 | | | |
| 注意 | 今天孩子们打算比一比哪一组能用最快的方法找出生蛋和熟蛋，他们准备了手电筒以及纸箱等辅助材料。只见他们一个个把小脑袋探在箱子里，拿着手电筒照蛋。冉冉说：“我的这个蛋手电筒照上去有一点点的白点点，里面是红红的。”朵朵说：“我的鸡蛋里面全是白白的，没有红红的，这个蛋可能没有蛋白吧。”这时，小江兴奋地叫起来：“快看，我的蛋里面有一个大大的蛋黄，而且里面的蛋白还会调皮地跑来跑去呢，你来看还有泡泡。”于是好多孩子都围到了小江的身边，大家时不时发出“哇”的惊叹声，都觉得好神奇啊！结果一不小心，小江的蛋掉在了地上。小江“哇”的一声哭了起来，冉冉赶紧把蛋黄抓住了，她奇怪地抬着头说：“快来看呀！我上次那个鸡蛋掉在地上，我怎么也捡不起来，可是小江这个鸡蛋的蛋黄我一下子就捡起来了。”小江说：“这个蛋黄是被太阳晒太久了吧，蛋黄都硬了。”“对，肯定是这样的。”其他孩子附和道。活动照片如图2-1-9所示。  图2-1-9 找出生蛋和熟蛋 | | |

续　表

| | |
|---|---|
| 识别 | 此次活动中，我们发现小江已经掌握了用手电筒去区分生蛋、熟蛋的方法，体验到了探索成功的喜悦。小江是一个爱思考、乐于探索的孩子，但是不太擅长和别人沟通，也不太愿意和别人分享自己的发现，但是这一次的发现让他不由自主地大声叫了出来，开始跟同伴分享自己的发现和想法，引来了小伙伴们的围观。耐心且自信地和小伙伴交流，这是他此次活动最大的收获。 |
| 回应 | 在寻找生熟蛋的过程中无意发现了一个咸鸭蛋。鸭蛋在腌制过之后，使蛋黄凝固在一起，因此咸鸭蛋在手电筒的光照下，蛋黄特别明显，孩子们更易发现。由一个破的咸鸭蛋，孩子们发现同样是生蛋，为什么有的蛋黄软软的，有的蛋黄却硬硬的？带着这个问题，我请孩子们回家和爸爸妈妈一起讨论，在第二天，让孩子们一起来腌制咸鸭蛋，让他们亲身体验蛋的神奇变化。 |

**表2-1-6　“神奇的蛋宝宝”生成活动中的学习故事记录表**

| 活动时间 | 2017年5月26日　星期五下午 | 活动地点 | 科学角 |
|---|---|---|---|
| 观察对象 | 小妍、朵朵 | 观察者 | 仇梦艳 |
| 学习故事 | | | |
| 注意 | 朵朵说鸡蛋宝宝很调皮，把它放在桌子上总是会滚来滚去，很容易掉到桌子底下碎掉。可是小妍并不这么认为，只见她在区角里搜罗了很多材料，有积木、毛巾、瓶盖、假发、布娃娃等，并搬到科学角，她把蛋放在这些材料上一个个去试，结果鸡蛋一次次地在这些道具的帮助下“站立”了起来。正当她非常得意的时候，朵朵走过来说：“这有什么了不起的，又不是蛋宝宝自己‘站’起来的，是你用有一个坑的东西把她陷在里面，它才站得住的！”这时，小妍看着科学区的各种调味品，脑瓜一转，说：“好，那我们就用盐和糖让蛋宝宝站起来，这样它就不会陷进去了，敢不敢比一比？”朵朵也不示弱，一口答应下来。两个小家伙拿着糖和盐在桌上试了起来……其他孩子也纷纷加入了挑战的行列，一会儿把蛋横着摆，一会儿把蛋竖着摆。过了一会儿，有的孩子通过盐的帮助，成功地让蛋站了起来，小妍的蛋还是没能站起来。这时她的小眼睛一直在偷瞄已经成功的小朋友，学着她们的样子摆放着蛋，不一会儿，小妍兴奋地叫了起来：“你们快来看呀，我的蛋宝宝站起来了！这一次，我没有把盐挖出一个坑，它也站住了！”活动照片如图2-1-10所示。<br><br>**图2-1-10　让蛋站起来** | | |

续 表

| | |
|---|---|
| 识别 | 小妍是个很有想法的孩子,她不怕接受挑战,遇到问题愿意尝试去解决。在探究过程中不单单只是自己操作,还会去观察同伴的操作,从同伴身上学习经验和一些操作方法。这种同伴之间的互相学习在幼儿的发展过程中起到非常重要的作用。 |
| 回应 | 本次活动源于幼儿生活,符合小班幼儿好动手、喜探究的心理。在活动中,不同材料的操作运用,让幼儿尝试、发现、体验整个过程,幼儿不但积累了认知经验,同时在实际操作、亲身体验中获得了丰富的情感体验。下一次活动,我们将和孩子们一起来探秘蛋的沉浮问题,期待孩子们有更多有趣的发现。 |

### (二)设计者的话

在整个探究式主题活动中,幼儿不仅通过观察认识了各种各样的蛋,而且知道蛋有大小、重量、颜色的异同等。同时,他们通过比较各种各样的蛋宝宝,无形中了解了事物的大小是相对的道理。每个幼儿也都从不同的蛋中找到了蛋的共同点,知道蛋是由蛋壳、蛋清、蛋黄三部分组成。“醋蛋”的科学实验、蛋的X光片、站立的蛋宝宝等活动,更是让孩子们发现了很多蛋的秘密,动手能力得到了锻炼。通过这样的主题活动,教师了解到给孩子们充分的自主权是很重要的,特别是科学探究活动,应该在保证孩子们探索兴趣和积极性的前提下给孩子们充分的自主权,让她们自由地探索。孩子们真的很棒。

在此次的探究式主题活动中,幼儿对于蛋的观察和探索更多倾向于鸡蛋和鸭蛋。其实,生活中常见的蛋类远不止于此。因此下一步的探究方向将带领孩子们认识更多不同的蛋,追溯蛋的源起,对蛋有更加充分的了解。我们对蛋的探索还在不断继续中……

(仇梦艳)

# 设计2 野趣乌龟(小班)

## 一、共享共探,确定主题

### (一)问题缘起

开学初,孩子们发现了植物角里多了一些有趣的新成员——小乌龟。小小的乌龟顿时吸引了孩子们的注意力,引发了孩子们极大的好奇心。“小乌龟可以在幼儿园里生活吗?”“乌龟是吃什么的呢?”“乌龟每天都会睡觉吗……”孩子们只要有空闲,就会在植物角旁蹲下来看一看、摸一摸小乌龟,还会和小乌龟说悄悄话呢!

### （二）价值分析

著名的教育学家杜威认为：儿童有调查和探索的本能，每个幼儿都有与生俱来的好奇心和探究欲望。小班的幼儿对于周围的事物抱有很大的好奇心，尤其是对自然界中的动植物。乌龟的外形特征、本领、生活习性等，对于小班的孩子们来说既熟悉又好玩。为了满足孩子们的好奇心和兴趣需要，教师利用乌龟这个孩子们熟悉的、感兴趣的小动物作为切入点，引导孩子们进行探究。活动中，孩子们会更加积极主动，他们能在同伴的互助中尝试分析问题、解决问题，发展初步的探究能力。同时也能培养幼儿喜爱小动物的良好品质，萌发合作、分享的意识。

### （三）经验与问题的发掘

为了能让小乌龟的探究活动顺利开展，我们首先与孩子们一起进行了关于乌龟的调查——“关于乌龟我知道”和“关于乌龟我还想知道”，如表2-2-1所示。

**表2-2-1　“我知道、我还想知道”的调查表**

| 关于乌龟，我知道 | 关于乌龟，我还想知道 |
|---|---|
| 1. 乌龟的背上有壳。<br>2. 乌龟有短短的尾巴、扁扁的壳。<br>3. 乌龟有4条腿。<br>4. 乌龟的壳硬硬的，还有不一样的花纹。<br>5. 乌龟喜欢在水里生活。<br>6. 乌龟喜欢吃米饭。 | 1. 乌龟能不能自己翻身呢？<br>2. 乌龟会不会拉便便？<br>3. 除了米饭，乌龟还喜欢吃什么呢？<br>4. 没有水，乌龟会怎么样？<br>5. 乌龟的妈妈在哪里？<br>6. 乌龟不吃东西，会怎么样？<br>7. 龟壳有什么作用呢？ |

通过调查，我们发现幼儿对乌龟的外形特征、生活习性已有了一些粗浅的了解，可孩子们对于乌龟同样也有着一些疑问，还想要有更多的了解，主要表现在以下几个方面，如表2-2-2所示。

**表2-2-2　“我还想知道”的关键经验梳理表**

| 幼儿要探究的问题表述 | 所归属的关键经验范畴 |
|---|---|
| 乌龟是吃什么的？ | 进食与代谢：乌龟的食性 |
| 乌龟是怎样翻身的？ | 乌龟的生活习性 |
| 龟壳有什么作用呢？ | 乌龟的外形特征与功能的关系 |
| 乌龟没有水，会怎么样？ | 适应性变化 |
| 乌龟的妈妈在哪里？ | 生物与生物之间的关系 |

主题活动目标设置如下：

1. 对乌龟产生探究兴趣，在自由的氛围中了解乌龟的外形特征、生活习性以及其他相关知识。

2. 喜欢亲近小乌龟，懂得如何去保护乌龟，激发幼儿喜爱和保护乌龟的美好情感。在与同伴一起探究的过程中萌发初步的合作和分享的意识。

3. 增强幼儿的探究能力，乐意用自己喜欢的方式表达探究乌龟的过程和结果。

## 二、厘清脉络，立点梳线

### （一）预设主题网络图

教师通过查找乌龟的相关资料，有针对性地提前进行学习，充实自身的知识经验。准备关于乌龟的图片、视频等相关教学资源库备用，从而更好地支持幼儿的学习与发展。同时，根据幼儿的兴趣需要、年龄特点以及前期的调查分析，我们进行了梳理和提炼，形成了“野趣乌龟”探究式主题预设网络图，如图2-2-1所示。

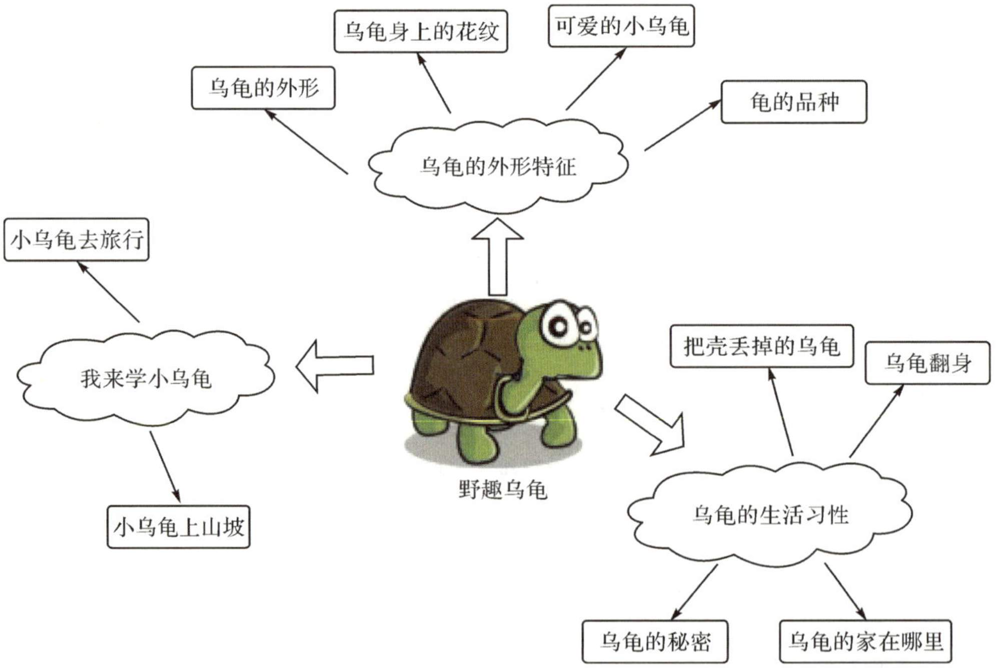


图2-2-1　“野趣乌龟”探究式主题预设网络图

## (二)预设活动导航图

预设活动导航图,使教师对教学目的、任务和过程有一个清晰、合理的安排,保证主题探究活动的计划性和有效性。这样的探究才能焕发出求知的活力,才能出现不曾预料的精彩。具体内容如表2-2-3所示。

表2-2-3　"野趣乌龟"活动方案预设导航表

| 序号 | 所属板块 | 活动名称 | 活动目标 | 涉及领域 |
|---|---|---|---|---|
| 1 | 乌龟的外形特征 | 乌龟的外形 | (1)通过观察,了解乌龟的外形特征。<br>(2)主动参与观察活动,大胆地在集体面前分享自己的新发现。<br>(3)产生对乌龟的探究兴趣。 | 科学、语言 |
| 2 | 乌龟的外形特征 | 可爱的小乌龟 | (1)初步了解乌龟如何爬行,并模仿乌龟的动作。<br>(2)发展观察能力,体会发现的乐趣。 | 健康 |
| 3 | 乌龟的外形特征 | 龟的品种 | (1)认识各种不同种类的乌龟,丰富关于不同种类乌龟的认知。<br>(2)体验集体分享、讨论不同乌龟的快乐。 | 科学、社会 |
| 4 | 我来学小乌龟 | 小乌龟去旅行 | (1)大胆尝试、探索不同的爬法,乐意参加体育活动。<br>(2)在体育游戏中,巩固乌龟爬的动作,提高动作的协调性和灵敏性。<br>(3)积极参与活动,体验游戏带来的快乐,增强不怕困难、勇往直前的心理品质。 | 健康 |
| 5 | 我来学小乌龟 | 小乌龟上山坡 | (1)在情景中,体验歌曲活泼、欢快的情绪,感受优美的音乐旋律。<br>(2)学唱歌曲,并且大胆地上台表现自己。 | 艺术 |
| 6 | 乌龟的生活习性 | 把壳丢掉的乌龟 | (1)初步了解绘本故事内容,在听一听、猜一猜、想一想、说一说中理解故事的情节发展。<br>(2)通过故事,感受乌龟丢了壳之后的心情,从中了解龟壳的作用。<br>(3)从绘本延伸到生活,珍惜自己现在所拥有的东西。 | 语言 |
| 7 | 乌龟的生活习性 | 乌龟的秘密 | (1)通过操作、观察、记录、交流等形式,探索乌龟的食性,激发探究欲望。<br>(2)积极参与活动,大胆表达自己对小乌龟的猜想和观察结果。 | 科学、社会 |
| 8 | 乌龟的生活习性 | 乌龟的家在哪里 | (1)在猜、看、想的过程中了解小乌龟的生活习性。<br>(2)积极参与活动,培养观察能力和语言表达能力。<br>(3)学会照顾小乌龟,激发爱护乌龟的情感。 | 科学、语言 |

## 三、预设生成，灵动调整

### （一）内容的调整与实施

野趣乌龟的主题活动是一个开放性、动态性的探究式主题活动，在主题开展的过程中，教师要根据孩子们的兴趣和需要，敏锐地抓住有价值的生发点，对活动内容及时进行调整、补充，生成有价值的主题内容。需要注意的是，在过程中教师通过对幼儿的需要和感兴趣的事物进行价值判断，不断调整活动。但是由于幼儿知识经验的不足，需要老师提供适时适当的支持，梳理提升幼儿零散的经验，以促进幼儿更加有效地学习，这是一个师幼共同建构经验的过程。以下就是本班师幼共同生成的“野趣乌龟”探究式主题网络图，具体内容如图2-2-2所示。

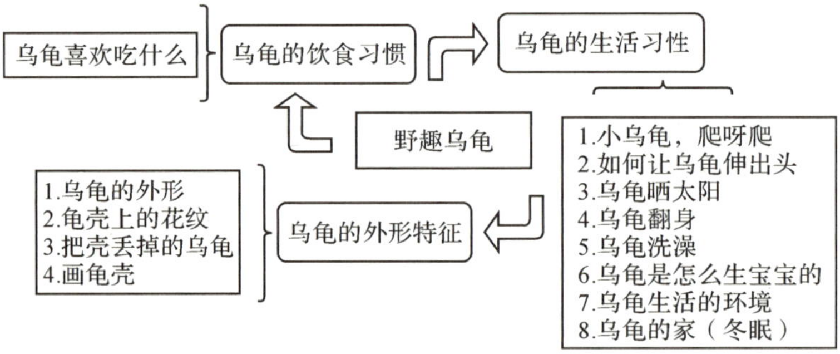


图2-2-2 “野趣乌龟”探究式主题网络图

活动方案一览表2-2-4中，米色区域代表教师预设的活动，绿色区域代表幼儿生成的活动，灰色区域代表师幼共同生成的活动。

表2-2-4 “野趣乌龟”活动方案一览表

| 活动名称 | 活动目标 | 涉及领域 | 实施途径 |
|---|---|---|---|
| 关于乌龟的调查 | 1. 通过提问、讲述，表达对小乌龟的已有经验。<br>2. 对乌龟有探究的兴趣，能大胆说出自己的发现或疑问。 | 语言、科学 | 集体探究 |
| 乌龟的外形 | 1. 通过观察，了解乌龟的外形特征。<br>2. 主动参与观察活动，大胆地在集体面前分享自己的新发现。<br>3. 激发孩子们对乌龟的探究兴趣。 | 科学、语言 | 集体探究 |

续　表

| 活动名称 | 活动目标 | 涉及领域 | 实施途径 |
|---|---|---|---|
| 龟壳上的花纹 | 1. 知道乌龟背壳的作用，激发探究乌龟的兴趣。<br>2. 感受乌龟壳上的花纹特点，知道每一只乌龟的花纹都是不同的。 | 科学、语言 | 集体探究 |
| 把壳丢掉的乌龟 | 1. 初步了解关于乌龟的绘本故事。<br>2. 能用简单的语句进行故事描述。<br>3. 体会集体分享，共同讨论绘本的快乐。 | 语言 | 区域探究 |
| 画龟壳 | 1. 进一步了解乌龟的壳。<br>2. 能运用不同的材料来装扮乌龟的壳。<br>3. 积极参与活动，发挥想象力与创造力。 | 艺术、语言 | 区域探究 |
| 小乌龟，爬呀爬 | 1. 大胆尝试，探索不同的爬法，乐意参加体育活动。<br>2. 在体育游戏中，学习乌龟爬的动作，提高动作的协调性和灵敏性。<br>3. 积极参与活动，体验游戏带来的快乐，增强不怕困难、勇往直前的心理品质。 | 健康、社会 | 集体探究 |
| 乌龟喜欢吃什么 | 1. 探索了解乌龟的食性。<br>2. 在活动中学习操作、观察、记录、交流等形式。<br>3. 积极参与活动，大胆表达自己对小乌龟的猜想和观察结果。 | 科学、语言 | 集体探究 |
| 如何让乌龟伸出头 | 1. 知道乌龟在什么样的情况下会伸出头。<br>2. 通过观察，猜测并实践能让乌龟伸出头的办法。<br>3. 体验活动的乐趣。 | 科学、社会 | 集体探究 |
| 乌龟晒太阳 | 1. 初步了解乌龟为什么喜欢在暖和的地方生存。<br>2. 尝试记录乌龟的活动轨迹。<br>3. 体会陪伴乌龟晒太阳的快乐。 | 社会 | 亲子探究 |
| 乌龟翻身 | 1. 通过探索，发现乌龟有翻身的本领，并乐意学一学。<br>2. 观察乌龟翻身的过程，体验发现的乐趣。<br>3. 积极参与活动，锻炼幼儿动脑思考的能力，培养幼儿的观察能力和专注力。 | 科学、语言 | 区域探究 |
| 乌龟洗洗澡 | 1. 在给乌龟洗澡的过程中，观察乌龟的细节特征。<br>2. 注意保护好乌龟的头部跟身体。<br>3. 体验给乌龟洗澡带来的乐趣，培养孩子讲卫生、爱干净的习惯。 | 科学、社会 | 集体探究 |
| 乌龟是怎么生宝宝的 | 1. 了解乌龟属于胎生动物还是卵生动物。<br>2. 初步探索乌龟生宝宝的过程，并大胆在集体面前进行表述。<br>3. 感受小乌龟可爱的模样，对乌龟的繁殖方式感兴趣。 | 科学、社会 | 亲子探究 |
| 乌龟生活的环境 | 1. 观察了解乌龟在不同环境里的不同反应。<br>2. 用各种方法记录乌龟的反应。<br>3. 大胆表达想法，发挥创造力和想象力。 | 科学、语言 | 亲子探究 |

续　表

| 活动名称 | 活动目标 | 涉及领域 | 实施途径 |
| --- | --- | --- | --- |
| 乌龟的家(冬眠) | 1. 知道乌龟冬眠的环境。<br>2. 了解乌龟冬眠现象。<br>3. 产生对乌龟冬眠的兴趣,大胆表达,乐于探索。 | 科学、艺术 | 区域探究 |

教师预设活动　　幼儿生成活动　　师生生成活动

## (二)案例呈现

### 案例1　集体探究

**科学活动:乌龟喜欢吃什么**

活动目标:

1. 探索了解乌龟的食性。

2. 在活动中学习操作、观察、记录、交流等形式。

3. 积极参与活动,大胆表达自己对小乌龟的猜想和观察结果。

活动准备:

各类食物(小虾米、肉、蔬菜等)、乌龟。

活动过程:

**◎幼儿猜想乌龟爱吃的食物并记录,激发活动兴趣**

师:小朋友们,你们知道乌龟都喜欢吃什么吗?(幼儿交流)

师:请你们拿出记录纸,在记录纸上将小乌龟喜欢吃的食物图下打钩。(如表2-2-5所示)

表2-2-5 猜猜乌龟爱吃什么?

| | | | | | | | |
| --- | --- | --- | --- | --- | --- | --- | --- |
| |  |  |  |  |  |  |  |
|  | | | | | | | |

**◎自由观察乌龟,了解乌龟的饮食**

师:乌龟的美食大餐就要开始啦! 带上食物,我们去试试吧!(幼儿操作)

**◎记录乌龟爱吃的食物，找到答案**

出示操作记录纸，将幼儿带来的食物以图片的形式放在记录纸上。

师：找到乌龟喜欢吃的食物，我们就给它打上钩。

师：你们找到答案了吗？乌龟喜欢吃什么呢？

**科学活动：如何让乌龟伸出头**

活动目标：

1. 知道乌龟在什么样的情况下会伸出头。

2. 通过观察，猜测并实践能让乌龟伸出头的办法。

3. 体验活动的乐趣。

活动准备：

乌龟、小树叶、食物等。

活动过程：

**◎提问引发幼儿思考**

师：乌龟为什么会一直把头和身体缩在龟壳里呢？

师：有没有什么办法能让它伸出头和身体？

**◎让幼儿自由操作，想办法让乌龟探出头和身体**

师：现在请你们用各自的方法去试一试！看看能不能让乌龟的头和身体都探出来呢？

幼儿尝试操作，寻找答案。

**◎集体讨论，找出答案**

师：你们是怎么做的？用了什么样的方法？

师：乌龟的头和身体有探出来吗？

活动照片如图2-2-3所示。

图2-2-3　如何让乌龟伸出头

**科学活动：乌龟洗澡**

活动目标：

1. 在给乌龟洗澡的过程中，观察乌龟的细节特征。

2. 注意保护好乌龟的头部跟身体。

3. 体验给乌龟洗澡带来的乐趣，培养孩子讲卫生、爱干净的习惯。

活动准备：

乌龟、牙刷、水、肥皂、水盆、乌龟的窝等。

活动过程：

**◎提问，观察乌龟的气味发生了变化**

师：你们看乌龟的窝会有什么发现吗？

师：你们觉得这是什么？为什么乌龟的窝会脏脏的，还会有臭臭的气味？

**◎幼儿集体探讨，了解给乌龟洗澡的方法及注意事项**

师：你们有什么办法吗？那你们觉得哪个办法是最好的呢？

师：要怎么给乌龟洗澡？需要用什么工具？

师：要清洗它身上的哪些部位？还要注意些什么呢？

**◎教师讲解清洗方法及注意事项，巩固知识**

师：在清洗的时候，要注意水不要淹没乌龟！用牙刷轻轻地摩擦就可以啦！

（幼儿尝试操作，给乌龟洗澡）

**◎乌龟干净啦**

师：哇！我们给乌龟洗完澡了。你们闻闻，它身上还有气味吗？

师：乌龟的身上已经干净了，你们觉得还有哪里需要清洗呢？

活动照片如图2-2-4所示。

图2-2-4　乌龟洗澡

## 案例2　区域探究

### 阅读区：把壳丢掉的乌龟

活动目标：

1. 初步了解关于乌龟的绘本故事。

2. 能用简单的语句进行故事描述。

3. 体会集体分享、共同讨论绘本的快乐。

活动准备：

关于乌龟的各类绘本，如：《把壳丢掉的乌龟》《乌龟一家去看海》《青蛙的乌龟朋友》《想看海的乌龟》等。

指导要点：

1. 幼儿能够自主地进行阅读，安静地看书。

2. 通过绘本故事了解乌龟，激发幼儿阅读的兴趣，培养他们良好的阅读习惯。

美工区：画龟壳

活动目标：

1. 进一步了解乌龟的壳。

2. 能运用不同的材料来装扮乌龟的壳。

3. 积极参与活动，发挥想象力与创造力。

活动准备：

勾线笔、画纸、毛线、纸盘、水彩笔等

指导要点：

1. 幼儿以纸盘当作乌龟的身体，用毛线装饰出乌龟的头、四肢、尾巴。

2. 用水彩笔在纸盘上画出不同的装饰，打造漂亮的乌龟壳。

图 2-2-5　画龟

活动照片如图 2-2-5 所示。

户外区域活动：乌龟翻身

活动目标：

1. 通过探索，发现乌龟有翻身的本领，并乐意学一学。

2. 观察乌龟翻身的过程，体验发现的乐趣。

3. 积极参与活动，锻炼幼儿动脑思考的能力，培养幼儿观察能力和专注力。

活动准备：

操场、乌龟。

指导要点：

1. 幼儿观察乌龟的翻身动作，并进行动作模仿。

2. 以记录纸的方式记录下乌龟翻身的过程。

图 2-2-6　乌龟翻身

活动图片如图 2-2-6 所示。

自然角：乌龟的家

活动目标：

1. 知道乌龟冬眠的环境。

2. 了解乌龟冬眠的现象。

3. 产生对乌龟冬眠的兴趣，大胆表达，乐于探索。

活动准备：

泡沫箱两个、乌龟、沙子、水、标签等。

指导要点：

1. 让幼儿对乌龟冬眠的生活环境进行猜想。

2. 做好标签，猜想完毕后，把乌龟放在有沙子或者是水的泡沫箱中。

3. 将泡沫箱放置在植物角里，供幼儿观察，激发幼儿的好奇心和探索欲望。

活动照片如图2-2-7所示。

图2-2-7　乌龟的家

## 案例3　亲子探究

### 乌龟晒太阳

活动目标：

1. 初步了解为什么乌龟喜欢在暖和的地方生存。

2. 尝试记录乌龟的活动轨迹。

3. 体会陪伴乌龟晒太阳的快乐。

活动准备：

有太阳的地方、白纸、颜料、毛巾、勾线笔等。

指导要点：

1. 家长与幼儿将小乌龟放置在有太阳的地方。

2. 观察小乌龟是否会在太阳底下活动起来。

3. 用绘画的方式记录小乌龟的活动轨迹。

### 乌龟生活的环境

活动目标：

1. 观察了解乌龟在不同环境里的不同反应。

2. 用各种方法记录乌龟的反应。

3. 大胆表达想法，发挥创造力和想象力。

活动准备：

乌龟、沙池、水、手机等。

指导要点：

1. 家长与幼儿一起探索乌龟在沙地、水中会有哪些不同的反应。

2. 以照片或者视频的方式记录下来。

活动图片如图2-2-8所示。

图2-2-8　乌龟生活的不同环境

### (三)环境创设

主题墙的创设，丰富了幼儿园的教育环境，它让幼儿成为环境创设的主人。而创设一面真正能让幼儿喜欢、积极互动，并能促进幼儿主动发展的主题墙，在教育活动中至关重要。

那么“野趣乌龟”的探究与一般主题活动有哪些不同呢？它是一个不断生成、丰富的活动，我们会根据幼儿产生的兴趣点展开探究，并在主题墙中不断渗透、丰富幼儿的知识经验，从“乌龟的外形特征”“乌龟的饮食”“乌龟的生活习性”等3个方面进行主题墙的创设。

活动照片如图2-2-9、图2-2-10所示。

a

b

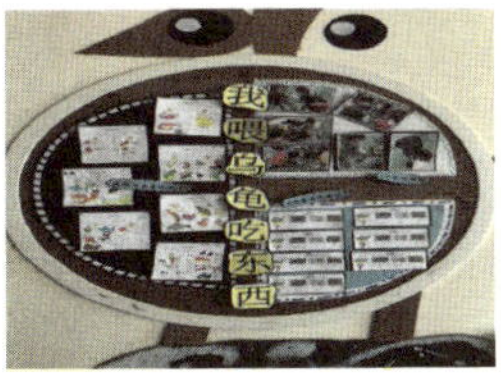


c

d

图2-2-9　小主题墙照片

图2-2-10　大主题墙照片

## 四、整理故事，助力成长

孩子是天生的学习者，他们有着独特的认识世界、探索世界的方式。在探究式主题活动中，幼儿从被动学习到主动学习、变接受性学习为探索性学习，幼儿的兴趣得以激发，不仅充分感知了乌龟的外形特性，了解了乌龟的相关知识，同时在富有个性的探索、交流中，不断激发热爱小动物、保护小动物的爱心和情感。

在探索过程中，为了更好地支持幼儿向更高的水平发展，我们采用了丰富的活动形式和多元的评价方式，在不断摸索中发现“学习故事”是一个教师基于发现幼儿优点，欣赏和接纳幼儿的一种新型评价方式，利用学习故事中师幼之间持续的互动和呼应能有效推动活动的生成发展。因此，我们借鉴了“学习故事”的评价体系，灵活地对幼儿的探索活动进行多元性评价。现在就让我们一起去看看孩子们与小乌龟之间发生了什么有趣的故事吧！

### （一）活动中的学习故事

预设活动中的学习故事，如表2-2-6所示。生成活动中的学习故事，如表2-2-7所示。

**表2-2-6 “野趣乌龟”预设活动中的学习故事记录表**

| 活动时间 | 2017年11月30日 | 活动地点 | 小(3)班教室 |
|---|---|---|---|
| 观察对象 | 小毛、小金 | 观察者 | 周慧敏 |
| 学习故事 | | | |
| 注意 | 一大早，来到幼儿园的小毛放下书包就跑去植物角，观察起了自己喜欢的小乌龟，嘴里嘟嘟囔囔地说着：“这水也太脏了吧！我的小乌龟在里面肯定很难受。”这时，小金恰好来到了班级，对小毛说：“那我们一起给小乌龟洗澡吧！我觉得这水有点臭，小乌龟肯定很伤心的。”小毛说：“可是，怎么给乌龟洗澡呢？我没有给乌龟洗过澡。”小金想了想说：“我们可以给乌龟泡澡，我见过我爸爸给乌龟洗澡的时候是用牙刷洗的。”两个人都非常赞同这个主意，便去接了水，开始给小乌龟洗澡啦。在给小乌龟洗澡时，两个人还唱起了歌：“我爱洗澡皮肤好好，哦~哦~”这时在水盆里的乌龟一直往上爬，小毛突然说：“小金，肯定是你太用力，弄疼我的小乌龟了，它才一直往外爬。”小金的动作一停：“我唱歌唱得太开心了，给乌龟洗澡也变得用力了，我会小心点的。”两个人又开开心心地继续给乌龟洗起了澡，左刷刷右刷刷，最后用清水冲一冲。两个人开心地欢呼着：“耶，终于洗完啦！好香的乌龟啊！”活动照片如图2-2-11所示。<br><br>**图2-2-11 给乌龟洗澡** | | |

续表

| | |
|---|---|
| 识别 | 孩子们闻到乌龟的身上很臭，于是讨论着要给乌龟洗澡。乌龟洗澡和我们洗澡是一样的吗？他们结合自身的生活经验，决定用牙刷给小乌龟轻轻地刷洗身体。在清洗的时候，孩子们也体会到了清洗乌龟壳的小心与不易。对于小毛和小金来说，虽然他们的自理能力也还在不断地提升中，但我们欣喜地看到他们在给小乌龟洗澡的过程中，呈现了洗澡的简单步骤，并知道要轻轻地给小乌龟洗澡，俨然就是充满爱心的“乌龟爸妈”。 |
| 回应 | 看着孩子们对小乌龟的照顾，就像一个个专业的爸爸妈妈照顾自己的孩子一般，看着洗完澡香喷喷的小乌龟，他们的内心成就感满满。可是洗完澡的小乌龟怎么也不探出头来，这令孩子们感到很奇怪。在激烈的讨论中，他们又提出了新的问题。“为什么乌龟一直把身体缩在壳里面不出来？”“有什么办法能让乌龟把身体伸出来呢？”孩子们很想知道答案，开始讨论起来，“我用食物去诱惑下小乌龟看看”，“我特别怕痒，挠一挠乌龟，看看它会不会跟我一样怕痒，然后就钻出头来了呢？”孩子们的讨论声不停。于是，“如何让乌龟伸出头”的活动就这样生成了。 |

**表 2-2-6 “野趣乌龟”生成活动中的学习故事记录表**

<table>
<tr><td>活动时间</td><td>2017年12月8日</td><td>活动地点</td><td>小(3)班教室</td></tr>
<tr><td>观察对象</td><td>小鲁、小乔</td><td>观察者</td><td>周慧敏</td></tr>
<tr><td colspan="4">学习故事</td></tr>
<tr><td>注意</td><td colspan="3">小乔说：“太阳好好呀，我们一起和小乌龟去晒太阳吧，小鲁。”刚到操场，小鲁小朋友就开始观察自己的小乌龟，突然，他大叫起来：“我的乌龟怎么啦？它把头缩在龟壳里一动不动，怎么回事？”这时，胆大的小乔用手去碰了碰乌龟，“动了，动了！哦！原来是乌龟睡着了，上次我听妈妈说过，乌龟是要冬眠的。”孩子们开始担忧：“小乌龟怎么办？”“冬眠会不会冻死啊？”“它睡着后不用吃东西吗？”孩子们你一言我一语地讨论着。这时，小鲁说：“我们可以给小乌龟做一个温暖的家，这样它就可以暖和地睡觉啦。”孩子们应答着：“太棒啦！太棒啦！这个主意非常好！”说着孩子们连忙就动起来，要造房子了。在班级门口的材料超市里，孩子们精心挑选着小乌龟家里所需的东西，最后孩子们讨论决定用泡沫盒给乌龟做“家”。小鲁说：“乌龟的家里要加水。”小乔说：“那我要加沙子，这样小乌龟会暖和点，让它舒舒服服地睡觉。”</td></tr>
<tr><td>识别</td><td colspan="3">以幼儿的立场看问题，根据幼儿的兴趣来开展活动，才能发掘真问题，调动幼儿的内部动力。通过小鲁小朋友的疑问，孩子们的兴趣被激发了，生成了该活动。在交流讨论后，孩子们知道乌龟要冬眠了，但这么冷的天睡在外面会感冒啊！所以决定要给小乌龟做一个温暖的“家”。在一次次的探究中，孩子们了解了乌龟的生活环境，并乐意尝试与同伴合作制作小乌龟的家，同时他们会结合自己的生活经验，增加“家”中必要的材料，于是出现了经验的迁移和运用。</td></tr>
<tr><td>回应</td><td colspan="3">给小乌龟准备一个温暖的“家”，让它愉悦地进入冬眠状态，孩子们就要考虑乌龟的冬眠环境是否适合。怎样判断环境是不是最合适的？是不是小乌龟喜欢的？孩子们又不断提出了新的问题……</td></tr>
</table>

### （二）设计者的话

生活即教育，在整个“野趣乌龟”探究式主题活动中，教师始终坚持以儿童为中心，根据儿童的问题生成课程，与幼儿共同了解小乌龟的外形特征、生活习性，感受小乌龟的成长过程，使各领域的内容相互渗透，从不同的角度促进幼儿情感、态度、能力、知识、技能等方面的发展。活动实施过程中，采用灵活多样的教学方法，允许幼儿自由自主地选择活动内容和方式，及时发现幼儿的闪光点并加以鼓励，引导幼儿探索和创新，促进幼儿多维度的发展。

同时，在这一活动中，教师的教学能力有了很大的提升，设计者把活动中遇到的问题逐一分析，搜集调动各方资源，探究问题背后的价值和概念，更加注重情感态度价值观的目标达成，育德于教。

“教育不能创造什么，但它能启发解放儿童创造力，以便能从事创造工作。”在乌龟的探究式主题系列活动中，设计者以幼儿自由的观察、交流为主，跟着幼儿的脚步，不断深入探讨。本次探究活动在小乌龟进入静静的冬眠中结束，但是孩子们的探究欲望却没有停止，在乌龟冬眠的过程中，他们可以继续去观察、记录乌龟冬眠的状态，等来年春天乌龟冬眠结束后，将“野趣乌龟”的探究活动继续延伸下去，从而形成系统的主题活动体系。

一花一草一世界，一园一物皆课程。探索和成长的感觉是那样奇妙又美好。探究式主题活动让我们看到了儿童内在的无限潜能，在动态的过程中不断建构属于他们自己的经验，这是教师与儿童共同成长的过程，更是孕育惊喜的历程。

（周慧敏　郑禾佳）

# 设计3　有趣的蚂蚁王国（中班）

## 一、共享共探，确定主题

### （一）问题缘起

餐后散步时，孩子们被一群小蚂蚁吸引住了，只见它们排着长长的队伍，朝着一颗糖果“进军”。孩子们非常好奇，议论纷纷并邀请教师一起瞧瞧他们的发现：“老师，这里有好多的蚂蚁呀，它们想吃地上的糖果啦！”“蚂蚁为什么要排起队伍呢？”“它们这么小，能搬得动糖果吗？”……孩子们三人一组、五人一帮地观察着蚂蚁，时不时地还提醒同伴要轻声轻语，以免吓跑小蚂蚁。

### （二）价值分析

当活动的主题和内容是幼儿所喜欢的、感兴趣的，幼儿就会调动全部智慧去探索、去发现。有趣的蚂蚁引发了孩子的好奇心，激发了孩子的探索欲望，因此设计者应及时捕捉这个教育契机，支持孩子与蚂蚁进行亲密接触，在认识小蚂蚁、萌发爱护小动物意识的基础上，发展探究能力以及沟通合作能力。

### （三）主题确立

基于以上思考，设计者组织幼儿开展了关于“我知道、我还想知道”的大调查，以下为幼儿“关于蚂蚁，我知道、我还想知道”的调查记录，如表2-3-1所示。

**表2-3-1　“我知道、我还想知道”的调查表**

| 关于蚂蚁，我知道 | 关于蚂蚁，我还想知道 |
|---|---|
| 1. 蚂蚁会挖洞。<br>2. 很多蚂蚁会一起搬食物。<br>3 蚂蚁的头上有触角，身体上有很多脚。<br>4. 蚂蚁的触角会动。<br>5. 蚂蚁身体的颜色、味道、大小都不同。<br>6. 很多蚂蚁喜欢住在一个洞里。<br>7. 我知道蚂蚁是有蚂蚁王的。 | 1. 蚂蚁是不是什么东西都吃呢？<br>2. 蚂蚁的家长什么样？<br>3. 蚂蚁会咬人吗？<br>4. 蚂蚁肚子里有维生素吗？<br>5. 蚂蚁是有4条、6条还是8条腿？<br>6. 世界上有巨型蚂蚁吗？ |

通过这份调查表，设计者可以发现幼儿对蚂蚁的探究兴趣很浓，作为中班的幼儿来说，他们知道蚂蚁的身体构造，分头、胸、腹三部分，头上有触角、胸部有足；还发现它们的生活习性是会挖洞、喜欢群居等，经验丰富的幼儿甚至能提出蚂蚁通过触角来传递信息。可见这个年龄期的幼儿还是以直观经验为主，在平时的学习和生活中对于蚂蚁积累了一些看到、听到的认知经验。在交流沟通中，好奇心又让他们产生了一系列的新问题，例如蚂蚁的洞穴是怎样的呀？蚂蚁小，会咬人吗？蚂蚁的肚子里藏着很多维生素吗？巨型蚂蚁到底有多大呀？……对于他们的提问，设计者又进行了一次梳理，如表2-3-2所示。

**表2-3-2　“我还想知道”的关键经验梳理表**

| 幼儿要探究的问题表述 | 所归属的核心经验范畴 |
|---|---|
| 蚂蚁是不是什么东西都吃呢？ | 蚂蚁的食性 |
| 蚂蚁的家长什么样？ | 蚂蚁的生活环境 |

续 表

| 幼儿要探究的问题表述 | 所归属的核心经验范畴 |
| --- | --- |
| 蚂蚁会咬人吗? | 蚂蚁的生活习性 |
| 蚂蚁肚子里有维生素吗? | 蚂蚁的功能 |
| 蚂蚁是有4条、6条还是8条腿? | 蚂蚁的外形特征 |
| 世界上有巨型蚂蚁吗? | 蚂蚁的外形特征 |

对于中班的幼儿来说,受年龄与思维方式等因素影响,我们不难发现他们初期的探究欲望还是停留在对蚂蚁的外形特征、生活习性等方面,所以设计者本着客观、真实的原则,在细致观察的基础上思考幼儿对蚂蚁主题的认知程度及兴趣方向,以中班幼儿年龄特点为主要依据,从认知、情感、能力三个维度制定了主题目标:

1. 运用各种感官了解蚂蚁的外形特征、生活习性、种类以及其他相关知识。

2. 进一步激发探究蚂蚁的兴趣,萌发喜爱小蚂蚁的情感。在游戏情境中体验与同伴交往、分享的快乐。

3. 尝试用不同方式大胆表达自己的想法,发展观察比较能力、动手操作能力和交往合作能力。

## 二、厘清脉络,立点梳线

### (一)预设主题网络图

教师基于幼儿的兴趣需要和发展思考,并对收集到的信息进行分析和诊断,发现具有教育意义的问题,梳理预设主题脉络,形成探究式主题预设网络图,包括感知蚂蚁的外形特征和探究蚂蚁的生活习性两个板块,具体内容如图2-3-1所示。

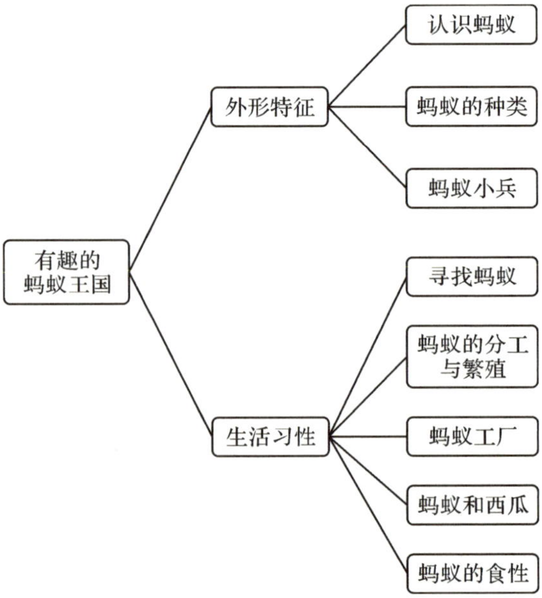


图2-3-1 “有趣的蚂蚁王国”探究式主题预设网络图

## (二)预设活动导航表

根据“调查蚂蚁—寻找蚂蚁—探究蚂蚁”的线索,教师提出驱动性问题:哪里有蚂蚁?蚂蚁长什么样?蚂蚁喜欢吃什么?蚂蚁的家长什么样?然后组织幼儿进行头脑风暴,通过集体(小组、个别)探究,日常饲养与观察,亲子小实验等途径开展。蚂蚁主题的探究活动通常要根据实际情况延续一个月到数月不等,教师应充分调控好时间和空间,支持幼儿全程感受生命孕育、生长的过程,建立起对生命的敬畏,逐步建构属于自己的经验。同时为了更加明晰活动开展的逻辑思路、活动形式、必备资源等,教师还预设了活动导航表,以活动时间序进行排列,具体如表2-3-3所示。

表2-3-3　“有趣的蚂蚁王国”活动方案预设导航表

| 序号 | 主题板块 | 活动名称 | 活动目标 | 涉及领域 |
|---|---|---|---|---|
| 1 | 蚂蚁的外形特征 | 认识蚂蚁 | (1)通过观察、交流,了解蚂蚁的外形特征。<br>(2)发展幼儿观察能力及激发他们探索的兴趣。 | 科学、语言 |
| 2 | | 蚂蚁的种类 | (1)通过观察、比较、交流等形式,初步了解蚂蚁的不同种类。<br>(2)进一步丰富幼儿关于蚂蚁的知识与经验。 | 科学、语言 |
| 3 | | 蚂蚁小兵 | (1)能听信号向指定方向爬行,提高手脚协调能力。<br>(2)体验模仿蚂蚁的乐趣。<br>(3)培养幼儿的集体观念和相互合作的精神。 | 健康、社会 |
| 4 | 蚂蚁的生活习性 | 寻找蚂蚁 | (1)初步了解蚂蚁的生活习性和生存环境。<br>(2)探索用各种方法寻找蚂蚁,发展观察能力、比较能力和语言表达能力。 | 语言、社会 |
| 5 | | 蚂蚁家族的分工与繁殖 | (1)通过交流、讨论、观看课件,了解蚂蚁的分工以及繁殖。<br>(2)进一步激发对蚂蚁探究的兴趣。 | 科学、语言 |
| 6 | | 蚂蚁工厂 | (1)通过观察、讨论、交流,认识蚂蚁工厂,了解蚂蚁在蚂蚁工厂内的活动。<br>(2)激发幼儿对蚂蚁工厂的探索兴趣,产生照顾蚂蚁的情感。 | 语言、社会 |
| 7 | | 蚂蚁和西瓜 | (1)借助绘本,让孩子在听、猜、想、说、做中理解故事的情节发展。<br>(2)能够大胆地表现故事中简单的词语和动作,提高语言的表达能力。<br>(3)丰富内心,从绘本走向生活,知道团结力量大并乐于分享。 | 语言、社会 |

续　表

| 序号 | 主题板块 | 活动名称 | 活动目标 | 涉及领域 |
|---|---|---|---|---|
| 8 | 蚂蚁的生活习性 | 蚂蚁的食性 | (1)通过操作、观察、记录、交流等形式,探索关于蚂蚁的食性,激发幼儿的探究欲望。<br>(2)调动幼儿的各种感官,在自由的氛围中探讨蚂蚁的吃食情况。 | 科学、艺术 |

## 三、预设生成,灵动调整

### (一)内容的调整与实施

在幼儿对蚂蚁进行探究的过程中,教师应及时观察幼儿行为表现,进行细致的解读分析,"串联"幼儿的所思、所想、所学、所得并梳理编制主题生成网络图。教师需要通过观察发现幼儿的兴趣方向并及时捕捉,以促进幼儿更加有效的学习与发展。在这个过程中有很多预设与生成的取舍,教师应通过对幼儿的需要和感兴趣的事物进行价值判断,不断调整,生成活动。需要注意的是,在追随幼儿兴趣探究的过程中,幼儿因为经验不足在探究过程中会遇到很多问题和困惑,此时需要教师及时关注,巧妙运用各种方式引导幼儿根据自己的兴趣和疑惑扩展出更深的学习活动,使主题层层推进,如图2-3-2所示。

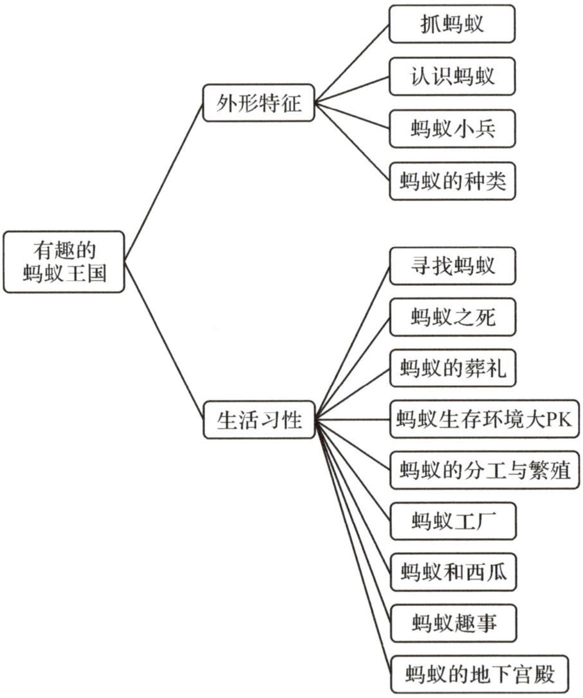


图2-3-2 "有趣的蚂蚁王国"生成主题网络图

整个探究式主题活动是一个动态性、灵活性、开放性的过程。蚂蚁探究式主题活动实施表,如表2-3-4所示。

**表 2-3-4　“有趣的蚂蚁王国”探究式主题活动实施表**

| 活动名称 | 活动目标 | 涉及领域 | 实施途径 |
| --- | --- | --- | --- |
| 关于蚂蚁的调查 | 1. 回忆已有的生活经验，大胆表达自己的想法。<br>2. 初步了解蚂蚁的相关知识，激发幼儿对蚂蚁探究的兴趣。 | 语言、科学 | 集体探究 |
| 寻找蚂蚁 | 1. 能够主动参与观察活动，初步了解小蚂蚁的生活习性和生存环境。<br>2. 乐意与家长共同探索寻找蚂蚁的方法，体验发现的乐趣。 | 科学、语言 | 亲子探究 |
| 抓蚂蚁啦 | 1. 通过实践操作，掌握抓蚂蚁的方法。<br>2. 培养幼儿的合作能力以及解决问题能力。 | 健康、社会 | 区域探究 |
| 认识蚂蚁 | 1. 通过观察、交流，了解蚂蚁的外形特征。<br>2. 培养幼儿观察能力，激发探索的兴趣。 | 科学、语言 | 集体探究 |
| 蚂蚁之死 | 1. 结合生活经验，猜想蚂蚁死亡的原因。<br>2. 激发幼儿产生保护小蚂蚁的情感。 | 语言、社会 | 集体探究 |
| 蚂蚁的葬礼 | 1. 猜测蚂蚁死亡的原因，了解死亡的含义。<br>2. 激发同情心和保护小动物的美好情感。 | 社会、语言 | 集体探究 |
| 蚂蚁生存环境大比拼 | 1. 通过比较、观察，初步了解蚂蚁适合生存的环境。<br>2. 激发幼儿的探究兴趣和好奇心。 | 科学、语言 | 亲子探究 |
| 蚂蚁家族的分工与繁殖 | 1. 通过交流、讨论、观看课件，了解蚂蚁的分工以及繁殖。<br>2. 进一步激发对蚂蚁探究的兴趣。 | 科学、语言 | 亲子探究 |
| 蚂蚁小兵 | 1. 能听信号向指定方向爬行，提高手脚协调能力。<br>2. 体验模仿蚂蚁的乐趣。<br>3. 培养集体观念和相互合作的精神。 | 健康、社会 | 集体探究 |
| 蚂蚁工厂(一) | 1. 通过观察、讨论、交流，认识蚂蚁工厂，了解蚂蚁在蚂蚁工厂内的活动。<br>2. 激发幼儿对蚂蚁工厂的探索兴趣，产生照顾蚂蚁的情感。 | 科学、社会 | 区域探究 |
| 蚂蚁和西瓜 | 1. 借助绘本，在听、猜、想、说、做中理解故事的情节发展。<br>2. 能够大胆地表现故事中简单的语词和动作，发展语言表达能力。<br>3. 丰富内心，从绘本走向生活，知道团结力量大并乐于分享。 | 语言、社会 | 集体探究 |
| 蚂蚁趣事 | 1. 学习使用观察工具，尝试记录蚂蚁的觅食路径。初步了解蚂蚁的饮食习惯。<br>2. 体验观察蚂蚁、逗蚂蚁的乐趣。 | 科学、艺术 | 集体探究 |

续　表

| 活动名称 | 活动目标 | 涉及领域 | 实施途径 |
| --- | --- | --- | --- |
| 蚂蚁的种类 | 1. 通过观察、比较、交流等形式，幼儿应初步了解蚂蚁的不同种类。<br>2. 进一步丰富幼儿关于蚂蚁的知识与经验。 | 科学、语言 | 集体探究 |
| 蚂蚁工厂(二) | 1. 在了解蚂蚁地道特征的基础上，让幼儿尝试设计蚂蚁地道。<br>2. 大胆在集体面前介绍自己设计的蚂蚁地道，培养语言表达能力。 | 艺术、语言 | 区域探究 |
| 蚂蚁的地下宫殿 | 1. 围绕设计主题，自由选择游戏材料，分组搭建地下宫殿。<br>2. 在提高垒高、围合、穿插等建构技能的基础上，整体合理布局，提升感受美的能力。<br>3. 在“蚂蚁的地下宫殿”建设过程中，增强合作能力，与同伴分享成功的喜悦。 | 科学、艺术 | 区域探究 |
| 蚂蚁工厂(三) | 1. 通过观察、交流，进一步了解蚂蚁地道的特征。<br>2. 进一步激发幼儿对蚂蚁王国的探究欲望。 | 科学、语言 | 亲子探究 |

教师预设活动　　幼儿生成活动　　师生生成活动

## (二)案例呈现

### 案例1　集体探究

**体育活动：蚂蚁小兵**

活动目标：

1. 能听信号向指定方向爬行，提高手脚协调能力。

2. 在游戏中感受相互帮助、团结合作的乐趣。

活动准备：

体操垫、皮球、沙袋若干。

活动过程：

**◎蚂蚁小兵活动身体**

**◎蚂蚁小兵练本领**

1. 师：我们的蚂蚁小兵可真有精神，现在我们练习下本领吧。蚂蚁平时怎么走路呢？谁来学一学蚂蚁怎么爬？

2. 幼儿示范蚂蚁爬。

3. 教师小结。

4. 幼儿集体自由练习蚂蚁爬。

◎**蚂蚁小兵运粮食游戏**

1. 创设情境：运粮食（沙袋）回家。

2. 讲解要求：蚂蚁小兵分成4组，每组的第一个小兵先爬到目的地，把大米（沙包）放在背上，再爬回来放在家里；接着下一个出发运粮食，比一比哪只蚂蚁小兵运的粮食又快又稳。

3. 幼儿游戏。

4. 教师小结游戏情况。

◎**合作游戏，蚂蚁小兵运豆豆（皮球）**

1. 豆子那么大，一只蚂蚁搬不回来，该怎么办呢？

2. 请两个幼儿示范合作运豆豆。

3. 讲解要求：两只蚂蚁小兵把豆豆放在身体中间，用身体夹住，不能用手扶，从对面运回家。

4. 幼儿游戏。

5. 教师小结游戏情况。

◎**放松运动**

师：小兵们今天运了这么多东西，累了吗？我们一起来放松放松吧。

### 语言活动：蚂蚁和西瓜

活动目标：

1. 借助绘本，在听、猜、想、说、做中理解故事的情节发展。

2. 能够大胆地表现故事中简单的语词和动作，培养语言表达能力。

3. 丰富内心，从绘本走向生活，知道团结力量大并乐于分享。

活动准备：

绘本《蚂蚁和西瓜》。

活动过程：

◎**设疑导入**

1. 师：小朋友们，你们觉得动物王国中，谁的力气最大呢？

2. 小结并出示蚂蚁图片。蚂蚁要去干什么呢？

◎**阅读绘本，理解绘本内容**

1. 出示大西瓜画面（P1，P2）。师：如果你是蚂蚁，你最想怎么做？

2. 幼儿模仿吃西瓜的动作，形容西瓜的味道。

3. 出示吃剩下西瓜的画面（P3）提问：

（1）蚂蚁们一下子就吃饱了，可还剩那么多西瓜，怎么办呢？

（2）图片上的小蚂蚁是怎么搬西瓜的？搬不动怎么办？

4. 出示蚂蚁队长叫手下的画面(P4,P5)。师:队长急急忙忙地去干什么?

5. 出示图片(P6—P8)。师:它们是怎样分工的,想了什么办法?小蚂蚁们齐心协力地把西瓜都搬回家了,美美地吃了一顿。

◎完整欣赏故事

1. 师:为什么一开始小蚂蚁搬不了西瓜,后来却成功了?

2. 师:小结。

3. 师:如果在生活中遇到了困难,你们会怎么做?

## 科学活动:蚂蚁趣事

活动目标:

1. 学习使用观察工具,尝试记录蚂蚁的觅食路径,初步了解蚂蚁的饮食习惯。

2. 体验观察蚂蚁、逗蚂蚁的乐趣。

活动准备:

蚂蚁工坊、多倍数放大镜人手一个、"觅食路线"记录表人手一份、路线观察箱每组一个、觅食视频、蚂蚁容器人手一个、蚂蚁若干、镊子、勺子、木棒、树叶、纸巾、苹果、牛奶糖、辣条、柠檬若干。

活动过程:

◎了解蚂蚁的外形特征

1. 说说见过的蚂蚁是什么样子的。

师:小朋友们,你们见过蚂蚁吗?在哪里见过它?

2. 请蚂蚁。

师:今天老师请小朋友来玩一个游戏——请蚂蚁。但是在请蚂蚁之前,请你们来说说,怎么做才能请到蚂蚁呢?为什么?

(1)出示工具,幼儿自由选择操作(镊子、勺子、木棒、树叶、纸巾)。

(2)认识蚂蚁。

师:你们发现了吗,蚂蚁长什么样?

小结:蚂蚁的头很大、腰很小,有6条腿、脑袋上还有两只长长的触角,身体呈黑色或褐色,头、身体和胸部都只有一个"节点"连接。在高倍镜的帮助下,我们还发现了蚂蚁身上长有不同的花纹。

◎观察记录蚂蚁觅食路线

1. 猜测蚂蚁喜欢吃的食物。

师:你知道小蚂蚁喜欢吃什么吗?为什么?

2. 出示路线图,教师讲解演示。

师:在"蚂蚁找食物"的地图上面摆满了各种各样的食物,请你们盯着自己的那只小蚂蚁仔细观察，把它找食物的路线画下来，看看它是怎么找食物的！

3. 幼儿分组观察并记录蚂蚁觅食的路线。

4. 集中交流。

师：你觉得蚂蚁比较喜欢吃什么？为什么？

小结：原来通过对蚂蚁行动路径的记录，我们发现，今天我们所观察的这一群蚂蚁可能比较喜欢吃甜的东西，但是不代表所有的蚂蚁都是这样的口味哦。一次实验的结果并不能证明什么，我们需要通过多次的实验才能发现规律。

◎**活动延伸**

将蚂蚁工坊投放到自然角供幼儿继续观察、探究蚂蚁的饮食习惯和生活习性。

### 案例2　区域探究

**抓蚂蚁**

活动目标：

1. 通过实践操作，掌握抓蚂蚁的方法。

2. 培养幼儿的合作能力以及解决问题的能力。

活动准备：

瓶子、勺子、放大镜等抓蚂蚁的工具。

指导要点：

幼儿自己准备抓蚂蚁的工具，并利用这些工具独自或与同伴合作抓蚂蚁。在抓的过程中，观察蚂蚁，并初步了解蚂蚁。

活动照片如图2-3-3所示。

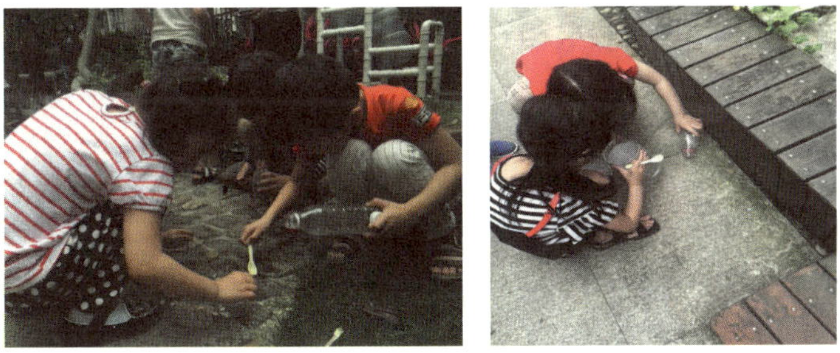

a　　　　b

图2-3-3　抓蚂蚁

**科学区：蚂蚁工厂**

活动目标：

1. 通过观察、讨论、交流，认识蚂蚁工厂，了解蚂蚁在蚂蚁工厂内的活动。

2. 激发幼儿对蚂蚁工厂的探索兴趣，产生照顾蚂蚁的情感。

活动准备：

1. 每组认领一个蚂蚁工厂，并为其取名。

2. 手电筒、记录表、笔等。

指导要点：

1. 幼儿分组认领蚂蚁工厂，并做好标记。

2. 通过日常照顾，观察、记录蚂蚁在蚂蚁工厂的活动或是蚂蚁工厂的变化。

3. 如遇到问题，可以与同伴交流，或向老师、家长求助。

活动照片如图2-3-4所示。

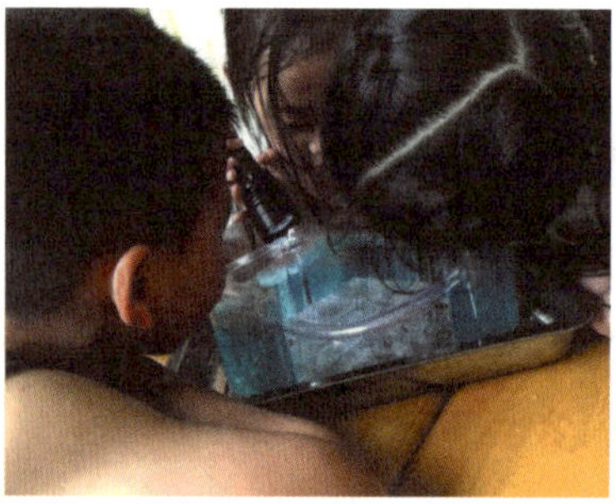

a

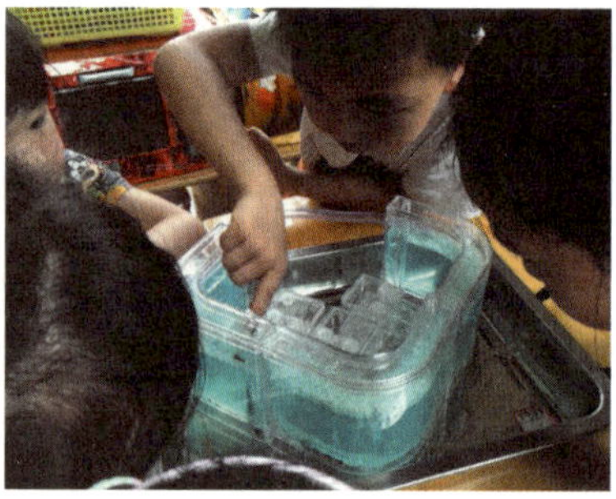

b

图2-3-4　观察蚂蚁

**建构区：蚂蚁的地下宫殿**

活动目标：

1. 围绕设计主题，自由选择游戏材料，分组搭建地下宫殿。

2. 在提高垒高、围合、穿插等建构技能的基础上，整体合理布局，提升感受美的能力。

3. 在“蚂蚁的地下宫殿”建设过程中，增强合作能力，与同伴分享成功的喜悦。

活动准备：

1. 各种各样的纸盒若干，仿真食物若干。

2. 积木若干。

3. 纸、笔。

指导要点：

1. 本区域参与人数为4—6人。

2. 搭建“蚂蚁的地下宫殿”前，幼儿先合作交流、设计图纸。

3. 能根据设计图纸分工合作搭建，先选择适宜材料，运用围合、搭高、拼插、对称、架空等方法搭建主体部分，接着利用其他辅助材料（积木、仿真食物等）进行填充。

4. 作品完成后，请老师拍照存档，并打印出来展示在建构作品区。

活动照片如图2-3-5所示。

a　　b

图2-3-5　搭建蚂蚁城堡

**亲子探究：寻找蚂蚁**

活动目标：

1. 能够主动参与观察活动，初步了解小蚂蚁的生活习性和生活环境。

2. 乐意与家长共同探索如何寻找蚂蚁，体验发现的乐趣。

活动准备：

1. 家长事先与幼儿商量寻找蚂蚁的藏身之所。

2. 可提供放大镜之类的工具。

指导要点：

1. 在寻找蚂蚁之前，与幼儿进行谈话：在哪里看见过蚂蚁？你觉得在哪里可以找到蚂蚁呢？

2. 家长可以针对幼儿的回答，进行记录。

3. 根据幼儿的回答，进行一一验证。

4. 总结谈话：你今天有什么新发现，引导幼儿进行回忆与总结，提升经验。

**蚂蚁生存环境大比拼**

活动目标：

1. 通过比较、观察，初步了解适合蚂蚁生存的环境。

2. 激发幼儿的探究兴趣和好奇心。

活动准备：

1. 相同的透明瓶子。

2. 在瓶子内装入不同的材料（泥土、糖果、面包、树叶等）。

3. 记录表。

指导要点：

1. 在实验之前与幼儿讨论：你觉得蚂蚁会生活在哪里？你觉得它们更喜欢生活在哪个地方呢？

2. 准备相应的材料，并对蚂蚁喜欢生活的环境进行记录。

3. 引导幼儿观察蚂蚁在这些环境中的生存状态。

4. 通过观察、比较、记录，引导幼儿梳理自己的发现，总结经验。

如：蚂蚁今天的状态怎么样呀？你觉得它们比较喜欢生活在哪个瓶子里？为什么？

### （三）环境创设

主题与环境是密不可分的。环境是为主题而创设的，而主题必须依靠环境才能更深入、更具体地开展。主题环境的创设并不是一朝一夕的工作，而是自始至终贯穿在整个探究式主题过程中，是体现幼儿探究的“痕迹”，也是信息与经验交流的“窗口”。

“关于蚂蚁，我知道（我还想知道）……”“考察活动——蚂蚁喜欢吃什么大调查”“蚂蚁食物大调查记录表”三大板块图，如图2-3-6—2-3-8所示。

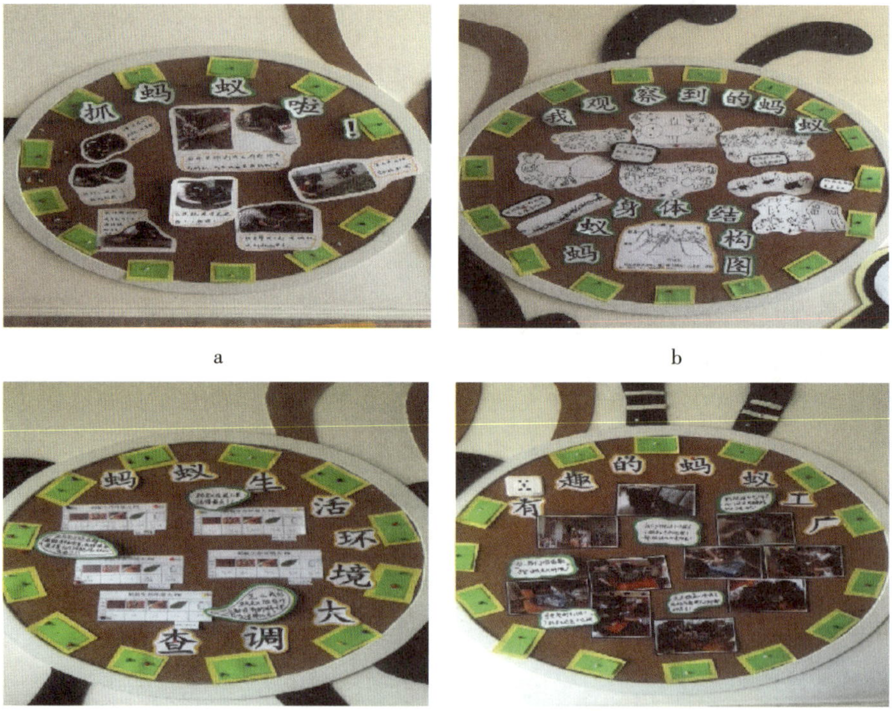


a b c d

图2-3-6 小主题墙

图 2-3-7　大主题墙

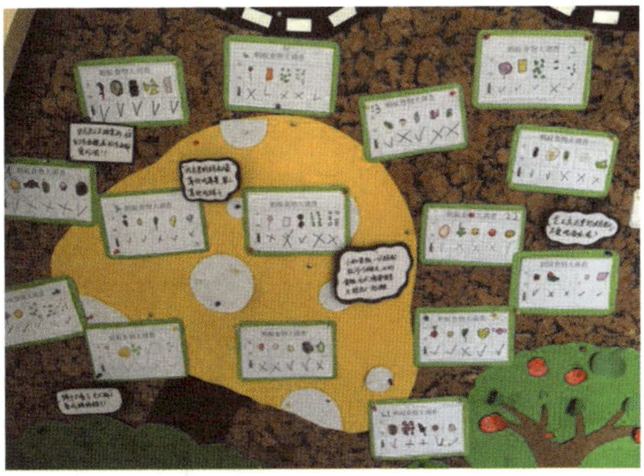

图 2-3-8　大主题墙一角
——“蚂蚁喜欢吃什么调查”记录

## 四、整理故事，助力成长

每一次探究都是一个珍贵的故事，教师和幼儿亲历探究后，会组织集中交流，在幼儿园全员面前将“蚂蚁喜欢吃什么”记录表、“我的蚂蚁朋友”“蚂蚁的地下宫殿”等作品展示出来，支持幼儿用不同方式去分享和表达自己的体验与收获，使他们获得成功的体验，增强自信心。同时，师生将小蚂蚁主题课程中幼儿关于蚂蚁的调查问卷、蚂蚁的外形特征、蚂蚁的生活习性、蚂蚁与人类的关系、户外考察路线图等图文并茂的素材，进行加工整理，编制美化，形成属于幼儿自己的独一无二的蚂蚁课程故事，给予幼儿满满的成就感。

### （一）活动中的学习故事

在整个探究过程中，教师要选择适当的时机，灵活地对幼儿的活动进行评价，获得幼儿学习、发展情况的信息，从中分析评价幼儿的发展水平、兴趣取向、需要进一步研究的问题等，从而进一步对教育行为和方式进行调整。具体借鉴新西兰的儿童学习评价体系，用叙事的方式客观地记录真实发生的学习事件，追随幼儿的脚步、倾听幼儿的心声、解读幼儿的行为，帮助教师观察、理解幼儿独特的视角和思维方式，并支持和助推他们的持续学习，然后与幼儿、其他教师和家长分享，实现从不同的角度解读和评价孩子的学习，也为每一个孩子保存珍贵的成长轨迹和旅程。预设活动中的学习故事，如表 2-3-5 所示。生成活动中的学习故事，如表 2-3-6 所示。

**表2-3-5 “有趣的蚂蚁王国”预设活动中的学习故事记录表**

<table>
<tr><td>活动时间</td><td>2017年6月2日</td><td>活动地点</td><td>教室</td></tr>
<tr><td>观察对象</td><td>小叶、小恒</td><td>观察者</td><td>林依丽</td></tr>
<tr><td colspan="4">学习故事</td></tr>
<tr><td colspan="4">在吃完点心之后，孩子们把蚂蚁工厂端过来放到桌子上，一群人开始研究起来。“咦，蚂蚁怎么都不动呢？是不是死啦？”小叶大叫起来，随即另一组的幼儿也说：“对呀，我们这组的也都不动，不动怎么挖洞呢？”看着“偷懒”的蚂蚁们，孩子们就开始商量办法，对着蚂蚁大喊大叫，蚂蚁还是没反应。那“凶”的不行，要不温柔点吧，给蚂蚁们唱首歌吧，于是小叶就唱起歌来，不过似乎这些蚂蚁们一点面子也不给，还是一动不动。“是不是太黑了？我们拿个手电筒照照看！”说完，小叶就从科学区里找来了手电筒，并对着蚂蚁工厂左照照、右照照。可蚂蚁们还是纹丝不动。另一组突然传来声音：“你们来看看，我们这组的蚂蚁动了一下！”小恒兴奋地叫了起来。一听到蚂蚁动了，小叶也连忙跑过去问：“小恒，你是怎么让它们动起来的呀？”“我就是把托盘动了一下，它们以为地震了吧，所以就动了。”小恒对着小叶解释了一番。对于这样的一个发现，小叶也迫不及待地尝试了，结果真如小恒说的一样，一开始剧烈的震动会让蚂蚁移动，可是一会儿它们又窝在哪里不动了，怎么回事呢？小叶满脸的疑惑：“难道是肚子饿了吗？”活动照片如图2-3-9所示。<br><br>图2-3-9 探究蚂蚁</td></tr>
<tr><td>短期回顾</td><td colspan="3">孩子们对蚂蚁工厂产生了极大的兴趣，一有空就喜欢聚在一起研究。此次活动，他们发现蚂蚁一动不动，于是通过观察、讨论、交流，孩子们与伙伴们共同尝试让蚂蚁动起来的各种方法：对着它们大声讲话、唱好听的歌、用手电筒照光、制造“地震”等，可见他们对于蚂蚁的探究兴趣非常浓厚，并在探索的过程中有所发现和收获。</td></tr>
<tr><td>后续设想</td><td colspan="3">今天的观察活动，孩子们并没有寻找出原因。但是孩子们对蚂蚁工厂越来越感兴趣：蚂蚁为什么一动不动？蚂蚁是怎么挖地道的呢？尝试了这么多种方法，还是没有解决孩子们的疑惑。于是孩子们就想是不是蚂蚁饿了，所以没力气动了呢。因此，下一步我们开展了蚂蚁吃什么的活动，帮助孩子们继续探究蚂蚁的奥秘。</td></tr>
</table>

表2-3-6 “有趣的蚂蚁王国”生成故事中的学习故事记录表

| 活动时间 | 2017年5月24日 | 活动地点 | 幼儿园种植地 |
|---|---|---|---|
| 观察对象 | 小博、乐乐、洪洪 | 观察者 | 林依丽 |
| 学习故事 | | | |
| 今天早上，孩子们兴冲冲地向同伴介绍自己从家里带的抓蚂蚁工具——勺子、镊子、瓶子等，个个自信满满地说：“肯定能抓到好多好多蚂蚁！”那去哪里抓蚂蚁呢，小行说：“我们去种植园地吧，因为蚂蚁的家在地底下，那里肯定有很多蚂蚁！”于是，大家来到了幼儿园厨房后面的种植地，各自开始寻找蚂蚁。只见他们一边寻找蚂蚁踪迹，一边与同伴交流。乐乐率先发现了蚂蚁的踪迹，并呼喊同伴：“你们看，这里有蚂蚁啦！”于是，她本能伸手一抓，蚂蚁是抓到了，可是却被捏死了。她伤心地说：“蚂蚁那么小，我用手一抓就把它抓死了，哎！”于是，小博过来安慰道：“我们用调羹抓吧，可能不会死的！”于是，两个人蹲在蚂蚁出没的地方行动起来。抓了一会儿，两个人又发现用调羹抓蚂蚁，蚂蚁还是抓不到。当他们想寻求帮助的时候，发现淇淇已经抓到了蚂蚁，于是两人站到淇淇旁边，一起观察抓到的蚂蚁，当然他们也没忘记向她请教抓蚂蚁的方法。 | | | |
| 短期回顾 | 在抓蚂蚁的过程中，孩子们遇到了两个难题：一个是蚂蚁的生命很脆弱，一旦用力它就死了；另一个是蚂蚁太灵活了，不容易抓。当幼儿碰到这样的难题时，教师该怎么做呢？这个时候，不要急于告诉幼儿答案，而是支持和鼓励幼儿自己去探索解决办法，这能够提高幼儿解决问题的能力，使幼儿在原有的基础上不断提高。<br>同时，孩子们也发现了一些成功抓到蚂蚁的同伴，于是这些没抓到蚂蚁的幼儿主动向已经抓到蚂蚁的幼儿请教，通过同伴互助的形式，帮助没抓到的幼儿尽快掌握方法，体验成功抓捕的自豪感。 | | |
| 后续设想 | 因为第一次抓蚂蚁，有成功体验的孩子不多，很多都纷纷提出意见要继续探索。接下来我们与孩子们商量之后，就如何合作抓蚂蚁、抓蚂蚁的工具是否要调整进行了探讨。于是我们再一次深入开展抓蚂蚁活动，并在交流中延伸出新的活动：蚂蚁长什么样。 | | |

## （二）设计者的话

在“小蚂蚁大世界”的探究式主题课程中，我们遵守“从孩子的兴趣出发，自发生成系列课程”的原则，为幼儿营造了良好的课程实施环境，带领孩子亲近大自然，深入探究蚂蚁的秘密。在这个探究过程中，不仅充分激发了孩子们探究蚂蚁的兴趣，培养了孩子们发现问题、分析问题及解决问题的能力，还增进了同伴之间的情感。

（林依丽　杨丹婵）

表 2-4-1　"我知道、我还想知道"的调查表

| 关于蜗牛，我知道 | 关于蜗牛，我还想知道 |
| --- | --- |
| 1. 蜗牛有壳，身体长长的。<br>2. 蜗牛壳的形状像棒棒糖。<br>3. 蜗牛壳上的图案很漂亮。<br>4. 蜗牛的脖子是长长的。<br>5. 蜗牛头上有一对触角。<br>6. 蜗牛头会缩到壳里。<br>7. 蜗牛会吃菜叶子。<br>8. 蜗牛爬得很慢。<br>9. 蜗牛喜欢下雨天。<br>10. 蜗牛有眼睛、尾巴。<br>11. 还没长大的蜗牛，壳上的圈圈较少，长大了的蜗牛，壳上的圈圈多些。<br>12. 蜗牛的壳是棕色的，很硬。 | 1. 蜗牛有腿吗？<br>2. 蜗牛排泄物的颜色和吃的东西的颜色一样吗？<br>3. 蜗牛的身体能离开壳吗？<br>4. 蜗牛会咬人吗？<br>5. 蜗牛会小便吗？<br>6. 蜗牛有眼珠吗？<br>7. 蜗牛是怎样睡觉的？<br>8. 蜗牛可以活多久？<br>9. 蜗牛壳上的圈圈有什么用？<br>10. 蜗牛还喜欢吃什么？<br>11. 蜗牛会生宝宝吗？<br>12. 蜗牛有嘴巴吗？ |

通过调查，我们了解到孩子们对蜗牛有一定的认知，他们知道蜗牛一些明显的外形特征，例如"蜗牛有壳，蜗牛身体长长的""蜗牛壳的形状像棒棒糖""蜗牛壳上的图案很漂亮""蜗牛爬得很慢"等，但是并不全面。教师将幼儿对蜗牛的疑问记录下来，并根据幼儿感兴趣的点进行梳理。幼儿更感兴趣的点在于："蜗牛有腿吗""蜗牛的身体能离开壳吗""蜗牛会睡觉吗""蜗牛会咬人吗"等。我们深知幼儿提问的积极性必须保护，但又不可能对所有的问题展开探究，需要在幼儿的兴趣点和关注点上进行教育价值判断。但如何确定提问是否有价值？又该如何选择呢？根据幼儿的经验与需要以及近阶段的教育目标，我们将幼儿问题的梳理成表，如表 2-4-2 所示。

表 2-4-2　"我还想知道"的关键经验梳理表

| 幼儿要探究的问题表述 | 所归属的核心经验范畴 |
| --- | --- |
| 蜗牛有腿吗？<br>蜗牛的身体能离开壳吗？<br>蜗牛有眼珠吗？<br>蜗牛壳上的圈圈有什么用？<br>蜗牛有嘴巴吗？ | 蜗牛的外形特征 |
| 蜗牛排泄物的颜色和吃的东西的颜色一样吗？<br>蜗牛还喜欢吃什么？<br>蜗牛会咬人吗？<br>蜗牛会小便吗？<br>蜗牛是怎样睡觉的？ | 蜗牛的生活习性 |
| 蜗牛会生宝宝吗？<br>蜗牛可以活多久？ | 生殖繁衍 |

根据本班幼儿身心发展的特点及认知规律，制订了以下主题目标：

1. 对周边环境中的蜗牛产生探究兴趣，并调动各种感官，在自由的氛围中了解蜗牛的外形特征、生活习性以及其他相关知识。

2. 会使用各种线条来表现蜗牛的外形特征，感受线条带来的美感。

3. 感受蜗牛永不放弃的精神，遇到困难能够坚持。初步了解蜗牛与人类和动植物的关系，乐意饲养蜗牛，在过程中萌发关心、爱护小蜗牛的情感。

## 二、厘清脉络，立点梳线

### （一）预设主题网络图

探究式主题活动的顺利开展，离不开具有一定知识储备和教学智慧的教师。我们自身对于蜗牛知识的储备是有限的，需要从幼儿的兴趣点出发，查找相关的资料及更多有关资料丰富自身的知识经验储备。结合查阅的知识以及幼儿的疑问点，预设了相关的知识，形成主题预设网络图，同时准备相关的教学资源库备用。只有做好了充足的准备，我们才能更加敏锐地察觉幼儿在活动中生成的有价值的点，促进幼儿的潜能发展。“我和蜗牛有约”预设主题网络图，如图2-4-1所示。

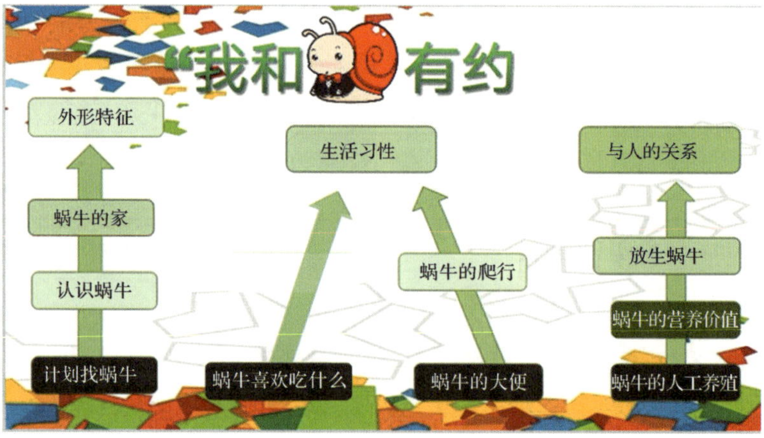


图2-4-1 “我和蜗牛有约”预设主题网络图

### （二）预设活动导航表

以本班幼儿的实际情况与需求兴趣为依据，经过分析与价值判断，我们将其分成三个阶段：外形特征、生活习性、与人的关系。第一阶段：通过带领幼儿捉蜗牛、看蜗牛，了解蜗牛的外形特征，丰富幼儿对蜗牛的认知，激发其探索欲。第二阶段：以观察、养蜗牛等活动，了解蜗牛的生活习性。第三阶段：在对蜗牛的亲密接触中，萌发关心、爱护小蜗牛的情感。精彩的生成源于精心的预设，教师根据幼儿的年龄特征及最近的兴趣点，将提前预设好活动目标及流程，设计成不同的教学形式，预设了活动导航图，以活动时间顺序进行排列，具体如表2-4-3所示。

**表2-4-3　"我和蜗牛有约"活动方案预设导航表**

| 序号 | 所属板块 | 活动名称 | 活动目标 | 涉及领域 |
|---|---|---|---|---|
| 1 | 外形特征 | 计划找蜗牛 | (1)通过做计划，记录去哪里找蜗牛。<br>(2)能借助工具成功捕捉蜗牛，并记录捕捉过程，与同伴分享经验。 | 艺术、语言 |
| 2 | | 认识蜗牛 | (1)初步感知蜗牛的外形特征，了解蜗牛的生活习性。<br>(2)体验观察与探究蜗牛的快乐，萌发对蜗牛的关注、喜爱之情。<br>(3)能大胆地用比较完整的语言表达自己的发现，并乐意与同伴分享。 | 科学、语言 |
| 3 | | 蜗牛的家 | (1)初步了解蜗牛的生活习性和生存环境，探索用各种方法寻找蜗牛。<br>(2)通过观察蜗牛，寻找蜗牛存活的条件，并制作适合蜗牛居住的"家"。 | 科学、语言 |
| 4 | 生活习性 | 蜗牛喜欢吃什么 | (1)猜想蜗牛喜欢吃什么。<br>(2)用铅笔、蜡笔画出蜗牛喜欢吃的食物。 | 艺术、语言 |
| 5 | | 蜗牛的爬行 | (1)知道蜗牛没有脚，是靠腹部的肌肉(腹足)进行爬行。<br>(2)了解蜗牛黏液的作用，并观察黏液能帮助蜗牛在任何物体上不掉下来的现象。 | 科学、语言 |
| 6 | | 蜗牛的大便 | (1)观察蜗牛是否会排泄，排泄孔在哪里。<br>(2)发现蜗牛的便便和食物的内在联系，并能大胆地进行猜测和表达 | 科学、语言 |
| 7 | 与人的关系 | 蜗牛的人工养殖 | (1)知道蜗牛对农作物有危害但蜗牛本身有价值。<br>(2)了解可以用人工养殖的办法让蜗牛为人类所用。 | 科学、社会 |
| 8 | | 蜗牛的营养价值 | (1)通过活动初步了解蜗牛的营养价值。<br>(2)萌发对事物的探究兴趣。 | 语言、社会 |
| 9 | | 放生蜗牛 | (1)讨论如何让蜗牛生存下来，产生爱护动物的情感。<br>(2)知道大自然才是动物的家。 | 社会、科学 |

## 三、预设生成，灵动调整

### （一）内容的调整与实施

“预设”是预测和设计，是教师探究式主题活动前对教学进行有目的、有计划的设想和安排；而“生成”是生长和建构，是师生在教学中以及对话互动中产生超越教师预设方案之外的新问题和新情况。以本班幼儿为主体，优化主题设计，遵循幼儿发展规律，更深层次地挖掘大主题里的分支主题。教师经过分析与价值判断，促进幼儿进一步发展问题，根据幼儿的连续性学习，推动探究式主题课程不断延伸、发展。为了让教师把控活动进展，为幼儿提供“最近发展区”的活动，特做以下蜗牛主题生成网络图。在绘制蜗牛主题网络图时，以主题为中心，将各次级主题及其内容用直线呈放射状绘于纸上，如图2-4-2所示。

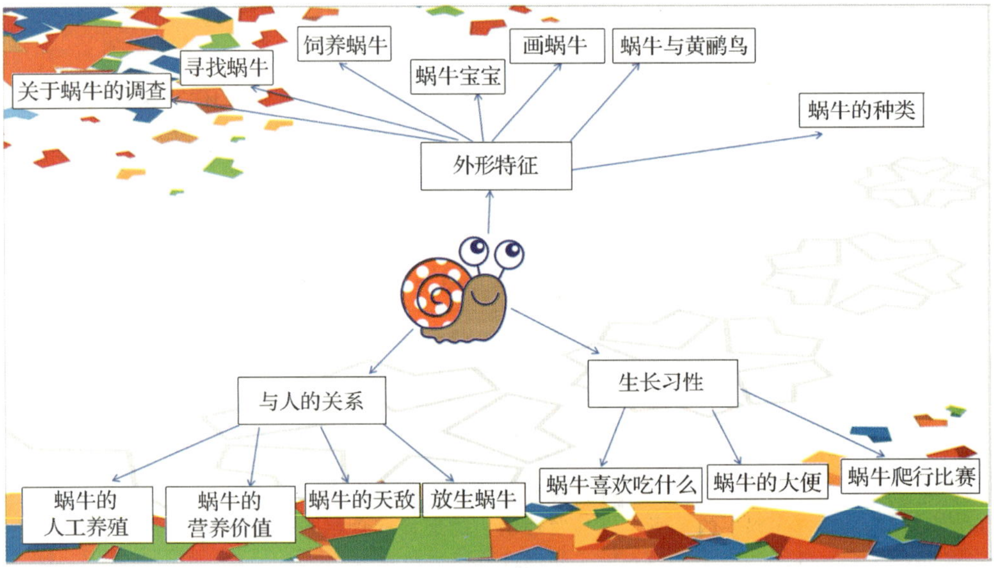


图2-4-2 “我和蜗牛有约”生成主题网络图

探究活动是灵活变动的，幼儿的思维也是异常活跃的，新的情况、新的问题随时都可能出现。当出现了新情况、新问题时，应该敏锐地发现其中的价值，把握有利契机，及时机动灵活地形成一个个生成活动，作为原有预设活动计划的补充，引导幼儿开展有关猜想和实验验证活动，如表2-4-4所示。

表2-4-4　"我和蜗牛有约"实施活动一览表

| 活动名称 | 活动目标 | 涉及领域 | 实施途径 |
|---|---|---|---|
| 关于蜗牛的调查 | 1. 通过提问、倾听，幼儿产生对蜗牛的好奇。<br>2. 对蜗牛有探究的兴趣，能大胆说出自己的发现或疑问。 | 语言、科学 | 集体探究 |
| 寻找蜗牛 | 1. 在寻找蜗牛的过程中，初步了解蜗牛的生活习性。<br>2. 了解天气对蜗牛的影响。 | 科学、健康 | 亲子探究 |
| 饲养蜗牛 | 1. 探索用各种食物引诱蜗牛进食。<br>2. 了解蜗牛的饮食习惯。<br>3. 体验养蜗牛的乐趣。 | 科学 | 亲子探究 |
| 蜗牛宝宝 | 1. 初步感知蜗牛的外形特征，了解蜗牛的生活习性。<br>2. 体验观察与探究蜗牛的快乐，萌发对蜗牛的关注、喜爱之情。<br>3. 能大胆地用比较完整的语言表达自己的发现，并乐意与同伴分享。 | 科学、语言 | 集体探究 |
| 画蜗牛 | 1. 认真观察自己的蜗牛，把它的特征画下来。<br>2. 乐意参与绘画活动，从中体验成功的喜悦与乐趣。 | 艺术、科学 | 集体探究 |
| 蜗牛与黄鹂鸟 | 1. 学习带休止符的节奏，并为歌曲伴奏。<br>2. 通过学唱歌曲，幼儿懂得不能像黄鹂鸟那样自以为是、以自己的长处取笑别人的短处，以及在生活中学习蜗牛不畏艰难、对奋斗目标执着追求的顽强精神。<br>3. 在音乐活动中，感受歌曲的韵律美和节奏美。 | 艺术 | 集体探究 |
| 蜗牛的种类 | 1. 知道蜗牛有不同的种类。<br>2. 感受特殊蜗牛的奇特之处。 | 科学、语言 | 集体探究 |
| 蜗牛喜欢吃什么 | 1. 猜想蜗牛喜欢吃什么。<br>2. 用水彩笔、蜡笔画出蜗牛喜欢吃的食物。 | 艺术、科学 | 区域探究 |
| 蜗牛的大便 | 1. 探索蜗牛是否会排泄，以及排泄物在哪里。<br>2. 发现蜗牛的便便和食物的内在联系，并能大胆地进行猜测和表达。 | 科学、语言 | 区域探究 |
| 蜗牛爬行比赛 | 1. 通过蜗牛爬行比赛，进一步感受蜗牛的爬行特征。<br>2. 感受比赛的乐趣。 | 科学、语言 | 区域探究 |
| 蜗牛的人工养殖 | 1. 知道蜗牛对农作物有危害，但蜗牛本身有价值。<br>2. 了解可以用人工养殖的办法让蜗牛为人类所用。 | 科学、社会 | 区域探究 |
| 蜗牛的营养价值 | 1. 通过活动初步了解蜗牛的营养价值。<br>2. 萌发对事物的探究兴趣。 | 语言、社会 | 集体探究 |
| 蜗牛的天敌 | 1. 通过图片、录像、讲述等活动，了解蜗牛的天敌有哪些。<br>2. 初步了解食物链的概念，萌发保护生态平衡的意识。 | 科学、语言 | 区域探究 |
| 放生蜗牛 | 1. 讨论如何让蜗牛生存下来，产生爱护动物的情感。<br>2. 知道大自然才是动物的家。 | 科学、社会 | 集体探究 |

教师预设活动　　幼儿生成活动　　师生生成活动

## (二)案例呈现

### 案例1 集体探究

**科学活动:蜗牛宝宝**

活动目标:

1. 初步感知蜗牛的外形特征,了解蜗牛的生活习性。

2. 体验观察与探究蜗牛的快乐,萌发对蜗牛的关注、喜爱之情。

3. 能大胆地用比较完整的语言表达自己的发现,并乐意与同伴分享。

活动准备:

放大镜人手一只、蜗牛、图片、视频。

活动过程:

**◎引导幼儿**

顺序观察法:采用从上到下、从内到外、由整体到局部等观察法,观察蜗牛的特征。

师:今天,我给你们请来了一位朋友,让我们一起来看看它是谁。

(师出示蜗牛)你们认识它吗?(引导幼儿跟蜗牛朋友问好)

**◎幼儿观察蜗牛,了解蜗牛的外形特征**

师:请你们用小手摸一摸、眼睛看一看,你会发现很多的小秘密。

幼儿观察,教师巡回指导,引导幼儿说说蜗牛是什么样子的,头上有什么,蜗牛的壳是什么形状的,蜗牛的头在哪里。

幼儿自由回答,给幼儿充分的表达时间。

师小结:头上有两对触角,背着一个壳,是软体动物。

**◎幼儿第一次用放大镜观察**

师:请你们找一找蜗牛的触角、嘴巴分别在哪里。

幼儿集中讨论。

**◎幼儿第二次利用叶子探索蜗牛的嘴巴**

教师提供叶子,两个幼儿合作,一个用叶子去喂蜗牛,另一个用放大镜寻找蜗牛的嘴巴。

**◎拓展经验,了解蜗牛的嘴巴和齿舌**

教师出示图片——蜗牛的舌头。将显微镜下拍的蜗牛的齿舌图片播放给幼儿看,密密麻麻的很多像小针尖一样的牙齿整齐地排列着。

师小结:蜗牛是世界上牙齿最多的动物。另外,蜗牛身上还有很多其他秘密,等着我们下节课继续探索。

**美术活动：画蜗牛**

活动目标：

1. 认真观察自己的蜗牛，把它的特征画下来。

2. 乐意参与绘画活动，从中体验成功的喜悦与乐趣。

活动准备：

彩色油画棒、画纸、蜗牛人手一份。

活动过程：

**◎猜谜导入，激发活动兴趣**

猜谜导入：小朋友们，老师认识一种动物，名字叫作牛，不会拉犁头。说它力气小，背着房子走。你们知道它是什么了吗？

**◎帮助幼儿掌握蜗牛的基本画法**

1. 提出问题，帮助幼儿自己观察到蜗牛的基本外形特征。

师：谁能告诉老师，你的蜗牛是长什么样子的？

引导幼儿根据自己的观察和经验进行讲述。

师：蜗牛身上有什么？是什么形状的？壳上还有什么？

引导幼儿仔细观察，并能说出一圈一圈的螺旋线和花纹。

2. 引导幼儿通过观察说出各类颜色。

师：蜗牛的壳都有什么颜色？

师：蜗牛的头上有什么呢？你看到它的眼睛了吗？长在什么地方？让我们一起来画一画蜗牛宝宝。

幼儿欣赏老师的范画，引起幼儿作画的兴趣。

3. 教师讲解示范

师：老师把画蜗牛的方法编成了一首儿歌。蜗牛外形螺旋形，一圈一圈往外转。画出身体像条虫，前头圆圆后面尖。一对触角伸出来，触角上面画眼睛。

4. 鼓励幼儿大胆作画，教师巡回指导。

**◎作品评价**

请幼儿讲一讲自己的作品，将自己的画编成故事。

画蜗牛的活动照片如图2-4-3所示。

图2-4-3　画蜗牛

### 音乐活动：蜗牛与黄鹂鸟

活动目标：

1. 学习带休止符的节奏，并为歌曲伴奏。

2. 通过学唱歌曲，幼儿懂得不能像黄鹂鸟那样自以为是，以自己的长处取笑别人的短处，以及在生活中学习蜗牛不畏艰难、为奋斗目标执着追求的顽强精神。

3. 在音乐活动中，感受歌曲的韵律美和节奏美。

活动准备：

多媒体、蜗牛和黄鹂鸟的头饰、打击乐器、电子琴等。

活动过程：

**◎谜语导入，激发幼儿兴趣**

师：老师这有一个小谜语，请你们猜猜这是什么小动物。行得慢，背着房子它在里面住。是什么动物?（幼儿：蜗牛。可出示锅牛图片）它有什么待点？我们一起学学蜗牛爬行的样子。

师：瞧森林里的黄鹂鸟也来了!（课件出示）

教师用唱的形式讲述关于蜗牛和黄鹂鸟的故事。

（幼儿自由说，教师小结。）

**◎学唱歌曲**

听一听：播放电脑课件完整聆听《蜗牛与黄鹂鸟》，感受歌曲。

哼一哼：教师弹奏学生用"噜"轻声模唱歌曲。

念一念：按节奏念歌词，教师要提示念歌词时第一拍要念得强一些。

**◎唱一唱，包括分段唱，男女唱，表演唱**

师小结：后来会怎样？小蜗牛爬到葡萄树上的时候，葡萄会变成什么样子呢？你喜欢这首歌吗？你喜欢小蜗牛吗，为什么？

## 案例2　区域探究

### 图书区：蜗牛的天敌

活动目标：

1. 通过图片、录像、讲述等活动，了解蜗牛的天敌有哪些。

2. 初步了解食物链的概念，萌发保护生态平衡的意识。

活动准备：

关于蜗牛天敌的绘本书籍以及资料。

指导要点：

1. 组织幼儿阅读与蜗牛相关的绘本。

2. 教师引导幼儿了解食物链的概念。

3. 组织幼儿相互讨论。

**自然角：蜗牛喜欢吃什么**

活动目标：

1. 猜想蜗牛喜欢吃什么。

2. 用水彩笔、蜡笔画出蜗牛喜欢吃的食物。

活动准备：

各种食物和蜗牛。

活动指导：

1. 教师投放蜗牛和各种食物，组织幼儿讨论蜗牛有可能喜欢吃什么。

2. 幼儿自由组合，并制作调查表。

3. 幼儿自主探究蜗牛喜欢吃什么，并得出结论。

活动照片如图 2-4-4 所示。

图 2-4-4　蜗牛喜欢吃什么

**科学区：蜗牛的爬行比赛**

活动目标：

1. 通过蜗牛爬行比赛，进一步感受蜗牛的爬行特征。

2. 感受比赛的乐趣。

活动准备：

蜗牛、泥工板。

指导要点：

1. 组织幼儿讨论如何进行蜗牛的爬行比赛。

2. 确定比赛规则。

3. 首先从每组的蜗牛中，选出爬行最厉害的蜗牛。

4. 再由每组的冠军蜗牛进行最终的对决。

蜗牛的爬行比赛活动，如图 2-4-5 所示。

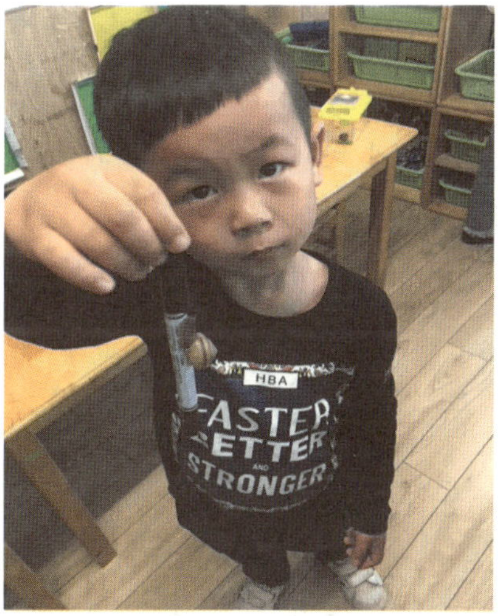


图 2-4-5　蜗牛的爬行比赛

### 案例 3　亲子探究

《幼儿园教育指导纲要》(以下简称《纲要》)强调，“家庭是幼儿园重要的合作伙伴。

# 设计4　我和蜗牛有约(中班)

## 一、共享共探,确定主题

### (一)问题缘起

四月真是个好季节,樱花开得烂漫,各种虫鸟欢快地鸣叫,柳树披上了绿色的盛装。一天晨间谈话的时候,孩子们叽叽喳喳地聊着周末外出踏春的趣事,理理说自己发现了田里有很多蜗牛,于是话题就转到了蜗牛上。“那些绿油油的叶子上有好多蜗牛呀!”“我看到的蜗牛有大有小,小的多一点!”“蜗牛会把这些油菜花吃掉吗?”“会吃掉!上周我去奶奶家,我看到奶奶家菜地里有好几只蜗牛宝宝,它们都在油菜花上面吃菜叶子呢!”“不会,它喜欢吃大白菜,我还问过爸爸呢!”孩子们开始在“会”和“不会”之间争得面红耳赤。有些孩子还把自己在绘本里看到的有关蜗牛的知识都搬了出来。有趣的蜗牛引发了孩子们的好奇心,激发了孩子们强烈的探索欲望。

### (二)价值分析

中班幼儿有着强烈的好奇心,他们善于发现、喜欢探索,一旦对某事物有了浓厚的兴趣,就会主动去求知、去探索。教师应及时捕捉教育契机,从幼儿感兴趣的蜗牛入手。同时,在寻找蜗牛的过程中推动幼儿自主探究及科学素养的进一步发展,这也符合《3—6岁儿童学习与发展指南》(以下简称《指南》)中所提出的“支持幼儿在接触自然、生活事物和现象中积累有益的直接经验和感性认识”。因此,作为教师,应为幼儿提供充分的时间和空间,支持幼儿置身于大自然中和蜗牛进行亲密接触,运用各种感官、用多种方法进行探索、实验,了解蜗牛的外形特征、生活习性、与人类的关系等方面的知识,产生对小蜗牛的喜爱之情。

### (三)主题确立

为了能让蜗牛探究式主题活动顺利开展,我们开展了前期的大调查——“关于蜗牛,我知道”和“关于蜗牛,我还想知道”,调查汇总如表2-4-1所示。

应本着尊重、平等、合作的原则，争取家长的理解、支持和主动参与，并积极支持、帮助家长提高教育能力”。幼儿园应与家庭密切合作，综合利用各种资源，共同为幼儿的发展创造良好的条件。在蜗牛主题探究过程中，需要获得家长支持，并让其参与整个探究过程。

### 寻找蜗牛

活动目标：

1. 在寻找蜗牛的过程中，初步了解蜗牛的生活习性。

2. 了解天气对于蜗牛的影响。

活动准备：

1. 关于蜗牛的生活习性等相关视频、书籍、照片。

2. 抓蜗牛的容器和工具：如抓鱼的网，玩沙子的铲子、夹子等。

3. 纸、笔等。

指导要点：

1. 家长搜集关于蜗牛的生活习性等相关视频、书籍、照片，让幼儿积累关于蜗牛的有关知识。

2. 亲子探讨蜗牛可能居住的地点、使用的工具，以及抓到蜗牛之后一系列的居住问题。

3. 设计计划表，思考使用的工具以及蜗牛找到后需要居住的“家”。

4. 实地寻找蜗牛。

寻找蜗牛计划，如图2-4-6所示。

图2-4-6　寻找蜗牛计划

### 饲养蜗牛

活动目标：

1. 探索用各种食物引诱蜗牛进食。

2. 了解蜗牛的饮食习惯。

3. 体验养蜗牛的乐趣。

活动准备：

蜗牛、放大镜、树叶、水、记录表、饼干、蔬菜等材料。

指导要点：

1. 亲子商量如何给蜗牛造家，选择合适的材料建造蜗牛的家，并从各种书籍中了解如何养蜗牛。

2. 讨论如何照顾蜗牛的吃喝以及注意事项。

3. 放置不同的食物，观察蜗牛吃哪些东西，了解蜗牛的生活习性，观察记录蜗牛的饮食记录。

4. 照顾期间，家长在交流群里相互交流养蜗牛的乐趣以及注意事项。幼儿来园和同伴以及老师交流养蜗牛的趣事。

不仅仅是以上两个活动，还有邀请家长利用周末等空余时间陪伴幼儿一起寻找不同的蜗牛，比较各种蜗牛相同、相似、不同的地方；蜗牛喜欢吃什么，幼儿可以在家长的支持下，给蜗牛喂食并观察，从而了解蜗牛的相关习性；等等。关于蜗牛，幼儿能自己亲手操作的其实很有限。所以教师邀请幼儿和家人一起搜集关于“蜗牛的种类”“蜗牛的繁殖”“蜗牛对人类的作用”等相关音频、书籍、照片，让幼儿学习关于蜗牛的知识。家长在“蜗牛”课程实施过程中的参与，弥补了师幼比不足的现状，从而更好地提高了每一个幼儿在“蜗牛”课程中的参与度，也更直观地帮助家长了解幼儿园课程、了解幼儿的发展情况等。

### （三）环境创设

在主题墙的呈现上，我们留下了孩子探索的痕迹，使其成为表现孩子所思所想的另一个场所。例如，在“我和蜗牛有约”探究式主题过程中的“蜗牛的长相”这一主题分支中，教师鼓励幼儿运用放大镜、相机或手机，通过聚焦观察、摄影、拍摄照片等方式记录下自己发现的蜗牛到底长啥样。这些工具能帮助幼儿更仔细、更精确、更直观地捕捉蜗牛的细节，也便于幼儿后期在集体面前进行介绍。孩子们发现了“蜗牛有两对触角”“蜗牛没有鼻子”“蜗牛的大小触角有完全不同的作用”等。而幼儿的这些学习痕迹被保留下来成为很好的素材，展示在班级环境中，丰富了幼儿的表达方式。不同的学习痕迹又成为幼儿的“第三位老师”，从而凸显了幼儿的主体性，也更好地展现了幼儿的作品、表达了幼儿的想法，使得班本化活动的开展充满仪式感。

1. 大主题墙板块：“蜗牛探究网络图”“蜗牛爱吃什么调查记录表”“蜗牛爱住哪记录纸”“蜗牛的触角”。

2. 小主题墙板块：“蜗牛长这样”。

3. 小主题墙板块：“蜗牛的黏液”。

4. 小主题墙板块：“捉蜗牛”。

5. 小主题墙板块：“蜗牛爬行比赛”。

主题墙照片如图2-4-7、图2-4-8所示。

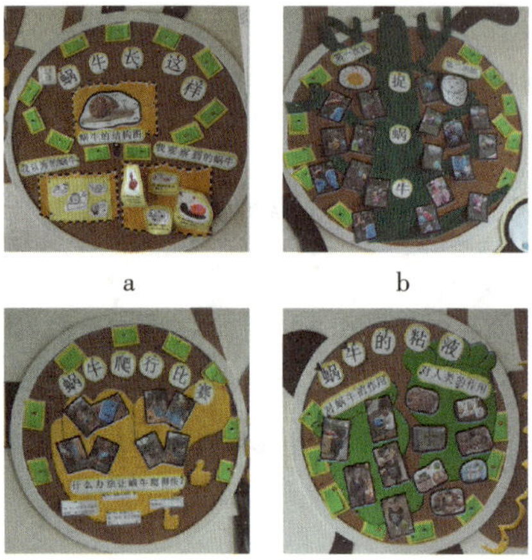


a　b　c　d

图2-4-7　小主题墙照片

图2-4-8　大主题墙照片

区角渗透：

1. 图书区：投放关于蜗牛的绘本以及相关资料，供幼儿自主阅读，或者是借阅回家与家长进行亲子阅读，进一步探索蜗牛的世界。

2. 自然角：(1)蜗牛爱住哪：幼儿自带遮光布、鞋盒等材料，教师提供记录表，引导幼儿观察并记录蜗牛爱住什么样的“家”，在什么样的“家”最愿意钻出来。(2)蜗牛爱吃什么：幼儿自带食物放在蜗牛的“家”里，教师提供记录表，引导幼儿观察记录蜗牛爱吃的食物。

3. 美工区：(1)画蜗牛：提供绘画纸和记号笔，引导幼儿画自己原先以为的蜗牛样子以及观察后蜗牛的样子。(2)蜗牛的家：和家人一起找资料，画蜗牛最喜欢待的地方。(3)提供纸盒、菜叶、瓶罐等废旧材料，供幼儿制作蜗牛的家。

4. 科学区：提供放大镜，供幼儿进一步观察蜗牛的外形特征。

活动图片如图2-4-9—图2-4-11所示。

a　b

图2-4-9　自然角照片

a　　b

图 2-4-10　美工区照片

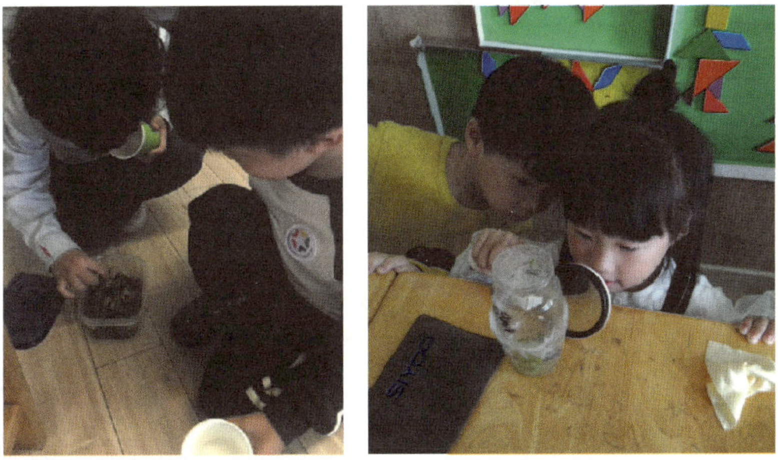

a　　b

图 2-4-11　科学区照片

## 四、整理故事，助力成长

孩子们带着问题去观察、探索蜗牛，在解决了问题的基础上，又发现了新的问题。在发现—解决—发现—解决的循环中，幼儿对蜗牛的了解越来越深入，思维活动非常活跃，解决问题的能力也逐渐增强，语言表达能力以及自信心等都有较大的提高。

我们在探究式主题活动中，主要采用了学习故事对幼儿的学习进行评价，班级教师为主要的信息提供者，辅以来自幼儿家长的评价信息。学习故事不仅是一种学习评价的手段，更是一种理念，它帮助教师更仔细、更精确、更直观地捕捉到幼儿对蜗牛探索感兴趣的过程，能够在师生之间持续互动和呼应中推动主题的生成。幼儿的这些探索痕迹被保留下来，并丰富了其的表达方式。我们通过在幼儿园活动中聚焦观察、摄影、拍摄照片等方式，记录儿童学习过程的一系列时刻。以下的两个故事就是孩子探究过程中发生的趣事。

### （一）活动中的学习故事

预设活动中的学习故事，如表2-4-5所示。生成活动中的学习故事，如表2-4-6所示。

**表2-4-5 “我和蜗牛有约”预设活动中的学习故事记录表**

| 活动时间 | 2017年4月21日下午 | 活动地点 | 教室 |
|---|---|---|---|
| 观察对象 | 小迅、小悠、小跃 | 观察者 | 蒋若诗 |
| 学习故事 | | | |
| 注意 | 小迅和小悠是一对形影不离的好朋友。有一天，他们吃完点心，来看小蜗牛吃东西，两个人趴在蜗牛前，仔细看着蜗牛缓慢爬动。小迅摸摸脑袋，转过头对着小悠说：“你看蜗牛爬到那棵大白菜上去了，它的嘴一动一动地，是不是在吃菜？”“应该是吧，所有的动物应该都有嘴巴的，不然它能在干吗啊？”小悠同意道。聪明的小跃挤了进去：“我们的嘴巴在鼻子下面，蜗牛的嘴巴肯定也在鼻子下面。”“不是鼻子，是触角！”小悠反驳道。“对，就是短触角下面。”小迅连忙更正。那眼见为实咯！他们拿了一枚放大镜去观察蜗牛，这次目的很明确，直接往短触角下面寻找。小迅轻手轻脚地拿起那只蜗牛，因为动作轻柔，蜗牛没有受到惊扰，依旧伸展着身体，她轻轻把蜗牛转过来，腹面朝上。小悠立刻高兴地叫起来：“我看到了，它的嘴巴好小，像个针眼儿。”小跃就问：“这条线是不是啊？”“那我们给它东西吃看看，看它会不会张嘴巴！”小悠提议。只见她拿着叶子放在那条线的旁边，可这蜗牛就是不“领情”。“到底这条线是不是嘴巴啊，蜗牛嘴巴都不张开？”“它是不是饱了？”“它不喜欢吃。”“再等等看吧！”“蜗牛的嘴巴动起来像小宝宝的嘴巴。”小悠说。“嘴巴里面有个东西伸出来把食物舔进去一样。”小迅说。“哇，蜗牛吃得可真快啊！”小迅继续感叹。“蜗牛的牙齿怎么都没有的呀？”忽然小悠疑惑道，“它嘴巴里好像只有舌头一样的。”两个人又转头去盯着蜗牛看。 | 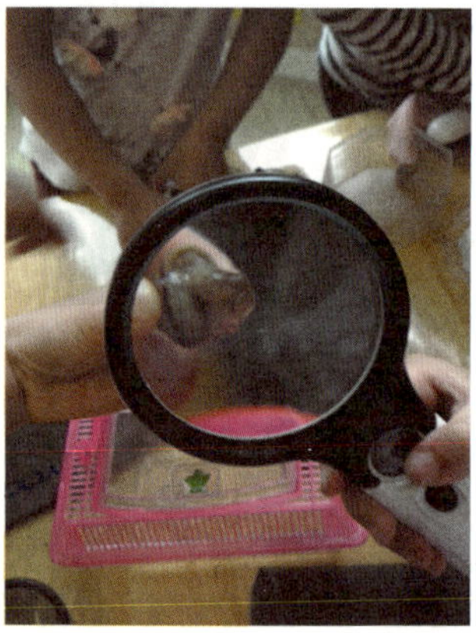<br>图2-4-12 观察蜗牛嘴巴 | |
| 识别 | 当幼儿发现有趣的事情或者现象的时候，喜欢和他人一起分享、讨论，他们的表达相当形象生动、充满童趣。小悠、小迅他们在分享蜗牛吃大白菜的时候，我们看出小悠具备一定的科学知识，有基本的解决问题的意识和方法，小迅爱思考、爱提问，乐于探索，愿意和同伴合作，积极探索解决问题。 | | |

续 表

| | |
|---|---|
| 回应 | 一只小蜗牛带给孩子们无尽的快乐和探索空间，也让孩子们从观察蜗牛的过程中学会了思考和解决问题。下一步教师将带孩子去画一画我们可爱的小蜗牛，不仅可以画蜗牛的外形特征，还可以画蜗牛的嘴巴，以及它在食物上留下的齿印，印证今天的发现。 |

**表2-4-6 “我和蜗牛有约”生成活动中的学习故事记录表**

<table>
<tr><td>活动时间</td><td>2018年5月4日下午</td><td>活动地点</td><td>教室</td></tr>
<tr><td>观察对象</td><td>小逸、小轩</td><td>观察者</td><td>蒋若诗</td></tr>
<tr><td colspan="4">学习故事</td></tr>
<tr><td>注意</td><td colspan="3">昨天进行了一场蜗牛爬行比赛，小轩小朋友的蜗牛获得了爬行冠军。小逸不服气，说自己的蜗牛也很厉害，只是比赛刚开始，蜗牛宝宝都还没睡醒，所以才输了！他嘟着嘴巴，表示要重新比赛！小轩不以为然：“重新比赛可以，但是要加大难度。那你觉得还可以怎么比？”小逸马上接上：“我们可以弄个斜坡给蜗牛爬爬。”小轩想了想说：“还是把蜗牛放到墙上，让它们进行比赛。”小逸反对了，说：“如果蜗牛爬到天花板上，我们就抓不回来了。”小逸接着说：“我们让蜗牛在电线上比赛吧。”小轩坚决说这个太危险了，会把蜗牛电死了。那我们可以拿什么让蜗牛进行比赛呢，小逸最后想了个好主意，说：“可以用美术角里面的线去给蜗牛爬。”他们马上去动起来了，可是问题又来了，怎样固定线呢？小轩手舞足蹈地比画了起来，他们实地演练了一会。时间一点点过去，孩子们从失败中获取了经验，不断改变方式方法。最后小逸利用了区角医院里的盐水挂杆，给蜗牛绑了一条赛道。当比赛开始的时候，全班的幼儿都围过来观战，并参加这次高难度比赛，小轩小朋友的蜗牛最终取得了胜利，实至名归。<br>在将蜗牛拿下来的时候，小逸一不小心没有拿稳蜗牛，蜗牛重重地摔到了地上。它的壳裂开了，他拼命想把壳合上。蜗牛爬行比赛，如图2-4-13所示。<br><br>图2-4-13 蜗牛爬行比赛</td></tr>
</table>

续　表

| | |
|---|---|
| 识别 | 这次爬行比赛，小逸、小轩兴趣很浓，参与性非常强，甚至想出增加难度，用细细的绳子绑出赛道。在比赛过程中会想办法主动探究让蜗牛爬得更快一点的方法。他们俩在相互交流中相互启迪，建构知识，提高语言表达能力、思维能力及人际交往能力。 |
| 回应 | “蜗牛的壳什么时候长出来？”“蜗牛会生宝宝吗？”小逸不小心摔坏蜗牛的壳后，对蜗牛的壳以及蜗牛如何生宝宝产生了兴趣。教师忽然想起有一本有趣的图书《诞生了，蜗牛》，那是一本图文并茂的彩图书，讲述蜗牛如何产卵、如何孵化、如何长大等，非常适合现在孩子的兴趣点，可以利用这本书，并结合一只蜗牛生产的视频，让他们更具体形象直观地了解蜗牛的一生。 |

### （二）设计者的话

大自然充满了惊喜和挑战，一只小小的蜗牛就引发了孩子们巨大的探究热情。孩子们玩中学、学中玩收获着简单的快乐！孩子们就是大自然的精灵，他们沉浸在丛林中的每个角落，怀揣着对世界的好奇和善意一路前行。在这过程中，教师引导孩子们尝试发现事物间的异同和联系。通过观察、比较蜗牛的外形特征和内部结构，幼儿运用操作、记录等方法发现问题、分析问题。这不仅帮助幼儿不断积累、强化关于蜗牛的认知经验，还发展了幼儿的对比观察能力及科学探究能力。

在课程开展的后期，设计者利用主题后测的方式，了解每一个幼儿的发展水平；幼儿通过自我评价了解自己的状况；教师通过评价，反思课程内容是否适宜，教育实践方法是否有效，幼儿学习经验是否有益，从而更好地为后续课程做好铺垫。活动结束后，孩子对蜗牛的探索仍在继续，我们饲养蜗牛还会发生什么有趣的事呢？期待我们一起继续探索。

（蒋若诗）

# 设计5　“蟹”逅（大班）

## 一、共享共探，确定主题

### （一）问题缘起

每年枫叶摇红、丹桂飘香的时候，我们的餐桌上就会出现这一身形霸道的甲壳生物。它是谁？对，正是那“八爪横行四野惊，双螯舞动威风凌”的螃蟹。平日里孩子们在聊天时就经常会说起家中饭桌上的美食。近段时间，他们话题的中心便是美食的主角螃蟹。“螃蟹好凶的，被大钳子夹住会很痛，我妈妈都不让我碰它。”“煮熟了的螃蟹特别好吃。”“为什么大螃蟹总是横着走？”“螃蟹为什么会打架？”……孩子们对螃蟹产生了浓厚的探究兴趣。

### （二）价值分析

《指南》中指出：“幼儿喜欢接触大自然，对周围的很多事物和现象感兴趣。”大班幼儿具有很强的好奇心，遇到新鲜事物会产生注意、操作、提问的心理倾向，在探索活动中他们会主动寻找和发现自己喜欢的事物和知识，满足好奇心和动手操作的欲望。螃蟹作为我们饭桌上的熟客，幼儿在生活中能经常与其“亲密接触”，教师应捕捉这一教育契机，引导幼儿通过直接感知、实践操作了解螃蟹的外形特征和生活习性，积累丰富的经验和知识，获得积极的情感体验。

### （三）主题确立

围绕幼儿的兴趣需要，我们计划开展班本主题活动“‘蟹’逅”，为了了解幼儿的已有经验和希望探究的方向，我们组织开展了“关于螃蟹，我知道、我还想知道”的调查，如表2-5-1所示。

**表2-5-1　“我知道、我还想知道”的调查表**

| 关于螃蟹，我知道 | 关于螃蟹，我还想知道 |
|---|---|
| 1. 我知道螃蟹有10只脚。<br>2. 我知道螃蟹有硬硬的壳、边上有刺。<br>3. 螃蟹喜欢横着走。<br>4. 螃蟹会吐泡泡。<br>5. 螃蟹的身上有花纹。<br>6. 煮熟后的螃蟹很好吃，里面的蟹膏很多。<br>7. 螃蟹会打架，会用蟹螯夹住对手。<br>8. 螃蟹的脚上有很多毛，摸起来滑滑的。<br>9. 螃蟹喜欢安静地待在水里，但是有时候它的脾气也很暴躁。<br>10. 螃蟹分公的和母的。 | 1. 为什么螃蟹会吐泡泡？<br>2. 螃蟹的大钳子是干什么用的？<br>3. 为什么螃蟹喜欢横着走？<br>4. 螃蟹喜欢住在哪里？<br>5. 螃蟹喜欢吃的食物是什么？<br>6. 为什么螃蟹煮熟后会变红色？<br>7. 螃蟹肚子上白白的圆片是什么？<br>8. 螃蟹生活在海里还是河里？<br>9. 螃蟹有血吗？是什么颜色的？<br>10. 哪里的螃蟹最好吃？<br>11. 螃蟹是怎么长大的？<br>12.怎么区分螃蟹的公、母呢？ |

通过表2-5-1，我们可以得出幼儿已经有了一定的认知经验储备，如知道螃蟹有10只脚，螃蟹是一种外壳坚硬、边缘带刺的水生动物，螃蟹喜欢横行等，但是他们还有很多的疑问，比如螃蟹为什么会吐泡泡？有哪些种类？为什么喜欢横着走？诸如此类

的问题，需要孩子们继续投身到探索活动中亲身去感知和发现。在课程活动行进的过程中，幼儿产生的兴趣点会有很多，他们会提出很多感兴趣和关注的问题，这些问题有些可以作为教育活动的主题和内容，有些不能，需要进行价值判断——是否符合幼儿的年龄特点和经验水平，而且是幼儿能通过自己的探究学习得出结论；是否有教育价值，属于某一领域和某一年龄应当获取的关键经验，基于此对幼儿产生的问题进行梳理。如表2-5-2所示。

**表2-5-2 “我还想知道”的关键经验梳理表**

| 幼儿要探究的问题表述 | 所归属的核心经验范畴 |
|---|---|
| 螃蟹的大钳子是干什么用的？ | 螃蟹的外形特征与功能 |
| 螃蟹喜欢吃什么？ | 进食与代谢：螃蟹的食性 |
| 螃蟹喜欢住哪里？ | 适应环境 |
| 怎么区分螃蟹的公、母呢？ | 繁殖后代 |
| 螃蟹最害怕的动物是什么？ | 朋友与天敌 |
| 螃蟹是怎么生宝宝的？ | 生殖繁衍 |
| 如果把不同的螃蟹放在一个屋子里，会发生什么？ | 朋友与天敌 |
| 螃蟹的营养价值有哪些？ | 生物与人类的关系 |

基于幼儿兴趣特点及教育价值两方面，我们从认知、情感、能力出发，制订了以下主题目标：

1. 观察发现螃蟹的外形特征、生活习性、种类等相关信息，探索螃蟹横行、吐泡泡、加热变色等现象产生的原因。

2. 通过与同伴共同实验探索，培养幼儿的合作交往能力；尝试与螃蟹接触，学会使用多种材料和工具；在模仿螃蟹的过程中，培养幼儿动作的协调性、控制力。

3. 乐于收集、分享“关于螃蟹的主题资料，对参与主题活动有积极的兴趣，体验克服困难取得成功的快乐，喜欢提出关于螃蟹的问题，并寻求答案。

## 二、厘清脉络，立点梳线

### （一）预设主题网络图

螃蟹独特的外形、“横行霸道”的行走姿势和鲜美可口的味道都吸引着孩子们一探究竟。那么如何让孩子们更加全面地了解螃蟹，获得能力的发展？在反复的思考研讨之后，螃蟹探究活动内容初具雏形，我们围绕着螃蟹通过多个话题展开探究，探究式主题预设网络图，如图 2-5-1 所示。

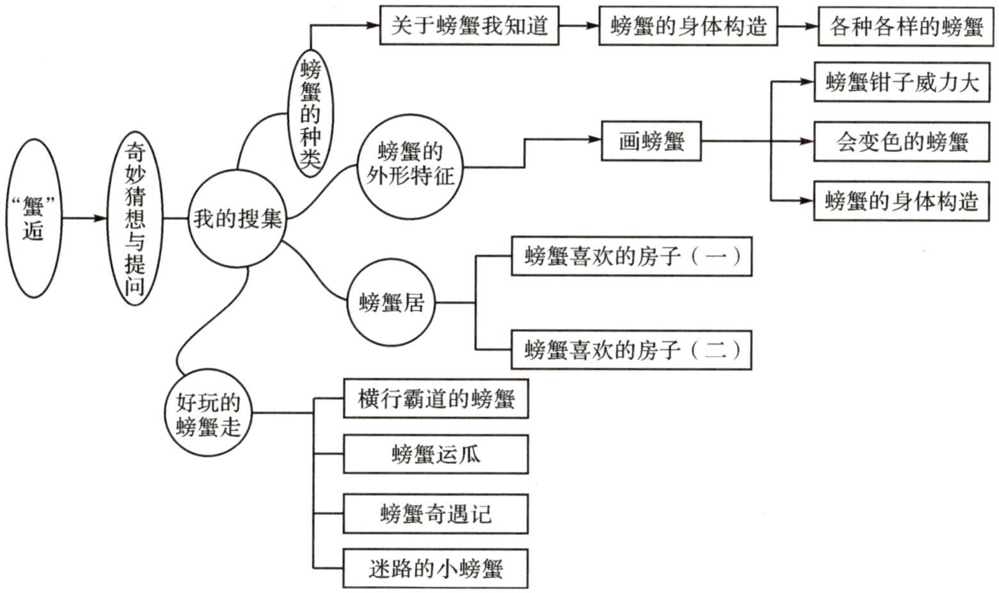


**图 2-5-1　“‘蟹’逅”预设主题网略图**

同时我将整个主题课程框架分成三大板块。

第一板块“螃蟹的种类”，主要是鼓励幼儿积极主动探索各种各样螃蟹，发现螃蟹的基本特征，了解螃蟹的身体结构等，大胆地将自己观察结果完整地讲述出来，并能通过对螃蟹结构的了解将其以绘画的形式画下来。

第二板块“螃蟹的外形特征”。借助“螃蟹”这一生物，引发对螃蟹生活习性、行为特点的关注和探究。引导幼儿在活动中主动运用多种感官感知螃蟹的习性特点，积极动手操作，爱思考、爱提问，尝试去探索答案并乐意与同伴分享、交流、合作。

第三板块“螃蟹居”，从幼儿的问题“螃蟹喜欢住在哪里？”出发，引导幼儿有目的地寻找身边可以用于搭建的材料，绘制螃蟹居所的设计稿，并参考图纸制作成品。

第四板块“好玩的螃蟹”，主要激发幼儿对螃蟹行走的好奇心，愿意了解螃蟹横着走的原因，体验探究螃蟹走的乐趣。并对模仿螃蟹走产生浓厚兴趣，在活动中能动作协调地完成螃蟹走。

### （二）预设活动导航表

为了让教师更加明晰活动开展的逻辑思路、活动形式、必备资源等，我们预设了活动导航表，以活动时间顺序进行排列，如表2-5-3所示。

表2-5-3　活动方案预设导航表

| 序号 | 主题板块 | 活动名称 | 活动目标 | 涉及领域 |
|---|---|---|---|---|
| 1 | 关于螃蟹我知道 | 螃蟹的身体构造 | (1)通过观察，初步了解螃蟹身体外部的构造和部位名称，知道螃蟹的生活习性。<br>(2)能够用语言大胆表达自己的观察发现和结果，能与同伴交流分享关于螃蟹的信息。<br>(3)愿意参与科学实验，对螃蟹的探究产生兴趣。 | 科学、语言 |
| 2 | 关于螃蟹我知道 | 各种各样的螃蟹 | (1)了解螃蟹的不同种类，知道螃蟹的特征。<br>(2)通过谈话交流，大胆表述自己的想法和经验。<br>(3)喜欢参与活动，提高自信表达的能力。 | 社会、语言 |
| 3 | 螃蟹的外形特征 | 螃蟹钳子威力大 | (1)了解螃蟹最有特色的部位，感知蟹钳的细节部分。<br>(2)尝试利用不同的操作材料去探究钳子的威力。<br>(3)感受螃蟹钳子的威力，产生对钳子的探究兴趣。 | 科学、语言 |
| 4 | 好玩的螃蟹走 | 横行霸道的螃蟹 | (1)通过观看学习视频和开展科学探究活动，知道螃蟹横行的原因。<br>(2)能够大胆地近距离观察螃蟹，和同伴合作完成实验记录。 | 科学、语言 |
| 5 | 好玩的螃蟹走 | 螃蟹运瓜 | (1)尝试根据螃蟹的爬行方式模仿螃蟹走路。<br>(2)通过活动，能提高侧走的能力以及身体的协调能力。<br>(3)喜欢体育活动，体验与同伴协作游戏。 | 健康、社会 |
| 6 | 螃蟹居 | 螃蟹喜欢的房子 | (1)能够运用各种可操作的材料设计并搭建螃蟹的房子。<br>(2)喜欢参与活动，在和同伴交流谈论中，感受搭建成功的喜悦。 | 科学、社会 |
| 7 | 螃蟹的外形特征 | 迷路的小螃蟹 | (1)感知音乐的节奏，理解歌词的大概内容。<br>(2)体会螃蟹迷路的心情，大胆表达自己的感受。 | 音乐、社会 |
| 8 | 关于螃蟹我知道 | 画螃蟹 | (1)能够用语言大胆描述螃蟹的外形特征，尝试用不同的绘画方法表现螃蟹的形象。<br>(2)大胆发挥想象力和创造力，尝试设计螃蟹画的背景。<br>(3)体验自由绘画的乐趣，感受成功的喜悦。 | 美术、语言 |

## 三、预设生成，灵动调整

### （一）内容的调整与实施

结合《指南》五大领域幼儿的发展特点，教师从看、查、读、玩、做等多方面让幼儿来和螃蟹进行多方位的亲密接触。以教师预设、师幼共生、幼儿生成等多元化活动模式开展，启发幼儿的探究灵感，挖掘幼儿智慧潜能。在主题开展过程中，教师尊重、鼓励幼儿提问，了解幼儿的兴趣点和关注点，并围绕教育目标，用具有层次性、渐进性的问题引导幼儿主动探究，同时对在幼儿探究过程中"生发"的问题能够果断决策，积极采取应对措施，将"预设"与"生成"结合起来，支持幼儿活动的顺利完成。本班师幼共同生成的主题网络图，具体内容如图 2-5-2 所示。

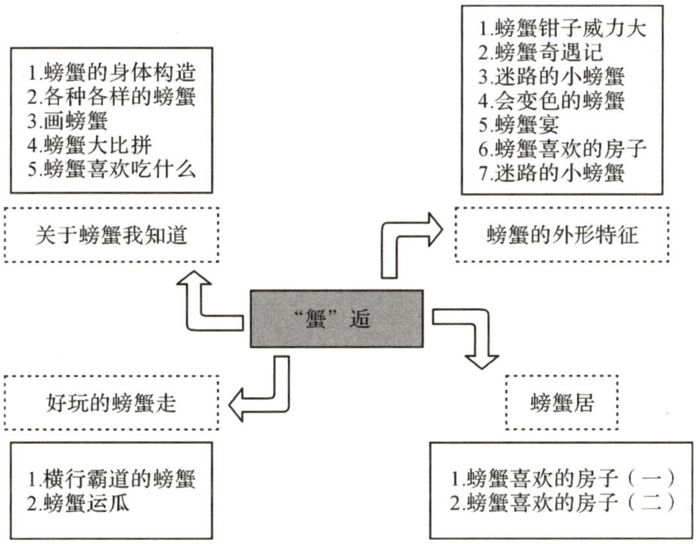


图 2-5-2　"'蟹'逅"生成主题网络图

幼儿对于螃蟹并不单单只停留在螃蟹是什么样等表面信息，而是要更深入地探索螃蟹的生活习性、种类等，继而开展一系列的活动：如画螃蟹（美术活动），关于螃蟹我知道（语言活动），横行霸道的螃蟹（科学活动），螃蟹找家（建构游戏）等。值得教师关注的地方在于探究式主题活动的开展并不是一蹴而就的。在某一次的活动中，幼儿可能会生发或延伸出其他分支内容，这些内容可能会偏离教师原有的预设，需考虑幼儿实际兴趣需要，结合未来的发展思考，灵活调整活动方向，满足幼儿的探索兴趣，提升主题深度，如表 2-5-4 所示。

表2-5-4 “‘蟹’逅”实施活动一览表

| 活动名称 | 活动目标 | 涉及领域 | 实施途径 |
| --- | --- | --- | --- |
| 螃蟹的身体构造 | 1. 通过观察,初步了解螃蟹身体外部的构造和部位名称,知道螃蟹的生活习性。<br>2. 能够用语言大胆表达自己的观察发现和结果,能与同伴交流分享关于螃蟹的信息。<br>3. 愿意参与科学实验,对螃蟹的探究产生兴趣。 | 科学、语言 | 集体探究 |
| 各种各样的螃蟹 | 1. 了解螃蟹的不同种类,知道螃蟹的特征。<br>2. 通过谈话交流,大胆表述自己见过的螃蟹。<br>3. 喜欢参与活动,提高自信表达的能力。 | 科学、语言 | 集体探究 |
| 螃蟹大比拼 | 1. 认识青蟹、大闸蟹和梭子蟹三种螃蟹,比较三种螃蟹蟹钳的不同。<br>2. 根据对螃蟹蟹钳的认识了解,能大胆猜测最强的螃蟹。<br>3. 通过观察和游戏,感受螃蟹蟹钳的力量之大。 | 科学、语言 | 区域探究 |
| 螃蟹钳子威力大 | 1. 了解螃蟹最有特色的部位,感知蟹钳的细节部分。<br>2. 尝试利用不同的操作材料去探究钳子的威力。<br>3. 感受螃蟹钳子的威力,产生对钳子的探究兴趣。 | 科学、语言 | 集体探究 |
| 螃蟹奇遇记 | 1. 理解故事所要表达的内容,知道动物有再生的本领。<br>2. 通过故事,对螃蟹特殊的再生本领有一定的了解和产生探索的兴趣。 | 语言、科学 | 集体探究 |
| 横行霸道的螃蟹 | 1. 通过观看学习视频和开展科学探究活动,知道螃蟹横行的原因。<br>2. 能够大胆地近距离观察螃蟹,和同伴合作完成实验记录。 | 科学、语言 | 集体探究 |
| 螃蟹运瓜 | 1. 尝试根据螃蟹的爬行方式模仿螃蟹走路。<br>2. 通过活动,能提高侧走的能力以及身体的协调能力。<br>3. 喜欢体育活动,体验与同伴协作游戏的快乐。 | 健康、社会 | 集体探究 |
| 螃蟹喜欢的房子 | 1. 能够运用各种可操作的材料设计并搭建出螃蟹的房子。<br>2. 喜欢参与活动,在和同伴交流讨论中,感受搭建成功的喜悦。 | 科学、语言 | 区域探究 |
| 螃蟹喜欢吃什么 | 1. 通过查阅资料和实地考察,知道螃蟹喜欢的食物。<br>2. 能够用图画的形式记录和表达螃蟹进食的过程。<br>3. 喜欢用自己的语言大胆表述,对科学探究感兴趣。 | 科学、社会 | 区域探究 |
| 迷路的小螃蟹 | 1. 感知音乐的节奏,理解歌词大概内容。<br>2. 体会螃蟹迷路的心情,大胆表达自己的感受。 | 音乐、社会 | 集体探究 |
| 会变色的螃蟹 | 1. 通过实验操作,直观感受螃蟹变色的过程。发现生物科学的神奇现象。<br>2. 用语言大胆与同伴交流观察结果。<br>3. 乐于参与科学探索活动,并养成积极勇敢的品质。 | 科学、语言 | 集体探究 |
| 画螃蟹 | 1. 能够用语言大胆描述螃蟹的外形特征,尝试用不同的绘画方法表现螃蟹的形象。<br>2. 大胆发挥想象力和创造力,尝试设计螃蟹画的背景。<br>3. 体验自由绘画的乐趣,感受成功的喜悦 | 美术、语言 | 集体探究 |

续　表

| 活动名称 | 活动目标 | 涉及领域 | 实施途径 |
|---|---|---|---|
| 螃蟹宴 | 1. 和家长一起品尝螃蟹，共同探讨螃蟹的内部结构。<br>2. 知道如何正确食用煮熟后的螃蟹，区分能吃的部分和不能吃的部分。<br>3. 参与螃蟹的烹饪过程，体验制作美食的新鲜感，促进亲子之间的感情。 | 社会、科学 | 亲子探究 |

教师预设活动　　幼儿生成活动　　师生生成活动

在螃蟹主题活动开展的过程中，教师支持幼儿不断思考、探究生成了新的研究方向。以上活动生发一览表中米色区域表示教师预设的活动，绿色区域表示幼儿生成的活动，灰色区域表示师幼生成的活动。

## （二）案例呈现

### 案例1　集体探究

**科学活动：螃蟹的身体构造**

活动目标：

1. 通过观察，初步了解螃蟹身体外部的构造和部位名称，知道螃蟹的生活习性。

2. 能够用语言大胆表达自己的观察发现和结果，能与同伴交流分享关于螃蟹的信息。

3. 愿意参与科学实验，对螃蟹的探究产生兴趣。

活动准备：

透明玻璃缸四个、螃蟹四只、放大镜若干、布等。

活动过程：

**◎游戏“摸一摸”，激发活动兴趣**

1. 游戏：恐怖箱，里面放有一只绑绳的螃蟹。

师：（用布罩住水箱）这个水箱里有一只小怪物，勇敢者可以上来摸一摸。

师：你摸到了什么？

**◎自由观察螃蟹，了解螃蟹部位**

1. 师：现在请你们分成四组，仔细观察螃蟹。螃蟹的身体都有哪些部位？

2. 教师巡回观察，指导并记录。

**◎引导观察螃蟹，了解螃蟹的特征与功能**

1. 师：小朋友们，通过观察，你发现了什么？螃蟹有没有头？

2. 师：螃蟹身体上像剪刀一样的东西是什么？有什么用？

小结。

◎活动延伸

1. 请幼儿用彩纸和画笔等材料，将螃蟹的身体结构画出来。

2. 螃蟹身上一些特殊的部位请幼儿回家和爸爸妈妈共同查阅资料。

3. 收集不同体型的螃蟹照片，放置在班级的主题墙区域，供幼儿参观学习。

**科学活动：各种各样的螃蟹**

活动目标：

1. 了解螃蟹的不同种类，知道螃蟹的特征。

2. 通过谈话交流，大胆表述自己见过的螃蟹。

3. 喜欢参与活动，提高自信表达的能力。

活动准备：

梭子蟹、青蟹、大闸蟹的PPT和视频。

活动过程：

◎谜语导入，引起幼儿兴趣

师：八只脚，抬面鼓，两把剪刀鼓前舞，生来横行又霸道，嘴里常把泡沫吐。这是什么动物？

◎初步观察，了解不同种类的螃蟹

1. 出示梭子蟹、青蟹、大闸蟹

师：这些螃蟹你们认识吗？它们有什么不一样的地方？

小结：原来品种不同的螃蟹，它的壳、钳子等身体每个地方都有各自的特点。

◎观看视频，了解螃蟹居住环境

1. 了解螃蟹居住点。

师：三个螃蟹朋友会住在一起吗？为什么？

师：我们一起来看看他们有没有住一起。（教师播放螃蟹视频）

小结：原来不同的螃蟹都生活在不同的地方。

2. 了解习性。

师：为什么螃蟹会住在不一样的地方？

小结：不同的螃蟹生活习惯不同，有的螃蟹喜欢海水，有的螃蟹喜欢淡水，它们喜欢的水温也不一样。

◎自由发言，说一说见过的螃蟹

师：你们在生活中见过螃蟹吗？在哪里见过？

师：请你们回家和爸爸妈妈分享谈论其他种类的螃蟹，并绘制一张螃蟹名片，带来和好朋友一起分享。

## 科学活动：螃蟹钳子威力大

活动目标：

1. 了解螃蟹最有特色的部位，感知蟹钳的细节部分。

2. 尝试利用不同的操作材料去探究钳子的威力。

3. 感受螃蟹钳子的威力，产生对钳子的探究兴趣。

活动准备：

四只大闸蟹、四个玻璃缸、铅笔、木棍和吸管若干。

活动过程：

**◎实物导入**

师：（出示大闸蟹）大闸蟹又来做客啦！你们觉得螃蟹哪里最厉害？为什么？

**◎自由观察，探究蟹钳的威力**

1. 提供材料，幼儿在教师的指导下，通过试验了解螃蟹钳子的威力！

2. 幼儿自由操作，注意操作安全，教师巡回观察并给予帮助。

**◎幼儿分享实验结果**

1. 通过刚才的实验，你发现了什么？

2. 什么东西最容易被夹坏？什么东西很难被夹坏？

3. 大闸蟹的钳子有什么用处？

4. 启发幼儿对螃蟹的兴趣，观察其他螃蟹钳子的结构，去探究更多螃蟹的钳子威力。活动照片如图2-5-3所示。

图2-5-3　螃蟹钳子威力大

## 语言活动：螃蟹奇遇记

活动目标：

1. 理解故事所要表达的内容，知道动物有再生的本领。

2. 通过故事，对螃蟹特殊的再生本领有一定的了解，并产生探索的兴趣。

活动准备：

《螃蟹的奇遇》故事视频、PPT课件。

活动过程：

**◎图片导入，引发幼儿猜测螃蟹断腿的原因**

出示图片。

师：这是谁？它有什么特别的地方？为什么只有一只螯？

师：一起来看看发生了什么。

◎**理解故事内容，大胆表述**

1. 出示第一张PPT

师：发生了什么事？螃蟹丢了一只大螯很伤心，为什么？

2. 出示第二张PPT

师：螃蟹遇到了谁？它会相信壁虎的话吗？螃蟹到底有没有再生本领呢？

师：原来螃蟹真的有再生本领。

3. 出示第三张PPT

师：螃蟹又看到了谁？蚯蚓有再生本领吗？

师：原来蚯蚓的再生本领比螃蟹和壁虎都要厉害。

4. 幼儿自由探索和交流

◎**完整欣赏故事**

1. 师：故事中的小动物都有什么本领？

2. 教师小结：在动物世界，有些动物有再生本领。

**健康活动："螃蟹"运瓜**

活动目标：

1. 尝试根据螃蟹的爬行方式模仿螃蟹走路。

2. 通过活动，提高侧走的能力以及身体的协调能力。

3. 喜欢体育活动，体验与同伴协作游戏的快乐。

活动准备：

皮球、长木板、长条椅等。

活动过程：

◎**热身运动**

在欢快的音乐声中，师幼共同模仿螃蟹，做热身动作。

◎**游戏"我来运瓜"，体验螃蟹走**

师：地里的瓜成熟了，老爷爷想请我们来帮他把瓜运到那边的筐子里，但是不能用钳子（手）来运瓜，因为我们的钳子（手）太锋利了，会把瓜弄坏。我们还能用什么方式运瓜？

师：你是怎么运瓜的？还有不一样的办法吗？

◎**幼儿合作运瓜，提高幼儿合作意识**

1. 师：我们刚才是一个人来运瓜，现在我们来试试两个人该怎么运瓜呢？

2. 分散场地练习，教师巡回指导。

◎**幼儿"运瓜"比赛，熟练螃蟹走动作**

师：接下来我们要来比赛运瓜啦！请各就各位！看看哪队的小螃蟹能最快把瓜运

到瓜农伯伯那里。(播放音乐)

◎**放松**

师:搬了这么多的瓜,我们来放松一下身体吧。

## 案例2　区域探究

### 建构区:螃蟹喜欢的房子

活动目标:

1. 能够运用各种可操作的材料设计并搭建出螃蟹的房子。

2. 喜欢参与活动,在和同伴交流讨论中,感受搭建成功的喜悦。

活动准备:

乐高、木制玩具、磁力片、塑料玩具、泡沫玩具。

指导要点:

1. 引导幼儿学习转向、穿过、平式联结和交叉联结等建构技能,例如搭建住房、楼梯等。

2. 观察幼儿的搭建过程,对于无从下手的幼儿给予适当的引导及支持。活动照片如图2-5-4所示。

图2-5-4　螃蟹居

### 自然角:螃蟹喜欢吃什么

活动目标:

1. 通过查阅资料和实地考察,知道螃蟹喜欢的食物。

2. 能够用图画的形式记录和表达螃蟹进食的过程。

3. 喜欢用自己的语言大胆表述,对科学探究感兴趣。

活动准备:

刷子、喷壶、水管,小毛巾等。

指导要点:

鼓励幼儿收集自己感兴趣的东西放入生态角。

活动照片如图2-5-5所示。

图2-5-5　螃蟹喜欢吃什么

### 案例3 亲子探究

**螃蟹宴**

活动目标：

1. 和家长一起品尝螃蟹，共同探讨螃蟹的内部结构。

2. 知道如何正确食用煮熟后的螃蟹，区分能吃的部分和不能吃的部分。

3. 参与螃蟹的烹饪过程，体验制作美食的新鲜感，促进亲子之间的感情。

活动准备：

观察记录表每人一张。

指导要点：

1. 幼儿谈话交流自己已知的螃蟹内部认知经验。

2. 主动邀请家长陪伴自己一起去市场购买螃蟹，引导幼儿与商贩交流并大胆选择螃蟹种类。

3. 和家长一起烹饪螃蟹，帮助爸爸妈妈做一些简单的工作，边制作边解说。

4. 亲子一起品尝螃蟹，带领幼儿打开蟹壳，观察螃蟹的内部结构，了解螃蟹身体里都有什么器官、哪些能吃哪些不能吃、身体发生的变化等。

5. 鼓励幼儿将自己看到的、了解到的有关螃蟹的内容记录到分发的记录纸上带到幼儿园，与同伴交流，大胆表达自己吃螃蟹的感受（如吃起来是什么感觉、味道是怎样的）。

### （三）环境创设

“蟹”逅：我们根据主题推进进度，逐步将幼儿发现和收获归纳出的信息，包括“关于螃蟹我知道”“我还想知道”“螃蟹喜欢的食物”“我给螃蟹造窝”“各种各样的螃蟹”以及“螃蟹身体的构造”，以照片、记录表、文字符号、绘画作品等多元素的素材呈现在主题墙上，按照探究式主题进度逐步完善“蟹”逅主题墙布置。

1. 关于螃蟹我知道、我还想知道：将幼儿关于螃蟹已有的知识经验以及幼儿对于螃蟹存在好奇，还想探索的问题以文字的形式记录下来贴在墙上。

2. 螃蟹喜欢的食物：让幼儿平时投喂给螃蟹吃食，通过观察探究出螃蟹最终喜欢吃的食物，并以图片的形式贴在墙上。

3. 我给螃蟹造窝：幼儿发现螃蟹居住的水缸里光溜溜的，启发他们给螃蟹造窝，利用各种材料给螃蟹造窝，探究螃蟹最喜欢的房子，将这一过程以照片的形式记录下来并贴到墙上。

4. 各种各样的螃蟹、螃蟹的身体构造：为了让幼儿了解更多的螃蟹种类，收集了几种需要探究的螃蟹照片贴到墙上，以及将螃蟹的细节结构图标记出来，更好地帮助幼儿了解，最后将幼儿发现的螃蟹特点以文字形式记录下来，如图 2-5-6 所示。

a

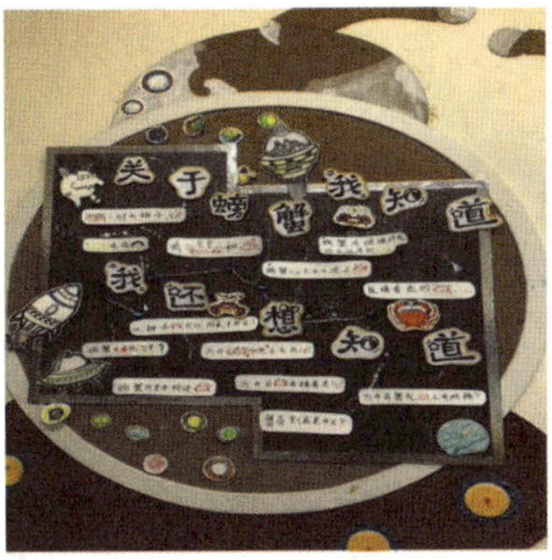


b

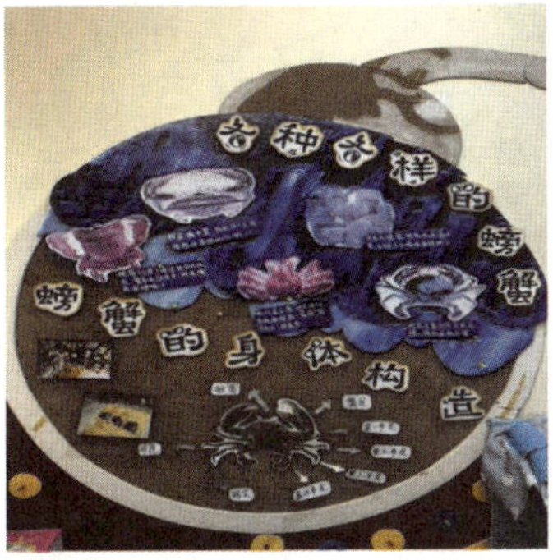


c

d

图 2-5-6 关于螃蟹的小主题墙

## 四、整理故事，助力成长

好奇心是幼儿与生俱来的，它促使幼儿对新奇未知的事物进行探究。在开展探究活动时，我们把主动权交给幼儿，让幼儿怀有好奇，自主、大胆地探索和发现问题，不断收获知识经验。当然，主动权交给幼儿不是让其放任自流，探究式主题开展与深入、幼儿的发展离不开教师的有效支持。为了让幼儿的探究活动更有意义，教师也积极参与共同探索。在师幼共同交流“蟹”逅的活动中，我们将“螃蟹喜欢的食物”调查表、“品尝螃蟹——我知道的内部结构”记录表以及“我给螃蟹造房子”的作品一一展示。鼓励幼儿大胆地去呈现自己的成果，享受与同伴交流分享的愉悦，体验探究成功的快乐。与此同时，教师也会将来自幼儿的各种各样的螃蟹、螃蟹的身体结构、螃蟹的走姿、我画的螃蟹等生动有趣的素材收集整理，加工编成一本专属幼儿的探究记录本，让幼儿与螃蟹经历一次独一无二的“蟹”逅。

## (一)活动中的学习故事

每一个孩子对于螃蟹都有自己独特的想法及发现。在活动中,孩子观察探究的每一时刻、每一瞬间都值得被记录。教师根据孩子的发现,灵活地改变课程进度,不掺杂教师个人想法,不干预幼儿的观察过程,支持幼儿的行动,选择用客观叙述的方式来记录他们的“哇时刻”。这有利于教师观察,更好地去发现幼儿、了解幼儿特别的思维方式以及独特、新颖的行为举动,同时教师可以通过观察发现幼儿的兴趣点,完善补充教学的不足之处,以此来维持幼儿探究学习的兴趣,更好地帮助幼儿去探究螃蟹,了解螃蟹。预设活动中学习故事,如表2-5-5所示。生成活动中的学习故事,如表2-5-6所示。

**表2-5-5 “‘蟹’逅”预设活动中的学习故事记录表**

| 活动时间 | 2019年12月23日 | 活动地点 | 大(1)班活动室 |
|---|---|---|---|
| 观察对象 | 小扬、小泽 | 观察者 | 毛彬窈 |
| 学习故事 | | | |
| 注意 | 在观察螃蟹钳子的威力时,一开始小扬被螃蟹凶狠的大钳子唬住不敢上前,但一旁和他同组的小泽不经意的一句话让两个人都开始思考。于是,小扬就拿来细细的吸管开始去触碰大闸蟹的钳子,结果大闸蟹一下子紧紧夹住吸管,小扬喊道:“啊!我的吸管拔不出来了,大闸蟹的钳子力气好大!”旁边的小泽说:“我来帮你!”接着小泽就拿起一根扭扭棒靠近大闸蟹的钳子,大闸蟹一下子就松开了吸管,开始夹扭扭棒,小泽说:“我的扭扭棒被大闸蟹夹变形了!”小扬兴奋地说:“你快看!吸管被夹坏了,上面有洞!螃蟹的钳子怎么这么厉害啊!好好玩,我要用别的东西再试试看!”他又拿起一根木棒靠近大闸蟹的钳子,大闸蟹一下子就夹住木棒,小扬继续说:“你看我拿新的东西过来,他就会把老的棒子松开!”“大闸蟹会不会把木棒夹断呢?”小扬问。小泽回答:“我觉得会,因为大闸蟹的钳子力气很大!刚才都把吸管夹坏了。”小扬说:“我的木棒拔不出来,你快来帮我。”小泽说:“我来,我想用铅笔试试。”小扬喊道:“哇!螃蟹被我们吊起来了!为什么这次它不松开呢?”小泽想了想:“可能是因为它喜欢夹木头做的东西,你看,被螃蟹夹过的铅笔那里也有洞!”小扬说:“螃蟹的钳子力气太大了。为什么它的钳子力气这么大呢?”活动照片如图2-5-7所示。 | <br>图2-5-7 螃蟹钳子的威力 | |

续　表

| | |
|---|---|
| 识别 | 我们可以看到在这个过程中,两个幼儿的主动性和积极性都十分突出,他们对喜欢的事物非常乐意探究,在观察时也非常主动地和同伴交流,在交流中去发现、猜测。并且他们尝试利用多种材料不停地操作探究。活动的尾声,小扬和小泽两人开始好奇钳子的力气为什么这么大。 |
| 回应 | 在最后的交流讨论中,小扬还在继续探索螃蟹钳子威力大的原因。他提出疑问:"螃蟹的钳子力气太大了,为什么螃蟹钳子的力气这么大呢?"对于螃蟹的力气问题,接下来可以再开展一节探索钳子的秘密活动。 |

**表 2-5-6　"'蟹'逅"生成故事中的学习故事记录表**

| 活动时间 | 2019年12月27日 | 活动地点 | 大(1)班活动室 |
|---|---|---|---|
| 观察对象 | 小辰、小涵、小奇 | 观察者 | 毛彬窈 |
| 学习故事 | | | |
| 注意 | 孩子们商量着要给螃蟹造一座舒适宜居的房子,让它不再受冻。小奇对小辰和小涵说:"我去旅游的时候看到过,螃蟹是住在海边的,冷的时候他就会从水里爬到沙滩上晒太阳。螃蟹要有沙子才行,我们一起做一个沙滩房吧!"小辰和小涵一起说:"沙滩房,好啊!"接着他们去沙池挖来了沙子,开始往透明箱里倒沙子。沙子倒进去,小辰就发现不对劲了,说:"哎呀不行,我的沙子一倒进去,水就没了,都被沙子吸光了。"小涵自信地说:"没事,我们再加点水!"说完就拿着杯子去厕所接水,再跑回来往透明箱里倒。可是,事与愿违。小奇说:"你加的太少了,水还是被沙子吸干了,我们都去接,多接一点!""那我再加一些。"他们转身就又跑去厕所接水。小辰认为:"不行,沙子还是会把水吸掉!而且沙滩有一半是水一半是沙子的。"小涵说:"那怎么办?我们先倒水再倒沙子可不可以?"小辰说:"我觉得是一样的,得想办法把沙子和水分开来才行。""有什么办法可以把它们分开呢?"三人开始埋头苦思,这时,小涵抬头说:"我们可以用板子隔开!把沙子放在上面,不就可以把沙子和水分开了吗!"边说边用手在箱子里兴奋地比划着。小奇说:"这是个好办法!我们快去找找有什么材料吧。"<br>三人开始分头行动,过了一会,小奇找来了乐高积木,小涵找来了磁力片,小辰拿来一大筐木头砖块。小涵对小辰说:"你找的这个肯定不行,螃蟹一碰就全塌了。"小辰说:"嗯,你说得有道理,那我们用小奇找的乐高试试吧,乐高搭起来很牢的。"小涵说:"我们先搭一个地基吧,这样上面的板子才可以放住。"三人像造房子一样,先在水中立起了几根大柱子作为支撑。小奇说:"好,接下来我们用这个大的乐高板来当二楼的地板,我再加一些沙子在上面。""还缺楼梯呢!我来搭楼梯吧。"小辰拿起乐高说道。三人分工合作,最终完成。<br>小涵说:"螃蟹住的地方要是没有吃的,它会不会饿呀?"小奇说:"肯定会饿!我在家里肚子饿的时候,就可以直接去吃东西。""那螃蟹喜欢吃什么呢?"我们明天给它带点好吃的零食吧。 | | |
| 识别 | 在造房子的过程中,他们遇到了困难,比如沙子和水放在一起的话,沙子会把水吸掉,从而引发他们思考如何将水和沙子分开;再通过寻找材料最终确定材料来完成螃蟹窝的搭建。通过观察和实践,幼儿采取了合作的方法来完成任务,显然幼儿已经有了自己去分析问题、解决问题的能力。 | | |

续　表

| | |
|---|---|
| 回应 | 在生活中，人们总是将吃住放在一起，有住的地方也该有食物，活动中小涵小朋友也对此提出疑问："螃蟹住的地方没有食物，会饿吗？"，其余两位小朋友也开始思考。针对这个问题，接下来可以开展关于螃蟹喜欢吃什么的活动，让幼儿去观察探究，然后将所得出螃蟹爱吃的食物结果记录下来，与同伴分享。 |

### （二）设计者的话

螃蟹这一动物贴近幼儿的生活，孩子们对螃蟹是十分喜爱的，在教学中，教师深深地体会到了这一点。"'蟹'逅"这一活动中更让教师觉得值得回味和反思。活动前，教师让孩子们与家长共同收集了有关螃蟹的知识；活动时，先让孩子们观察自己带来的螃蟹，孩子们兴致勃勃地边看边交流着，从孩子们的一举一动中，发现孩子们对螃蟹的认识比想象中要多一些，于是，就设计了这样一个活动。通过"'蟹'逅"，孩子们看、说、表演、倾听、操作，真正体现出了以孩子为主体，充分发挥他们的自主性。作为活动组织者，在课堂中要善于捕捉孩子们所表现来的教育契机，让孩子们在一个愉快的氛围中获得不同程度的发展。

探索螃蟹的奥秘，和螃蟹一起做游戏，学螃蟹、感受螃蟹的美食文化……这场难忘的"蟹"逅，源自孩子的兴趣，追随着孩子的脚步，不仅拓展了他们的认知经验，体验了表达与科学探究的乐趣，也留下了宝贵的课程足迹。

（毛彬窈　杨丹婵）

# 设计6　我和柚子的故事（中班）

## 一、共享共探，确定主题

### （一）问题缘起

秋天是水果成熟的季节，我们的小区里充满了果香。这不，10月中旬的一天，孩子们吃完午餐到小区里散步。走着走着，突然，小琪指着一棵高高的柚子树说："你们快来看，树上有什么啊？"大家顺着她指的方向，发现在高高的树上结着几个绿绿的柚子，他们感到非常好奇，开始议论起来，"那些绿绿的、圆圆的果子是什么呀？""柚子怎么是绿的呀？""它们会掉下来吗？"……看到他们三人一组、五人一群地观察着柚子树，有的说要拿木棒把柚子打下来，有的说要搬梯子摘柚子，还有的竟然开始动手摇晃柚子树，想把柚子摇下来……小小的柚子激起了孩子们无限的想象和探究的热情。

### (二)价值分析

孩子们对小区里的柚子产生了极大的好奇心和求知欲,如果让孩子们置身于大自然中进行探究,在游戏中自主学习,能够获得更多有益的经验和成长的记忆。因此,教师应以保护和激发幼儿对“柚子”的兴趣和探究欲望为首要目标,鼓励幼儿及时表达出心里想探索的未知问题,从而准确地把握幼儿的发展需要,灵活生成新的话题,帮助他们积累关于柚子的认知经验,提高观察能力、探究能力和合作能力,培养良好的学习习惯。

### (三)主题确立

为了了解幼儿对柚子的前期经验和后续探究方向,教师和孩子们进行了一场关于“柚子”的头脑风暴。我们将孩子已有的认知经验记录下来,同时为了满足幼儿对未知问题的探究渴望,也为了让本次探究活动顺利开展,教师把孩子对柚子感兴趣的探究方向和疑问进行了记录和分类,发现了几个探究方向:柚子的玩法,柚子的种类,柚子的外形特征,柚子的作用,具体如表2-6-1所示。

**表2-6-1　“我知道、我还想知道”的调查表**

| 关于柚子,我知道 | 关于柚子,我还想知道 |
|---|---|
| 1. 柚子是长在树上的。<br>2. 柚子里面有的是白色的,有的是红色的。<br>3. 柚子皮是黄色的,很硬。<br>4. 柚子皮可以放在妈妈车里,妈妈的车子就不臭了。<br>5. 还没成熟的柚子是绿色的,成熟的柚子是黄色的。<br>6. 柚子还有一个名字叫“文旦”。 | 1. 柚子放在冰箱里几天会烂掉呢?<br>2. 柚子皮上的小点点是什么?<br>3. 柚子皮上白色的这层是什么?<br>4. 柚子皮可以用来做什么?<br>5. 是白柚子好吃还是红柚子好吃?<br>6. 还有其他品种的柚子吗?<br>7. 柚子的皮可以吃吗? |

通过这次的调查,我们发现孩子们对柚子的外形特征、种类等都有初步的认知与了解,但是他们还不满足于以往的生活经验,他们还想要知道更多。谈话中孩子们又提出了“柚子皮上的小点点是什么?”“柚子皮上白色的这层是什么?”等他们感兴趣的问题。因此,我们对幼儿的问题进行了梳理,如表2-6-2所示。

表2-6-2 “我还想知道”的关键经验梳理表

| 幼儿要探究的问题表述 | 所归属的核心经验范畴 |
|---|---|
| 柚子皮上的小点点是什么? | 柚子的特征 |
| 柚子皮上白色的这层是什么? | 柚子的特征 |
| 柚子皮可以吃吗? | 柚子皮的作用 |
| 柚子皮可以用来做什么? | 柚子皮的作用 |
| 还有其他品种的柚子吗? | 柚子的种类 |

因此,我们根据孩子已有的知识、兴趣点以及年龄特点,确立了主题目标:

1. 运用各种感官,了解柚子的特征、用途、生长环境以及其他相关知识。

2. 尝试把观察的事物现象用自己的方式进行表达,提高观察能力、动手操作能力和创造能力。

3. 在游戏中与同伴探索柚子的各种玩法,体验探究的乐趣,增强合作意识。

## 二、厘清脉络,立点梳线

### (一)预设主题网络图

教师根据幼儿的兴趣需要和发展思考,并对多方面收集到的信息(幼儿、家长和老师一起收集的)进行分析和诊断,发现具有教育价值的问题,梳理预设主题脉络,形成探究式主题预设网络图。包括认识柚子、好玩的柚子和柚子大创作三个板块,具体内容如图2-6-1所示。

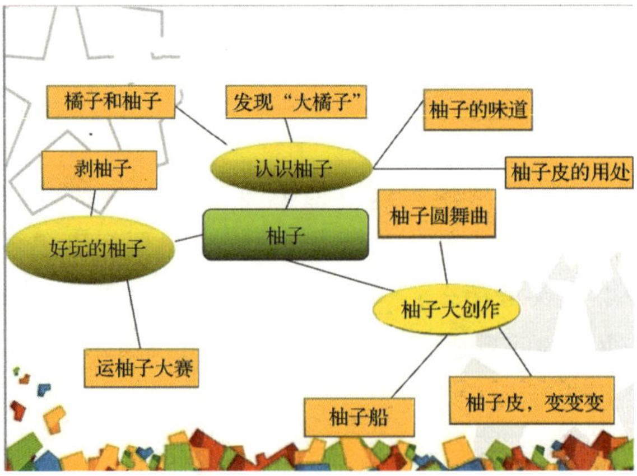


图2-6-1 “我和柚子的故事”预设主题网络图

### （二）预设活动导航图

根据“认识柚子—好玩的柚子—柚子大创作”的线索，教师提出驱动性问题“哪里有柚子？”“柚子长什么样？”“柚子皮能吃吗？”“柚子有什么用？”组织幼儿进行头脑风暴，通过集体（小组、个别）探究、日常探索与观察、亲子小实验等途径开展。同时预设了活动导航图，以活动时间顺序进行排列，具体如表2-6-3所示。

**表2-6-3　“我和柚子的故事”活动方案预设导航表**

| 序号 | 主题板块 | 活动名称 | 活动目标 | 涉及领域 |
| --- | --- | --- | --- | --- |
| 1 | 认识柚子 | 发现“大橘子” | （1）通过观察、品尝、操作等活动，感知柚子的主要特征。<br>（2）能用自己的方式表达并记录关于柚子的认识。 | 科学、语言 |
| 2 | 认识柚子 | 橘子和柚子 | （1）运用各种感官感知橘子、柚子的特征，比较橘子和柚子的异同。<br>（2）了解橘子和柚子的用处，产生探究欲望。 | 语言、科学 |
| 3 | 好玩的柚子 | 剥柚子 | （1）感知柚子的外形特征和内部结构。<br>（2）愿意参加剥柚子的活动，乐意用语言讲述自己的发现，体验分享的快乐。 | 科学、健康 |
| 4 | 认识柚子 | 柚子的味道 | （1）能积极运用多种感官观察柚子，并大胆表达自己的观察和感受。<br>（2）通过活动，感受集体品尝柚子的快乐。 | 科学、语言 |
| 5 | 柚子大创作 | 柚子圆舞曲 | （1）尝试创编舞蹈动作，表现柚子收获的劳动场景。<br>（2）培养幼儿活泼向上的欢乐情绪，体验劳动的快乐。<br>（3）进一步了解文旦柚的妙用，知道多吃水果有益健康。 | 艺术、社会 |
| 6 | 好玩的柚子 | 运柚子大赛 | （1）在运柚子的过程中，幼儿的协调能力和平衡能力得到发展。<br>（2）体验与同伴合作游戏的快乐。 | 健康、社会 |
| 7 | 柚子大创作 | 柚子船 | （1）愿意大胆想象“一瓣柚子像什么”，并乐意欣赏歌曲。<br>（2）喜欢参加音乐活动，体验音乐游戏的快乐。 | 艺术、语言 |
| 8 | 认识柚子 | 柚子皮的用处 | （1）了解柚子皮在生活中的多种功用，初步尝试利用表格进行简单的记录。<br>（2）产生喜爱柚子的情感。 | 语言、社会 |
| 9 | 柚子大创作 | 柚子皮，变变变 | （1）能发挥想象力在柚子皮上联想出多种物体，并通过制作表现其主要特征。<br>（2）能主动参与创编活动，用连贯的语言大胆地表达自己的想法。<br>（3）充分体验合作创作的快乐。 | 艺术、语言 |

## 三、预设生成，灵动调整

### （一）内容的调整与实施

世界上从来没有两片相同的叶子，同样每个孩子都是独特的个体。教师需通过观察发现幼儿兴趣的方向并及时捕捉，促进幼儿更加有效的学习与发展。在探索柚子的过程中，孩子能够通过做记录、写日记的方式，表达自己的心情、发现与愿望；教师通过对幼儿的需要和感兴趣的事物进行价值判断，不断调整，生成活动。因此对于教师而言，需要拥有开放的、有成长性的宽广眼界，巧妙运用各种方式引导幼儿根据自己的兴趣和疑惑拓展出更深层次的学习活动，实现深度的学习和游戏。在“我和柚子的故事”的探究活动中，孩子们自发生成了很多探索点，如：柚子皮可以吃吗？柚子怎么剥呢？柚子是怎么种出来的？……通过斟酌、筛选、调整，我们创设了以下活动，如图2-6-2所示。实施活动一览表，如表2-6-4所示。

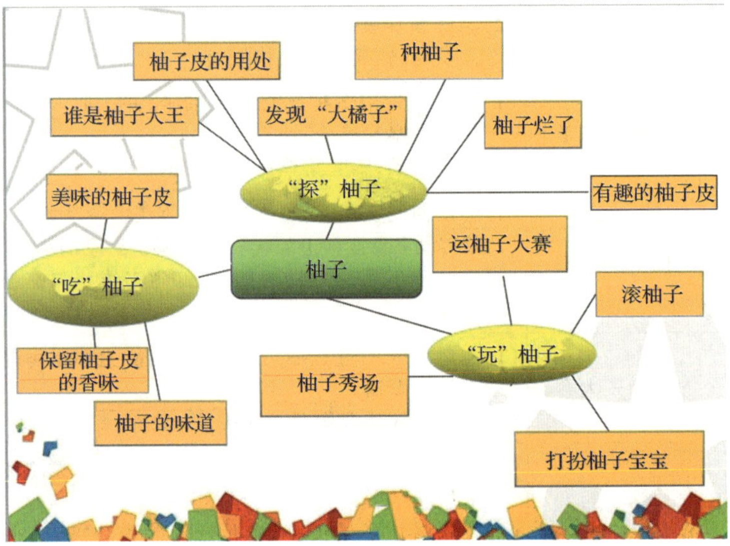


图2-6-2 “我和柚子的故事”生成主题网络图

表2-6-4 “我和柚子的故事”实施活动一览表

| 活动名称 | 活动目标 | 涉及领域 | 实施途径 |
| --- | --- | --- | --- |
| 发现“大橘子” | 1. 通过观察、品尝、操作等活动，感知柚子的主要特征。<br>2. 能用自己的方式表达并记录关于柚子的认识。 | 语言、科学 | 集体探究 |

**续　表**

| 活动名称 | 活动目标 | 涉及领域 | 实施途径 |
|---|---|---|---|
| 柚子的味道 | 1. 能积极运用多种感官观察柚子，并大胆表达自己的观察和感受。<br>2. 通过活动，感受集体品尝柚子的快乐。 | 科学、语言 | 集体探究 |
| 美味的柚子皮 | 1. 通过看、闻、摸、尝，对柚子积累更多的认识。<br>2. 知道柚子皮可食用，并体验亲子共同制作美食的快乐。 | 健康、社会 | 亲子探究 |
| 保留柚子皮的香味 | 1. 发现柚子皮有特殊的气味，初步了解柚子皮的作用。<br>2. 探索柚子皮的保存方法。 | 科学、语言 | 区域探究 |
| 柚子皮的用处 | 1. 了解柚子皮在生活中的多种功用，初步尝试利用表格进行简单的记录。<br>2. 产生喜爱柚子的情感。 | 语言、社会 | 集体探究 |
| 有趣的柚子皮 | 1. 能发挥想象力，根据柚子皮的外形联想出多种物体，并尝试加工制作。<br>2. 在小组合作中，充分体验与同伴合作创作的快乐。 | 科学、社会 | 集体探究 |
| 谁是柚子大王 | 1. 通过对比，发现每个柚子的大小和重量都不一样。<br>2. 尝试用不同的标准对柚子进行比较，初步学习使用测量工具来测量柚子。 | 社会、语言 | 区域探究 |
| 种柚子 | 1. 在实践操作中，初步了解种植柚子的方法。<br>2. 体验学农的乐趣。 | 科学、语言 | 亲子探究 |
| 滚柚子 | 1. 猜想不同的柚子哪个滚得更快，通过探索说出原因。<br>2. 体验共同合作，想办法让柚子滚得更快。 | 健康、社会 | 区域探究 |
| 运柚子大赛 | 1. 在运柚子的过程中，幼儿的协调能力和平衡能力得到提高。<br>2. 体验与同伴合作游戏的快乐。 | 健康、社会 | 集体探究 |
| 柚子烂了 | 1. 幼儿猜想柚子烂了的原因。<br>2. 尝试用多种方式探索柚子烂了的原因，体验发现的快乐。 | 科学、语言 | 集体探究 |
| 打扮柚子宝宝 | 1. 装扮柚子，感受同伴合作的乐趣。<br>2. 尝试用多种材料装扮柚子，创造作品。 | 语言、艺术 | 区域探究 |
| 柚子秀场 | 1. 在欣赏柚子作品的过程中，能跟随音乐节奏大胆地在集体面前进行表演。<br>2. 乐意与同伴分享介绍自己的作品，发展语言表达能力。 | 艺术、语言 | 集体探究 |

教师预设活动　　幼儿生成活动　　师生生成活动

## (二)案例呈现

### 案例1 集体探究

**语言活动:发现“大橘子”**

活动目标:

1. 通过观察、品尝、操作等活动,感知柚子的主要特征。

2. 能用自己的方式表达并记录关于柚子的认识。

活动准备:

柚子和各种剥柚子工具;眼睛、手、嘴、鼻子图片各一张;大记录表一张;柚子相关知识PPT;小记录表;擦手巾、小篮子等。

活动过程:

**◎猜谜游戏**

师:我们来玩猜谜的游戏,猜一样水果。

谜面:灯笼里面藏棉花,棉花裹着小月牙。剥开月牙见白豆,灯笼得用竹竿打。

通过幼儿向老师提问,老师回答,逐步猜出谜底:柚子。

**◎通过观察,了解柚子外部的特征**

师:这里有一张柚子的记录表,现在请你们根据表格上的要求把自己看到的、尝到的柚子画出来吧!

1. 出示记录表,提出观察记录的要求。

了解几个标记的含义,用看、摸、闻等方法探究柚子的外部特征,并用自己的方式进行记录。

2. 幼儿观察记录。

3. 集中交流,教师在大记录表内记录相应的内容。

4. 小结柚子的外部特征。

**◎通过品尝,了解柚子内部的特征**

师:刚才我们对柚子进行了记录,现在请你们尝一尝柚子的味道。

1. 提出操作要求:两人合作剥一个柚子,观察柚子里面有什么?是什么样子的?讲述味道怎么样?最后记录在记录表内。

2. 幼儿操作,教师指导。

3. 集中交流,教师随机记录。

4. 小结柚子的内部特征。

**◎初步了解柚子的用处**

师:刚才知道了柚子的样子和它的味道,现在我们来看看柚子生长在什么地方吧。

1. 观看柚子资料PPT,了解柚子的生长环境及作用。

2. 小结:柚子的用处。

### 科学活动:柚子皮的用处

活动目标:

1. 了解柚子皮在生活中的多种功用,初步尝试利用表格进行简单的记录。

2. 产生喜爱柚子的情感。

活动准备:

柚子皮用处PPT、大记录表一张、小记录表人手一份。

活动过程:

**◎通过故事了解柚子皮能除味**

1. 出示发臭的冰箱图片。

师:熊妈妈最近遇到一个难题,她家的冰箱太臭了。你们有什么办法帮助熊妈妈去除臭味吗?

师(扮演熊妈妈):柚子皮这么有用,能去除冰箱里的臭味。那你们知道柚子皮还有什么用处吗?

2. 利用表格根据幼儿表述进行记录。

**◎观看视频,感受柚子皮的用处**

1. 观看视频。

师:刚刚小朋友说了很多柚子皮用途。我今天带来了一个视频,请你们认真看,把听到的用途记录下来。

2. 幼儿记录、分享。

师:视频中,柚子皮都有哪些作用?

师小结:原来柚子皮熬出来的水能够清洗下水道,去除下水道的臭味,柚子皮能够治疗咳嗽,放在冰箱里能够去除冰箱里的臭味,放在窗户上能够驱赶蚊子,能够给小动物做好看的帽子,等等。柚子皮的本领可真大!

**◎结束活动**

师:我们回家和爸爸妈妈一起再找找资料,看看柚子皮还有什么作用。

### 科学活动:有趣的柚子皮

活动目标:

1. 能发挥想象力,根据柚子皮的外形联想出多种物体,并尝试加工制作。

2. 在小组合作中,充分体验与同伴合作创作的快乐。

活动准备:

柚子皮若干、毛线、筷子、吸管、纸板等废旧材料,小动物、泡沫板、投影仪

活动过程：

◎**引导幼儿对柚子皮进行初步想象**

师：今天老师带来了什么？这半个柚子皮看上去像什么？

师：那柚子皮口朝下看上去又像什么？

◎**对柚子皮进行想象、创造，尝试用句子进行描述**

师：我的柚子皮会变魔术，瞧！它变出了什么？你从哪里发现的？

师：谁会在这个秋千上面玩呢？

师：听，老师把这幅图编成了两句话：柚子皮变秋千，松鼠荡来荡去真有趣！

师：你们想不想也让柚子皮变个魔术？你想变什么？

师：用什么材料？怎么变？

◎**幼儿分组自选材料制作柚子皮造型**

1. 鼓励幼儿自由选用材料，大胆想象、创造柚子皮造型。

2. 变好魔术后想一想，哪个小动物会用它来干什么？

◎**作品展示，欣赏讲评**

## 案例2　区域探究

### 科学区：保留柚子皮的香味

活动目标：

1. 发现柚子皮有特殊的气味，初步了解柚子皮的作用。

2. 探索柚子皮的保存方法。

活动准备：

各种柚子皮、各种盒子、各种纸。

指导要点：

1. 孩子们把自己的方法记录了下来，并回家把自己需要用的材料准备起来。

2. 鼓励幼儿带各种材料，给幼儿充足的时间，利用自带材料把柚子的气味保留起来。

3. 第二天检验对比谁的柚子皮保存了原有的气味。

活动照片如图2-6-3所示。

图2-6-3　放进袋子里可以保留香味吗？

## 科学区：谁是柚子大王

活动目标：

1. 通过对比，发现每个柚子的大小和重量都不一样。

2. 尝试用不同的标准对柚子进行比较，初步学习使用测量工具来测量柚子。

活动准备：

柚子、测量工具。

指导要点：

1. 根据孩子之前画好的计划表来进行测量与对比。

2. 在探索中发现了在同一个柚子的不同位置，"腰围"不一样，从而得出这样的知识经验——柚子不是一个球，柚子的上面尖、中间胖，下面是圆的。

3. 让孩子通过自主探索能获得属于自己的关于柚子的知识经验。

4. 可以将量过柚子的两条皮尺放在一起，直接进行比较，长的那一条就表示测量的柚子"腰围"大。

5. 评选出柚子大王并颁奖。

活动照片如图2-6-4所示。

图2-6-4　举起来比比谁是柚子大王

## 美工区：打扮柚子宝宝

活动目标：

1. 装扮柚子，感受与同伴合作的乐趣。

2. 尝试用多种材料装扮柚子，创造作品。

活动准备：

柚子、毛线、筷子，以及吸管等废旧材料。

指导要点：

1. 幼儿对柚子进行初步想象。

2. 引导幼儿在柚子上画眼睛、做衣服、剪材料、刻身体……用彩纸做婚纱，用纽扣做眼睛，用扭扭棒做双手。提供材料但不示范做法，支持孩子们自由发挥想象力。

3. 根据幼儿装扮结果，评选最美柚子。

活动照片如图2-6-5所示。

图2-6-5　给柚子装饰上五官

### 案例3　亲子探究

**美味的柚子皮**

活动目标：

1. 通过看、闻、摸、尝，对柚子积累更多的认识。

2. 知道柚子皮可食用，并体验亲子共同制作美食的快乐。

活动准备：

柚子皮和各种调味料。

指导要点：

1. 搜索关于柚子皮的美食食谱，如红烧柚子皮、糖裹柚子皮、小炒柚子皮等。

2. 根据孩子的口味，选择柚子皮美食并制作。

3. 家长负责切柚子皮，孩子负责洗柚子皮，洗好柚子皮后，将糖撒到柚子皮上，再把柚子皮放入冰箱。

4. 待腌制一天后，将柚子皮放入锅中，放入冰糖，用小火煮。制作柚子皮美食，让孩子享受到与家人一起制作美食的乐趣。

## （三）环境创设

在幼儿园的教育活动中，主题环境作为一种“隐性课程”，在开发幼儿智力、促进幼儿个性方面，越来越引起人们的重视。主题环境作为一项重要的教育资源，它是幼儿每天都接触到的，幼儿的身心发展、社会化发展以及个性发展，无一不受到它的影响。主题墙是记录孩子们学习过程的地方。孩子们把每天学习中的思考、要他们掌握的问题，以及当下的一些认识，贴在主题学习墙上，供他们思考和回味。在“我和柚子的故事”这个主题中，根据主题进行时间和班级主题墙特征，教师与幼儿共同布置主题墙，共同留下孩子探索的痕迹。

小主题墙板块“柚子大王”“剥柚子皮”“好吃的柚子皮”“和柚子一起玩”，如图2-6-6所示。

a　　b　　c　　d

图2-6-6　小主题墙照片

## 四、整理故事，助力成长

孩子们在与柚子的亲密接触中，获得了认知的拓展、技能的锻炼。更重要的是，他们天马行空地提出问题、开动脑筋解决问题；他们相互合作突破难关、动手实践积累经验；他们用好奇的双眼打量着世界、探索着世界，并在一次次成功的体验中越发热爱这个世界。而我们的教师也通过本次探究活动，创新师生探究合作模式，让更多自然资源与课堂教学进行深度融合，使探究更加丰富、更具特色、更有意义。预设活动中的学习故事，如表2-6-5所示。生成活动中的学习故事，如表2-6-6所示。

### （一）活动中的学习故事

**表2-6-5　“我和柚子的故事”预设活动中的学习故事记录表**

<table>
<tr><td>活动时间</td><td>2016年11月3日</td><td>活动地点</td><td>中(1)班活动室</td></tr>
<tr><td>观察对象</td><td>小琪、小满、杨杨</td><td>观察者</td><td>孙颖</td></tr>
<tr><td colspan="4">学习故事</td></tr>
<tr><td>注意</td><td colspan="3">秋季已至，瓜果飘香。一早孩子们聚集在树下就嚷嚷开了：“哇，这里有一个好大的柚子！”“瞧！我要摘这个柚子，它又大又圆。”“我要这个，它的颜色最黄。”“快来看，这里这里，这里叶子后面都是柚子。”<br>孩子们兴奋地笑着、跳着，把柚子树上的柚子数了又数……<br>“可是柚子树这么高，怎样才能摘到呢？”小琪说：“可以用弹簧鞋跳。”小满说：“可以把树砍掉！”浩浩说：“用梯子爬上去。”杨杨说：“可以开飞机去摘。”经过激烈的讨论，最后他们决定使用一些工具来摘柚子。孩子们扛来了爬爬架，找叔叔拿来棍子，还让阿姨找来梯子。叔叔爬上梯子，一棍子就敲下一个柚子，结果柚子一掉到地上，“啪”的一声裂了，“好可惜啊！”孩子们齐声喊，聪明的小琪大声喊：“别着急，我有办法。”她急急忙忙跑回教室，一会儿就拿着一块花布飞奔回来，她边跑边说：“快，可以用它来接住柚子。”于是大家按照她说的做，几个孩子一起拉开花布，站在树下，等着叔叔喊：“123，接着！”孩子们用花布一下接住了一个大柚子。就这样，在大家的共同努力下，我们收获了满满一筐柚子，这份收获的喜悦写在了孩子的一张张笑脸上。</td></tr>
<tr><td>识别</td><td colspan="3">环境是促进儿童学习的另一位老师。本次活动我们正是利用了天时地利人和的环境优势。一方面，满足了幼儿好奇的心理需求，让幼儿在不同的情境中积极动脑想办法、积极动手制作摘柚子的工具，使活动更加具有趣味性和游戏性。另一方面，孩子们边玩边学，在无形中得到了知识。相信这会使孩子在将来的探究活动中积累更多的经验。</td></tr>
<tr><td>回应</td><td colspan="3">在这次探究活动中，我们培养了幼儿耐心观察的态度。在幼儿提出一些充满探索精神的问题时，教师及时给予了肯定和鼓励，并引导幼儿进一步探索，收到不错的效果。其中为幼儿提供真实的环境，不是为了摘柚子而摘柚子，也不是直接提供幼儿即时可用的材料，而是让幼儿在摘柚子的过程中，慢慢发现和改良自己所要的摘柚子工具，得到摘柚子的经验，培养了耐心观察、勇于尝试、敢于质疑的科学态度。</td></tr>
</table>

表2-6-6 “我和柚子的故事”生成活动中的学习故事记录表

| 活动时间 | 2016年11月4日 | 活动地点 | 中(1)班活动室 |
|---|---|---|---|
| 观察对象 | 小博、小钒、小儒 | 观察者 | 瞿奕希 |
| 学习故事 | | | |
| 注意 | 吃过点心,小博迫不及待地将昨天摘的柚子拿到教室里左瞧瞧右看看,他的举动立刻引来了其他孩子的注意,于是他们也陆陆续续把柚子拿到教室里研究起来。可是才看了一会儿,孩子们就遇到了问题,他们摘的柚子都还没剥开呢,看不到柚子里面长得什么样,更尝不到味道。孩子们都纷纷着急地相互问着同伴怎么办,小博说:“要是想办法把它剥开就好了!”这句话点醒了旁边的小钒,于是他跑到我跟前说:“老师,你有刀吗?能借我用下吗?”小儒说:“但是用刀会不会割到手呢?能不能选择用其他东西剥柚子呢?”孩子们开始你一言我一语地讨论起来,有的说用手,有的说用钥匙,有的说用筷子,有的说用勺子等。于是他们开始分组进行剥柚子比赛,看看用什么工具能最快剥开柚子。结果很快出来了,用积木剥柚子的这组小朋友,最快剥开了柚子。孩子们开始愤愤不平,怎么会这样呢?获胜组的小儒说:“先用尖尖的这头插进柚子里面,挖个洞洞再沿着洞洞一直剥下去……” | | |
| 识别 | 《指南》指出,学习运用感官及工具,动手动脑,探究问题。学习运用各种科学探究的方法,累积学习的经验,尝试解决问题。因此,这个小活动一方面幼儿用看看、猜猜、做做等多种方式剥柚子,感受柚子皮的特点;另一方面,也满足了幼儿好奇的心理需求,让幼儿在不同的方式中积极动脑想办法,积极动手剥柚子皮的工具,使活动更加具有趣味性和游戏性。孩子们边玩边学,在无形中学到了知识。 | | |
| 回应 | 在这次的探究式主题活动中,我们培养了幼儿耐心观察的态度。在幼儿提出一些充满探索精神的问题时,教师及时给予了肯定和鼓励,并引导幼儿进一步探索,收到不错的效果。其中为幼儿提供各种各样的剥柚子工具,不是为了剥柚子而剥柚子,也不是为了向幼儿灌输高深的理论,而是让幼儿在剥柚子的过程中通过操作主动探索,得到剥柚子的经验,培养了幼儿耐心观察、勇于尝试、敢于质疑的科学态度。 | | |

## (二)设计者的话

从“我和柚子的故事”中,研究者深刻理解到情境是促进儿童学习的另一位老师。一个精心创设的情境,势必能将课程目标与幼儿兴趣相融合,提供能满足个体需要的不同材料和活动,能让幼儿在情境中感知、体验,用自己喜欢的学习方式做感兴趣的事。一日生活皆课程——这是教师烂熟于心的一句话,但转化为行动还需要教师的智慧探寻和实践。从孩子的需要出发,悉心去捕捉一日生活中蕴含的无数教育契机,让孩子从容地做自己想做的事,让学习随时随地发生,那么,每一天就会充满“成长的意义”!

对柚子的探索,孩子们意犹未尽。孩子们和柚子的故事仍在继续,孩子们对不同的物品发出不同的声音依然保持着很高的兴趣。相信,不久之后一场由孩子自己策划的柚子表演秀就会呈现在大家面前啦。

柚子树上的柚子在一天天长大，从小到大、从青变黄。幼儿观察到柚子的变化，柚子也见证了幼儿的成长。随着柚子探究式主题活动的开展，柚子已经成为幼儿生活中像老师、同伴一样熟悉的朋友。在探索柚子的过程中，幼儿自主探索、认真专注，教师观察支持、提升经验。教师需要立足于幼儿生活，因为基于幼儿兴趣的教育才是真正有价值的生命教育。

（瞿奕希　全振丽）

## 设计7　瓜味童生（大班）

### 一、共享共探，确定主题

#### （一）问题缘起

秋天是丰收的季节，沉甸甸的南瓜在地里等着我们去发现，绿油油的青瓜在藤蔓中探出身体，形状奇特的佛手瓜在瓜架上迎风摇摆……幼儿园里的种植园地各种瓜果都成熟了，孩子们站在种植园滔滔不绝地开始了话题。孩子们对夏天的瓜果已经有了较为充分的感知和兴趣，在进入秋天时以幼儿熟悉的瓜为媒介，自然地引导孩子从夏天慢慢过渡到秋天，“瓜味童生”主题由此拉开了序幕。

#### （二）价值分析

教育学家陈鹤琴先生曾说过：“大自然是活教材，我们用眼睛去仔细看看，要伸出两手去缜密地研究。”各种各样的瓜给儿童的成长提供了很多探索机会，幼儿园结合生命教育理念不断深入研究、挖掘，追寻“真实”“有趣”的种植内容，促进幼儿快乐成长，满足儿童的需要，拓展幼儿的经验，鼓励幼儿在“动手中学习、观察中学习、体验中学习”，根据已有经验，通过各种尝试，解决自己遇到的问题和挑战，获得成功的喜悦。

#### （三）主题确立

为了能让瓜的探究式主题活动顺利开展，我们开展了前期“关于瓜我知道”和“关于瓜我还想知道”的大调查，如表2-7-1所示。

表2-7-1 “我知道、我还想知道”的调查记录表

| 关于瓜,我知道 | 关于瓜,我还想知道 |
|---|---|
| 1. 我知道黄瓜是绿色的,南瓜是黄色的。<br>2. 西瓜很甜。<br>3. 我知道有冬瓜、西瓜、南瓜、丝瓜。<br>4. 西瓜里面有籽。<br>5. 西瓜是长在地里的。<br>6.丝瓜长长的,南瓜圆圆的。<br>7.南瓜饼可好吃了。<br>8.我喜欢吃黄瓜,黄瓜摸起来刺刺的。<br>9.有的南瓜很重,有的南瓜很轻。 | 1. 黄瓜和苦瓜有什么不一样?<br>2. 为什么有的黄瓜有刺,有的黄瓜是光滑的?<br>3. 有冬瓜、西瓜、南瓜,那有北瓜吗?<br>4. 先有瓜还是先有种子呢?<br>5. 到底有多少种黄瓜?<br>6. 为什么有的瓜能生吃,有的瓜要煮熟了吃?<br>7. 黄瓜和苦瓜有什么不一样?<br>8. 西瓜子可以吃,其他瓜子可以吃吗?<br>9. 为什么有些黄瓜这么大这么重,有些黄瓜却这么小呢?<br>10. 瓜怎么是变色的?<br>11. 为什么有的瓜长在泥土里,有些瓜长在架子上呢?<br>12. 吃了瓜可以变白吗? |

主题调查汇总表中,包括“关于瓜,我知道”“关于瓜,我还想知道”两部分。了解到孩子们对瓜有一定的认知,他们知道瓜明显的外形特征,例如“丝瓜长长的,南瓜圆圆的”“西瓜很甜”“我知道黄瓜是绿色的,南瓜是黄色的”等等,但是并不全面。针对这么多的问题,教师通过梳理统整,发现孩子们对瓜的基本特征、瓜的多样性、瓜的老嫩、瓜的食用、瓜的向光性等几大方面产生了认知兴趣。

通过链接《指南》、核心经验等理论依据,分析判断这些兴趣点能否形成接下来主题推动和调整的价值。教师一方面链接《指南》等纲领性的文件进行分析;另一方面,还要关注到是个体孩子的需求,还是大部分孩子共性的需求,同时思考是否在主题的行进中让孩子获得更丰满的经验。为此,我们进行了梳理,具体如表2-7-2所示。

表2-7-2 “我还想知道”的关键经验梳理表

| 幼儿要探究的问题表述 | 所归属的核心经验范畴 |
|---|---|
| 西瓜子可以吃,其他瓜子可以吃吗? | 瓜的基本特征 |
| 黄瓜和苦瓜有什么不一样?<br>到底黄瓜有多少种?<br>为什么有的黄瓜有刺,有的黄瓜是光滑的?<br>为什么有些黄瓜这么大这么重,有些黄瓜却这么小呢?<br>有冬瓜、西瓜、南瓜,那有北瓜吗? | 瓜的种类 |
| 瓜怎么是变色的? | 瓜的向光性 |
| 为什么有的瓜长在泥土里,有些瓜长在架子上呢?<br>是先有种子还是先有瓜? | 瓜的生长 |
| 为什么有的瓜能生吃,有的瓜要煮熟了才能吃?<br>吃了瓜可以变白吗? | 瓜的营养价值 |

根据本班幼儿身心发展的特点及认知规律,制订了以下主题目标:

1. 通过观察、比较、测量等方法发现瓜的异同,了解瓜的生长过程,产生观察、探究的兴趣。

2. 大胆表述自己喜欢的瓜,初步了解瓜的各种吃法和营养价值,尝试利用各种瓜进行创意制作活动。

3. 通过种植黄瓜,积累照料黄瓜的经验,能用自己的方法记录和表达测量的结果。

## 二、厘清脉络,立点梳线

### (一)预设主题网络图

探究式主题活动的展开是一个复杂的过程,也是一个教师、幼儿、教学环境资源以及主题等要素之间相互作用的过程。教师从孩子的关注点出发,分析他们的兴趣点;然后筛选其中的价值点,挖掘出支持点;最后形成真正属于班级定制的探究式主题预设网络图,如图 2-7-1 所示。

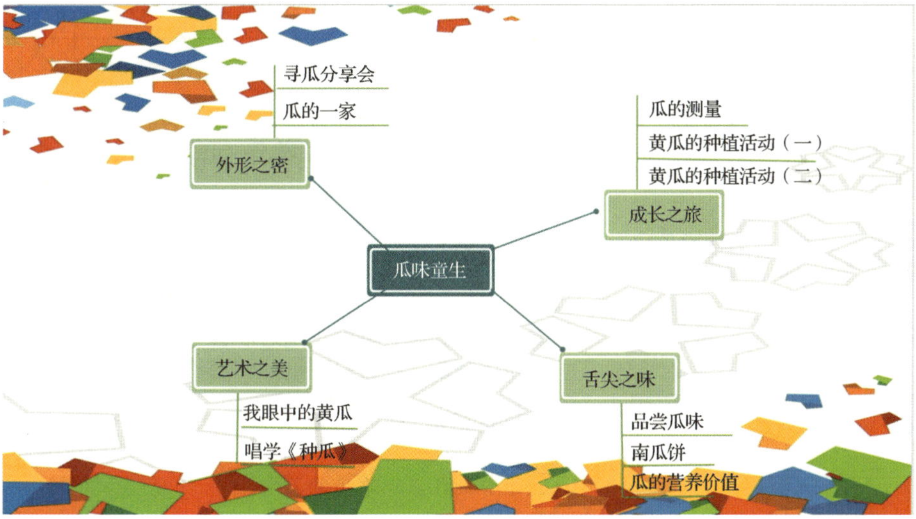


图 2-7-1 “瓜味童生”预设主题网络图

### (二)预设活动导航表

以本班幼儿的实际情况与需求兴趣为依据,经过分析与价值判断,设计者将分成四个阶段:外形之密、成长之旅、舌尖之味、艺术之美。以生成为导向,提高预设的针对性，具体如表2-7-3所示。

表2-7-3 活动方案预设导航表

| 序号 | 主题板块 | 活动名称 | 活动目标 | 涉及领域 |
|---|---|---|---|---|
| 1 | 外形之密 | 寻瓜分享会 | (1)通过观察、比较、测量等方法发现瓜的异同，了解瓜的生长过程，产生观察、探究的兴趣。<br>(2)大胆表述自己喜欢吃的瓜，初步了解瓜的各种吃法和营养价值。 | 艺术、语言 |
| 2 | | 瓜的一家 | (1)初步感知瓜类的外形特征。<br>(2)体验观察与探究瓜类的快乐，萌发对瓜的关注、喜爱之情。<br>(3)能大胆地用比较完整的语言表达自己的发现，并乐意与同伴分享。 | 科学、语言 |
| 3 | 成长之旅 | 瓜的测量 | (1)尝试运用各种工具测量瓜的高度，体验探索活动的乐趣。<br>(2)发展与同伴合作、协商解决问题的能力。 | 艺术、语言 |
| 4 | | 黄瓜种植活动(一) | (1)了解黄瓜的特征以及生长所需要的基本条件。<br>(2)通过亲自观察、动手、种植获得知识，培养对黄瓜的兴趣。 | 科学、语言 |
| 5 | | 黄瓜种植活动(二) | (1)有关注植物生长变化的兴趣和观察、比较能力。<br>(2)能寻找合适材料测量黄瓜的长度。<br>(3)能用自己的方法记录和表达测量的结果。 | 科学、语言 |
| 6 | 舌尖之味 | 品尝瓜味 | (1)了解关于瓜的美食。<br>(2)引发幼儿对瓜类的美食产生兴趣。 | 科学、社会 |
| 7 | | 南瓜饼 | (1)学习碾的动作，弄碎南瓜，制作南瓜饼。<br>(2)调动多种感官感知南瓜的形状与特征。<br>(3)乐于探索，会关注比较生活中事物的特征。 | 语言、社会 |
| 8 | | 瓜的营养价值 | (1)通过活动，幼儿了解瓜的营养价值，有益健康。<br>(2)培养幼儿喜欢吃瓜的习惯。 | 语言、社会 |
| 9 | 艺术之美 | 我眼中的“黄瓜” | (1)乐于参与美术活动，在对比欣赏中感受水墨画的美。<br>(2)通过画黄瓜，初步掌握水墨画的表现技巧。 | 艺术 |
| 10 | | 唱学《种瓜》 | (1)感受歌曲中活泼愉悦的情绪，学习按歌词内容创编动作。<br>(2)认识休止符，能完整正确地学唱歌曲。<br>(3)体验与同伴一起表演的快乐。 | 艺术 |

## 三、预设生成，灵动调整

预设课程是基础，生成课程是发展。课程不是固定的、先验的跑道，而是达成个人转变的通道，是师生共同建构的一种过程模式，是一个向教师、家庭、社区和儿童开放的教育系统。因此，课程不应该仅仅是预设的，而应该是生成的。在师生互动过程中，对儿童的需要和感兴趣的事物进行价值判断，不断调整活动，以促进儿童更加有效学习的课程发展过程，是一个动态的师生共同学习、共同建构世界的过程。

### （一）内容的调整与实施

我们在制订预方案之后，又根据幼儿的兴趣和疑问，对活动内容做以下调整，如图2-7-2所示。实施活动如表2-7-4所示。

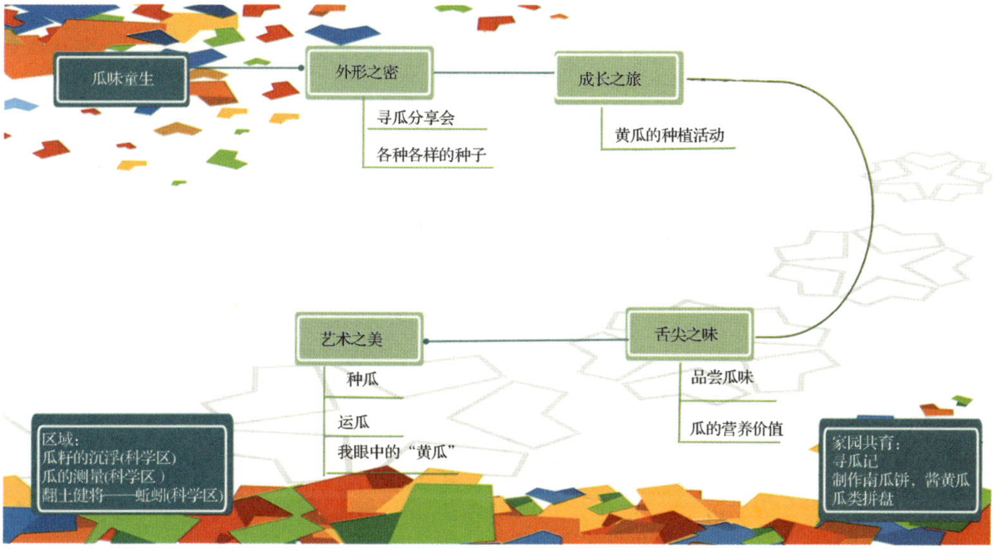


图2-7-2 “瓜味童声”生成主题网络图

表2-7-4 “瓜味童声”实施活动一览表

| 活动名称 | 活动目标 | 涉及领域 | 实施途径 |
|---|---|---|---|
| 寻瓜记 | 1. 认识常见的瓜，发现瓜是由蒂、脐、皮、肉、瓤、籽组成的。<br>2. 了解不同瓜之间的相同和不同之处。 | 科学、健康 | 亲子探究 |

续 表

| 活动名称 | 活动目标 | 涉及领域 | 实施途径 |
| --- | --- | --- | --- |
| 寻瓜分享会 | 1. 通过观察、比较、测量等方法发现瓜的异同，了解瓜的生长过程，产生观察、探究的兴趣。<br>2. 大胆表述自己喜欢吃的瓜，能大胆地用比较完整的语言表达自己的发现，并乐意与同伴分享。 | 科学、语言 | 集体探究 |
| 各种各样的种子 | 1. 通过观察图片、实物，了解瓜类种子的不同。<br>2. 积极参与交流，乐于把探究各种各样种子的结果与同伴分享。<br>3. 对瓜类的种子产生探究的兴趣。 | 科学、语言 | 集体探究 |
| 瓜籽的沉浮 | 1. 观察瓜籽在水中的沉浮现象，初步获得有关物体沉浮的经验。<br>2. 学习用简单的方法记录瓜籽在水中的沉浮状态。 | 艺术、科学 | 区域探究 |
| 瓜的测量 | 1. 尝试运用各种工具测量瓜的高度，体验探索活动的乐趣。<br>2. 培养与同伴合作、协商解决问题的能力。 | 科学、语言 | 区域探究 |
| 黄瓜种植活动 | 1. 了解黄瓜的特征以及生长所需要的基本条件。<br>2. 通过亲自观察、动手、种植获得知识，培养对黄瓜的兴趣。 | 科学、语言 | 集体探究 |
| 翻土健将——蚯蚓 | 1. 认识蚯蚓的外形特征。<br>2. 了解蚯蚓的生活环境和生活习性。 | 科学、语言 | 区域探究 |
| 品尝瓜味 | 1. 了解关于瓜的美食。<br>2. 引发幼儿对瓜类的美食产生兴趣。 | 艺术、语言 | 集体探究 |
| 制作南瓜饼<br>酱黄瓜 | 1. 学习碾的动作，弄碎南瓜，制作南瓜饼。<br>2. 调动多种感官感知南瓜的形状与特征。<br>3. 乐于探索，会关注和比较生活中事物的特征。 | 艺术、科学 | 亲子探究 |
| 瓜的营养价值 | 1. 通过活动，幼儿了解瓜的营养价值。<br>2. 培养幼儿喜欢吃瓜的习惯。 | 语言、社会 | 集体探究 |
| 瓜类拼盘 | 1. 参与瓜类拼摆造型活动，体验自制水果拼盘的乐趣。<br>2. 学习剥皮、削皮、切片等生活技能。<br>3. 培养幼儿初步的审美能力和创新意识。 | 科学、语言 | 亲子探究 |
| 唱学《种瓜》 | 1. 感受歌曲中活泼愉悦的情绪，学习按歌词内容创编动作。<br>2. 认识休止符，能完整正确地学唱歌曲。<br>3. 体验与同伴一起表演的快乐。 | 艺术 | 集体探究 |
| 运瓜 | 1. 练习两个人近距离双手互相传球。<br>2. 增强动作的协调性，体验与同伴合作的快乐。 | 健康 | 集体探究 |
| 我眼中的“黄瓜” | 1. 乐于参与美术活动，在对比欣赏中感受水墨画的美。<br>2. 通过画黄瓜，初步掌握水墨画的表现技巧。 | 艺术 | 集体探究 |

教师预设活动　幼儿生成活动　师生生成活动

正如杜威所说:"儿童有着探究和调查的本能,好问、好奇、好探究是儿童与生俱来的特点。"探究欲望是幼儿认识活动必不可少的主观前提,是激发学习兴趣的原动力。幼儿园实施的探究性活动正是以此作为前提,以幼儿在突发情景中所生成的问题为切入点,再与教师的预设相结合,形成了师生共同探究知识的过程。

## (二)案例呈现

### 案例1　集体探究

**音乐活动:种瓜**

活动目标:

1. 感受歌曲中活泼愉悦的情绪,学习按歌词内容创编动作。

2. 认识休止符,能完整正确地唱完歌曲。

3. 体验与同伴一起表演的快乐。

活动准备:

节奏卡 X X O | X X O |,与歌词相对应的图谱。

活动过程:

◎**活动导入**

师:今天老师给小朋友们带来了一首好听的歌曲,名字叫《种瓜》。

◎**欣赏歌曲,熟悉歌词**

1. 教师第一遍弹唱歌曲。

教师:这首歌里面种的是什么瓜?

2. 再次欣赏歌曲。(放慢一些节奏,可清唱)

师:你最喜欢哪一句歌词?(根据幼儿的回答出示相应的图谱)

3. 第三次欣赏。

教师将图谱按照歌词顺序排列,并依次提问:是谁种的瓜? 在哪里种的? 是怎么种的? 最后结了个什么? 抱得动吗?(结合画面,巩固歌词)

借助图谱,幼儿跟念歌词2遍。

◎**学唱新歌**

1. 教师弹唱歌曲,幼儿尝试着跟唱。

2. 重点示范休止停顿处。

出示节奏卡 X X O | X X O |,找出有休止符的歌词。

师:老师发现很多小朋友都将休止符给忽略掉了。我们一起来听一听这句,休止符藏到哪儿去了?

教师轻唱"大南瓜呀大南瓜,抱呀,抱呀,抱呀抱不下"。

师：休止符藏到哪儿去了呀？

重点练习“抱呀，抱呀”这句，注意唱出休止符。

3. 完整演唱，再分男、女生唱。

◎**歌曲表演**

1. 创编动作。

教师弹唱歌曲后，师：小朋友们唱得都很棒。那现在老师请你们动动脑筋，你觉得哪几句歌词我们可以给它配上动作？

根据歌词内容（关键词：浇水、看它、发芽、开花等），幼儿试着创编表演动作。

师：老师看见许多小朋友都想出了适合的动作，让我们一起分享一下。

教师请幼儿上来表演，选取较好的动作，根据歌词有节奏地做动作。

教师完整地进行歌曲表演，幼儿跟随。

2. 表演歌曲。

教师扮演“瓜”，幼儿扮演“小朋友”进行表演；第二次互换表演。

将幼儿分为两大组，分别扮演“小朋友”和“瓜”进行歌表演；第二次互换表演。

### 健康活动：运瓜

活动目标：

1. 练习两个人近距离双手互相传瓜。

2. 增强动作的协调性，体验与同伴合作的快乐。

活动准备：

人手一个瓜。

活动过程：

◎**热身运动**

1. 跟着教师一起运动（侧着慢行，双手平举、快行、踢腿等）。

2. 练习沿着线慢慢地侧行、加快速度侧行。

◎**探索练习**

1. 请小朋友尝试运瓜。

情景导入：现在是个丰收的季节，农民伯伯收获了很多的瓜。我们都是农民伯伯的小帮手，今天我们就帮他们来运瓜。

师：要从这个箩筐运到对面的箩筐。

2. 请个别幼儿进行交流示范。

师：小帮手们有很多的方法，让我们看看有哪些运瓜的方法。

3. 幼儿再次练习。

◎**合作运瓜**

1. 幼儿尝试合作运瓜。

提示幼儿运的时候步子要整齐，不能让瓜掉下来。

2. 个别幼儿进行交流示范。

师：运送的时候注意双手"运瓜"，两只手拿着瓜，把它传给下一个帮手。

3. 教师示范，再次练习。

师：现在我们再来试一下。

◎**游戏运瓜比赛**

师：现在小帮手们已经做得非常好了。现在来比一比哪组的小帮手更能干。

教师发现运瓜比赛的不足之处，并及时纠正完善。

◎**结束**

1. 放松运动。

2. 请幼儿将瓜搬回家。

**艺术活动：我眼中的"黄瓜"**

活动目标：

1. 乐于参与美术活动，在对比欣赏中感受水墨画的美。

2. 通过画黄瓜，初步掌握水墨画的表现技巧。

活动准备：

水墨画《黄瓜》、毛笔、墨汁、宣纸等。

活动过程：

1. 出示郑少白的作品《黄瓜》。

(1)教师：画上有什么？黄瓜是什么样的？什么颜色的？叶子是什么样的？看到这样的黄瓜和叶子，你有什么样的感觉？

(2)请幼儿猜想、说说这些画是用什么画的。

(3)师幼共同小结水墨画的创作方法。

2. 引导幼儿欣赏、对比两幅作品。

(1)请幼儿仔细观察、对比欣赏两幅画，说说自己的发现和感受。

(2)引导幼儿思考、讨论绘画的时候用了什么方法来表现。

(3)教师示范用毛笔的中锋、侧锋进行作画，并讲解进行水墨画时的注意事项。

教师：绘画时，要把笔尖多余的墨汁沥干，防止多余的墨汁掉到纸上；注锋进行创作，把物体的特征表现出来！

(4)请幼儿尝试用毛笔的中锋、侧锋作画，感受用两种画法带来的不同。

3. 幼儿进行水墨画创作。

(1)鼓励幼儿在欣赏的基础上,说说自己想用国画表现什么样的瓜。

(2)幼儿进行绘画,教师巡回指导,引导幼儿用正确的方法进行水墨画绘画。

4. 幼儿互相交流作品。

(1)展示幼儿绘画的作品,师幼共同欣赏。

(2)鼓励幼儿说说自己在绘画过程中运用的绘画方法。

(3)教师总结:用毛笔的方法不同,画出来的黄瓜也会不一样。

活动照片如图2-7-3所示。

图2-7-3 水墨画"黄瓜"

### 案例2 区域探究

**科学区:瓜籽的沉浮**

活动目标:

1. 观察瓜籽在水中的沉浮现象,初步获得有关物体沉浮的经验。

2. 学习用简单的方法记录瓜籽在水中的沉浮状态。

活动准备:

各种瓜类的籽,每组一盆水,人手一张记录表。

指导要点:

1. 教师投放各种瓜的籽,水,记录表。

2. 幼儿操作实验记录,相互之间对比实验结果。

3. 教师组织交流结果,讨论原因。

4. 探索讨论其他蔬菜水果是否沉浮。

**科学区:瓜的测量**

活动目标:

1. 尝试运用各种工具测量瓜的高度,体验探索活动的乐趣。

2. 培养与同伴合作、协商解决问题的能力。

活动准备:

1. 各种自然测量工具。

2. 记录纸。

3. 种植园地的瓜类。

指导要点：

1. 教师投放各种自然测量工具，组织幼儿开展活动。

2. 幼儿自由选择小组合作，讨论合适的测量工具。

3. 进行测量记录。

4. 交流如何测量，用什么工具，量出来多高。

活动照片如图2-7-4所示。

图2-7-4　测量瓜

## 案例3　亲子探究

### 寻瓜记

活动目标：

1. 认识常见的瓜，发现瓜是由蒂、脐、皮、肉、瓢、籽组成的。

2. 了解不同瓜之间的相同和不同之处。

活动准备：

1. 关于瓜的种类、外形特征等相关视频、书籍、照片。

2. 搜集附近的瓜地。

3. 纸笔。

指导要点：

1. 家长搜集关于瓜的相关视频、书籍、照片，让幼儿积累关于瓜的有关经验。

2. 亲子共同去瓜地、菜市场了解瓜，摸一摸、闻一闻瓜。

3. 制作记录表，并将不同种类的瓜带回幼儿园。

### 瓜类拼盘

活动目标：

1. 参与瓜类拼摆造型活动，体验自制水果拼盘的乐趣。

2. 学习剥皮、削皮、切片等生活技能。

3. 培养幼儿初步的审美能力和创新意识。

活动准备：

各种瓜类、盘子、刀、展台。

指导要点：

1. 亲子商量制作什么样的瓜类拼盘，并找来相应的瓜类以及工具。

2. 讨论做拼盘的基本方法。
3. 画好拼盘的设计图。
4. 动手制作并拍照留念。
5. 品尝瓜类拼盘，分享快乐。

活动照片如图2-7-5所示。

图2-7-5 黄瓜拼盘

## 四、整理故事，助力成长

“学习故事”评价是一种幼教工作者用叙事的方式对儿童的学习进行形成性评价的体系。它是一种具有独特内涵的评价体系，是一种行动和研究手段，是为促进幼儿持续学习与发展而评价的，为推进幼儿园课程实施进程和提升课程实施质量而服务的。设计者关注幼儿行为背后的需要、兴趣和意图，关注幼儿的已有经验，关注幼儿在与环境、关系的互动过程中表现出来的有助于学习的心智倾向和学习策略，促进幼儿自主、自发地进行学习。

### （一）活动中的学习故事

预设活动中的学习故事，如表2-7-5所示。生成活动中的学习故事，如表2-7-6所示。

表2-7-5 “瓜味童声”预设活动中的学习故事记录表

| 活动时间 | 2020年11月4日下午 | 活动地点 | 教室 |
|---|---|---|---|
| 观察对象 | 小阅、小扬、小聿 | 观察者 | 蒋若诗 |
| 学习故事 | | | |
| 注意 | 孩子们待在角落里，探索着瓜类的长短。小阅激动地大喊起来：“哇！你们看这根黄瓜长得好长呀，但是歪歪扭扭的！”“我觉得这根黄瓜跟我的手臂一样长！”小扬用手臂在黄瓜旁边量了量。“可是这根黄瓜长得歪歪扭扭的，都不知道有没有你的手臂那么长。”小聿嘟囔道。那我们可以用什么方法去测量这些黄瓜的长度呢？<br>小阅说：“我用尺子量一量。”马上遭到了小聿的反驳：“不行，尺子不能像黄瓜一样弯来弯去。”小阅想了想说：“那……我用皮尺去量，皮尺可以弯来弯去。”小聿着急地说：“我有一个很好的办法，我可以按照黄瓜的样子在纸上画下来，再用一样的小东西在纸上去摆起来，你们看这根黄瓜有七个回形针那么长。”小扬拿着尺子，发现尺子没有黄瓜那么长，这可怎么办呢，他看了看四周拿来了积木小方块，一块、两块、三块往上拼，从头到尾拼到了八块小方块积木。孩子们用各种方法测量黄瓜的长度，使用的工具也五花八门。 | | |

续 表

| | |
|---|---|
| 识别 | 孩子们大部分利用了自然测量的方法，而这完全符合刚升入大班幼儿的年龄特点。孩子们发现测量同一根黄瓜，测量工具越小越短，测量的次数越多；测量工具越大越长，测量的次数越少。在这个过程中，培养了三个幼儿的求异思维，学会了使用不同的工具测量，并且能够敢于探索、发现问题，进而尝试解决问题。 |
| 回应 | 测量瓜带给孩子无尽的快乐和探索空间，孩子们从中学会了思考和解决问题。下一步教师将带孩子去画一画他们喜欢的瓜。 |

**表 2-7-6 "瓜味童声"生成活动中的学习故事记录表**

| 活动时间 | 2020年11月4日下午 | 活动地点 | 种植区 |
|---|---|---|---|
| 观察对象 | 小奕、小衡 | 观察者 | 蒋若诗 |
| 学习故事 | | | |
| 注意 | 淅淅沥沥连续下了几场雨后，孩子们到种植区看黄瓜时，只见他们蹲下身体扎堆在一起，好像是发现了什么新奇的东西。我过去一看，哇，好长的一条蚯蚓。孩子们围在一起议论了起来。"这是虫子吧，你看它走路好奇怪。""看起来像是条没长大的小蛇。""不对，这是蚯蚓，是我们之前说的可以松土的蚯蚓！"小衡信心十足地说道。"我想知道蚯蚓住在哪里。"小奕好奇地问道。"蚯蚓的家就在这个泥土里，它是农民伯伯的好朋友。"小衡马上回答道。"那蚯蚓能住在沙子里吗？""沙子？可能也行吧。""我想知道蚯蚓喜欢吃什么。""我想知道蚯蚓怕什么。"蚯蚓的出现引起幼儿强烈的兴趣，我将幼儿提出的问题记录下来，形成一张简单的"蚯蚓问题卡"，让他们带着问题卡去寻找答案。幼儿拿着问题卡，兴高采烈地出发了，他们到图书室找材料，找到了《蚯蚓的日记》，他们认真地读了起来。 | | |
| 识别 | 小奕、小衡知道蚯蚓喜欢在泥土里钻来钻去，就很好地进行了松土，还通过有关于蚯蚓的书本去更多地了解蚯蚓。他们俩在相互交流共同促进成长，引发探索蚯蚓的兴趣。 | | |
| 回应 | 幼儿们就蚯蚓的外形结构、吃住情况、如何爬行、再生能力等开始了大探秘。通过询问家人、翻阅图书和查寻电脑等，陆续带来了"翻土健将"蚯蚓的图片和资料：蚯蚓可以挖穴松土、分解有机物，在土壤改良、消除公害、保护生态环境等方面发挥着很大作用。后续还可以让孩子们在观察植物时，了解其他的益虫和害虫。 | | |

### （二）设计者的话

本次探究式主题活动通过看一看、量一量、称一称、比一比，多感官参与探索瓜的异同，探寻瓜果的秘密。同时还发挥奇思妙想，用瓜做造型，体验创造的乐趣。孩子们的好奇心，促使我们要给孩子探求生命奥秘的机会。幼儿园结合生命教育理念不断深入研究、挖掘，追寻真实、有趣的种植内容，促进幼儿快乐成长，满足儿童的需要，拓展幼儿的经验，鼓励幼儿“在动手中学习、在观察中学习、在体验中学习”，根据已有经验，通过各种尝试，解决自己遇到的问题和挑战，获得成功的喜悦。

孩子是脚，课程是鞋。瓜味童生课程中孩子积极探索，在认识、感受体验中认识世界和现象，构建属于自己的经验。而我们和孩子们一同研究着、快乐着！种植地的黄瓜长大了，下一段瓜味童生的探究故事，未完待续……

（蒋若诗　叶文雅）

# 第三章

# 感知物质的奇妙

## 设计1　轮子轱辘轱辘(小班)

### 一、共享共探，确定主题

**(一)问题缘起**

刚入园时，有好多孩子因为分离的焦虑上学时都带了家里的玩偶。半个学期过去了，好些孩子早已适应幼儿园的生活，不带玩具了。然而，熠熠还是每天带着自己的"安巴"(一种玩具汽车的名字)，和之前其他小朋友带的布偶玩具都不一样。熠熠经常把玩着安巴，并且睡觉还要拿着它。有时候他还愿意借给小朋友们玩，所以这辆"安巴"在我们班级很"火"。孩子们觉得"安巴"好厉害，"咻——"就能从这头到那头了。"我的安巴很厉害吧!"熠熠自豪地说。"是它下面的轮子才让它这么厉害的!"玮玮说。"有轮子就会快的，我爸爸的车就是这样。"妍妍马上说。"轮子圆圆的当然会滚起来啊!""我的小自行车轮子很大的呢!""我家的汽车轮子更大!"……孩子们对轮子的兴趣很大。好几天，只要提到"安巴"，孩子们都会说起轮子。看来他们对轮子产生了兴趣。

玩具汽车、风车、马路上的汽车、操场上的轮胎、幼儿园走廊上的齿轮……孩子们的身边有着各种各样的轮子，而这些轮子无时无刻不在吸引着孩子们的目光，让他们总想要去瞧一瞧、摸一摸：在地上和伙伴一起玩着小汽车，看着小汽车轱辘轱辘地前进；举着风车在操场上奔跑，感受着风将风车吹动，让风车咕噜咕噜地旋转；和伙伴一起制作着会轱辘轱辘转动的轮胎……

### （二）价值分析

当我们从幼儿最感兴趣的玩具入手，引发其对“轮子轱辘转”现象的关注，幼儿就会调动全部的智慧去探索、去发现。在找一找、玩一玩身边各种轮子的过程中，幼儿会感受、体验到玩转轮子带来的兴趣。当幼儿实际参与探索各种轮子的“奥秘”，他们的好奇心和探究欲望会充分得到挖掘和发挥，好奇心是引发儿童持续关注和探索的重要因素，而幼儿的持续性探究源于他们所认可、所感兴趣的情境。而在发现轮子的“奥秘”后，幼儿会自主地进行“创造”，并愉快地畅游于这个“轱辘轱辘转”的轮子世界。这一切会促进他们科学素养的发展与提升，有助于增加幼儿的深度学习、提升幼儿的“学习力”。

### （三）经验与问题的发掘

为了了解幼儿对轮子的前期经验和后续探究方向，教师和孩子们来了一场关于“轮子”的头脑风暴。对于小班刚入园的幼儿来，说虽然进行头脑风暴是有点难，也缺乏直接的生活经验，但有限的认知也是认知。为了满足幼儿对未知问题的探究渴望，也为了让本次探究活动顺利开展，我们把孩子对轮子感兴趣的探究方向和疑问记录下来并进行分类，发现他们自主提出了几个探究方向：轮子为什么会滚，轮子的玩法，齿轮是什么，轮子的外形，轮子的作用，如表3-1-1所示。

表3-1-1 “我知道、我还想知道”的调查表

| 关于轮子，我知道…… | 关于轮子，我还想知道…… |
|---|---|
| 1. 车的下面有轮子。<br>2. 修车店里有轮子，很多很多。<br>3. 我看见过水上有轮子，连在一起的。我和爸爸去游泳的时候看到了。<br>4. 我见过一个轮子从山上滚下来。<br>5. 轮子是黑黑的，圆圆的，我爸爸的车上有。<br>6. 我的玩具汽车上也有轮子，是小小的，也是圆圆的。<br>7. 我在梦中学轮滑，看到很多颜色的轮子，红的、黄的、绿的都有。 | 1. 轮子都是圆形的吗？<br>2. 轮子可以用来玩吗？<br>3. 轮印都是一样的吗<br>4. 轮子能帮我们做什么？<br>5. 轮子摸上去是什么样的？ |

通过“关于轮子，我知道，我还想知道”的活动，幼儿提出了很多感兴趣和关注的问题。然而这些问题能否成为教育活动的主题和内容，需要进行价值判断。我们发现，只要符合本班幼儿的年龄特点和经验水平；只要是幼儿能通过自己的探究学习得出的结论；只要属于小班幼儿科学领域应当获取的核心经验，我们就应该认为是有价值的。

于是我们对幼儿的问题进行了梳理，如表3-1-2所示。

**表3-1-2　“我还想知道”的关键经验梳理表**

| 幼儿要探究的问题表述 | 所归属的核心经验范畴 |
| --- | --- |
| 轮子都是圆形的吗？ | 轮子的外形特征 |
| 轮印都是一样的吗？ | |
| 轮子能帮我们做什么？ | 轮子的功能 |
| 轮子能怎么玩？ | |
| 轮子摸起来是什么感觉的？ | 轮子的材质 |

基于幼儿对轮子的探究兴趣和幼儿的年龄特点，我们对幼儿提出的问题进行了价值判断，于是我们以《指南》和《纲要》所提出的各领域目标为指导，设立以下主题目标：

1. 对周围常见的“轮子”产生探究兴趣，调动各种感官积累关于“轮子”外形特征、分类、玩法等相关经验。

2. 通过观察、动手操作、亲子查阅资料等方式，探索“轮子”的作用以及与人们生活的关系。

3. 愿意和同伴或家人一起探究，尝试用自己的方式进行“轮子”造型的创作，在区域探究、集体探究、亲子探究中体验自主创造的乐趣。

## 二、厘清脉络，立点梳线

### （一）预设主题网络图

基于幼儿的视角，从幼儿对“轮子”已有的知识经验出发，并对收集到的有关“轮子”的信息进行分析和诊断，依据本班幼儿的“最近发展区”来选择合适的内容，使预设的内容来源于幼儿生活。本次有关“轮子”的探究活动应尽可能全面涉及幼儿园五大领域，使探究的内容更加全面，同时希望开展活动时我们的思路更加清晰、更有逻辑性，特做以下网络图，包括“轮子种类多”“轮子作用大”“轮子真好玩”和“轮子大发明”四个板块，具体内容如图3-1-1所示。

图3-1-1 “轮子轱辘轱辘”预设主题网络图

## （二）预设活动导航表

精心预设是动态生成的基础。我们针对本主题事先搜集资料、设定目标、设计教学结构，对探究可能产生的走向、可能影响探究进度的因素做预先的思考和应变策略。根据“寻找轮子—轮子的秘密—好玩的轮子—轮子的历史与作用”的线索，我们预设了活动导航图，以活动时间顺序进行排列，具体如表3-1-3所示。

表3-1-3 “轮子轱辘轱辘”活动方案预设导航表

| 序号 | 主题框架板块 | 活动名称 | 活动目标 | 涉及领域 |
| --- | --- | --- | --- | --- |
| 1 | 轮子种类多 | 各种各样的轮子 | (1)在操作过程中探索、发现轮子是圆形的、会滚动，它由不同的材料制成。<br>(2)了解轮子在社会生活中的运用。<br>(3)产生探索轮子的兴趣。 | 社会、科学 |
| 2 | 轮子真好玩 | 轮子歌 | (1)结合图谱学习儿歌，体验问答儿歌的乐趣。<br>(2)产生对车轮数量的兴趣。 | 语言、科学 |
| 3 | 轮子种类多 | 车轮的秘密 | (1)通过观察了解各种车的车轮及其特征。<br>(2)愿意表达自己的推测与猜想。 | 科学、语言 |
| 4 | 轮子作用大 | 了不起的轮子 | (1)了解轮子是圆的、会滚动，能给人们生活带来方便。<br>(2)尝试用有轮子的推车载物。 | 社会、健康 |

续　表

| 序号 | 主题框架板块 | 活动名称 | 活动目标 | 涉及领域 |
|---|---|---|---|---|
| 5 | 轮子作用大 | 有趣的轮子 | (1)感知4以内的数，进一步巩固1—4的实际意义。<br>(2)巩固对常见车辆的认识，体验学习问答儿歌的乐趣。 | 数学、语言 |
| 6 | 轮子大发明 | 轮子工程师 | (1)通过比较进一步感知圆形、三角形、正方形的不同。<br>(2)尝试自己创造不同形状的轮子。 | 数学、艺术 |
| 7 | 轮子真好玩 | 轮子走路 | (1)尝试用车轮滚画，初步感受车轮花纹的美。<br>(2)产生用车轮作画的兴趣。 | 艺术 |
| 8 | 轮子真好玩 | 人体轱辘辘 | (1)用侧身滚动的方法模拟某一滚动物体，培养节奏感和身体的协调性。<br>(2)体验身体滚动带来的快乐。 | 健康 |
| 9 | 轮子真好玩 | 好玩的轮胎 | (1)探索轮胎的各种玩法，并掌握滚轮胎的方法。<br>(2)能积极参与体育活动，体验游戏活动带来的愉快感。 | 健康 |
| 10 | 轮子真好玩 | 快乐轮胎 | (1)能安静地倾听故事，能随着故事情节展开想象。<br>(2)体验小动物乘坐轮胎时欢快的情绪情感。 | 语言 |
| 11 | 轮子真好玩 | 香喷喷的轮子 | (1)能大胆想象故事情节，并用比较连贯的语言进行表达。<br>(2)丰富词汇：香喷喷、圆溜溜、绊、扛等。<br>(3)感受帮助别人的快乐。 | 语言 |
| 12 | 轮子大发明 | 参观汽修厂 | (1)观察汽修厂里工人工作的流程。<br>(2)了解轮子对汽车的重要性。 | 社会、科学 |
| 13 | 轮子大发明 | 我的轮子发明 | (1)和家人一起用自己的方式制作关于轮子的小发明。<br>(2)体验亲子互动的快乐。 | 社会、科学 |

## 三、预设生成，灵动调整

### (一)内容的调整与实施

在主题开展过程中，教师尊重、鼓励幼儿提问，了解幼儿的兴趣点和关注点之后，以有层次性、渐进性的问题对幼儿进行引导。以下就是本班师幼共同生成的“轮子轱辘轱辘”探究式主题活动生成主题网络图，具体内容如图3-1-2所示。

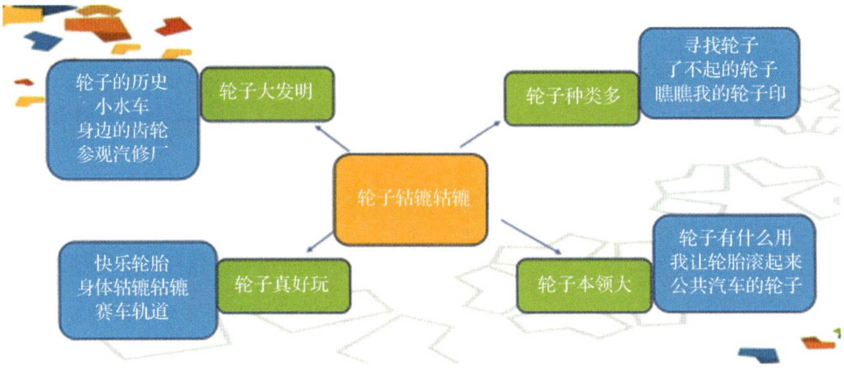


图3-1-2 “轮子轱辘轱辘”生成主题网络图

由于幼儿存在个体差异，他们都有着自己独特的认知基础和思维方式，在新知建构和解决问题的过程中这些方面都将有不同的呈现，本质上是一种“再创造”。在这个过程中“生发”的问题，我们积极采取应对措施，将预设与生成结合起来，并做出灵活的调整，使得主题层层推进。以下是本次探究式主题活动的实施一览表，以活动时间顺序进行排列，具体如表3-1-4所示。

表3-1-4 “轮子轱辘轱辘”实施活动一览表

| 活动名称 | 活动目标 | 涉及领域 | 实施途径 |
| --- | --- | --- | --- |
| 寻找轮子 | 1. 初步了解轮子的外形特征。<br>2. 能够积极主动地参与活动。 | 社会、科学 | 区域探究 |
| 了不起的轮子 | 1. 初步感知轮子的特点及其在日常生活中的运用。<br>2. 乐意参加探索活动，并能初步表达自己的发现。 | 社会、科学 | 集体探究 |
| 瞧瞧我的轮子印！ | 1. 学习用小轮子当作绘画工具进行滚画的方法。<br>2. 知道轮子上是有花纹的，而且轮子上的花纹都是不一样的。<br>3. 体验用轮子作画的乐趣。 | 艺术 | 集体探究 |
| 轮子有什么用 | 1. 通过亲身对比徒手搬和用有轮子的车搬运，体验用轮子搬运更省力。<br>2. 愿意和同伴一起互动探究，体验和同伴一起游戏的快乐。 | 健康、科学 | 区域探究 |
| 我让轮胎滚起来 | 1. 探索让轮胎滚起来的方法。<br>2. 感受与同伴一起滚轮胎的快乐。 | 社会、健康 | 区域探究 |
| 公共汽车的轮子 | 1. 学唱歌曲，并能根据歌曲节奏模仿车轮滚动的样子。<br>2. 体验和同伴一起互动的快乐。 | 艺术、社会 | 集体探究 |

续 表

| 活动名称 | 活动目标 | 涉及领域 | 实施途径 |
| --- | --- | --- | --- |
| 快乐的轮胎 | 1. 能安静地倾听故事,能随着故事情节展开想象。<br>2. 体验小动物乘坐轮胎时欢快的情感。 | 语言、社会 | 集体探究 |
| 轮子的历史 | 1. 通过看图片,感知轮子演变的历史。<br>2. 初步知道轮子演变对生活的作用。 | 科学、社会 | 集体探究 |
| 身体轱辘轱辘 | 1. 模仿轮子转动的样子,让自己的身体也转起来。<br>2. 学会身体笔直滚动,尝试蹲式抱膝翻跟斗。<br>3. 体验体育游戏的快乐。 | 健康 | 区域探究 |
| 小水车 | 1. 了解水车的作用。<br>2. 知道水车要靠水流冲击才能运做。<br>3. 体验动手操作实验的快乐。 | 科学 | 区域探究 |
| 身边的齿轮 | 1. 通过视频和图片了解生活中的齿轮是如何运作的。<br>2. 感叹齿轮的大作用,对身边的齿轮产生探究的兴趣。 | 社会、科学 | 亲子探究 |
| 赛车轨道 | 1. 动手操作,产生对摩擦力的兴趣。<br>2. 初步感知不同材料对车速的影响。<br>3. 愿意动手尝试探究问题。 | 科学 | 区域探究 |
| 参观汽修厂 | 1. 通过参观汽修厂,更直观地了解车轮及车子零件与齿轮运作的过程。<br>2. 在指导人员的示范下,和家人一起安装车轮。<br>3. 体验与家人一起探索的乐趣。 | 科学、社会 | 亲子探究 |

## (二)案例呈现

### 案例1 集体探究

**社会活动:了不起的轮子**

活动目标:

1. 初步感知轮子的特点及其在日常生活中的运用。

2. 乐意参加探索活动,并能初步表达自己的发现。

活动准备:

1. 各种有轮子的玩具人手一件。

2. 多媒体课件。

3. “小问号”(贴在黑板上),记号笔,画有人物思考形象的白纸,磁铁。

4. 内装重物的行李箱。

活动过程:

**◎出示玩具,激发兴趣**

师:你们看,这儿有那么多玩具,它们都静静地站着,你有办法让它们动起来

吗?(请个别幼儿操作演示)

师:想了这么多的办法,请你拿一件玩具,用你自己的方法让它动起来,待会儿告诉大家,你玩了什么,是怎么玩的。

**◎操作探索,感知轮子**

1. 自由探索。

2. 互相交流。刚才你们在玩的时候,都让玩具动起来了!谁先来说说,你玩了什么玩具,是怎么玩的。

3. 感知轮子。

师:在你们的帮助下,这些玩具都动起来了,那你们有没有发现一个秘密,有一样东西是每个玩具里都有的?

师:这些轮子都一样吗?有的说一样,有的说不一样。现在请你们再去找一样玩具,仔细地看一看,和旁边的小朋友比一比,轮子一样吗?你会发现一些什么问题呢?

**◎观察比较,发现异同**

1. 发现问题:幼儿自由选择玩具观察、比较。(教师向幼儿询问发现的问题和解决方法)

2. 提出问题:刚才你们仔细地在比轮子,肯定发现了很多秘密,你有什么问题吗?我们请×老师帮我们把问题记下来。(请配班教师把幼儿的问题记录在画有“问号”形象的白纸上)

3. 解决问题:师生共同解决2个问题。

师:你们发现了这么多问题,谁来做小老师,告诉我们为什么。

**◎联系生活,了解作用**

1. 今天我们通过自己的努力发现了轮子和轮子的秘密,那你还在什么地方什么东西上看见过轮子呢?(播放课件,根据幼儿的回答出现画面图片)

2. 拎拉行李箱:我这里刚好有个行李箱,谁来试试拎着箱子走一圈。(幼儿尝试)

3. 教师小结:轮子使我们的生活变得省力和方便,轮子真了不起。

4. 看了这么多生活中的轮子,现在对于轮子你还有什么想知道的吗?

师:为什么装上轮子后,我们移动行李箱就省力了呢?我们把这个问题带回家和爸爸妈妈一起想一想,找找答案,然后放到“小问号”栏里吧!

5. 结束:请每个孩子带上一件有轮子的玩具,我们继续去探索解决问题吧!

### 艺术活动:瞧瞧我的轮子印

活动目标:

1. 学习用小轮子当作绘画工具进行滚画的方法。

2. 知道轮子上是有花纹的,而且轮子上的花纹都是不一样的。

3. 体验用轮子作画的乐趣。

活动准备：

大画纸若干，每组分别放红、黄、蓝、绿四种颜料以及毛巾一块，音乐《去郊游》，并用《开汽车》伴奏。

活动过程：

**◎游戏导入，激发活动兴趣**

1. 教师播放音乐《去郊游》，以游戏的方式导入。

师：你们的小汽车呢？今天你们来做小司机，我们开着小汽车去郊游好吗？

2. 引导根据音乐进行游戏。

3. 教师引导幼儿回忆游戏经验。

师：小司机们真棒！刚才我们的小汽车去了好多地方，谁来告诉我你刚才是怎么开小汽车的？

师：小汽车上坡时是怎么走的？下坡时是怎么走的？

师：小汽车拐弯的时候是怎么走的？请小朋友们分别做一做以上的动作。

**◎自由观察图片，了解轮印的不同**

1. 观看轮印的图片。

师：图片上的轮印都有什么不一样的地方呢？请你来说一说。

教师小结：不同的轮子，它的轮印也是不一样的！

**◎尝试用车轮滚画**

1. 认识各种颜料的颜色。

师：小司机要给小汽车加满油，小汽车才会跑得有力气。小朋友说一说我们加油，要到什么地方去加油？

师：这里有几个不一样颜色的加油站，都有哪些颜色呢？我们一起来认识一下吧！

2. 教师示范“加油”的方法。

师：现在我们给小汽车加油，平时我们给小汽车加油加在了什么地方？

师：今天老师要把汽油加在车轮上。小朋友看，把小汽车放在加油站里，来回滚动几下，车轮就加满了彩色的“汽油”。

3. 教师示范车轮滚画的方法。

4. 幼儿尝试。

师：我要请几个小朋友来做小司机，试着开开我们的小汽车！

师：她的车轮印是什么颜色的？花纹和我的一样吗？你觉得像什么？

**◎感受不同轮印在纸上交叉重叠的效果**

1. 幼儿分组作画，将玩具汽车的车轮蘸颜料，在纸上来回滚动，看看每辆车的轮胎印有什么不同。

2. 幼儿可按意愿多次滚画，感受图案交叉、重叠的特殊效果。

活动延伸：

教师将不同花纹的轮子投放至科学区，供幼儿探究不同花纹的轮印对小车子前进速度的影响。活动照片如图3-1-3所示。

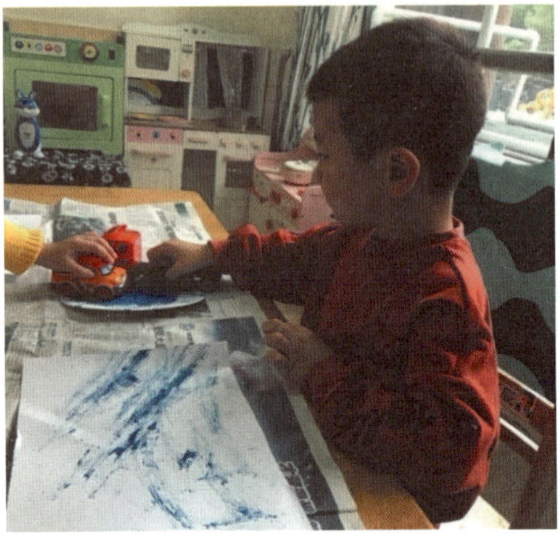

图3-1-3　轮子印

**健康活动：轮子有什么用**

活动目标：

1. 通过亲身对比徒手搬物品和用有轮子的车搬运，体验用轮子搬运更省力。

2. 愿意和同伴一起互动探究，体验和同伴一起游戏的快乐。

活动准备：

若干砖头、小型的两轮人力车、视频。

活动过程：

◎ **回忆轮印经验**

会滚的轮子。

师：今天早上你们用自己带来的小轮子粘颜料在纸上留下美丽的轮印。你们是怎么印的呢？轮子为什么要滚起来？

教师小结：原来轮子滚起来，印下的图案很漂亮。

◎ **尝试用自己的办法抱伙伴**

1. 布置任务。

师："谁能把乐妍从这里抱到那里吗？"（个头比较大的孩子）

2. 幼儿尝试用自己的方法。

师：有什么办法不用这么累？

教师小结：你们的办法真多，有的人用抱的，有的人用背的，总之是用了自己最大的力量。

◎ **想办法用轮子运输**

1. 激发思考。

师：有没有什么方法可以用更少的力、更轻松？

2. 有车轮真轻松。

师：可不可以请别的什么来帮忙呢？为什么用车推比抱轻松一点呢？

教师小结：原来有车轮来帮忙，我们可以用小小的力搬运重重的人。

**◎观看轮子相关视频，巩固“轮子本领大”**

1. 播放视频(62个大轮子卡车托运400吨重物)

师：如果要搬一个比房子还重的东西，轮子能帮忙吗？

教师小结：原来可以用更多更大的轮子来帮忙，轮子的本领可真大。

### 艺术活动：公共汽车的轮子

活动目标：

1. 学唱歌曲，并能根据歌曲节奏模仿车轮滚动的样子。

2. 体验和同伴一起互动的快乐。

活动准备：

轮胎若干个。

活动过程：

**◎回忆坐公共汽车的经验，模仿车轮转动的动作**

1. 回忆坐车经验。

师：你们有坐过公共汽车吗？

师：今天我们也要来坐一次公共汽车；但是今天我们要坐的公共汽车跟你平时坐的可不一样哦！

2. 熟悉歌词。

教师带领幼儿熟悉歌词，一边以鲜明的肢体动作表现歌词，一边愉悦地吟诵歌词：马路上，公共汽车轮子转呀转、转呀转，满街跑；公共汽车喇叭嘟嘟嘟、嘟嘟嘟，漫天响。

师：现在，我们来扮演公共汽车里的乘客。公共汽车要开喽！

3. 模仿轮子转动的样子。

师：公共汽车的轮子是怎么转动的？

教师带领幼儿模仿公共汽车轮子转动的样子。

4. 幼儿倾听伴奏音乐，做车轮转动的动作。

**◎学唱歌曲**

1. 欣赏歌曲。

师：下面，我们来听一首歌曲，这首歌曲唱的就是公共汽车的故事。请你竖起小耳朵，仔细听一听歌曲里都唱了什么。

2. 幼儿学习歌曲。

师：公共汽车的司机说，要坐公共汽车需要买车票，学会了歌曲我们就可以坐着公共汽车出去郊游啦！

◎加入身体动作，表演歌曲

1. 幼儿学唱，边唱边用拍手的方式感受它的节奏。

2. 完整演唱，并用肢体动作来表现车轮的转动。

师：让我们跟着音乐，学着轮子的转动一起来坐公共汽车吧！

活动照片如图3-1-4所示。

图3-1-4 公共汽车的轮子

**语言活动：快乐的轮胎**

活动目标：

1. 能安静地倾听故事，能随着故事情节展开想象。

2. 体验小动物乘坐轮胎时欢快的情感。

活动准备：

背景操作图一份、音效、轮胎若干。

活动过程：

◎趣玩轮胎，激发活动兴趣

1. 了解轮胎的特性。

师：孩子们今天老师给你们带来一样东西，是什么？请你们拿一个轮胎玩一玩，滚一滚。

教师小结：原来玩轮胎是一件这么快乐的事情。

2. 欣赏故事。

师：快乐轮胎给我们带来快乐，还给一只小松鼠带来快乐呢。让我们一起来听听发生在快乐轮胎和小松鼠之间的故事吧。

◎亲身体验，理解故事内容

1. 理解故事第一段。

师：调皮的轮胎从山顶上滚下来，小松鼠就在上面蹦蹦跳跳，小松鼠把轮胎当成什么？

师：让我们也在轮胎上蹦一蹦，跳一跳，跳得好开心，蹦得满头大汗。

2. 理解故事第二段。

师：哎呀，不好，发生什么事情啦？圆圆的轮胎滚到河里去了。该怎么办呢？

教师小结：原来圆圆的轮胎漂到河边。小松鼠躺在上面，好舒服啊。(大浪打过来，摇了一下)

师：让我们也躺在船上，舒舒服服地晃一晃。

师：玩累了，小松鼠想把轮胎拖上岸来，轮胎好重啊，我们一起来帮忙吧。

师：轮胎拖上岸，又滚了起来。瞧滚到哪儿去了？

3. 欣赏完整故事。

师：现在让我们一起来听听故事，《快乐的轮胎》。故事里的小动物快乐吗？为什么？

◎ **自然结束，滚出**

想象故事情节。

师：有趣的轮胎想带你们一起去探险，你们愿意吗？

师：现在我们小朋友也变成了一只快乐的轮胎。你的轮胎滚到哪里去了呀？

## 案例2 区域探究

### 科学区：小水车

活动目标：

1. 了解水车的作用。

2. 知道水车要靠水流冲击才能运转。

3. 体验动手操作实验的快乐。

活动准备：

水车若干、水、脸盆、抹布。

指导要点：

1. 教师介绍材料及操作的注意事项。材料：水车、水、脸盆，注意事项：需要将水车放置在脸盆中进行操作，防止水流溅出；如有水流溅出，自行使用抹布进行处理。

2. 幼儿自主选择水车进行活动，探究水流如何使水车转动起来，并能讲述使水车转动起来的方法。

### 科学区：身边的齿轮

活动目标：

1. 通过视频和图片了解生活中的齿轮是如何运作的。

2. 感叹齿轮的大作用，对身边的齿轮产生探究的兴趣。

活动准备：

PPT、相关视频、有齿轮的物品。

指导要点：

1. 教师播放齿轮转动的视频，初步了解齿轮是如何工作的。

2. 幼儿自主选择带有齿轮的物品进行实验操作。在自己动手操作的过程中，了解齿轮的工作原理。

3. 用自己的话简单讲述齿轮是如何工作的。

活动照片如图3-1-5所示。

图3-1-5　齿轮玩具

**科学区：赛车轨道**

活动目标：

1. 动手操作，产生对摩擦力的兴趣。

2. 初步感知不同材料对车速的影响。

3. 愿意动手尝试探究问题。

活动准备：

玩具小汽车若干、不同纹理的纸、木板、砖块、不同轮胎花纹的车子等。

指导要点：

1. 教师将砖块叠起来，将木板架在砖块上制造一个斜坡，并且铺上纹理不同的纸。

2. 幼儿以比赛的形式，将相同轮胎花纹的小汽车在同一起点处出发，探究摩擦力对于小车前进速度的影响。

3. 教师将砖块叠起，将木板架在砖块上制造一个斜坡，并且铺上纹理相同的纸。

4. 幼儿以比赛的形式，将不同轮胎花纹的小汽车在同一起点处出发，探索轮胎花纹对车子行驶速度的影响。

5. 鼓励幼儿勇于尝试。

### 案例3　亲子探究

**参观汽修厂**

活动目标：

1. 通过参观汽修厂，更直观地了解车轮及车子零件与齿轮运作的过程。

2. 在指导人员的示范下，和家人一起安装车轮。

3. 体验与家人一起探索的乐趣。

活动准备：

事先联系集团校汽修厂、家长车辆。

指导要点：

1. 到来之前，家长和孩子先一起查找关于汽车和车轮的相关资料。

2. 家长们驾车带着宝贝来到瓯海职业中专集团校的汽修厂。

3. 汽车厂的老师为孩子们简单地讲解汽车发展的历史。

4. 每个家庭分组轮流在各个操作间观摩汽修的各个部件的装搭。

5. 孩子们观察、触摸体验车轮的外部结构。

6. 专业技师示范指导如何安装车轮。

7. 亲子安装轮胎比赛开始。每组家庭对已经折下的车轮进行安装。

8. 观看安装好四个车轮的车在空中轱辘轱辘转起来。

比赛形式安装轮胎，让家长和孩子有了充分合作的机会，既能得到相关的探索，更是亲子情感交流的好机会。之前的材料介绍和技术示范为安装奠定了基础，由易到难的过程，既能让幼儿调动已有经验、激发探索欲望，更是帮助家长了解幼儿学习规律、形成良好亲子关系的好时机。比赛让整个活动达到高潮。四个轮子四组家庭合作，让一辆车“开”起来了，车轮在空中轱辘轱辘转，让孩子们拍手，所有人感到快乐。

活动照片如图3-1-6所示。

图3-1-6　摸轮胎

## （三）环境创设

我们根据幼儿生成的内容和幼儿一起创设主题墙，这是一个慢慢丰富的过程。从寻找轮子来创设“我来找轮子”的小主题；知道轮子的分类来创设“各种各样的轮子”的小主题；通过对比了解轮子的作用，来创设“轮子本领大”的小主题；通过和轮子玩一玩，来创设“轱辘真好玩”的小主题；通过亲子参观汽修厂的相关活动，来创设“轮子轱辘轱辘”的大主题，具体内容如图3-1-7、图3-1-8所示。

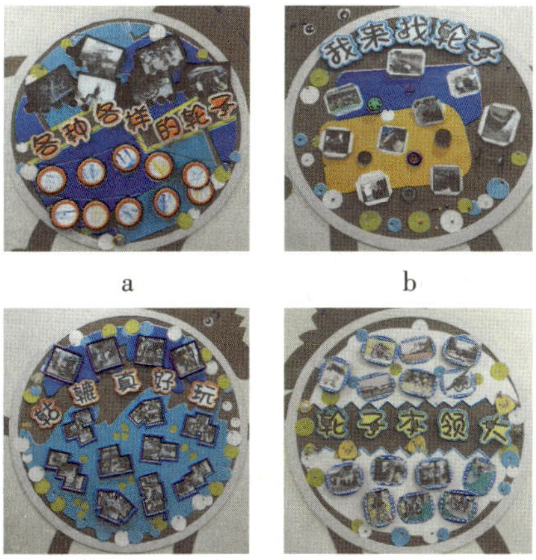


a　b　c　d

图3-1-7　小主题墙：轮子本领大

图3-1-8　大主题“轮子轱辘轱辘”

## 四、整理故事，助力成长

### (一)活动中的学习故事

在整个“轮子”的探究过程中，幼儿的学习是通过各种感官的体验达成的，孩子体验到了轮子轱辘转的魅力，感受到了其中的乐趣。我们选择适当的时机，灵活地对幼儿的各项活动进行评价，以获得幼儿学习、发展的情况，从中分析、评价幼儿的发展水平、兴趣取向以及遇到的困难，从而进一步对教育行为进行调整。采用学习故事的评价方式，真实客观地用白描的方式记录下幼儿身上的“魔法时刻”。以下的两个故事就是孩子探究过程的真实记录，预设活动中的学习故事如表3-1-5所示。生成活动中的学习故事，如表3-1-6所示。

表3-1-5 “轮子轱辘轱辘”预设活动中的学习故事记录

| 活动时间 | 2018年11月21日 | 活动地点 | 教室 |
|---|---|---|---|
| 观察对象 | 团团、涵涵 | 观察者 | 何佳佳 |
| 学习故事 | | | |
| 注意 | 晨间自主活动的时候，团团和涵涵玩起了“娶新娘”的游戏。只见团团想抱比自己还“大”的“新娘”涵涵。他拼尽全力却抱不动。旁边的晨晨毛遂自荐：“我来！”只见他咬紧牙关，使劲儿抱起涵涵，踉踉跄跄地抱到了“新房”：“累死我了！”引得大家哈哈大笑。“我不是你的‘新娘子’，错啦错啦！团团才是‘新郎’。”“可是团团力气太小啦！”晨晨接着说道。“那怎么办呢？”涵涵垂头丧气。“可以的，我有办法！”团团的眼睛滴溜溜一转，不服输地说：“我有接‘新娘子’的车。”只见他三步并作两步跑向旁边的推车，拉起推车就跑向“新娘”，催着让“新娘子”坐进去。之后，便昂首阔步地推着“新娘子”去“结婚”啦……周围的孩子都被这一举动惊呆了，一会儿才缓过神来，接着爆发出：“哦！原来可以这样的……”个个都兴奋地嚷嚷着，也要这样“娶新娘”…… | | |
| 识别 | 刚开始幼儿抱“新娘”抱不动，“新娘”被抢走，激发了幼儿的好胜心。于是迁移了课堂上习得的经验——用推车来推“新娘”。作为教师，看见孩子能够如此活学活用，心里比吃了蜜还甜。<br>幼儿通过抱和用推车两种方法的对比，亲身体验到用有轮子的推车省力了许多。 | | |
| 回应 | 通过“娶新娘”之后一系列的聊天，幼儿对“接新娘”的方式进行了总结：用手抱或者背很吃力，改用推车“接新娘”会省力许多。亦有幼儿提出，骑三轮车“接新娘”也会很省力。<br>是的，用手推车和用脚踩三轮车都能发挥轮子的作用，让接人载物更省力；但哪个更省力呢？是不是轮子越多越省力？下一次的活动就让孩子亲身体验轮子的“本领大”…… | | |

表3-1-6　“轮子轱辘轱辘”生成活动中的学习故事记录表

| 活动时间 | 2018年11月13日 | 活动地点 | 教室 |
|---|---|---|---|
| 观察对象 | 晨晨、妍妍 | 观察者 | 苏耀 |
| 学习故事 | | | |
| 注意 | 中午吃完饭在科技室玩耍的时候，晨晨问妍妍：“咦！这个轮子怎么不一样？”他说的是柜子上的小水车，妍妍很好奇：“哪里不一样呢？”晨晨说：“它只能滚滚，但不能往前面滚。”晨晨对于这个小水车十分感兴趣，便开始摆弄起小水车来。“咦，这个‘轮子’上为什么有这么多小杯子呢？”晨晨不解，“那我往杯子里倒点水吧！” | | |
| | 突然，晨晨欢呼道：“妍妍，你快来看！有水它就能转起来了。”“咦？是不是真的有水就能车转起来呢？”妍妍一脸迷惑。于是，她将水往“轮子”旁一倒，水淋在了水车的旁边，水车无法转动，妍妍锲而不舍地试了一次又一次，终于她发现：“哇！原来把水倒在旁边就转不起来了，要倒在‘杯子’里。”听她这么一说，孩子们争先恐后，都想来试一试这好玩的“轮子”。当“轮子”加上水滚动了起来，孩子们欢呼雀跃道：“哇！真的呢！滚起来了！太好啦！”…… | | |
| 识别 | 幼儿在科技室发现了水车之后，好奇心使得他们对这个新奇的“轮子”备感兴趣，从而进行一次次的尝试。幼儿的这种不怕失败、锲而不舍的学习品质难能可贵，值得我们呵护和鼓励。<br>通过把水倒进水车上的“小杯子”里，幼儿了解到了水流的冲刷会使水车运转起来。为了丰富幼儿对水车的间接经验，教师收集到了相关的视频、图片等供幼儿了解水车的发展历史及对人们生活的作用。 | | |
| 回应 | 通过探究这个新奇的“轮子”，孩子们了解，“轮子”不仅仅只有车轮这样的形式，“轮子”有很多不同的形式，比如“水车”“齿轮”。<br>因此我们还可以继续探究，探究这种特殊轮子的外形特征、运作方式及其在生活中的用途…… | | |

## （二）设计者的话

在“轮子轱辘轱辘”的探究式主题活动中，设计者遵循“从幼儿的兴趣出发”的原则，让幼儿实际参与了探究活动，探究了各种轮子的“奥秘”，幼儿的好奇心和探究欲望得到了充分的挖掘和发挥，并且体验到了发现的乐趣。幼儿的学习品质得到了培养，其自主性也得到了发挥，设计者在此过程中也充分感受到幼儿的自我意识，并对他们展开合理的引导，不仅提升了观察记录能力，也在不断完善自我教育理念。

在与“轮子”的亲密接触后，幼儿也渴望制作一辆会滚动的小汽车。那可以用什么材料替代车身、车轮呢？下面将让“小小设计师”和爸爸妈妈一起动手，来一场变废为宝的亲子创意造车行动，感受轮子带来的乐趣……

（何佳佳　苏　耀）

# 设计2　神奇的旋转(大班)

## 一、共享共探,确定主题

### (一)问题缘起

吃完饭,只见图图迫不及待地从兜里掏出各式陀螺,又和江江、跳跳他们悄悄躲一边去进行陀螺对抗赛了。“你看我的木陀螺转得超级快!”江江说。“哪里啊,我用了超大的力气去启动它,我的陀螺比你的厉害多了。”跳跳立马反驳道。图图大声说道:“你们的都没我的厉害,我的是手指陀螺魔方,不仅能转,还能变形。”“哇,大家快来看,开心的陀螺在变颜色!”“快快快,加油、加油!”只见几个女孩子也加入了他们的陀螺对抗赛,加油助威……近段时间的自主游戏,我们班孩子经常沉迷在陀螺世界里。小小的陀螺,仿佛有着魔力般吸引着他们不断探索:为什么陀螺可以旋转?有哪些方法可以让陀螺旋转得更久?还有什么东西也可以这样旋转?

### (二)价值分析

小小的陀螺,引发了孩子们大大的兴趣!孩子们对旋转充满了好奇,他们迫不及待地想要了解更多。作为老师,我们应该引导幼儿通过观察、比较、操作、实验等方法,去进一步感知旋转这一现象,发现事物旋转的奥秘并知道旋转的作用。幼儿在探究中通过与他人沟通交往,发现问题、分析问题和解决问题,不断积累与旋转相关的经验;并能将所学习的经验灵活地运用于之后新的学习活动中。

### (三)主题确立

不同年龄阶段的幼儿对于旋转的认知经验都是不同的,大班的孩子除了对旋转的特征感兴趣外,还会将已有经验迁移到其他有关旋转的事物。因此,开展主题活动之前,我们需要了解幼儿对旋转的一些已有的认知经验和想要探究的方向,于是我们开展了一个大调查活动:关于旋转我知道,我还想知道,如表3-2-1所示。

表 3-2-1 “我知道、我还想知道”的调查汇总

| 关于旋转,我知道 | 关于旋转,我还想知道 |
|---|---|
| 1. 旋转木马。<br>2. 直升飞机的螺旋桨。<br>3. 电风扇会旋转。<br>4. 闹钟的指针。<br>5. 汽车方向盘。<br>6. 酒店旋转的门。<br>7. 水冲下去的旋涡。<br>8. 脖子动和头跟着动的旋转,说明身体也是可以旋转起来的。<br>9. 硬币用手弹一下也能旋转起来。<br>10. 地球是绕着太阳转的。<br>11. 龙卷风是会旋转的,转得很快。 | 1. 车子的轮毂是怎么转的?<br>2. 闹钟上的指针是怎么转起来的?<br>3. 呼啦圈是怎么转的?<br>4. 有马戏团的小丑,只有一个轮子踩的脚踏车是怎么旋转的?<br>5. 陀螺为什么会旋转?<br>6. 为什么螺丝刀可以把螺丝钉拧进去?<br>7. 工人开的压路车前面的压轮是怎么转的?<br>10. 为什么圆的东西会转?<br>11. 为什么方向盘会转?<br>12. 为什么龙卷风会转?<br>13. 竹蜻蜓是靠什么旋转的?<br>14. 为什么旋涡转动的方向是向下的? |

在对幼儿进行“我知道,我还想知道”调查活动中,我们发现幼儿在生活和学习中已经积累了关于旋转的一些认知经验,但还是比较粗浅、零散,不够全面。在前期“我知道”调查表中,我们可以看到孩子们知道生活中电扇、直升机螺旋桨等都可以旋转,对旋转的基本特征有一定的了解。但是从“我还想知道”中可以看出,他们对旋转的基本原理、旋转的条件等还想了解更多。他们会提出很多感兴趣和有争议的问题,这些问题能否作为探索教育内容,关键看其是否符合大班幼儿的年龄特征和已有经验水平,并且能使幼儿通过自己的探究学习得出经验结论。因此,我们对幼儿提出的问题进行了梳理,如表 3-2-2 所示。

表 3-2-2 “我还想知道”的关键经验梳理表

| 幼儿要探究的问题表述 | 所归属的关键经验范畴 |
|---|---|
| 车子的轮毂是怎么转的? | 旋转的基本特征 |
| 陀螺为什么会旋转? | 旋转的原理 |
| 为什么螺丝刀可以把螺丝钉拧进去? | 旋转的条件 |

根据以上梳理,我们制订了以下主题目标,是对幼儿在本次探究式主题活动学习及结果的预期,也是本次探究式主题活动目的的具体化。

主题目标:

1. 认知:探索生活中旋转的物品,比较不同物体的旋转效果,在玩玩、说说、做做中了解旋转的原因、基本特征及其他相关知识。

2. 情感：乐意运用肢体表现旋转的动作，热爱身边有关旋转的事物，体验旋转游戏的乐趣。

3. 能力：尝试制作旋转玩具，锻炼幼儿大小肌肉动作和手眼协调能力，发展观察比较能力和合作交往能力。

## 二、厘清脉络，立点梳线

### （一）预设主题网络图

《纲要》中明确表示：要利用幼儿生活中常见的事物来开展活动，提高幼儿的兴趣，本次探究的主题旋转就是建立在孩子们感兴趣的事物点上。在第一步骤的大调查中，孩子们提出了“为什么陀螺可以旋转？”“为什么螺丝刀可以通过旋转把螺丝钉拧进去？”等疑问，对于旋转他们还有很多想要探究的内容。于是，我们针对以上调查结果进行了分析、梳理，从“你问我答”“生活中旋转”“旋转新发现”“好玩的旋转”四个板块引发幼儿深入探究，具体编制了以下探究式主题预设网络图，如图3-2-1所示，从而帮助幼儿更好地学习和发现。

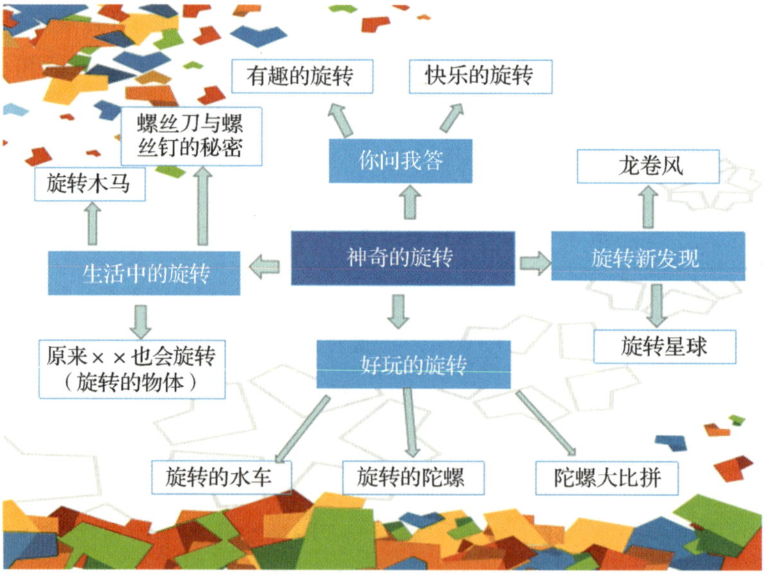


图3-2-1 “神奇的旋转”预设主题网络图

### (二)预设活动导航表

在我们制订好旋转预设网络图之后,为了让幼儿在活动与探究中更加有成就感,我们提供了更多让幼儿动手操作、自主探究的活动,如区域游戏、亲子活动等。让孩子在玩中学,根据“旋转大调查—旋转大比拼—好玩的旋转”的线索,我们编制了活动预设导航图,利用周围环境的有利因素,安排了不同领域的活动,具体内容如表3-2-3所示。

表3-2-3 “神奇的旋转”活动方案预设导航表

| 序号 | 主题板块 | 活动名称 | 活动目标 | 涉及领域 |
|---|---|---|---|---|
| 1 | 你问我答 | 有趣的旋转 | (1)对旋转现象产生兴趣及探究欲望,体验发现的乐趣。<br>(2)探索使物体旋转的方法,乐意用不同的方式表达自己的发现。 | 语言 |
| 2 | | 快乐的旋转 | (1)初步了解电力、人力、风力、水力等因素是使物体旋转的基本条件(力量)。<br>(2)通过自身操作大胆进行探究活动,在活动中了解关于“旋转”的感性经验,不断构建、完善自己的认知模式。 | 语言、社会 |
| 3 | 生活中的旋转 | 原来××也会旋转 | (1)在试试、玩玩、做做中积累有关转动的经验,发现转动的很多有趣现象。<br>(2)为自己和同伴的成功而高兴,在活动中获得成功的喜悦。 | 社会 |
| 4 | 生活中的旋转 | 旋转木马 | (1)巩固撕、折、贴的技能,依图制作旋转木马。<br>(2)体验完旋转木马玩具的乐趣。 | 艺术、科学 |
| 5 | | 螺丝刀与螺丝钉的秘密 | (1)在操作螺丝刀和螺丝钉的过程中,了解螺丝刀和螺丝钉的特征,探究其合作的奥秘。<br>(2)在实验过程中操作不同材料,观察旋转的产生。 | 科学、社会 |
| 6 | 好玩的旋转 | 旋转水车 | (1)通过观察,感知水流冲击能使水车转动。<br>(2)在实验过程中知道水车的转速快慢与水流大小有关。 | 科学、语言 |
| 7 | | 旋转的陀螺 | (1)在玩陀螺的时候,发现陀螺旋转的秘密。<br>(2)感受陀螺不停转动的乐趣。 | 科学 |

续 表

| 序号 | 主题板块 | 活动名称 | 活动目标 | 涉及领域 |
|---|---|---|---|---|
| 8 | 好玩的旋转 | 陀螺大比拼 | (1)在活动中掌握放陀螺、抽陀螺等技能方法。<br>(2)能够遵守游戏规则,感受陀螺比拼带来的乐趣。 | 健康、科学 |
| 9 | 旋转新发现 | 龙卷风 | (1)认识龙卷风及了解其特点,知道根据风力划分等级。<br>(2)了解当龙卷风发生时,应该怎么办。<br>(3)能够用自己的方式大胆地表达自己对龙卷风的看法。 | 社会、科学 |
| 10 | | 旋转星球 | (1)认识八大星球的名称和外形。<br>(2)在活动过程中了解八大行星的旋转方向:顺时针、逆时针。<br>(3)能够用自己的方式大胆地表达自己对星球的看法。 | 科学、艺术 |

## 三、预设生成,灵动调整

在神奇的旋转探究式主题开展过程中,幼儿会不断衍生出关于旋转的各种新的想法。这时,教师应积极去支持幼儿的各种想法,并对幼儿关于旋转的疑问进行及时解答与梳理,以便更好地开展探究式主题活动。幼儿对于旋转并不是只停留在物体怎样旋转等表面信息,而是应该更深入地探索旋转的原理、条件等。因此,在后续又开展了一系列的活动,如画陀螺(美术活动)、有趣的旋转(语言活动)、旋转的小花(科学活动)、螺丝刀与螺丝钉的秘密(建构游戏)等。此外,在探究过程中,有时幼儿的兴趣可能会与教师的预设出现偏离,这时就需要教师有一双敏锐的眼睛去捕捉有价值的活动生长点,不断地去筛选、调整。因此,我们的探究内容也发生了不少变化。以下是我们班师幼创生的旋转主题活动内容。

### (一)内容的调整与实施

旋转生成主题网络图,如图3-2-2所示。实施活动一览表,如表3-2-4所示。

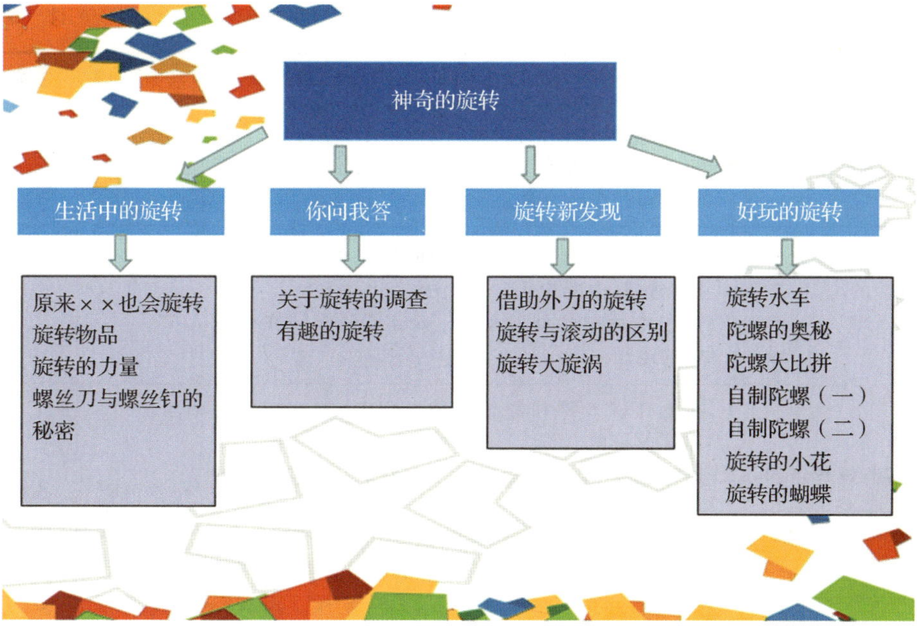


图 3-2-2 “神奇的旋转”生成主题网络图

表 3-2-4 “神奇的旋转”实施活动一览表

| 活动名称 | 活动目标 | 涉及领域 | 实施途径 |
| --- | --- | --- | --- |
| 关于旋转的调查 | 1. 在日常生活中，发现与旋转相关的有趣现象。<br>2. 积累有关转动的经验，了解转动是运动的一种方式。<br>3. 对旋转现象产生兴趣，并体验其中的快乐。 | 语言、科学 | 集体探究 |
| 有趣的旋转 | 1. 激发幼儿对旋转现象的兴趣及探究欲望，体验发现的乐趣。<br>2. 探索使物体旋转的方法，用不同的方式表达自己的想法。 | 科学、语言 | 集体探究 |
| 原来××也会旋转 | 1. 调查身边会转的物品，积累有关转动的经验。<br>2. 将旋转物品根据动力不同进行简单分类，感受现代科技给人们带来的方便，产生发明创造的欲望。 | 社会 | 亲子探究 |
| 旋转的物品 | 1. 在试试、玩玩中积累有关旋转的经验，发现许多有趣的现象。<br>2. 认真倾听别人讲话，向同伴学习，并讲述经验。 | 健康、社会 | 区域探究 |
| 借助外力的旋转 | 1. 对旋转现象感兴趣，能积极主动地探索使物体旋转的方法并记录探索结果。<br>2. 知道一切物体在外力作用下都可以转起来，乐意用语言表达自己的发现。 | 科学、社会 | 区域探究 |

续　表

| 活动名称 | 活动目标 | 涉及领域 | 实施途径 |
| --- | --- | --- | --- |
| 旋转水车 | 1. 通过观察，感知水流冲击能使水车转动。<br>2. 知道小水车的转速快慢与水流大小有关，激发幼儿对科学的兴趣。 | 科学、语言 | 亲子探究 |
| 旋转的力量 | 1. 愿意尝试和探索用纸片切断筷子的方法，体验操作过程中的快乐。<br>2. 关注生活中转动的现象，初步了解旋转在生活中的运用。 | 科学、社会 | 集体探究 |
| 螺丝刀与螺丝钉的秘密 | 1. 在操作螺丝刀和螺丝钉的过程中，了解螺丝刀和螺丝钉的合作。<br>2. 通过在实验过程中使用不同材料，观察产生的旋转。<br>3. 在实验过程中，能够大胆地表达自己的意愿与想法。 | 科学、社会 | 区域探究 |
| 旋转与滚动的区别 | 1. 知道旋转与滚动的不同特点，并且能够区分旋转与滚动。<br>2. 乐意用语言表达自己的发现。<br>3. 对旋转现象感兴趣，体验发现的乐趣。 | 科学、语言 | 集体探究 |
| 陀螺的奥秘 | 1. 认识陀螺的构造，能在集体面前大胆表达自己的发现。<br>2. 动手玩一玩陀螺，在玩陀螺的过程中初步掌握玩陀螺的技巧。 | 科学、社会 | 集体探究 |
| 陀螺大比拼 | 1. 在活动中让幼儿掌握放陀螺、抽陀螺等技能方法。<br>2. 遵守游戏规则，感受陀螺比拼带来的乐趣。 | 科学、社会 | 集体探究 |
| 自制陀螺(一) | 1. 通过探究操作，体验旋转带来的快乐，产生对科学操作活动的兴趣。<br>2. 锻炼动手操作能力，发展创造性思维。<br>3. 尝试用各种材料制作陀螺。 | 科学 | 区域探究 |
| 自制陀螺(二) | 1. 在第一次制作陀螺的基础上，结合经验，能用自己的方式去提升旋转时间。<br>2. 通过实验操作，进一步锻炼动手操作能力，发展创造性思维。 | 科学 | 区域探究 |
| 旋转的小花 | 1. 通过探究操作，体验旋转带来的快乐，产生对科学操作活动的兴趣。<br>2. 学习使用剪刀，利用废旧乒乓球制作旋转的小花。 | 科学、艺术 | 集体探究 |
| 旋转大旋涡 | 1. 探索旋转速度与形成的旋涡大小的关系。<br>2. 能积极参与旋涡实验，乐意说出自己的发现。 | 科学、语言 | 集体探究 |

续　表

| 活动名称 | 活动目标 | 涉及领域 | 实施途径 |
| --- | --- | --- | --- |
| 旋转的蝴蝶 | 1. 在操作、探索活动中，发现蝴蝶旋转的秘密，感受探索带来的乐趣。<br>2. 为自己和同伴的成功而高兴，在活动中获得成功的喜悦。 | 科学、艺术 | 集体探究 |

教师预设活动　　幼儿生成活动　　师生生成活动

## （二）案例呈现

### 案例1　集体探究

**科学活动：有趣的旋转**

活动目标：

1. 激发幼儿对旋转现象产生兴趣及探究欲望，体验发现的乐趣。
2. 探索使物体旋转的方法，用不同的方式表达自己的想法。

活动准备：

绳子、木棒、水箱、水杯、积木，“有趣转动”课件、记录表等。

活动过程：

**◎出示物品，引起兴趣，发现转动的各种有趣现象**

1. 分组尝试、探索玩各种积木，找出哪些积木会转？
2. 集中交流：你用了哪些方法，让积木转起来？

**◎探索操作，尝试使用各种方式让齿轮积木转起来。**

1. 引导幼儿讨论，可以用什么办法使它转动起来？
2. 幼儿分组探索，如何通过各种方式使齿轮积木转动起来
3. 集中交流，分享使齿轮转动起来的经验。

**◎观看课件“生活中的旋转”，了解旋转带来的好处**

师：在视频中你发现了生活中哪里有旋转？它们给我们带来了什么便利？

**科学活动：陀螺的大比拼**

活动目标：

1. 在活动中让幼儿掌握放陀螺、抽陀螺等技能方法。
2. 遵守游戏规则，感受陀螺比拼带来的乐趣。

活动准备：

1. 知识经验准备：了解陀螺的外形特点。
2. 材料准备：各种材质的陀螺、木板、草皮等。

活动过程：

◎谈话导入，复习陀螺的外形特点——绕对称轴做高速自转的对称刚体

◎探究陀螺轴心点的位置、不同托盘形状与陀螺转动之间的关系

1. 引导幼儿观察各种陀螺，猜测哪种陀螺转得最久最快？

2. 幼儿操作验证，教师指导。

3. 交流分享，梳理经验：陀螺的转动与转盘的形状、轴心支撑点的位置有关。

◎探究陀螺转动的持久性和提供的不同场地有关

1. 介绍三种场地：平坦的木板、倾斜的木板和草皮，分别在三种场地进行转动陀螺。

2. 幼儿猜想：哪个场地上的陀螺转得又快又久？

3. 幼儿在不同场地上玩陀螺，验证猜想。

4. 交流分享：陀螺转动的速度和持久性与场地的粗糙度、倾斜度有关。

◎陀螺要转动平稳、持久，与外部环境有关

◎陀螺竞赛

1. 幼儿自由选择搭档、对手以及场地进行比赛，看谁的陀螺转得最快最久。

2. 交流和分享，影响陀螺持久转动的其他因素。

活动照片如图3-2-3所示。

图3-2-3　旋转大比拼

**科学活动：旋转的小花**

活动目标：

1. 通过探究操作，体验旋转带来的快乐，产生对科学操作活动的兴趣。

2. 学习使用剪刀，利用废旧乒乓球制作旋转的小花。

活动准备：

1. 乒乓球、泥工板、KT板、剪刀、清水等。

2. 欢快的背景音乐。

活动过程：

◎出示小花，给幼儿演示旋转的小花，激发幼儿制作的兴趣

◎请幼儿说一说、做一做，如何将乒乓球剪出漂亮的形状。同时教师讲解剪乒乓球的技巧及注意事项

◎**幼儿制作旋转的小花并探究旋转的奥秘**

讨论：怎样使小花转起来？怎么转不容易掉下来？小花怎么保持转得又稳又快？

◎**联系生活，感受旋转的快乐**

1. 幼儿寻找生活中旋转的物品。

2. 幼儿用肢体动作扮演小花，感受旋转的快乐。

**科学活动：旋转的蝴蝶**

活动目标：

1. 在操作探索活动中，发现蝴蝶旋转的秘密，感受探索带来的乐趣。

2. 为自己和同伴的成功而高兴，在活动中获得成功的喜悦。

活动准备：

蝴蝶、电线。

活动过程：

◎**谈话引题**

1. 引出实验电线。

2. 发现2根单线的不同。

◎**幼儿尝试操作**

1. 第一次猜想。

师：瞧，我们把两只漂亮的蝴蝶给吸引过来了，它们想和电线做游戏，蝴蝶从两根电线上下来会发生什么事情？（请两三个孩子去猜一猜）

2. 幼儿第一次操作。

师：两根电线你们都试过了吗？请说说你们的发现。这根电线上的蝴蝶是怎么飞下来的？请你扮演这只蝴蝶。

3. 幼儿第二次操作。

4. 幼儿示范。

师：孩子们，你们成功了吗？谁来分享一下你是怎么做的？

5. 集体舞会。

师：请你上舞台让蝴蝶练习一下圆圈舞，舞会等会就开始了。

◎**延伸部分，小蝴蝶磁铁比赛**

师：我们这边这么热闹，看把这两只大蝴蝶吸引过来了，他们想和小蝴蝶比赛，看看谁转得快。

师：咦，谁转得快，为什么？

师：你们发现这两只大蝴蝶的秘密了吗？

师：他们藏了磁铁，那为什么藏了磁铁的蝴蝶转得这么快呢？

## 2. 区域探究

**科学角：螺丝刀与螺丝钉的秘密**

活动目标：

1. 在操作螺丝刀和螺丝钉的过程中，了解螺丝刀和螺丝钉的合作。

2. 通过在实验过程中使用不同材料，观察产生的旋转。

3. 在实验过程中，能够大胆地表达自己的意愿与想法。

互动准备：

透明瓶子、记录纸、螺丝刀、螺丝钉。

指导要点：

引导幼儿观察会旋转的物品，并寻找物品旋转的支撑点。学会使用螺丝刀对螺丝钉进行旋转。

活动照片如图3-2-4所示。

图3-2-4　使用螺丝刀对螺丝钉进行旋转

**美工区：自制纸陀螺（一）**

活动目标：

1. 通过探究操作，体验旋转带来的快乐，产生对科学操作活动的兴趣。

2. 锻炼动手操作能力，发展创造性思维。

3. 尝试用各种材料制作陀螺。

活动准备：

卡纸、瓶盖、彩笔、剪刀、火柴棍等。

指导要点：

教师出示陀螺，幼儿观察陀螺；引导幼儿讨论制作的方法，并自由设计制作陀螺。在制作完成后，引导幼儿试转自制陀螺。

活动照片如图3-2-5所示。

图3-2-5　制作陀螺

### 案例3　亲子探究

**原来××也会旋转**

活动目标：

1. 调查身边会转的物品，积累有关转动的经验。

2. 将旋转物品根据动力不同进行简单分类，感受现代科技给人们带来的方便，产生发明创造的欲望。

活动准备：

记录表。

指导要点：

家长带领幼儿寻找生活中哪些东西会旋转，帮助幼儿拓展相关经验，了解旋转在生活中的运用。

### （三）环境创设

《指南》明确指出，主题环境创设的最终目的是支持幼儿学习，让幼儿与环境产生互动。创设环境教育应遵从幼儿的兴趣与需要，由此我们根据本班幼儿的生成点，创设了以下环境，通过寻找旋转的过程创设了“旋转新发现”的小主题；在尝试玩旋转时创设了“旋转新花样”小主题；经过对旋转的了解创设了“旋转星球”以及“旋转龙卷风”的小主题；知道旋转的作用后创设了“好玩的旋转”小主题；最后，通过亲子活动亲身体验、实际操作旋转等相关活动丰富了大主题墙“神奇的旋转”。小主题墙的具体内容如图3-2-6所示。

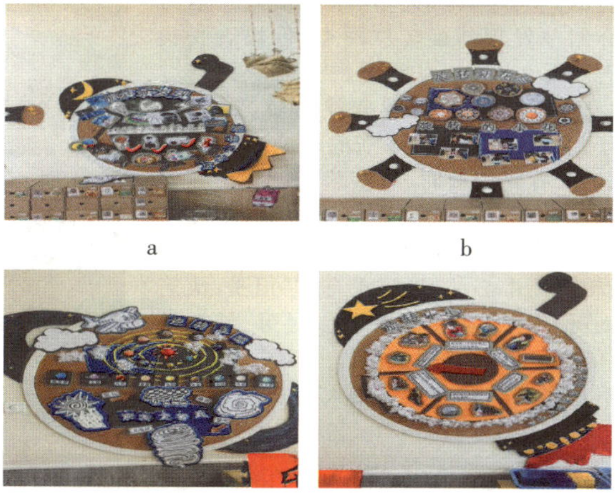

a　b　c　d

图3-2-6　小主题墙照片

## 四、整理故事，助力生长

在整个主题进行的过程中，我们主要采用了“学习故事”来关注幼儿的学习过程，它是将教师在日常教育教学情境中所观察的“魔法时刻”，用白描的方式进行记录，加以分析和诊断，以促进幼儿进一步发展的评价方式。在这些“什么东西还能旋转”“我的旋转陀螺最厉害”“怎样才能让物品旋转起来”的精彩时刻里，孩子们展现出的好奇、勇敢、探索、分享的行为表现有时候是可遇不可求的，需要老师敏锐地去捕捉、识别、回应。以下是我们的两个学习故事。

### （一）活动中的学习故事

预设活动中的学习故事，如表3-2-5所示。生成活动中的学习故事，如表3-2-6所示。

**表3-2-5 “神奇的旋转”预设活动中的学习故事记录表**

| 活动时间 | 2018年11月26日 | 活动地点 | 教室、操场 |
|---|---|---|---|
| 观察对象 | 小浩 | 观察者 | 谢诗 |
| 学习故事 | | | |
| 注意 | 小浩在寻找旋转物品的时候，在滚筒面前站了很久。走近时，我发现小家伙一个人默默念着：“滚筒是可以旋转的吧，它都能转呢。”“嗯，它都能从滑滑梯转到小木屋那边。它就是可以旋转的！”想了许久之后，小浩很兴奋地向所有人介绍他发现的旋转！“阿杰，你快看我找到的旋转物品，它可以从很远的地方一路转过来。”“木耳，你快过来看看我找的旋转呀，快来。”孩子们，一下子就被小浩的呼唤声吸引过去了。但是，看到滚筒时，有些孩子就提出异议了：“你这个滚是从前面一直滚到后面，不在一个地方呀！”“滚筒没有中心点，不属于旋转的东西。”“旋转有轴中心的，滚筒没有！”“但是，滚筒可以转动呀！”小浩着急地反驳。“对呀，旋转是转圈，滚筒也可以转圈。”孩子们七嘴八舌，对于滚筒是不是属于旋转产生了很大的意见。活动照片如图3-2-7所示。<br><br>图3-2-7 寻找旋转 | | |
| 识别 | 在本次寻找旋转的活动过程中，由于旋转与滚动的相似点，使得小浩小朋友对旋转的特点产生了混淆。在这个事件中，我们可以发现幼儿对旋转与滚动的区别，还是很模糊的。 | | |

续　表

| | |
|---|---|
| 回应 | 下一步,我们可以对旋转与滚动的特点进行探讨:“滚筒是不是旋转的物品?”通过这个问题,带领孩子认识旋转与滚动。提供一些旋转与滚动的物品,让孩子们实验操作。孩子们由实物通过“自主观察,比较、描述和了解旋转与滚动的特点”到发现不同,有效激发幼儿探究旋转的欲望,引导幼儿主动区分旋转与滚动的学习,重视幼儿自身的实践过程。 |

表 3-2-6 “神奇的旋转”生成活动中的学习故事记录表

| 活动时间 | 2018年11月29日 | 活动地点 | 教室 |
|---|---|---|---|
| 观察对象 | 开心、小杰 | 观察者 | 谢诗 |
| 学习故事 | | | |
| 注意 | 活动中,孩子在尝试怎样让乒乓球旋转起来的时候,很多孩子都是用手帮忙让乒乓球旋转起来。开心也这样玩了一会儿后,觉得很没意思。只见小家伙放下手里的道具,到其他组的小伙伴那里东瞧瞧、西看看,发现大家都是用手将乒乓球旋转起来。于是,小家伙嘟囔着腮帮子在那里嘀咕:“真没意思,你们都是用手把乒乓球转起来的,我要不用手也能让乒乓球转起来。”说完,他就开始琢磨了。小杰看见开心没有在玩玩具,于是便跑到他身边问他怎么了,开心便将自己的想法告诉小杰。“那我们一起去试试吧!”两个人在旁边开始捣鼓起来了。首先,他们在垫板上放点水,拿一个半球形的“莲花”放在垫板上缓缓左右倾斜,开心在旋转时垫板拿不平衡,有的水都滴在桌子上,垫板上只有一点点湿,“莲花”也很容易掉下来。“开心,这个方法到底可不可以呀?”小杰开始对开心的想法产生了质疑。“相信我,一定可以的!”开心认真地说道。接着,他们又加了点水,发现这样就不容易掉下来。后来,开心又换个新月形的“莲花”在那里玩,玩了一会儿说:“新月形的‘莲花’比半球形的‘莲花’还难玩。”小杰一脸疑惑地问他:“为什么?”他说新月形的比较小会滑来滑去。接下来他们又换2/3球形的“莲花”在那里玩,他边玩边说:“半球形的‘莲花’最好玩,2/3球形的‘莲花’比新月形的‘莲花’更难玩,而且转得又慢。”开心跟小杰把每一种形状的“莲花”都玩了个遍,还不断去升级挑战自己,两个小家伙玩得不亦乐乎。 | | |
| 识别 | 开心说:“真没意思,你们都是用手把乒乓球转起来的,我要不用手也能让乒乓球转起来。”从这句话中我们可以发现,开心想要玩出不一样的花样。对科学探究的欲望强烈,就会给自己增加难度去挑战。在整个挑战的过程中,开心处于主导的位置,小杰全程支持。通过与伙伴的合作,开心的想法在挑战过程中一一得以实现。 | | |
| 回应 | 由于为幼儿提供了较多的自主选择、自我探究、自我表达的机会,在较为宽松、没有压力的学习环境下,能满足不同发展需要的孩子,使幼儿通过自身积极主动的活动,激发他们探究的信心,获得成功的体验,让幼儿乐学、会学,促进幼儿学习能力的发展。在区域活动里,教师可投放塑料小珠子或豆类,让幼儿在操作时把小珠子放在乒乓球内以增加难度,培养幼儿大胆尝试、勇于挑战的精神。 | | |

### (二)设计者的话

在“神奇的旋转”探究式主题中,设计者以幼儿的兴趣为出发点,紧密围绕“旋转”

这个有趣的现象展开，共同探索旋转的秘密，从旋转木马、旋转的水车、螺丝与螺丝钉、陀螺等不同的事物中发现生活中的旋转现象。幼儿在猜测—探索—再猜测—再探索的过程中，探索旋转的原因及旋转与人们生活的关系。

在探索过程中，幼儿对周围的科学现象产生了浓厚的兴趣，对探索活动产生了积极的态度。幼儿与同伴分享自己的探索发现及操作步骤，就是对自己的零散经验进行了总结和归纳，同时也将自己的个人经验转化成大家共有的集体经验，使得活动重点突出，难点被突破。

虽然旋转的探究式主题活动已经结束，但是对旋转的探索仍在继续。这不，孩子们对于自然中的旋转提出了疑惑：龙卷风是怎么形成的？有没有办法让龙卷风停下来？……这些关于旋转的问题一个个冒出来。相信在接下来探索旋转的旅程中会有更多精彩的故事。

（谢　诗　潘安慈）

## 设计3　“布”可思议（中班）

### 一、共享共探，确定主题

#### （一）问题缘起

一天，在操场上开展彩虹伞的体育活动，孩子们一不小心将彩虹伞撕破了一个大口，他们着急地喊起来：“彩虹伞破了！怎么办呀？”正当他们不知如何是好的时候，一个孩子提出，可以用胶带纸把彩虹伞的破口补起来。另一个孩子紧接着说：“我有一个更好的办法，上次我的白色裙子破了一个大洞，奶奶找了一块和裙子颜色材料相同的布补在我的裙子上，补好后的裙子就跟新的一样。”“但是这个彩虹伞是什么布呢？”“哪里可以找到这种布呢？”孩子们七嘴八舌地议论开了。

#### （二）价值分析

布，是日常生活中常见的物品。不管是在自己身上、家里，还是在玩具里，到处都可以找到布的踪迹。布除了衣着使用功能之外，还有艺术的特征。它有着丰富的图纹和多彩的颜色，能被做成各种各样的布制品，给生活增加乐趣和温馨；而各种技艺编织出的布更是散发着浓浓的文化气息。同时，开展布的探究式主题活动，既能满足幼儿对布的好奇心和探索欲望，又能在观看、制作布艺玩具时，培养幼儿发现美、欣赏美、创造美的能力，提升他们发现问题和解决问题的能力，培养合作精神。

### （三）主题确立

基于以上思考，设计者组织幼儿开展“关于布我知道，我还想知道”的调查。幼儿的调查记录如表3-3-1所示。

**表3-3-1　“我知道、我还想知道”的调查表**

| 关于布，我知道 | 关于布，我还想知道 |
| --- | --- |
| 1. 我知道布是软的。<br>2. 我知道布可以做衣服。<br>3. 布是能擦桌子的。<br>4. 家里的娃娃是布做的。<br>5. 布上面有好多好看的图案。<br>6. 牛仔裤也是布做的。<br>7. 布有各种各样的颜色。 | 1. 布是怎样做出来的？<br>2. 布有什么用处？<br>3. 布可以泡在水里吗？<br>4. 布可以用来做什么东西？<br>5. 布能不能做成书？<br>6. 布会被撕破吗？<br>7. 布可以藏东西吗？ |

根据调查，设计者发现，孩子对布已有的经验：布是柔软的，有各种各样的颜色和图案等特点，布还可以用来做衣服、做玩具、擦桌子……同时他们又对布是如何制成的、布的更多作用、布能否被撕破、布能否泡在水里等问题充满好奇，由此设计者从幼儿的疑问中形成了新的探索方向，并梳理了想要探究的问题，如表3-3-2所示。

**表3-3-2　“我还想知道”的关键经验梳理表**

| 幼儿要探究的问题表述 | 所归属的关键经验范畴 |
| --- | --- |
| 布是怎样做出来的？ | 布的制造 |
| 布有什么用处？ | 布的作用 |
| 布可以泡在水里吗？ | 布的吸水性 |
| 布可以用来做什么东西？ | 布的作用 |

根据以上的调查、梳理，设计者制订了认知、能力、情感三个维度的主题目标。

1. 认识生活中各种各样的布，感知布的质地、色彩、图纹等方面的特性，了解布的来源、制作、加工、用途等相关知识。

2. 通过调查、收集、操作等实践活动，幼儿的观察能力、动手操作能力和积极思维能力得以培养。

3. 乐意参与相关活动，大胆用各种方式表达自己对“布制品”的喜爱，感受布的艺术魅力和文化气息，体会布在生活中的广泛用途。

## 二、厘清脉络，立点梳线

### （一）预设主题网络图

本主题从调查—预设—生成三个环节进行活动。

首先，组织幼儿进行关于布的头脑风暴，对幼儿提出“我想知道，我还想知道”的问题，根据幼儿的回答进行整理提炼。

其次，教师充分准备好布的活动预方案。预方案让教师的教学思路更加清晰、逻辑感更强，同时更加重视幼儿的需要和兴趣，引发幼儿的关注和思考，积极主动地探究和学习问题。

最后，根据幼儿的“关于布我知道，我还想知道”的调查生成活动，如图3-3-1所示。

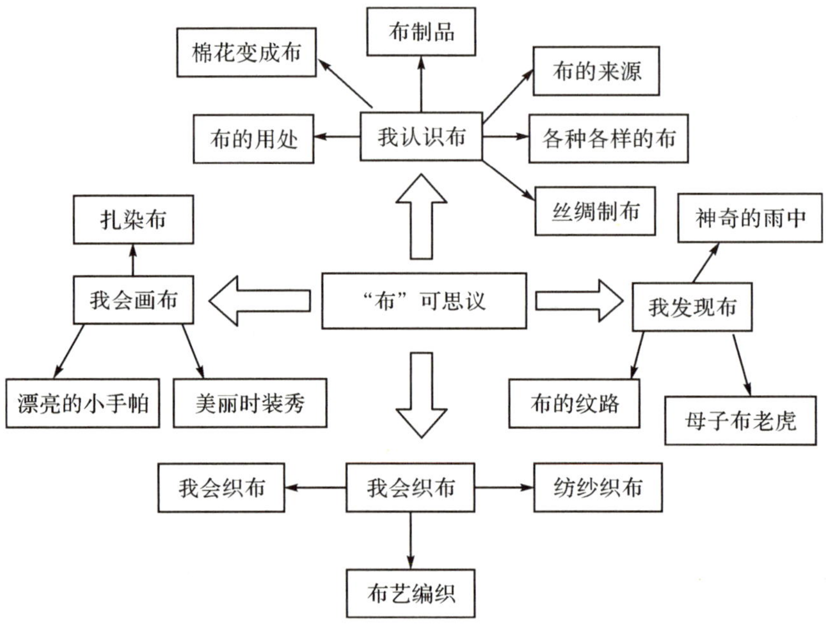


图3-3-1 “‘布’可思议”预设主题网络图

### （二）预设活动导航表

活动内容分为四个阶段：我认识布、我发现布、我会织布、我会画布。第一阶段幼儿表达自己在日常生活中对于布的已有经验。第二阶段通过观察、触摸等方式感受不同材质布的特性。第三阶段幼儿自己或与伙伴、家人合作织布，了解布制作的原理，学习织布方法，体验制作的乐趣。第四阶段用布去创造作品，制作布艺品、用布玩游戏、设计时装。同时，还预设了活动导航表，以活动时间顺序进行排列，具体如表3-3-3所示。

表3-3-3 “‘布’可思议”活动方案预设导航表

| 序号 | 所属板块 | 活动名称 | 活动目标 | 涉及领域 |
| --- | --- | --- | --- | --- |
| 1 | 我认识布 | 各种各样的布 | (1)知道有各种各样的布，并能描述布的特点。<br>(2)通过看、摸等方式感受各种布制品，大胆讲述布的用途。 | 科学、语言 |
| 2 | | 布的用处 | (1)了解不同布的日常用途和使用方法。<br>(2)能大胆且较完整地表达自己的想法。 | 社会、语言 |
| 3 | | 布的来源 | (1)初步了解布的来源、知道不同种类布的来源不同。<br>(2)感受中国古代人们的智慧，萌发自豪感。 | 语言、社会 |
| 4 | | 棉花变成布 | (1)简单了解棉花的生长过程及棉花变成布的原理。<br>(2)对布的制作、加工产生探索的兴趣。 | 社会、科学 |
| 5 | 我发现布 | 神奇的雨布 | (1)在实验过程中比较各种布的特性。<br>(2)了解雨布在日常生活中的不同用处。 | 科学、语言 |
| 6 | | 布的纹路 | (1)观察各种布的纹理，并动手画一画。<br>(2)了解用不同纹路布做的衣服。 | 科学、艺术 |
| 7 | | 母子布老虎 | (1)了解工艺品布老虎的寓意，感受布老虎质朴可爱的外形和强烈的色彩对比。<br>(2)体会妈妈对孩子深深的爱。 | 语言、社会 |
| 8 | 我会织布 | 纺纱织布 | (1)感受乐曲的轻快旋律，尝试用乐器为乐曲伴奏<br>(2)体验与同伴合作的快乐。 | 音乐、语言 |
| 9 | | 布艺编织 | (1)初步了解古老的布艺编织，感受质朴的手工编织手法。<br>(2)体验布艺编织的乐趣。 | 艺术、科学 |
| 10 | | 学习织布 | (1)尝试使用织布机合作制作布料。<br>(2)在游戏中体验织布的不容易，学会感恩。 | 艺术、社会 |
| 11 | 我会画布 | 扎染布 | (1)观看扎染视频，初步了解中国古老的扎染工艺。<br>(2)尝试简单的扎染方法，发展动手能力。 | 艺术、语言 |
| 12 | | 漂亮的小手帕 | (1)感受手帕不同的材质、色彩和图案，了解手帕的主要用途和使用方法。<br>(2)体验绘制手帕的乐趣，并能用较完整的语言进行介绍。 | 艺术、语言 |
| 13 | | 美丽时装秀 | (1)能运用各种布料及工具，与家人一同制作服装。<br>(2)享受亲子共同制作时装的快乐，乐于在集体面前大胆表现自己。 | 艺术、语言 |

## 三、预设生成，灵动调整

探究式主题活动是幼儿不断主动学习、发现的过程，也是教师在反思中实施教育、教学能力螺旋式上升的过程。兴趣是最好的老师，教师可以根据幼儿的兴趣去判断、提炼、筛选出有价值的内容，从而构建主题网络。在探究的过程中，幼儿会遇到很多问题和困惑，教师应及时关注，运用各种方式引导幼儿根据自己的兴趣及疑惑加深学习活动的研究，从而推进主题。

### （一）内容的调整与实施

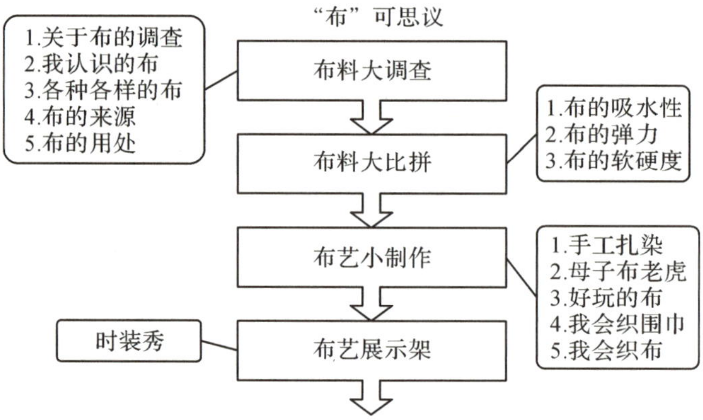


图3-3-2 “‘布’可思议”生成主题网络图

表3-3-4 “‘布’可思议”实施活动一览表

| 活动名称 | 活动目标 | 涉及领域 | 实施途径 |
|---|---|---|---|
| 关于布的调查 | 1. 回忆已有的生活经验，大胆表达自己的想法。<br>2. 初步了解布的相关知识，激发对布探究的兴趣。 | 语言、科学 | 集体探究 |
| 我认识的布 | 1. 感受布制品的多样性。<br>2. 了解布的作用，大胆表述。 | 科学、语言 | 集体探究 |
| 各种各样的布 | 1. 通过看、摸等方式感受各种布制品，认识各种各样的布，了解布的用途。<br>2. 能大胆在集体面前表达自己的想法，发展观察比较能力。 | 科学、语言 | 集体探究 |
| 布的来源 | 1. 初步了解布的来源，知道不同种类布的来源不同。<br>2. 感受中国古代人们的智慧，萌发自豪感。 | 语言、社会 | 集体探究 |
| 布的用处 | 1. 了解不同布的日常用途和使用方法。<br>2. 乐意帮助他人，并能大胆且较完整地表达自己的想法。 | 社会、语言 | 集体探究 |

续 表

| 活动名称 | 活动目标 | 涉及领域 | 实施途径 |
|---|---|---|---|
| 布的吸水性 | 1. 在实验过程中初步了解各种布的吸水性。<br>2. 了解胶布在日常生活中的不同用处。 | 科学、语言 | 区域探究 |
| 布的弹力 | 1. 感受不同布的弹力程度。<br>2. 根据生活经验，知道各种弹力的布的作用。 | 科学、社会 | 集体探究 |
| 布的软硬度 | 1. 通过实验，感受各种布的软硬程度。<br>2. 根据生活经验，讨论哪些布料适合制衣。 | 科学、社会 | 集体探究 |
| 手工扎染 | 1. 初步了解中国古老的扎染工艺，学习简单的扎染方法，尝试用扎染的方法来表现各种图案。<br>2. 感受扎染图案的美丽，体验扎染的快乐。 | 艺术、语言 | 区域探究 |
| 母子布老虎 | 1. 了解布老虎的传说，体会妈妈对孩子深深的爱。<br>2. 感受布老虎质朴可爱的外形和强烈的色彩对比。 | 语言、艺术 | 集体探究 |
| 好玩的布 | 1. 探索布的多种玩法，锻炼爬、滚、跳、跑、踢腿等动作，提高动作的协调性和灵敏性。<br>2. 愉快、大胆地参加活动，体验游戏的乐趣，培养和同伴合作的精神。 | 健康、语言 | 集体探究 |
| 我会织围巾 | 1. 尝试合作制作围巾。<br>2. 在游戏中和父母合作体验织围巾，学会感恩。 | 社会、语言 | 亲子探究 |
| 我会织布 | 1. 尝试使用织布机合作制作布料。<br>2. 在游戏中体验织布的不容易，学会感恩。 | 艺术、语言 | 集体探究 |
| 时装秀 | 1. 能运用各种布料及工具，与家人一同制作服装。<br>2. 享受亲子制作时装的快乐，乐于在集体面前大胆表现自己。 | 社会、美术 | 亲子探究 |
| 魔盒 | 1. 感知布的特征，并能用语言大胆表达。<br>2. 增进对布和布制品多样性的认识，初步了解布的用途。 | 科学、社会 | 区域探究 |

教师预设活动　　幼儿生成活动　　师生生成活动

活动生发一览表中，红色区域表示教师预设的活动，绿色区域表示幼儿生成的活动，蓝色区域表示师幼生成的活动。

### （二）案例呈现

#### 案例1　集体探究

**科学活动：各种各样的布**

活动目标：

1. 通过看、摸等方式感受各种布制品，认识各种各样的布，了解布的用途。
2. 能大胆在集体面前表达自己的想法，培养观察比较能力。

活动准备：

各种各样的布、各种布制品。

活动过程：

◎**导入**

师：老师给你们带来一样东西，你们看，这是什么？

师：你们知道自己身上的衣服是用什么做的吗？

◎**观察、描述布的特点**

师：这里有你们带来的各种各样的布，请你们仔细看一看、摸一摸，等会儿跟大家说说你的布是什么样的。

师：我的布是粉色的，摸上去软软的，上面有直直的纹路。你的布是怎样的？

教师小结。

◎**寻找教室中各种布制品**

师：布的用途、本领很大，能变很多东西。我们一起来找一找，看看教室里哪些东西是由布制成的？

师：你来说说哪些东西是布做的。

◎**布的其他用途**

师：假如你有一块布，你要用它来做什么，为什么？

活动延伸：

请你回去找一找，还有哪些东西是用布做的。

**社会活动：布的用处**

活动目标：

1. 了解不同布的日常用途和使用方法。

2. 乐意帮助他人，并能大胆且较完整地表达自己的想法。

活动准备：

1. 各种质地的布块（雨布、抹布、手帕等）。

2. PPT。

活动过程：

◎**滴答滴答**

结合生活经验想一想、猜一猜。

师：下雨啦，大雨伞换成别的布可以吗？为什么？

师小结：雨伞的作用是遮风挡雨，所以用到的布是能够防水的，换成其他不防水的布，就不能遮雨了。

◎**生活大搜索**

师：你们发现生活中哪些东西是布做的？分别是怎么使用的？

大家一起来帮忙。

师：有一户人家，遇到了一些头疼的问题，想请小朋友来帮帮忙。（出示PPT）

（1）乐乐刚洗完澡，在到处找擦身体的东西。

（2）外面下雨了，哥哥想买一件雨衣。雨衣是用什么材料做成的？

幼儿分组，根据不同的情况在材料筐中找出一种最合适的布，并进行小组讨论选择的理由。

师：请每一组挑选一个小朋友来说一说你们小组为什么选这块布。

师小结：原来我们的布种类有这么多，用处也大不相同。

◎**“布”可思议**

师：为什么有些布可以吸水，能拿来擦地板；有些布却可以拿来当雨伞呢？

师：哪些布能吸水？哪些布不能吸水？回家和爸爸妈妈一起想一想，搜集资料吧。

## 语言活动：母子布老虎

活动目标：

1. 了解布老虎的传说，体会妈妈对孩子深深的爱。

2. 感受布老虎质朴可爱的外形和强烈的色彩对比。

活动准备：

1. 布老虎。

2.《母子布老虎》故事。

活动过程：

◎**初步感受布老虎生动活泼的外形、夸张稚拙的造型**

师：今天老师带来了一个小布偶，你们看这是什么？（布老虎玩偶）

请孩子们玩一玩布偶老虎，摸一摸、猜一猜它是用什么做的。

◎**欣赏布老虎的鲜艳色彩及对称的图案、花纹**

1. 观察布老虎的特征。

师：它长得是什么样的呢？

2. 感知布的颜色、图案及花纹。

师：这个布老虎的形象和我们平时见到的真老虎不太一样，非常鲜艳夺目，让人看了很喜欢，感觉很吉祥。

师：在中国人心里，老虎是驱邪避灾、平安吉祥的象征。

◎**老虎的故事**

师:可爱的布老虎有一个好听的故事,我们一起来听一听吧。

听《母子布老虎》的故事,感受布老虎的传说,体会妈妈对孩子深深的爱。

师:听完了布老虎的故事,知道布老虎是从哪里来的吗?

师:是妈妈一针一线用爱制作成的。妈妈将做好的布老虎送给宝宝,寄托着父母希望宝宝健康成长的美好心愿。

**健康活动:好玩的布**

活动目标:

1. 探索布的多种玩法,锻炼爬、滚、跳、跑、踢腿等动作能力,提高幼儿的协调性和灵敏性。

2. 愉快、大胆地参加活动,体验游戏的乐趣,培养和同伴合作的精神。

活动准备:

一块大布、每个人一块小布、音乐。

活动过程:

◎**热身**

1. 播放音乐,教师和幼儿进行热身运动。

2. 引导幼儿积极探索布的不同玩法。

师:小朋友们,看看老师手里拿的是什么?

师:我们一起来玩玩布吧。

3. 幼儿组队跟随音乐自由玩布,教师观察。

4. 幼儿向大家讲述自己的玩法。

◎**游戏**

师:一块布竟然有这么多的玩法,我们一起来玩游戏吧。

教师根据幼儿的玩法提炼出用布进行含有走、爬、滚、跳、跑、踢腿等游戏。

师:我们来"走独木桥",然后"钻山洞""跳小山""开火车""撒渔网"吧。

师:大家玩得满身是汗,一起洗个澡吧。拿好我们的洗澡巾,开始吧。将布变成洗澡巾,一边听着音乐一边做放松运动。

◎**延伸**

师:让我们回去找找更多的布的玩法吧。

## 案例2　区域探究

### 美术区：手工扎染

活动目标：

1. 初步了解中国古老的扎染工艺，学习简单的扎染方法，尝试用扎染的方法来表现各种图案。

2. 激发幼儿对扎染的兴趣，感受扎染的快乐。

活动准备：

1. 各种材质的白布、颜料、剪刀、绳、皮筋、纸、笔。

2. 水粉笔、滴管。

3. 幼儿防水罩衣。

4. 《扎染的基本方法》（图片书）。

指导要点：

1. 对制作扎染作品有初步的构思，设计图纸。

2. 动手使用各种方式将布料进行折叠、捆绑和染色。

3. 大胆表达，将成品进行分享和展示。

图3-3-3　扎染布

活动照片如图3-3-3所示。

### 科学区：魔盒

活动目标：

1. 感知布的特征，并能用语言大胆表达。

2. 增进对布和布制品多样性的认识，初步了解布的用途。

活动准备：

1. 幼儿收集的布制品：布衣裤、布娃娃、床上用品、布带、布鞋、桌布、手帕、帽子、橡胶玩具、陶瓷、塑料玩具等。

2. 大箱子、眼罩、记录纸、笔。

指导要点：

1. 运用蒙眼的方法提升游戏乐趣。

2. 用触摸的方式感受布制品的特征。

3. 通过游戏大胆表达猜测和想法。

### 科学区：布的吸水性

活动目标：

1. 在实验过程中初步了解各种布的吸水性。

2. 了解胶布在日常生活中的不同用处。

活动准备：

1. 各种各样的布料。

2. 水、滴管。

3. 记录表。

指导要点：

1. 实验前，大胆猜测各种材料的布的材质和特征。

2. 使用各种感官，动手操作。

3. 使用各种液体，对布进行实验、观察和记录。

活动照片如图3-3-4所示。

图3-3-4　布的吸水性

## 案例3　亲子探究

### 我会织围巾

活动目标：

1. 尝试合作制作围巾。

2. 在游戏中和父母合作体验织围巾，学会感恩。

活动准备：

各种各样的毛线、织围巾的纸盒、剪刀等。

指导要点：

孩子和家长一同完成织围巾的任务。首先家长和孩子收集一个方方的纸板箱，并把纸箱的边缘剪成锯齿状，接着学习编织围巾的方法和步骤。

1. 在纸盒上剪缺口。

我们在距离一条棱边1.5 cm的地方剪一刀，长度为3 cm，然后间隔2.5 cm再剪一刀，将剪出的矩形外翻，剪断。然后每间隔2.5 cm左右都剪一个这样的缺口。完成后，我们就得到一个齿轮形状的工具。(提示：间隔和齿轮的宽度决定了围巾的紧密程度。)

2. 毛线起头。

用透明胶带将毛线的一端粘在纸盒上，然后将毛线从内到外绕到齿轮上，逆时针绕一圈。

3. 编织。

将毛线缠在齿轮外,从绕线的上方拉过,将下面的线环越过上面的线,套在齿轮内侧,这样一直重复操作。

4. 把黏在纸盒上的线头拉掉,从纸盒下方拉出,可以看到编织好围巾的花样和平针织法是一样的效果。

5. 编织到合适的长度,收线。

将线头从套在齿轮外的线环穿过,然后将线环从齿轮上拉出,这样一直穿完所有套在齿轮上的线环。用毛线一圈一圈在上面绕,慢慢地,一条温暖的围巾就这样神奇地出现了。在家长手把手的指导下,不一会儿,小朋友们就掌握了编织围巾的方法,用稚嫩的小手把毛线一圈一圈地绕在纸板箱上。家长们都是第一次接触这样轻松便捷的编织围巾的方法,孩子们则闪烁着好奇的目光,不时伸出小手想要帮忙。没几天时间,一条条温暖漂亮的围巾、围脖就做好了。有的小朋友做好了一条,还兴致不减,准备多做几条送给他们的家人呢!

此次活动不仅让小朋友们掌握了编织围巾的方法,锻炼了小朋友们的手眼协调能力,更是让他们体验到了和爸爸妈妈一起合作完成任务的喜悦和成长的快乐。

活动照片如图3-3-5所示。

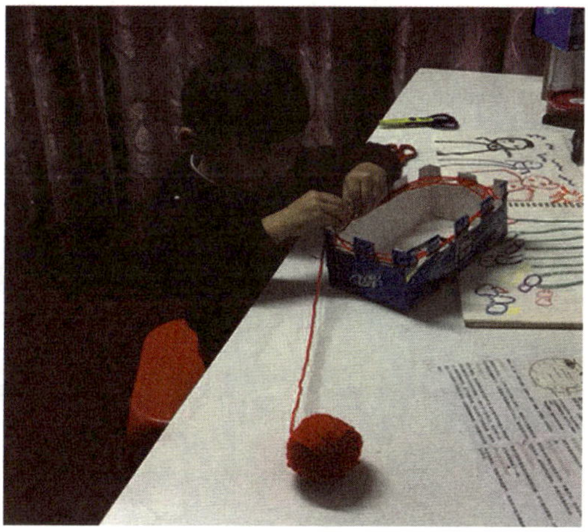

图3-3-5 我会织围巾

**时装秀**

活动目标:

1. 能运用各种布料及工具,与家人一同制作服装。

2. 享受亲子制作时装的快乐,乐于在集体面前大胆表现自己。

活动准备:各种各样的布、剪刀、针线等。

指导要点(任务形式/玩法):

1. 家长和幼儿共同设计出自己想要的服装,并绘制设计图。

2. 运用不同材质不同种类的布料,家长和孩子根据设计图共同制作美丽的服装。

3. 为服装设计原理取一个好听的名字,并准备好作品解说词。

4. 家长和孩子共同在舞台上展示作品并解说。

### (三)环境创设

探究式主题活动“布”可思议的环境创设包括大主题墙、小主题墙。

大主题墙板块:“布”可思议。小主题墙板块:“我会画布”“我会织布”“我发现布”“我认识布”和“布”可思议共五个子板块。清晰明了地将幼儿在活动探究中的作品、记录纸、活动照片等以图文的形式展现在主题墙上,既能让幼儿在环境中巩固知识,又能从中获得参与活动的成就感。

需要注意的是,关于布的探究式主题与一般主题活动不同,根据幼儿生成的内容进行活动。因此,该主题的主题墙的制作,从幼儿生成的内容去慢慢丰富。从幼儿的已有经验制作“我认识布”小主题的主题墙,到从活动中感知布的特点增加“我发现布”的主题,再到幼儿进行编织布的“我会织布”小主题,最后到“我会画布”共四个子主题。小主题照片如图3-3-6所示。

a　　b　　c　　d

图3-3-6　小主题照片

## 四、整理故事,助力成长

### (一)活动中的学习故事

在探究式主题活动中,幼儿好问,天生爱探索,对许多事物感兴趣,并由此而产生探究的成果。教师在探究过程中,及时收集幼儿关于“布”的“我知道,我还想知道”的调查表。在探究过程中,孩子们从初步的记录和设计“各种各样的布”到“我知道的布制品”到最后“布的来源”三个板块循序渐进、层层深入。教师用手机摄像头和便利贴随时记录孩子们探索的点点滴滴,记录“好玩的布”有趣的瞬间。为了“布的吸水性”发生激烈的争执，还有在扎染坊中我们拍摄了孩子们的设计—制作—展示作品等场景的照片，这些照片记录了当时的生动故事，辅以白描的方式记录，并加以分析评价，做成属于幼儿们独一无二的游戏故事集，给予孩子满满的成就感。在布的探究式主题中，教师着重观察幼儿在整个学习过程中的发展，思考幼儿在学习中的不同行为表现，探究众多事件所隐含的教育价值，从多个方面解读孩子行为背后的原因，反馈幼儿的学习程度和发展情况，并生成下一次的活动。预设活动中的学习故事，如表3-3-5所示。生成活动中的学习故事，如表3-3-6所示。

**表3-3-5 “‘布’可思议”预设活动中的学习故事记录表**

| | | | |
|---|---|---|---|
| 活动时间 | 2018年11月20日 | 活动地点 | 教室 |
| 观察对象 | 小宇 | 观察者 | 黄颖慧 |
| 学习故事 | | | |
| 注意 | 在提出关于布制品的疑问之后，孩子们对不同种类布的探索兴趣更加浓厚了。小宇第一个跑上前把自己带来的布拿出来介绍，可是他不知道这块布的名称是什么。于是下课的时候，他就跑到装满各种各样布的筐子前摸了起来。然后小宇在探索布的过程中好像发现了许多小秘密。他把自己的小伙伴拉了过来，跟小伙伴分享自己的发现和收获，他对伙伴说，这块棉布摸起来软软的，那块布摸起来硬硬的，又拿来旁边的布，说这块布摸起来滑滑的。但是他还是不知道这些布的名称，他问小伙伴，小伙伴也摇摇头。于是他就回去寻找父母的帮助。<br>第二天，小宇一脸得意地为伙伴们介绍，洗脸的毛巾和这种布是一样的，这是棉布，摸上去软软的，还可以拿来擦地板；又指着另一块介绍这是牛仔布，是蓝蓝的，它摸上去有点硬，我们穿的牛仔裤就是用它做的；这布摸上去很粗糙，有点刺刺的，它是麻布；他还摸了摸小轩身上穿的衣服，摸上去滑滑的，思考了一下，说这块滑滑的布是丝绸；他又拿起一块无纺布，说可以用来做袋子…… | | | |
| 识别 | 小宇一开始对布产生兴趣，但因为生活经验及日常知识储备的不足，他回答不出答案。但他善于发现问题，提出问题，并会积极去解决问题。比如他会问：“这是什么布？”但其他小朋友也回答不出来。他通过触摸布的软硬度、光滑程度等特性了解不同布的特点。通过回家搜索资料与寻求父母帮助，第二天他就能很自信地通过观察布的特性说出布的名称。 | | | |
| 回应 | 当幼儿自己会发现问题、提出问题时，教师应该好好引导。用不同的方式教育幼儿自己去探索，这往往比直接告诉他们答案效果要好很多。在之后的活动中，教师更应该有意识地去引导幼儿发现不同材质的布有着不同的用处，分析布给人们带来的好处，由此引出下一个活动“布的作用”。 | | | |

表3-3-6 “‘布’可思议”生成活动中的学习故事记录表

| 活动时间 | 2018年12月3日 | 活动地点 | 教室、家里 |
|---|---|---|---|
| 观察对象 | BB | 观察者 | 黄颖慧 |
| 学习故事 | | | |
| 注意 | 这次活动是亲子互动织围巾。在老师的讲解下，幼儿初步了解用毛线织围巾的方法。观看视频时我发现在家长手把手的指导下，不一会儿，小朋友们就掌握了编织围巾的方法。但在教室里让小朋友独自去完成时，哪怕我讲得很详细，总会有很多孩子无法掌握。如BB小朋友，每次动手操作的活动，不管是美术还是其他活动，他都坐在那里一动不动，只说自己不会做。但是通过观察视频，我发现我们的家长也都是第一次接触这样轻松便捷的编织围巾方法，在视频的指导下学得非常认真，马上就掌握了。BB小朋友最开始也在一边说自己不会、不要做；但是在妈妈的帮助下，他睁大了好奇的眼睛，不时伸出小手想要开始尝试合作织围巾，同样的动作重复很多次以后，他反而让自己妈妈不要帮助他，而是自己去尝试制作围巾。BB用稚嫩的小手把毛线一圈一圈地绕在纸板箱上，我看到了他在进步。一个半小时后，一条彩色围巾就呈现在视频里。第二天BB带着自己和妈妈织好的围巾来幼儿园和大家分享。有的孩子没完成，她们利用区域游戏、课间等自由活动时间“连续作战”，此时的BB反而成了小老师来帮助小朋友一起制作围巾。没几天时间，一条条温暖漂亮的围巾、围脖就做好了。 | | |
| 识别 | 此次活动不仅让BB掌握了编织围巾的方法，锻炼了小朋友们的手眼协调能力，更让小朋友们体验到了和爸爸妈妈一起合作完成任务的喜悦和成长的快乐。BB从原本不愿去做手工活动，到在家长陪伴下自己愿意尝试一番，再到主动制作围巾，这是一个跨越性的进步。 | | |
| 回应 | 在这次亲子活动中，孩子们用毛线做出一条围巾，他们知道线会变成面。那么，布又是怎么织出来的呢？我们下一次的活动“我会织布”就由此产生了。孩子们将运用织布机将一根根细线编织成五颜六色的布。 | | |

## （二）设计者的话

1. 回顾反思

在整个探究式主题活动当中，老师以幼儿的好奇心和兴趣点为切入点，用最贴近生活的布作为主题展开探究。幼儿运用多种感官以看、摸、闻等方式进行初步探究，再通过逐步探究慢慢深入，学习知识，动手操作，最后呈现出别样的艺术作品。在这个学习过程中，活动都是从幼儿的问题中延伸出来，教师同幼儿一起在活动中发现问题、思考问题，最后解决问题。课堂慢慢地从原来的“你教我学”，过渡到“你提问，我们一起思考、一起学习”，教师和幼儿都在整个活动中共同进步。

2. 后续设想

在整个探究式主题活动中，幼儿一直都是充满兴趣的。后续设计者计划组织幼儿去周边布料市场参观，去当地服装厂进行社会实践，并让幼儿了解高科技技术下布料的用途，并设想自己设计的未来的布料。

（黄颖慧　叶文雅）

## 设计4　神秘的光（大班）

### 一、共享共探，确定主题

#### （一）问题缘起

一个阳光灿烂的午后，孩子们在散步的过程中对影子产生了兴趣。他们边扭动身体边观察自己的影子发生了哪些变化，并围绕影子展开了一番争论。小羽说："你们来追我的影子啊。"小名说："我们一起玩追影子的游戏吧。"看到他们在玩追影子的游戏，越来越多的孩子加入其中。小锴说："你们踩我的影子，我就跑到树下面，那样就没有影子了。"小溢说："不行，我们都要在太阳能照到的地方玩，不然就犯规。"孩子们正玩着追影子的游戏，突然，小博遮着自己的眼睛说："光照在这里（滑滑梯的不锈钢柱子），我眼睛都睁不开了。"小瑜说："这是因为光的发射，射到你的眼睛里了。"小增说："这个我在书上也看过。"

看到孩子们对"光"这一自然现象产生了兴趣，设计者意识到这是一个很好的教育契机。理性分析其教育价值后，设计者认为开展这一主题活动，能够让幼儿在参与探索活动时，感受科学探索的过程和方法，体验发现的乐趣，提高探索能力，有利于他们的长远发展。

#### （二）价值分析

孩子们对光产生了极大的好奇心和求知欲，如果孩子们在此基础上能够及时在自然环境中进行探究，在游戏中自主学习，就能够获得更深刻的有益经验和成长的记忆。因此，教师应以激发幼儿对"光"的兴趣和探究欲望为首要目标，鼓励幼儿及时表达出心里希望探索的未知问题，从而准确地把握幼儿的发展需要，灵活生成新的话题，帮助他们积累关于光的认知经验，提高观察能力、探究能力和合作能力，培养良好的学习习惯。

#### （三）主题确立

为了了解幼儿对光的前期经验和后续想要探究的方向，教师和孩子们进行了一场关于“光”的头脑风暴。设计者将孩子已有的认知经验、有探究渴望的未知问题记录下来,并基于探究活动的可操作性,将孩子们对光感兴趣的探究方向和疑问进行分类,发现了几个探究方向:寻找无处不在的光;光的传播;光的作用;光和影的关系。“我知道、我还想知道”的调查记录表,如表3-4-1所示。

**表3-4-1 “我知道、我还想知道”的调查表**

| 关于光,我知道 | 关于光,我还想知道 |
|---|---|
| 1. 我们眼睛看到的光是白色的。<br>2. 月亮、太阳、星星都会发光。<br>3. 太阳光照到身上是暖暖的。<br>4. 光能让花朵开花。<br>5. 我家的宝石会发光。<br>6. 有电才会发光。 | 1. 光被挡住会怎么样?太阳躲在云里还会发光吗?<br>2. 太阳照水面为什么会发光?<br>3. 光有颜色吗?<br>4. 灯光照在身上为什么会有影子?<br>5. 灯照在镜子里为什么镜子会发光?<br>6. 为什么有些衣服夜里会发光?<br>7. 为什么白天有光而夜里没有?<br>8. 光照到三棱镜上为什么会有彩虹?<br>9. 为什么筷子放到水里像“断”了一样? |

通过这次的调查,设计者发现孩子们对光的传播、光的作用等都有自身的前期经验,对光有一定的初步认知与了解,但并没有满足于以往的生活经验,他们还想要知道更多。谈话中孩子们又提出了“为什么光会变形?在哪里可以找到光?”等一些感兴趣的问题。基于此,设计者对幼儿的问题进行了梳理,总结出了以下几个方面,如表3-4-2所示。

**表3-4-2 “我还想知道”的关键经验梳理表**

| 幼儿要探究的问题表述 | 所归属的核心经验范畴 |
|---|---|
| 光被挡住会怎么样? | 光的传播 |
| 太阳躲在云里还会发光吗? | 光的产生 |
| 为什么有些衣服夜里会发光? | 光的产生 |
| 灯照在身上为什么会有影子? | 光与影 |
| 为什么筷子放到水里像“断”了一样? | 光的折射现象 |
| 灯照在镜子上为什么镜子会发光? | 光的反射现象 |

根据孩子已有的经验、兴趣点以及年龄特点,设计者确立了如下主题目标。

1. 初步了解一些关于光的常识,对探究光产生兴趣,乐意尝试寻找生活中的光。

2. 能够通过观察、记录、查阅资料等方式获取光的知识。

3. 能细心观察光的特点和种类，提出问题，乐意猜想和验证，并多方面寻求答案。

4. 能运用光的反射和折射知识，对生活中的一些现象做出解释。

## 二、厘清脉络，立点梳线

### （一）预设活动主题表

设计者根据幼儿的兴趣和发展的需要，结合多方面（幼儿、家长、教师）搜集到的信息进行分析，发现具有教育价值的问题，梳理预设主题脉络，形成主题探究预设网络图。包括认识光、光的反射和折射现象、多彩的光以及光与影四个板块，具体内容如图3-4-1所示。

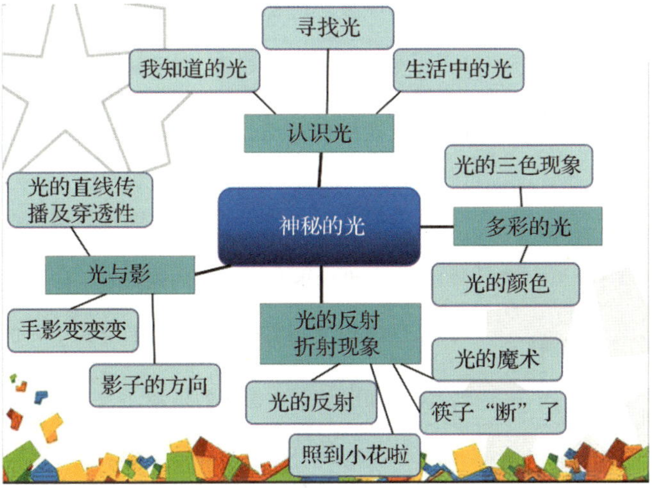


图3-4-1　“神秘的光”预设主题网略图

### （二）预设活动导航表

根据“认识光—多彩的光—光的反射和折射现象—光与影”的线索，教师提出驱动性问题：光从哪里来？光有颜色吗？为什么光照在身上会有影子？光有什么用？组织幼儿进行头脑风暴，通过集体探究、区域探索与观察、亲子小实验等途径开展。同时预设了活动导航图，以活动时间顺序进行排列，具体如表3-4-3所示。

**表3-4-3 “神秘的光”活动方案预设导航表**

| 序号 | 主题板块 | 活动名称 | 活动目标 | 涉及领域 |
|---|---|---|---|---|
| 1 | 认识光 | 我知道的光 | (1)通过观察、品尝、操作等活动，小朋友们感知光的主要特征。<br>(2)能用自己的方式表达并记录关于光的经验。 | 科学、语言 |
| 2 | 认识光 | 寻找光 | (1)运用各种感官感知自然光、人造光的特征，比较两种光的异同。<br>(2)了解自然光和人造光的用处，产生探究欲望。 | 语言、科学 |
| 3 | | 生活中的光 | (1)能积极运用多种感官观察光，并大胆表达自己的观察和感受。<br>(2)通过活动，感受集体感知光的快乐。 | 科学、语言 |
| 4 | 多彩的光 | 光的颜色 | (1)在实验、观察中认识光的七种颜色，从而对光的现象产生兴趣，培养独立操作的能力。<br>(2)学习用多种方法、从不同的角度去了解一种事物。<br>(3)活动中体验到成功的快乐和帮助别人的快乐。 | 艺术、社会 |
| 5 | | 光的三色现象 | (1)感受光的三原色现象，知道两种颜色甚至三种颜色叠在一起能制造出另一种颜色。<br>(2)通过这次的活动，小朋友对光的颜色产生探究欲望。 | 科学、社会 |
| 6 | 光的反射与折射 | 光的魔术 | (1)在变魔术的情景中，感受光的全反射以及折射现象。<br>(2)知道魔术的奥秘跟科学的现象有一定的关联。 | 科学、语言 |
| 7 | | 筷子“断”了(一) | (1)动手操作发现筷子“断”了，了解其中光的折射原理。<br>(2)体验和同伴合作探究的乐趣。 | 科学、社会 |
| 8 | | 筷子“断”了(二) | (1)了解光的折射并能解释一些生活现象。<br>(2)愿意与同伴交流自己对光的折射现象的经验。 | 科学、语言 |
| 9 | 光与影 | 手影变变变 | (1)通过探索与尝试做出各种手影造型，感受手影游戏的多变性和趣味性。<br>(2)通过游戏幼儿对影子的认知与理解加强了，幼儿对手影游戏的兴趣被激发出来。 | 语言、社会 |
| 10 | | 照到小花啦 | (1)通过小光点的游戏，加深对光的反射现象的认识。<br>(2)在活动中，感受合作的魅力。 | 科学、语言 |
| 11 | | 光的直线传播及穿透性 | (1)在做做玩玩中感知“有洞才能透光”这一科学现象。<br>(2)激发幼儿参与活动的热情，愿意在动手动脑中大胆表达自己的想法。 | 科学、语言 |

## 三、预设生成，灵动调整

世界上从来没有两片相同的叶子，同样每个孩子都是独特的个体。教师需通过观察发现幼儿兴趣的方向并及时捕捉，促进幼儿的有效学习与发展。在探索光的过程中，孩子能够通过做记录、写日记的方式，表达自己的心情、发现与愿望；教师通过对幼儿的需要和感兴趣的事物进行价值判断，不断调整活动方案，生成新的活动。因此对于教师而言，需要拥有开放的、有成长性的宽阔眼界，巧妙运用各种方式引导幼儿根据自己的兴趣和疑惑拓展出更深层次的学习活动，实现深度的学习和游戏。

### （一）内容的调整与实施

在“神秘的光”的探究活动中，孩子们自发生成很多探索点，如：光从哪里来？光有颜色吗？为什么光照在身上会有影子？光有什么用？……通过斟酌、筛选、调整，设计者设计了以下活动，如图3-4-2所示。实施活动一览表，如表3-4-4所示。

图3-4-2　“神秘的光”生成主题网络图

表3-4-4 “神秘的光”实施活动一览表

| 活动名称 | 活动目标 | 涉及领域 | 实施途径 |
|---|---|---|---|
| 发现光 | 1. 初步感受光在生活中的存在。<br>2. 乐意与同伴分享自己的经验。 | 科学、语言 | 集体探究 |
| 光的作用 | 1. 了解光在生活中的多种功用，初步尝试利用表格进行简单的记录。<br>2. 产生喜爱光的情感。 | 科学、语言 | 亲子探究 |
| 制作七彩的光 | 1. 通过玩水和镜子，知道形成彩虹的原理。<br>2. 体验同伴合作带来成功的乐趣。 | 科学、社会 | 区域探究 |
| 光的反射 | 1. 感知光的反射现象，会改变镜子的角度，让光往不同的方向反射。<br>2. 了解生活中更多光的反射，体验探索的乐趣。 | 语言、社会 | 区域探究 |
| 筷子“折”了 | 1. 初步感知光的折射特性。<br>2. 体验合作的乐趣。 | 科学、社会 | 区域探究 |
| 霓虹灯 | 1. 知道光穿透彩色玻璃纸能形成彩色的光。<br>2. 感受颜色混合的神奇现象。 | 科学、语言 | 亲子探究 |
| 哪个光最亮 | 1. 初步了解反射之后的灯光最亮。<br>2. 感受亲子游戏的乐趣。 | 健康、社会 | 区域探究 |
| 七彩光与果娃娃 | 1. 理解歌词，感受七彩光和果娃娃之间友好、快乐的情感。<br>2. 学唱歌曲、尝试唱准附点和休止。 | 音乐、社会 | 集体探究 |
| 调皮的七色光 | 1. 获得光与色的感性经验，初步了解光的七色是赤橙黄绿青蓝紫。<br>2. 大胆想象、续编，理解光与环境以及与人们生活的关系。 | 语言、社会 | 集体探究 |
| 踩影子 | 1. 知道物体在阳光下都会产生影子。<br>2. 练习四散追逐跑，提高躲闪的能力。<br>3. 感受奔跑带来的快乐。 | 健康、语言 | 亲子探究 |
| 影子成像 | 1. 在探索中，了解物体和光源如果很近产生的影子就很大，物体离光源很远影子就变小的特点。<br>2. 和小伙伴合作，喜欢科学活动。 | 语言、艺术 | 区域探究 |
| 画影子 | 1. 通过勾画动态影子，再通过想象画画。<br>2. 感受与同伴合作的乐趣，体验艺术的趣味。 | 艺术、语言 | 区域探究 |
| 小熊笑了 | 1. 在做做玩玩中感知“有洞才能透光”这一科学现象。<br>2. 乐于参与活动，愿意在动手动脑中大胆表达自己的想法。 | 科学、社会 | 区域探究 |

教师预设活动　　幼儿生成活动　　师生生成活动

## （二）案例呈现

### 案例1　集体探究

**科学活动：发现光**

活动目标：

1. 初步感受光在生活中的存在。

2. 乐意与同伴分享自己的经验。

活动准备：

大记录表一张、光的相关知识PPT、光源若干、小记录表等。

活动过程：

**◎游戏猜谜**

师：我们来玩猜谜的游戏，猜一种现象。

谜面：

人人都有个朋友，

乌黑的头发乌黑的头，

月下灯前陪着你，

就是永远不开口。

通过幼儿向老师提问，老师回答，逐步猜出谜底：影子。

**◎通过观察，了解光的特征**

师：这里有一张光的记录表，现在请你们根据表格上的要求把自己看到的光画出来吧！

1. 出示记录表，提出观察记录的要求。

了解几个标记的含义，用看、摸等方法探究光的特点，并用自己的方式进行记录。

2. 幼儿观察记录。

3. 集中交流，教师在大记录表内记录相应的内容。

4. 小结：光的特点。

**◎通过实验，了解光内部的特点**

师：刚才我们对光进行了记录，现在请你们找找光从哪里来。

1. 提出操作要求：两人合作找找光，观察光从哪里来，是什么样子的？将最后对应的记录在记录表内。

2. 幼儿操作，教师指导。

3. 集中交流，教师随机记录。

4. 小结：光的特点。

**◎初步了解光的用处。**

师：刚才知道了光的样子和它的由来，现在我们来看看光是出现在什么地方的？

1. 观看光资料PPT，了解光的特点及作用。

2. 小结：光的用处。

**科学活动：光的作用**

活动目标：

1. 了解光在生活中的多种功用，初步尝试利用表格进行简单的记录。

2. 产生喜爱光的情感。

活动准备：

光的用处PPT、大记录表一张、小记录表人手一份。

活动：

**◎通过故事了解光能帮助植物进行光合作用**

1. 展示枯萎的花草树木图片。

师：熊妈妈最近遇到一个难题，她家的花草树木全都枯萎了。你们有什么办法帮助熊妈妈让花草树木复活吗？

师（扮演熊妈妈）：光这么有用，能帮助植物进行光合作用。那你们知道光还有什么用处吗？

2. 利用表格根据幼儿表述进行记录。

**◎观看视频，感受光的用处**

1. 观看视频。

师：刚刚小朋友说了很多光的用途。我今天带来了一个视频，请你们认真看，把听到的用途记录下来。

2. 幼儿记录、分享。

师：视频中，光都有哪些作用？

小结：原来光不仅能照明，古时候烽火台的火光可以来传递信息等，而且人们还能利用激光、X光等进行工作。

**◎结束活动**

师：我们回家和爸爸妈妈一起再找找资料，看看光还有什么作用。

**音乐活动：七彩光与果娃娃**

活动目标：

1. 理解歌词的含义，感受七彩光和果娃娃之间友好、快乐的情绪。

2. 学唱歌曲，尝试唱准附点和休止符。

活动准备：

1. 课前幼儿已在家长的陪同下参观过水果店，了解水果颜色的丰富多彩。

2. 各种色彩并面带笑容的纸制果娃娃。

3. 音乐磁带。

活动过程：

◎**果娃娃笑哈哈**

1. 出示面带笑容的果娃娃：瞧，今天都来了哪些果娃娃呢？带领幼儿按节奏念白。

2. 这些果娃娃个个笑哈哈，为什么这么开心呀？原来是这么回事！

3. 出示七彩光宝宝头饰：光宝宝溜下地呀，亲亲一群果娃娃。结果怎么样了？果娃娃染上七彩色呀，所以乐得笑哈哈，笑哈哈！

4. 这些果娃娃染上了什么颜色？你还知道哪些颜色的果娃娃？

5. 七彩光和果娃娃高兴地唱起了歌，你们听。

◎**理解歌曲内容**

1. 完整欣赏一遍歌曲，说说听到了什么，与哪个故事有关。

2. 带领幼儿有节奏地朗诵歌词，说说有哪些果娃娃。

3. 按歌词顺序出示“果娃娃”，帮助幼儿念白歌词。

4. 重点学念歌曲念白部分。

5. 再次欣赏歌曲一遍，感受其节奏感和趣味性。

◎**学唱歌曲**

1. 师幼一同演唱歌曲，感受乐句中的附点和休止附。

2. 教师演唱歌曲，其中念白处让幼儿插入，提高幼儿的兴趣。

3. 启发幼儿用友好、欢快的声音演唱。

◎**幼儿仿编歌曲，并演唱**

1. 请幼儿用其他水果名替换念白处的内容，引导其余幼儿学念。

2. 采用个别幼儿创编的念白，演唱歌曲。

如：光宝宝溜下地呀，亲亲一群花娃娃。桃花梨花玫瑰花，荷花菊花水仙花。花花娃娃上七彩色呀，乐得娃娃笑哈哈！

◎**大家开开心心唱起来**

1. 将幼儿分成三组，一组扮演七彩光宝宝，一组扮演果娃娃，一组扮演花娃娃。

2. 在音乐声中，幼儿一边演唱歌曲一边表演。

## 案例2　区域探究

### 科学区：制作七彩的光

活动目标：

1. 通过玩水和镜子，知道形成彩虹的原理。

2. 体验同伴合作带来成功的乐趣。

活动准备：

1. 一张大的彩虹图。

2. 三棱镜、平面镜、大碗（装上水）、剪刀、七色盘、小棍、透明胶、吹泡泡的工具每人一套。

指导要点：

◎**美丽的光实验**

1. 用三棱镜的平面对着太阳，可看见光透过三棱镜后折射在白纸上的各种色彩，从而了解光的颜色。

2. 大碗里装上水，将镜子斜放在碗里，让阳光透过水照在镜子上并反射到白墙上，能看到七色的彩虹。

教师引导幼儿一边观察一边讨论光的颜色。

◎**吹泡泡实验**

1. 引导幼儿边玩边观察泡泡在太阳光下呈现出哪几种颜色。

2. 人造彩虹：艳阳下，捏住水管口，使水呈雾状喷向天空出现彩虹，观察其颜色。

◎**七色转盘实验**

引导幼儿观察圆盘静止时有哪几种颜色？

如果圆盘转动起来，会出现什么颜色呢？

活动照片如图3-4-3所示。

图3-4-3　利用三棱镜制造彩虹

### 户外区域探究：光的反射

活动目标：

1. 感知光的反射现象，会改变镜子的角度，让光往不同的方向反射。

2. 了解生活中更多光的反射知识，体验探索的乐趣。

活动准备：

1. 物质准备。

(1)每人一面平面镜(大小形状各异)。

(2)能表现光的反射的动画或图片。

(3)若干可以反光的物品，如调羹、茶杯、脸盆、光盘、手表等各种表面光亮的金属或玻璃物品。若干不能反光的物品，如书、粗糙的石头、衣服等。

(4)生活中光的反射的图片。

2. 时间安排：阳光灿烂的日子。

指导要点：

1. 探索镜子反光的现象。

(1)请幼儿手持镜子到户外，自由探索如何将光反射进教室。

(2)引导幼儿交流讨论：你是怎样将太阳光反射到教室的？并做一做。

(3)请幼儿再次操作，并相互交流经验。

2. 还有哪些东西能反射光。

(1)自由选择材料，探索哪些东西也能反射光。

(2)观察反射出的光有什么不同。

活动照片如图3-4-4、图3-4-5所示。

图3-4-4　探索镜子在阳光下反光的现象

图3-4-5　自制反光现象

**科学区：筷子“折”了**

活动目标：

1. 初步感知光的折射特性。

2. 体验合作的乐趣。

活动准备：

透明无色玻璃杯、铅笔、记录纸。

指导要点：

1. 实验探究，观察现象。

把一根筷子斜插入有水的烧杯里，仔细观察筷子，你看到了什么现象？

筷子是真的折了吗？

2. 小组交流，共享经验。

你有什么发现？为什么会有这样的现象？

活动照片如图3-4-6所示。

图3-4-6 筷子“折”了

### 案例3 亲子探究

**踩影子**

活动目标：

1. 知道物体在阳光下都会产生影子。

2. 练习四散追逐跑，提高躲闪的能力。

3. 感受奔跑带来的快乐。

活动准备：

选择有阳光的平坦场地。

指导要点：

1. 寻找影子，发现阳光下会产生影子。

2. 根据家长的提示做各种动作（举臂、摆头、扭腰），观察自己影子的变化。

3. 参与游戏“踩影子”，练习躲闪跑和追逐跑。

4. 放松运动，结束游戏。

### （三）环境创设相关主题环境

1. 小主题墙板块：“进入光世界”。

2. 小主题墙板块：“光和影”。

3. 小主题墙板块：“光的三原色”。

4. 小主题墙板块：“光的旅行”。

5. 大主题墙板块：“光的探究网络图”“光的小魔术”“魔术光”“蜗牛考察行动”。

在幼儿园的教育活动中，主题环境作为一种“隐性课程”，是幼儿每天要接触的，幼儿的身心发展，社会化发展以及个性发展，无一不受到它的影响。主题墙记录着孩子们点点滴滴的学习过程，孩子们每天在学习中思考的问题、发现的惊喜都会显示在主题墙上，供他们分享和回味。小主题墙照片如图 3-4-7 所示。

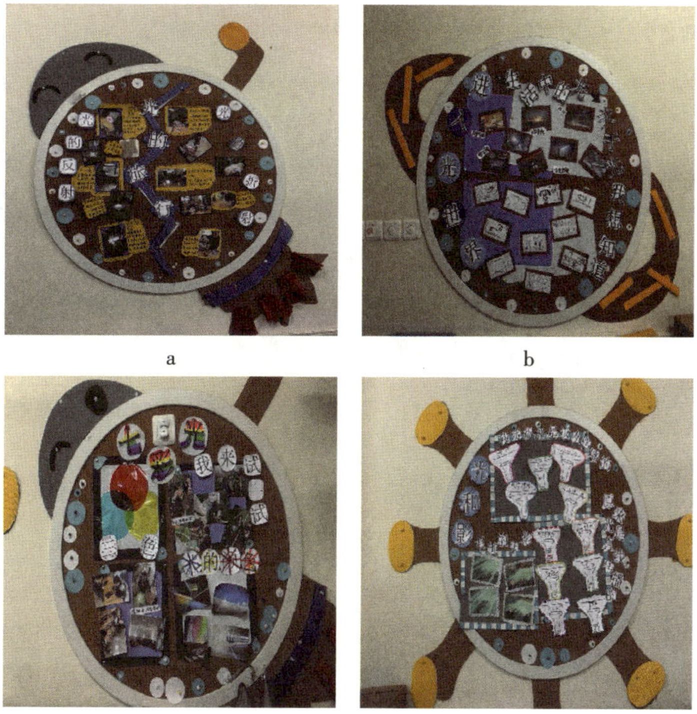

a　b　c　d

图 3-4-7　小主题墙

## 四、整理故事，助力成长

孩子们在与光的亲密接触中，获得了认知的拓展、技能的锻炼。更重要的是，他们天马行空地提出问题、开动脑筋解决问题；他们相互合作突破难关、动手实践积累经验；他们好奇的双眼打量着世界、探索着世界，并在一次次成功的体验中越发热爱这个世界。而我们的教师也通过本次探究活动，创新师生探究合作模式，让更多自然资源与园本课程进行深度融合，使探究式主题活动更加丰富、更具特色、更有意义。以下为孩子们探究过程中的精彩学习故事。

### （一）活动中的学习故事

预设活动中的学习故事，如表 3-4-5 所示。生成活动中的学习故事，如表 3-4-6 所示。

**表3-4-5 “神秘的光”预设活动中的学习故事记录表**

| 活动时间 | 2017年11月22日 | 活动地点 | 大(2)班活动室 |
|---|---|---|---|
| 观察对象 | 小睿、小明、小钒 | 观察者 | 瞿奕希 |
| 学习故事 | | | |
| 注意 | 一个阳光明媚的上午，孩子们在进行区域活动，然然在科学区拿起三棱镜，地面上、不远处的柜子上出现了七色光。“你们那里有彩虹！”小明在一旁激动地大喊，这一喊引发了各个小朋友的注意，他们纷纷放下手中的玩具，一个个跑来看彩虹，彩虹一会儿跑到柜子上，一会儿跑到孩子们衣服上，他们欢呼雀跃，激动极了。在区域活动结束后，老师及时展开了谈话，生成新的知识点——光的色散，帮助小朋友了解三棱镜的色散原理。在那以后，孩子们的游戏越发精彩纷呈，他们将各个材料组合起来，神奇的光影游戏出现了。 | | |
| 识别 | 对于光，幼儿都很熟悉：白天学习、游戏，夜晚在温暖的光中享受家庭的快乐。对于光，幼儿又很陌生：光到底是哪里来的呢？它有哪些特性？它有哪些作用呢？每当孩子们提出疑问或是有新发现，我们便展开集体讨论，请孩子们畅所欲言，难以解决的问题也请孩子们和家长一群找寻缘由，我们根据孩子们感兴趣的点及时生成各种新课程，为孩子们的游戏做好经验准备。 | | |
| 回应 | 在预设光的探索路径时，我们往往被困在科学领域中无法走出，“光”是一个非常偏科学性质的主题，一开始我们总是急于想用科学角度来解释孩子的游戏现象。跟随孩子的游戏脚步，我们逐渐静下心，发现孩子在游戏中并不是单纯追求“为什么”，而是注重“我发现了”“我玩出了”，我们逐渐明白在孩子的世界里，游戏的真正意义在于孩子在其中得到了什么，感受到了什么。于是我们把目光聚焦于孩子的游戏和孩子的想法。在这过程中，我们逐渐走近孩子，也真正感受到了游戏带给孩子的独特体验。 | | |

**表3-4-6 “神秘的光”生成活动中的学习故事记录表**

| 活动时间 | 2016年11月4日 | 活动地点 | 大(2)班活动室 |
|---|---|---|---|
| 观察对象 | 小然、小钒、小睿、小韵 | 观察者 | 瞿奕希 |
| 学习故事 | | | |
| 注意 | 今天一大早，小钒就问了一个大家都好奇的问题：是不是只有这些方法能变出彩色光？孩子们纷纷发表自己的想法。<br>小然：“我觉得光应该全部都是彩色的，没有一点泄露，因为水的话喷出来了之后呢，在光的照耀下，就会形成一个彩虹的颜色。以前我家有个绿色的小喷雾，一喷水，太阳光在我家的阳台前面就会形成彩虹。”<br>小睿还分享了一种方法：“可以吹泡泡，我看到泡泡也可以发出彩色的光。”<br>小韵说，她发现了在阳光照射下的放大镜能够在地面上变出一圈彩虹。 | | |
| 识别 | 在以光为情境脉络的活动中，幼儿不是去学习关于光的标准答案，而是获得与真实情境密切相关的知识和经验。在寻找光的过程中，幼儿不仅感知了各种各样的光，还知道了如何制造光。在动手操作中，幼儿学会了用三棱镜、平面镜等多种反光工具。幼儿在有趣的、生活化的探究活动中学到的知识和经验是具有生命力的。 | | |

续　表

| | |
|---|---|
| 回应 | 这个活动的生成是因为胡宸钒小朋友在活动开始时突如其来的一句话。"变出彩色光"是一件需要大家团结合作的事情，不仅要带制造光的工具，还要寻找合适的地方，最重要的是要有阳光等前期准备过程，这让孩子们的兴趣迅速被挑起，感受到团结合作带来的喜悦，通过同伴之间的互动与交流，获得自我经验的提升。 |

### （二）设计者的话

1. 回顾反思

本次探究式主题活动当中，设计者以幼儿的好奇心和兴趣点为起始点，围绕光展开了多样化的探究活动。发光的不锈钢柱子出现时，设计者就抓住了幼儿对于光的探索之心，在完全未知幼儿兴趣点发展方向的情况下，为幼儿预设了五大领域的主题活动。但随着幼儿兴趣点的发展，活动以及游戏的生成完全取决于幼儿兴趣点。在幼儿进行游戏的过程中，他们发现了反射光和物体因折射发生弯曲变形，于是根据兴趣点，生成了反射和折射的主题活动。同时设计者也借助家长力量，推动孩子们在家中与爸爸妈妈一同进行光影小游戏，以促进游戏的多元化发展。

在探究过程中，设计者作为孩子学习活动的支持者与指导者，注重关注孩子们在活动过程中提出的问题，并引导其进行猜想和验证，进一步激发了他们的探究欲望。孩子们不仅开阔了眼界、增长了知识，还萌发了对学习的热爱之情。

2. 后续设想

对光的探索，孩子们意犹未尽，奇妙的光之旅也仍在继续，孩子们对于不同的物品能反射出的不同光依然保持着很浓的兴趣。相信不久之后，一场由孩子自己策划的自制光活动就会呈现在大家面前啦。

（瞿奕希　黄颖慧）

## 设计5　纸的世界（大班）

## 一、共享共探，确定主题

### （一）问题缘起

纸，在我们生活中随处可见，人们很多时候都离不开纸。正因为如此，生活中才有了各种各样的纸。在孩子们眼中，纸是千姿百态的，他们喜欢将纸折一折，变成自己喜欢的小玩物；撕一撕，抛一抛，感受纸条在空中飞舞……“纸到底有多少种？”“纸都是怎么来的呢？”“没有纸之前，人们怎么写字画画？”“用过的纸只能丢掉吗？”……幼儿对纸有很多的好奇和疑问。

### （二）价值分析

各种纸及纸制品不仅是孩子们熟知的事物，更是他们游戏、创作时的好伙伴。孩子们在与纸的互动过程中，会不知不觉地发生很多好玩的事情。孩子们还会萌发对纸的好奇。基于大班幼儿的年龄特点与好奇心，设计者开展了“纸的世界”主题活动，旨在让幼儿感知纸以多种多样的形式存在于生活之中，发现纸的秘密，了解纸的特性，进一步感受纸在生活中的应用，从而实现幼儿对纸的新旧经验的有效链接。

### （三）经验与问题的挖掘

教师通过问卷、前期采访，对班级三十三个幼儿进行了前期调查，如：“你认识哪些纸？”“纸能用来干什么？”“你知道纸有什么特点？”“你和纸做了什么有趣的游戏？”“节约用纸，你有什么好方法？”

经过分析教师发现因为线上课程学习以及家庭实验室，孩子对纸有了一定的粗浅经验，但是对纸的种类认知比较欠缺，他们熟悉生活中常见的八类纸，对除这八类纸外的纸，比如：对牛皮纸、宣纸等并不太熟悉。幼儿对于纸在生活当中的运用认知比较浅，对纸的特性认知比较片面，也欠缺深入的探究，幼儿缺乏保护纸资源的意识。此外，幼儿还想知道“纸是不是可回收物？”“是不是所有的纸都会打湿？”等，具体如表3-5-1所示。

**表3-5-1 “我知道、我还想知道”的调查表**

| 关于纸，我知道...... | 关于纸，我还想知道...... |
|---|---|
| 1. 纸有软的也有硬的。<br>2. 我们可以在纸上画画写写。<br>3. 纸可以做成各种造型，还可以包东西。<br>4. 纸可以挡住玻璃、遮太阳光。<br>5. 纸巾可以擦屁股。 | 1. 为什么我和名名带的都是纸巾，但是不一样？<br>2. 纸是怎么做出来的？<br>3. 海绵纸能挡雨吗？<br>4. 纸为什么可以画画、写字？<br>5. 纸为什么可以做成各种造型？<br>6. 纸为什么有不一样的颜色？<br>7. 为什么有些纸表面是凹凸的，有些是滑滑的？ |

通过前期调查活动，幼儿提出了很多感兴趣和关注的问题。经过价值判断，教师认为，只要符合本班幼儿的年龄特点和经验水平，只要幼儿能通过自己的探究学习得

出结论，只要属于大班幼儿科学领域应当获取的核心经验，就是有价值的。于是设计者对幼儿的问题进行了梳理，如表3-5-2所示。

表3-5-2 “我还想知道”的关键经验梳理表

| 幼儿要探究的问题表述 | 所归属的核心经验范畴 |
|---|---|
| 纸是怎么做出来的？ | 纸的来源 |
| 为什么有些纸表面是凹凸的，有些是滑滑的？ | 纸的材质 |
| 为什么我和名名带的都是纸巾，但是不一样？ | 纸的性能种类 |
| 纸为什么有不一样的颜色？ | |
| 纸为什么可以画画、写字？ | 纸的功能 |
| 纸为什么可以做各种造型？ | |

主题活动目标设置如下：

1. 初步感知生活中常见的纸，了解纸的由来和历史，对纸产生探究欲望。

2. 通过观察、操作、记录等方式了解纸的多种特性。

3. 感受纸及纸制品给人们生活带来的便利，初步产生节约用纸的意识，了解节约用纸的方法。

4. 通过多种实践活动，提高5C关键核心能力（沟通素养、审辨思维、合作素养、创新素养、文化理解与素养传承）。

## 二、厘清脉络，立点梳线

### （一）预设主题网络图

在开展关于纸的探究式主题活动前，班级教师围绕“纸”的话题进行了商讨，提出可能涉及的相关内容，绘制成了思维导图。这张思维导图只是对与纸相关知识的梳理、概括，目的是厘清主题活动线索。教师盼望前期的预设工作可以让教师“有备无患”，通过这个主题旨在引导幼儿深入探究关于纸的秘密，在直接感知、亲身体验、实际操作中发展发现问题、探究问题、解决问题的能力。教师从幼儿的视角出发，以“感知与体验—实践与探究—传承与创新”为线索，预设形成了“好玩的纸”“神奇的纸”“有用的纸”三个板块，如图3-5-3所示。

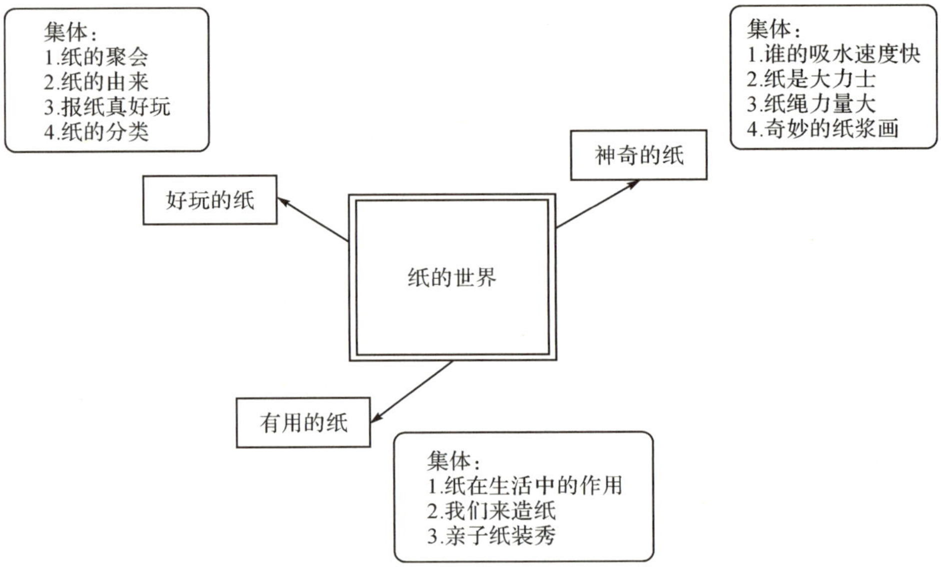


图3-5-1 “纸的世界”预设主题网络图

### (二)预设活动导航表

精心预设是动态生成的基础。设计者针对本主题事先搜集资料,设定目标、设计教学结构,对探究可能产生的走向、可能影响探究进度的因素做预先的思考和应变策略,预设了活动导航图,以活动时间顺序进行排列,具体内容如表3-5-3所示。

表3-5-3 “纸的世界”活动方案预设导航表

| 序号 | 主题板块 | 活动名称 | 活动目标 | 涉及领域 |
|---|---|---|---|---|
| 1 | 好玩的纸 | 纸的集合 | (1)发现生活中有各种各样的纸,它们的名称不一样。<br>(2)初步感受纸与人们生活的关系,愿意和同伴交流自己带来的纸。<br>(3)产生探究纸的愿望。 | 科学、社会 |
| 2 | | 报纸真好玩 | (1)探索旧报纸的多种玩法。<br>(2)学习用躲闪、走跑、跳、传、投掷等动作参与游戏。<br>(3)体验和同伴合作游戏的快乐。 | 健康 |
| 3 | | 纸的分类 | (1)根据用途对常见的纸进行分类(生活用纸、学习用纸、卫生用纸、装饰用纸、工作用纸)。<br>(2)认识了解更多生活中不易见到的纸。 | 社会、科学 |
| 4 | | 纸的由来 | (1)了解纸的由来与纸从古至今的演变。<br>(2)知道蔡伦造纸术,并初步了解其造纸过程。 | 社会、语言 |

续　表

| 序号 | 主题板块 | 活动名称 | 活动目标 | 涉及领域 |
|---|---|---|---|---|
| 6 | 神奇的纸 | 谁的吸水速度快 | (1)感知纸吸水后的神奇现象，尝试描述纸的吸水性。<br>(2)用观察、比较等方法，探索不同纸吸水后的不同变化。 | 科学 |
| 7 | | 纸是大力士 | (1)了解纸可承重的本领，产生做承重实验的兴趣。<br>(2)理解纸的承重能力和本身的材质及形状有关。 | 科学 |
| | | 纸绳力量大 | (1)通过实验探索纸绳承重力的性质。<br>(2)大胆尝试学习制作有力量的纸绳。<br>(3)积极合作，体验团结力量大的快乐。 | 科学 |
| | | 奇妙的纸浆画 | (1)了解纸浆的制作方法，尝试用纸浆粘贴画画。<br>(2)能大胆地进行纸浆创意活动。 | 艺术、社会 |
| 8 | 有用的纸 | 我们来造纸 | (1)观看古法造纸的流程。<br>(2)尝试小组合作按照流程造纸。 | 科学、社会 |
| 9 | | 纸在生活中的作用 | (1)知道不同的纸在生活中的应用价值。<br>(2)产生节约用纸的意识。 | 社会 |
| 10 | | 亲子纸装秀 | (1)和家长一起利用各种纸设计制作款式各异的表演服装。<br>(2)能大胆、愉快地跟随音乐节奏展示自制纸装。<br>(3)增强亲子感情。 | 艺术、社会 |

## 三、预设生成，灵动调整

### (一)内容的调整与实施

由于幼儿存在个体差异，他们都有着自己独特的认知基础和思维方式，在新知建构和解决问题的过程中，这些方面都将有不同的呈现。在这个过程中生成的问题，教师将积极采取应对措施，将预设与生成结合起来，并做出灵活的调整，使得主题层层推进。以下是本次探究的生成活动导航图，以活动时间顺序进行排列，具体如图3-5-2所示。将预设活动与生成活动进行整合，最终形成实施活动一览表，如表3-5-4所示。

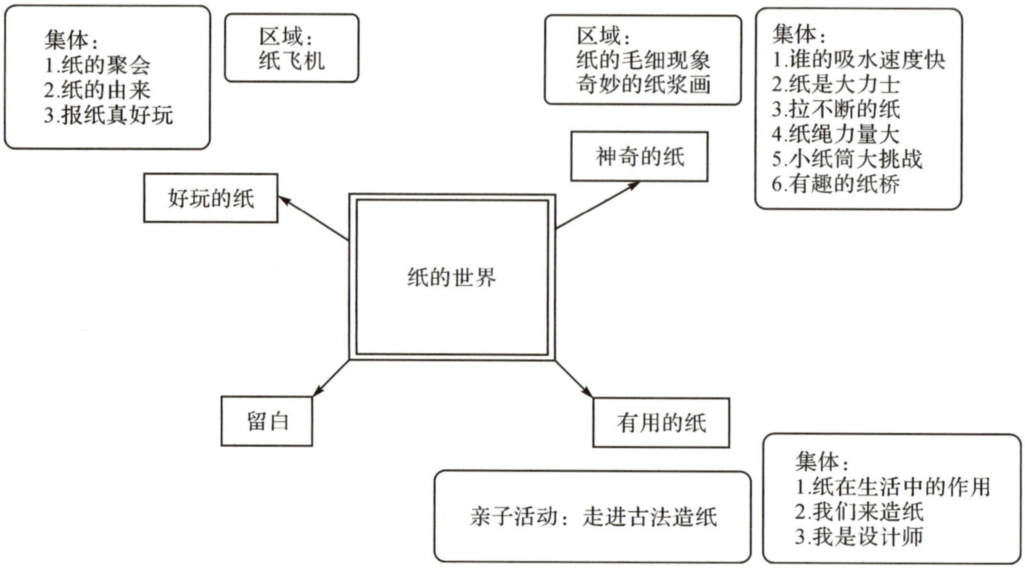


图3-5-2 “纸的世界”生成网络图

表3-5-4 “纸的世界”实施活动一览表

| 活动名称 | 活动目标 | 涉及领域 | 实施途径 |
| --- | --- | --- | --- |
| 纸的集合 | 1. 发现生活中有各种各样的纸，它们的名称也不一样。<br>2. 初步感受纸与人们生活的关系，愿意和同伴交流自己带来的纸。<br>3. 产生探究纸的愿望。 | 科学、社会 | 集体探究 |
| 纸飞机 | 1. 探索投掷的基本方法，尝试让纸飞机飞行。<br>2. 了解纸的不同特性，能选择合适的纸折叠飞机。<br>3. 体验纸飞机飞行游戏的乐趣。 | 艺术、健康 | 区域探究 |
| 报纸真好玩 | 1. 探索旧报纸的多种玩法。<br>2. 学习用躲闪、走跑、跳、传、投掷等动作参与游戏。<br>3. 体验和同伴合作游戏的快乐。 | 健康 | 集体探究 |
| 纸的由来 | 1. 了解纸的由来与纸从古至今的演变。<br>2. 知道蔡伦造纸术，并初步了解造纸过程。 | 社会、语言 | 集体探究 |
| 谁的吸水速度快 | 1. 感知纸吸水后的神奇现象，尝试描述纸的吸水性。<br>2. 用观察、比较等方法，探索不同纸吸水后的不同变化。 | 科学 | 区域探究 |
| 纸的毛细现象 | 1. 初步了解毛细现象，感受毛细现象的神奇。<br>2. 能大胆地将自己的发现分享给同伴。 | 科学 | 区域探究 |
| 纸绳力量大 | 1. 通过实验探索纸绳承重力的性质。<br>2. 大胆尝试学习制作有力量的纸绳。<br>3. 积极合作，体验团结力量大的快乐。 | 科学 | 集体探究 |

续 表

| 活动名称 | 活动目标 | 涉及领域 | 实施途径 |
|---|---|---|---|
| 拉不断的纸 | 1. 在拉纸游戏中发现纸有很大的承受力。<br>2. 初步感受纸的承受力与手接触到的面积大小有关。<br>3. 了解纸的承受力在生活中的应用。 | 科学、社会 | 集体探究 |
| 纸是大力士 | 1. 了解纸可承重的本领，产生做承重实验的兴趣。<br>2. 理解纸的承重能力和本身的材质及形状有关。 | 科学 | 集体探究 |
| 小纸筒大挑战 | 1. 通过实验探索，初步感受受力面积的大小会影响水桶对纸筒的作用效果。<br>2. 积极合作，体验科学探究活动的快乐。 | 科学 | 集体探究 |
| 奇妙的纸浆画 | 1. 了解纸浆的制作方法，尝试用纸浆粘贴画画。<br>2. 能大胆地进行纸浆创意活动。 | 艺术、社会 | 区域探究 |
| 有趣的纸桥 | 1. 对纸桥产生探究兴趣。<br>2. 初步感知纸桥承重力大小与桥面形状、桥墩距离有关。 | 科学 | 集体探究 |
| 走进古法造纸 | 1. 走访了解泽雅古法造纸。<br>2. 乐意传承造纸技术，萌发爱家乡的情感。 | 社会 | 亲子探究 |
| 我们来造纸 | 1. 观看简易的古法造纸流程。<br>2. 尝试小组合作按照流程造纸。 | 科学、社会 | 小组探究 |
| 纸在生活中的作用 | 1. 知道不同的纸在生活中的应用价值。<br>2. 萌发节约用纸的情感。 | 社会 | 集体探究 |
| 我是设计师 | 1. 利用各种纸设计制作款式各异的表演服装。<br>2. 能大胆、愉快地跟随音乐节奏展示自制纸装。<br>3. 体验同伴合作的愉快、自豪。 | 艺术、社会 | 小组探究 |

教师预设活动　　幼儿生成活动　　师生生成活动

## （二）案例呈现

### 案例1　集体探究

**健康活动：报纸真好玩**

活动目标：

1. 探索旧报纸的多种玩法。
2. 学习用躲闪、走跑、投掷等动作参与游戏。
3. 感受与同伴合作游戏的快乐。

活动准备：

若干张旧报纸、《狐狸和猎人》的伴奏音乐。

活动过程：

◎**报纸变魔术**

1. 集体讨论报纸变身。

师：报纸可以变什么？

幼儿自由分享后，教师带领幼儿集体卷报纸变出“魔术棒”。根据欢快音乐，手握“魔术棒”做热身运动。

◎**花样玩报纸**

1. 探索报纸的多种玩法。

师：用报纸来玩游戏，能想出哪些玩法？

2. 幼儿自主游戏，探索不同玩法。

3. 教师及时让幼儿与同伴分享经验，互相学习。比如，用报纸展开在胸前跑步、将报纸铺在地上跨过等。

◎**老鹰捉小鸡**

1. 教师扮演鸡妈妈，幼儿扮演小鸡，配班老师扮演老鹰，引导幼儿将手中的报纸平铺、连接，变出“小鸡的家”。

玩法：在《狐狸和猎人》的伴奏音乐中，小鸡在鸡妈妈的带领下自由地玩耍。当听到一声喊叫“老鹰来了”，幼儿就要学会躲闪或逃避，安全回到“家中”为胜。熟悉之后，家可以不断变小，以增加躲藏的难度。

2. 游戏几次后，教师可以改变游戏玩法。

师：当“老鹰”来捉“小鸡”时，“鸡妈妈”可以呼叫“小鸡”，用报纸揉成纸团赶跑“老鹰”，启发幼儿用正确的投掷方法投远、投准。

## 科学活动：纸绳力量大

活动目标：

1. 通过实验探索纸绳承重力的性质。

2. 大胆尝试学习制作有力量的纸绳。

3. 积极合作，体验团结力量大的快乐。

活动准备：

纸巾（大、小）若干、5斤装水桶16个、10斤装油桶6个、放纸巾的箩筐3个、垃圾桶2个。

活动过程：

◎**看视频引题激趣——纸巾也能拎人**

师：今天我要请你们帮我表演一个杂技。那么到底是什么杂技呢？让我们先来看一段视频。

平时我们用来擦嘴巴、擦汗保持卫生的柔软纸巾,居然可以拎人哦。

◎**初步尝试纸巾拎水桶**

1. 出示材料,明确要求。

师:你们猜,我今天要你们帮我表演什么杂技。你们能用纸巾把水桶拎起来吗?

2. 幼儿初步尝试拎水桶。

根据幼儿的不同水平与速度,相应地增加挑战的难度(10斤重、15斤重、20斤重等)。

3. 教师按照幼儿的提示来拎水桶。

◎**通过比较,解密纸绳承重力大的原因**

1. 自由讨论找原因。

师:比较一下你们刚才的几种办法,看看哪种办法做成的纸绳承重力最大?比较成功与不成功的纸绳。

2. 教师演示。

3. 请一名幼儿上来做一条承重力大的纸绳。

师:那么现在你会做一条承重力大的纸绳了吗?

幼儿做好上去拎水桶,教师检查是否成功。

◎**幼儿第二次操作**

师:大家都知道了这个秘密,那我们再来试一下,做一条承重力大的纸绳吧。

◎**制作长纸绳**

1. 两个人合作,制作一条又长又紧承重力又大的纸绳。

师:纸绳太短怎么办?

2. 长纸绳团结起来。

师:要拎起更重的东西,比如2桶、3桶、4桶及以上,一条纸绳够吗?不够该怎么办?

3. 拎人表演。

◎**小结**。

师:成功了吗?原来我们也可以。所以不要小看柔软的纸巾哦,它会变成大力士!

**科学活动:小纸筒大挑战**

活动目标:

1. 通过实验探索,初步感受受力面积的大小会影响水桶对纸筒的作用效果。

2. 积极合作,体验科学探究活动的快乐。

活动准备:

纸筒若干、5斤装水桶14个、亚克力板14块、相关视频、相关记录纸、若干备用纸筒、空篮子等。

活动过程：

◎**谈话引题激趣——纸筒可以撑起东西吗**

师：老师这里有一些纸筒，一块透明板和一个大水桶。如果把透明板放在中间，纸筒放在它下边，水桶放在它上面，你们觉得这些小纸筒能撑起这么大的水桶吗？

◎**幼儿初次挑战**

1. 纸筒撑5斤装水桶。

(1)明确要求。

(2)幼儿操作，教师巡回观察指导。

(3)教师采访挑战成功的幼儿。

2. 用尽量少的纸筒进行挑战。

(1)明确要求。

师：减少纸筒的数量，还能稳稳撑起水桶吗？

(2)幼儿挑战。

(3)教师收集记录纸。

师：你们一次次减少纸筒的数量去挑战，都能成功吗？你是怎么做的？

3. 教师尝试并小结。

(1)教师尝试。

(2)出示PPT进行对比并小结。

师：纸筒怎样放不容易撑起来水桶，怎样放就容易些呢？我们一起来看看。

◎**更大的挑战**

1. 布置挑战任务。

师：纸筒还能接受更大的挑战吗？比如撑起2个水桶？

2. 幼儿挑战。

3. 教师采访。

师：有没有成功的？哇，只用了×个纸筒，你们是怎么做的？

◎**观看拓展视频——纸筒上站人**

1. 观看视频。

师：刚才纸筒能撑起十几斤重的水桶，那它可以撑起人吗？

2. 小结。

活动照片如图3-5-3所示。

图3-5-3 小纸筒大挑战

## 科学活动：有趣的纸桥

活动目标：

1. 对纸桥产生探究兴趣。

2. 初步感知纸桥承重力大小与桥面形状、桥墩距离有关。

活动准备：

纸条、积木、雪花片、垫板、记录纸、笔、记录汇总表。

活动过程：

**◎出示材料，引发兴趣**

师：今天我为大家带来了两种材料，看看是什么？你能用这张纸条和两块积木搭成一座桥吗？

**◎探索记录，感知现象**

1. 尝试搭建不同形态的纸桥，并用简笔画的方式在大表格中进行记录。

(1)请你来尝试搭一座桥。

(2)这座桥是怎么样的？能不能把你搭的这座桥记录下来？

(3)用怎样的方法记录才能既简单又易懂？

(4)引导幼儿感知三种桥面形状(平的、拱形的、折叠的)，学习用简笔画的方式记录三座不同形状的纸桥。

2. 探索不同形状的桥面、相同桥墩距离的纸桥承重力的大小，并在第一张记录表格中进行记录。

(1)设疑：把三座纸桥的桥墩放在相同的位置上，哪种形状桥面的纸桥承重力大呢？

(2)幼儿第一次尝试操作，并在第一张表格中进行记录。

(3)集体交流：你发现了什么？哪种形状桥面的纸桥力气大？

(4)得出结论：相同桥墩距离，折叠过的桥面承重力大。

3. 探索同种形状的桥面、不同桥墩距离的纸桥承重力的大小，并在第二张记录表格中进行记录。

(1)两座有着同样折叠过的桥面，如果我们改变桥墩的距离，它们的承重力还会是一样大吗？

(2)幼儿第二次尝试操作，并在第二张表格中进行记录。

(3)集体交流：你发现了什么？哪种桥墩距离的纸桥力气大？

(4)得出结论：同种形状的桥面，桥墩距离近的承重力大。

**◎自由提问，拓展内容**

1. 做了这么有趣的纸桥实验，你有什么想说想问的吗？

2. 请配班教师记录下幼儿的问题，并把问题展示在科学栏上，使孩子们的探索活动延续下去。

## 案例2 区域探究

### 科学区:谁的吸水速度快

活动目标:

1. 感知纸吸水后的神奇现象,尝试描述纸的吸水性。
2. 尝试用观察、比较等方法,探索不同纸吸水后的不同变化。

活动准备:

1. 水盆,皱纸、报纸、纸巾、广告纸等不同纸张若干。
2. 记录纸、笔。

指导要点:

1. 投放不同类型的纸,幼儿猜想哪种纸吸水速度快,哪种纸吸水速度慢。
2. 鼓励幼儿分组进行实验,等待并观察。
3. 借助放大镜辅助观察纸吸水后的样子,并把观察到的记录在记录表上。

### 科学区:我们来造纸

活动目标:

1. 观看简易的古法造纸流程。
2. 尝试小组合作按照流程造纸。

活动准备:

造纸工具:碎纸机、网筛、报纸。

指导要点:

1. 播放造纸过程的视频。
2. 介绍造纸的工具及使用方法。
3. 鼓励幼儿分工合作造纸。

活动照片如图3-5-4、图3-5-5所示。

图3-5-4 造纸浆

图3-5-5 放在抄纸网上晒干

**美工区：神奇的纸浆画**

活动目标：

1. 了解纸浆的制作方法，尝试用纸浆粘贴画画。

2. 能大胆地进行纸浆创意活动。

活动准备：

1. 事先请幼儿在纸上画好底稿。

2. 调好的纸浆、镊子、抹布。

指导要点：

1. 出示纸浆画作品照片，让幼儿感受纸浆画独特的艺术美，引发兴趣。

2. 通过生动的视频呈现，幼儿直观了解纸浆画的制作方法。

3. 鼓励幼儿亲手实践来创作纸浆画。

**美工区：我是设计师**

活动目标：

1. 利用各种纸设计制作款式各异的表演服装。

2. 能大胆、愉快地跟随音乐节奏展示自制纸装。

3. 体验同伴合作的愉快、自豪。

活动准备：

报纸、海绵纸、卡纸、瓦楞纸、皱纸等纸，双面胶、透明胶、剪刀、记录纸、勾线笔等。

指导要点：

1. 播放纸装走秀视频。

2. 鼓励分组分工合作。

3. 鼓励设计制作纸装。

4. 拍下纸装走秀过程。

活动照片如图3-5-6所示。

图3-5-6　纸装走秀

## 案例3　亲子探究

**走进古法造纸**

活动目标：

1. 走访了解泽雅古法造纸。

2. 乐意传承造纸技术，萌发爱家乡的情感。

活动准备：

1. 提前联系泽雅造纸大楼相关人员接洽。

2. 家长组队接送幼儿。

指导要点：

1. 鼓励幼儿观察、采访造纸技术员。

2. 用照片或视频的方式记录这次的发现。

### （三）环境创设

创设主题墙网络图，分别呈现“好玩的纸”“神奇的纸”“有用的纸”三个板块的内容，在主题推进的过程中，通过图片、绘画、照片、记录等形式呈现幼儿感知、体验、表达的过程，引发幼儿与墙面、同伴对话，在过程中进一步积累关于纸的感性认识。主题墙照片如图3-5-7所示。

a　　　　b

图3-5-7　主题墙

## 四、整理故事，助力成长

在整个主题的呈现与实施中，教师捕捉幼儿对纸的兴趣点，调动幼儿原有经验，记录并提取有效问题实现动态生成或调整。在整个活动的组织和把控中，教师明确游戏化教学的主旨，让幼儿体验快乐的科学探究过程，形成多元互动的可能。教师把每一次互动用白描的方式记录下来，使发生在幼儿身上的“魔法时刻”得以真实客观的呈现。以下两个故事就是对幼儿探究过程真实的记录。

### （一）活动中的学习故事

预设活动中的学习故事，如表3-5-5所示。生成活动中的学习故事，如表3-5-6所示。

**表3-5-5 “纸的世界”预设活动中的学习故事记录表**

| 活动时间 | 2018年4月10日 | 活动地点 | 大(3)班教室 |
|---|---|---|---|
| 观察对象 | 小静、小汝 | 观察者 | 何佳佳 |
| 学习故事 | | | |
| 注意 | 今天上午孩子们分组把各种不同的纸放到水中，观察到每一种纸的吸水速度不一样。这是为什么呢？孩子们发现原因在于纸本身。下午我还是提供了与上午同样种类的纸，提示孩子们用感官去看一看、摸一摸、撕一撕，也准备好辅助工具：放大镜，以便孩子观察。这一次孩子开始仔细观察手中的纸。“这种纸最光滑了，摸上去很舒服。”小静摸着广告纸说。“纸巾最软了，比所有的都软。”小增说。“那海绵纸也很软啊，你看，折来折去都不会变形状。”小汝说道。“你们看，报纸上有毛哦！”泡泡开心地向别人展示自己的发现……在撕撕揉揉中，孩子们对这几类纸的外表特征有了近距离的感知。再结合上午的吸水实验，孩子们发现软的、薄的、撕进去“毛”“线”多的纸就是上午吸水速度快的纸。 | | |
| 识别 | 幼儿对纸的外部特征有了一定的感知，也有些幼儿发现了报纸里有“小毛毛”，那么这些小毛毛真的和吸水速度有关系吗？趁着孩子们对这个问题的兴趣逐步递增，也为了让孩子看清楚到底纸里面有没有“毛”或者“线”，利用这个发现把幼儿的关注点引导到“纸的毛细现象”中去。 | | |
| 回应 | 幼儿的经验是连续的。前期探究活动中积累的探索经验，又可以通过其他活动梳理提升、迁移应用。幼儿通过集体学习活动、个别化学习活动，了解纸的吸水速度快慢与纸身上“毛”的多少有关系，教师支持幼儿探究下去，使得多种活动有机结合，保证了幼儿经验的多样性和连续性。 | | |

**表3-5-6 “纸的世界”生成活动中的学习故事记录表**

| 活动时间 | 2017年12月8日 | 活动地点 | 大(3)班教室 |
|---|---|---|---|
| 观察对象 | 小悠、优优 | 观察者 | 何佳佳 |
| 学习故事 | | | |
| 注意 | “纸可以吸水，纸应该也可以燃烧，烧了之后都一样吗？”在前几次活动中，就有幼儿提出过这个问题。那么本次活动，我们就来探究一番。由于涉及用火，为了安全起见，由教师来演示，孩子们观看整个过程。<br>做好准备工作后，我们同时点燃每一张纸，然后将点燃后的四张纸分别放入四个透明量杯里。“哇……！烧得好快啊！”孩子们感叹着。“纸巾最快了！”“报纸也很快啊，差不多一样快！”“那海绵纸也一下子就没了。”“哇，A4纸变成灰色了！”…… | | |

续 表

| | |
|---|---|
| 注意 | “烧好了之后是什么样子的?”杯子在孩子们手中一个一个递过去,他们闻一闻、看一看,放在手上,用手指推开,虽然手指变黑了,气味臭臭的,但是这个时刻,孩子们感受到了科学的神奇。“海绵纸烧了之后变成小硬块了,还有点绿色在里面。”小悠说。“报纸的字还在上面呢,一碰就碎了。”优优看着自己的黑手指笑着说。“你看,纸巾剩下的东西好少噢,都消失了。”葶葶仔细地看着杯底说道…… |
| 识别 | 《指南》指出,幼儿科学学习的核心是激发探究兴趣,体验探究过程,发展初步的探究能力。教师要善于发现和保护幼儿的好奇心,就像活动中幼儿提出的问题“纸可以吸水,也可以燃烧,烧了之后都一样吗?”,教师引导幼儿通过观察、比较、操作、实验等方法学习发现问题、解决问题,以此可以帮助幼儿不断积累经验,建构新的经验。 |
| 回应 | 科学的探索不在乎真正的答案是什么,重要的是孩子在这个过程中的科学素养和探究精神的培养。今天的活动中,孩子用感官了解到纸的易燃性。小榆提出了一个问题:“为什么这些纸这么容易燃烧?”我追问:“是呀,如果是钢铁做的它还会这么容易烧着吗?”“纸是树皮做的,我从动画片里看到的。”“纸里面有线,纸是衣服里的线做的。”“纸是胶水一样的东西做的。”……幼儿议论纷纷。于是,这个活动又生成了“纸到底是什么东西做的?”主题,也就是纸的由来和历史。 |

### (二)设计者的话

1. 回顾反思

在整个主题活动,做好充足的前期准备和预设,能够更好地接纳、多方面地支持和鼓励幼儿的探索行为。当幼儿有大胆的猜想或者疑问时,设计者会鼓励他们设法验证自己的发现,并尝试解决遇到的问题,比如:“哪种纸吸水快?”“纸燃烧后都一样吗?”

在主题推进的过程中,设计者通过图片、绘画、照片、记录等形式呈现幼儿感知、体验、表达的过程,引发幼儿与墙面对话、与同伴对话,在过程中进一步积累关于纸的感性认识。

本次探究式主题活动得到了家长的大力支持和配合。家园配合使得设计者的探究没有了后顾之忧。同时,设计者充分挖掘和利用本土周边各个维度的资源,进一步推动幼儿的探索与学习。

2. 后续设想

设计者将班级设置成为“纸艺博物馆”,将整个活动推向高潮,提升孩子的核心素养。设计者会协助幼儿将主题活动中的经验表征进行加工整理,以多样化的方式呈现幼儿探究的痕迹。比如,形成属于幼儿自己独一无二的课程故事,这本书将会随着幼儿的探究足迹日渐丰满,从而实现幼儿经验的可视与共享。同时,设计者还会对主题进行整体的评价与反思,汇总资料建立园本资源库,为完善和开启下一次主题探究奠定基础。

(何佳佳)

# 设计6 声音的奥秘(中班)

## 一、共享共探,确定主题

### (一)问题缘起

日常生活中,千奇百怪、无处不在的声音对于孩子来说是十分熟悉的。这不,楼梯上布置的管子传声就引起了孩子们的兴趣。每次经过楼梯时,孩子们都会对着管道口呼叫。走在前面的孩子,听到呼叫声,也会对着另一边的管道口回应。他们时而对着管道讲话,时而对着管道吹气,时而听听管道里是否发出声音……管道传声成了孩子们上下楼梯的一大乐趣。

### (二)价值分析

我们的世界是个充满声音的世界,从婴儿听到第一声母亲的呼唤,他的人生便开始了。声音起着传递人与自然、社会信息的重要作用。意大利著名幼儿教育家蒙台梭利说过:“来自智力的东西,没有一件不是来自感官。”儿童,是天生的感官探索者和学习者。其中,听觉是幼儿感知世界、理解世界的重要途径。所以,在这次探索声音的活动中,我们充分调动幼儿的听觉,并促进了解声音的传播现象、声音带来了什么等。既然孩子们对于声音有这么浓厚的兴趣,我们就和孩子们一起开启一场探索声音奥秘之旅吧。

### (三)主题确立

一个人的兴趣是他们主动求知、探索的前提。因此,基于幼儿对“声音”的兴趣和需要,我们进行了“我知道”及“我想知道”的调查活动,了解幼儿关于“声音”的相关经验,具体如表3-6-1所示。

通过这次的调查,我们可以发现,虽然孩子的周围总是充满着各种声音,并且声音都令人感到非常熟悉,但是对声音更多的经验是在听觉感受上,对于声音的产生、声音的传播等方面的知识是比较匮乏的。这点从孩子们生发的问题中可以看出来,如“声音是怎么来的?”“为什么声音可以传到耳朵里?”等。但是,所有孩子们生发的问题并不都值得他们去探究。因此我们需要对这些问题做出筛选,选出有利于孩子发展并蕴含内在教育价值的问题。经过各方面的考量,我们对孩子想要探究的问题进行了梳理，如表3-6-2所示。

**表3-6-1 “我知道、我还想知道”的调查汇总**

| 关于声音，我知道 | 关于声音，我还想知道 |
|---|---|
| 1. 每个人都能发出声音。<br>2. 看电视的时候都是有声音的。<br>3. 声音太大会很吵。<br>4. 唱歌的声音很好听。<br>5. 乐器能发出很多不一样的声音。<br>6. 每个人的声音都不一样的。<br>7. 妈妈走路的时候会发出声音。<br>8. 声音可以把玻璃震碎。 | 1. 声音是怎么来的？<br>2. 为什么有些声音很好听，有些声音不好听？<br>3. 东西和东西碰在一起，为什么会发出声音？<br>4. 为什么声音可以传到耳朵里？<br>5. 小动物们的声音为什么都不一样？<br>6. 为什么有时候肚子会发出声音，放屁也会发出声音呢？<br>7. 声音为什么可以把玻璃震碎？ |

**表3-6-2 “我还想知道”的关键经验梳理表**

| 幼儿要探究的问题表述 | 所归属的关键经验范畴 |
|---|---|
| 声音是怎么来的？ | 声音的产生 |
| 东西和东西碰在一起，为什么会发出声音？ | 声音的产生 |
| 为什么有些声音好听，有些声音不好听？ | 声音的种类 |
| 为什么声音可以传到耳朵里？ | 声音的传播 |
| 声音为什么会把玻璃震碎？ | 声音的力量 |

根据以上的调查、梳理，我们从认知、能力、情感出发，制订了以下主题目标。

1. 知道声音无处不在，感受不同声音的特征。
2. 了解声音的传播途径，知道不同声音的作用，对声音产生探究的欲望。
3. 发现不同的声音会给人带来不同的情绪和联想，能用各种方式表达自己的感受。

## 二、厘清脉络，立点梳线

### （一）预设主题网络图

为了使“幼儿自己的兴趣点”与“幼儿自己的发展需要”达成一致，我们必须在开展活动前做出预设方案：需要勾勒一张逻辑清晰的预设网络图，展示活动的目标和可能进行的路径。由此，我们进行研讨，用查阅相关资料等方式预设了“寻找声音”“认识声音”以及“制造声音”三大板块，具体内容如图3-6-1所示。

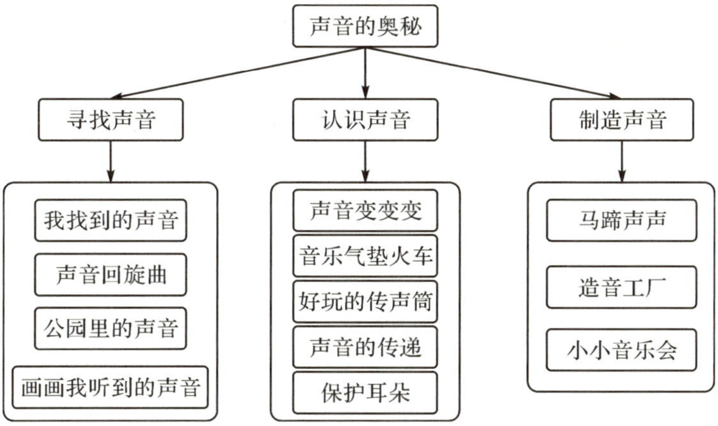


图 3-6-1 声音的奥秘预设主题网络图

### (二)预设活动导航表

探究式主题活动中的预设是不可或缺的保证,它能保证在探究中教师心中有杆秤,更加明确幼儿的发展需求;它能保证在幼儿生发不出有价值的探索点时及时,给予帮助。由此我们还预设了活动导航图,以活动时间顺序进行排列,具体如表 3-6-3 所示。

表 3-6-3 “声音的奥秘”活动方案预设导航表

| 序号 | 主题板块 | 活动名称 | 活动目标 | 涉及领域 |
|---|---|---|---|---|
| 1 | 寻找声音 | 我找到的声音 | (1)寻找生活中的声音,感受各种声音的特征。<br>(2)懂得聆听生活中的声音。 | 社会、语言 |
| 2 | | 声音回旋曲 | (1)学唱歌曲《咿呀咿呀哟》,感受歌曲所表达的欢乐情绪。<br>(2)能模仿猫、狗、鸭发出的叫声,激发幼儿对周围环境中动物叫声的兴趣。 | 音乐 |
| 3 | | 公园里的声音 | (1)能看懂绘本中的四种声音,展开想象,从图中体会文本要表现的丰富内容。<br>(2)享受绘本阅读的乐趣。 | 语言 |
| 4 | | 画画我听到的声音 | (1)欣赏不同的声音,尝试运用不同的线条表现不同的声音。<br>(2)享受边想象边作画的创作乐趣。 | 美术 |
| 5 | 认识声音 | 声音变变变 | (1)感知声音的产生和特点。<br>(2)探索把声音变大、变小、变长、变短的方法。 | 科学 |
| 6 | | 音乐气垫火车 | (1)理解故事内容,了解火车前后变化的原因,体验故事情节的转折变化。<br>(2)区别对噪音和悦音的不同感受,了解噪音对人体的负面影响。 | 语言、社会 |

续　表

| 序号 | 主题板块 | 活动名称 | 活动目标 | 涉及领域 |
|---|---|---|---|---|
| 7 | 认识声音 | 好玩的传声筒 | (1)探索传声筒的传声现象，知道空心的罐子传出的声音清楚。<br>(2)积极主动参与探索，大胆表述自己对传声筒的发现。 | 科学 |
| 8 | | 声音的传播 | (1)知道声音能在气体、固体、液体中传播和以什么方式传播。<br>(2)对声音传播现象感兴趣，并产生继续探索的欲望。 | 科学 |
| 9 | | 保护耳朵 | (1)知道噪音对人们健康的危害。<br>(2)了解减少噪音的简单方法。<br>(3)激发保护耳朵的兴趣，增强自我保护意识。 | 健康、社会 |
| 10 | 制造声音 | 马蹄声声 | (1)感受乐曲《赛马》明朗、欢快的节奏。<br>(2)乐意用身体的各个部分以及小乐器来表现马蹄声，并在演奏中进行简单的合奏。 | 音乐 |
| 11 | | 造音工厂 | (1)探索用不同的方法玩出不同的声音，并能组合成一段好听的音乐。<br>(2)乐意通过演示、讲述的方法与同伴交流自己探索的结果，体验探索的乐趣。 | 科学、音乐 |
| 12 | | 小小音乐会 | (1)能用自制乐器演奏音乐。<br>(2)感受不同声音碰撞的美，激发创作的欲望。 | 音乐 |

## 三、预设生成，灵动调整

幼儿有着与生俱来的好奇心和探究欲望，好奇心是幼儿探究的动机基础和内在动力。当孩子对“声音”产生兴趣时，他们对“声音”的奥秘就产生了浓厚的好奇心。在“声音的奥秘”探究式主题活动中，教师不仅要跟随孩子的脚步，更需要引导孩子走向有利于其发展的道路。在所有生发的问题中，筛选出有价值的，最有助幼儿发展需求的探索点，形成生成活动。这就需要教师懂得观察，教师不仅需要一双敏锐的眼睛，更要有时刻想着孩子发展的心。

### (一)内容的调整与实施

在幼儿生发的众多探索点中，我们通过斟酌、筛选、调整，开展了以下活动，如图3-6-2所示。实施活动一览表，如表3-6-4所示。

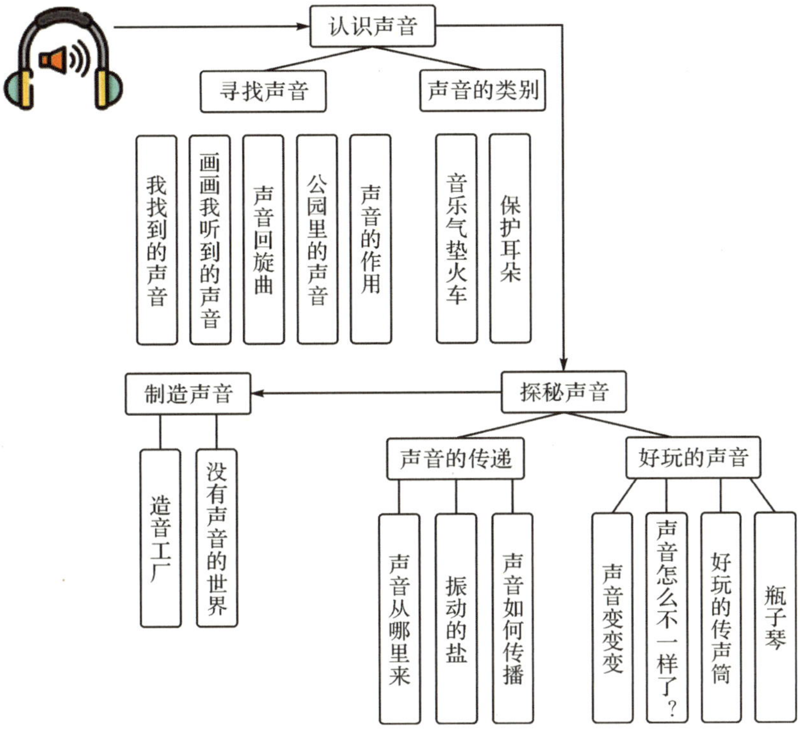


图 3-6-2　“声音的奥秘”生成主题网络图

表 3-6-4　“声音的奥秘”实施活动一览表

| 活动名称 | 活动目标 | 涉及领域 | 实施途径 |
|---|---|---|---|
| 我找到的声音 | 1. 寻找生活中的声音，感受各种声音的特征。<br>2. 能用较完整的语句讲述自己听到的声音。<br>3. 懂得聆听生活中的声音。 | 社会、语言 | 亲子探究 |
| 画画我听到的声音 | 1. 欣赏不同的声音，尝试运用不同的线条表现不同的声音。<br>2. 享受边想象边作画的创作乐趣。 | 艺术 | 集体探究 |
| 声音回旋曲 | 1. 学唱歌曲《咿呀咿呀哟》，感受歌曲所表达的情绪。<br>2. 能模仿猫、狗、鸭发出的叫声，激发幼儿对周围环境中动物叫声的兴趣。 | 艺术 | 集体探究 |
| 公园里的声音 | 1. 能看懂绘本中的四种声音，展开想象，从图中体会文本要表现的丰富内容。<br>2. 享受绘本阅读的乐趣。 | 语言、社会 | 区域探究 |
| 声音的作用 | 1. 了解声音在生活中的作用，不同的声音代表不同的信号。<br>2. 知道在公共场所不能大声喧哗。 | 社会 | 集体探究 |

续 表

| 活动名称 | 活动目标 | 涉及领域 | 实施途径 |
|---|---|---|---|
| 音乐气垫火车 | 1. 理解画面内容，了解火车前后变化的原因，体验故事情节的转折变化。<br>2. 区别对噪音和悦音的不同感受，了解噪音对人体的负面影响。 | 语言、社会 | 区域探究 |
| 保护耳朵 | 1. 知道噪音对人们健康的危害。<br>2. 了解减少噪音的简单方法。<br>3. 激发保护耳朵的兴趣，增强自我保护意识。 | 健康、社会 | 集体探究 |
| 声音从哪里来 | 1. 知道声音是由物体振动而产生的。<br>2. 对声音的探索产生浓厚的兴趣。 | 科学、社会 | 亲子探究 |
| 振动的盐 | 1. 感受共振现象，探索影响盐振动快慢的原因。<br>2. 喜欢和家人一起探索声音的奥秘。 | 科学 | 亲子探究 |
| 声音如何传播 | 1. 通过实验知道声音可以在气态、固态以及液态中传播。<br>2. 对声音的传播产生浓厚的探索欲望。 | 科学 | 集体探究 |
| 声音变变变 | 1. 感知声音的产生和特点。<br>2. 探索把声音变大、变小、变长、变短的方法。<br>3. 感受声音游戏的趣味性。 | 科学 | 区域探究 |
| 声音怎么不一样了？ | 1. 在游戏中，体验变声的神奇现象。<br>2. 对让人变声的气体产生兴趣。 | 科学 | 区域探究 |
| 好玩的传声筒 | 1. 探索传声筒的传声现象，知道空心的罐子传出的声音清楚。<br>2. 积极主动参与探索，大胆表述自己对传声筒的发现。 | 科学 | 区域探究 |
| 瓶子琴 | 1. 知道瓶子发出的声音是由瓶壁振动产生的。<br>2. 感受瓶子中水的多少可以影响音高的现象。 | 艺术、科学 | 亲子探究 |
| 造音工厂 | 1. 探索用不同的方法玩出不同的声音，并能组合成一段好听的音乐。<br>2. 乐意通过演示、讲述的方法与同伴交流自己探索的结果，体验探索的乐趣。 | 艺术、科学 | 区域探究 |
| 没有声音的世界 | 1. 初步了解聋哑人的世界，萌发关爱聋哑人的情感。<br>2. 感知我们的身体是健康的，学会感恩。<br>3. 体验爱与被爱的情感交流。 | 社会 | 集体探究 |

教师预设活动　　幼儿生成活动　　师生生成活动

### (二)案例呈现

#### 案例1　集体探究

**艺术活动:画画我听到的声音**

活动目标:

1. 欣赏不同的声音,尝试运用不同的线条表现不同的声音。

2. 享受边想象边作画的创作乐趣。

活动准备:

记号笔、卡纸等美术工具。

活动过程:

**◎创设情境,引起兴趣**

师:今天,森林大王邀请我们一起到森林里探险,森林大王对我们说:“森林里有许多美妙的声音。”

**◎欣赏声音,尝试作画**

1. 播放森林里会发出的声音。

师:你在森林里听到了什么声音?

师:这些声音都可以用线条来表现。

2. 我知道的线条。

师:你们知道这是什么线吗?

师:你还认识哪些线条呢?(幼儿说线条,教师画)

3. 用线条表现声音。

师:你觉得可以用什么线条表现水滴(打雷、鸟鸣……)声?

4. 幼儿作画。

**◎展示作品,欣赏交流**

作品如图3-6-3所示。

图3-6-3　我画下的声音

**艺术活动:音乐回旋曲**

活动目标:

1. 学唱歌曲《咿呀咿呀哟》,感受歌曲所表达的情绪。

2. 能模仿猫、狗、鸭发出的叫声,激发幼儿对周围环境中动物叫声的兴趣。

活动准备:

1. 磁带及录音机。

2. 自备猫、狗、鸭三种动物真实叫声的录音。

活动过程：

◎**引题导入，激发兴趣**

1. 农场中的叫声。

师：今天我们来到了一个农场，我们一起听听看都有哪些动物？(播放多种动物同时叫的声音)

2. 学学小动物。

师：请你学学你听到的动物的声音。

◎**感受音乐，学唱“咿呀咿呀哟”部分**

1. 歌曲中“咿呀咿呀哟”带来的情绪。

师：听到歌曲中有什么歌词？

师：歌曲中“咿呀咿呀哟”让你感觉心情是什么样的？

2. 幼儿跟随音乐一起愉快地唱“咿呀咿呀哟”部分。

◎**配合表演完整音乐，尝试创编**

1. 发现小动物的叫声都出现在“咿呀咿呀哟”后面。

师：歌曲里有出现哪些小动物，他们都出现在什么时候？

2. 配合表演完整音乐。

3. 尝试将其他动物的叫声创编到歌曲中。

**科学活动：声音如何传播**

活动目标：

1. 通过实验知道声音可以在气态、固态以及液态中传播。

2. 对声音的传播产生浓厚的探索欲望。

活动准备：PPT、装了水的盆、PC管。

活动过程：

◎**播放录音，激发幼儿的兴趣**

1. 哪里发出声音？

师：听，声音是从哪里发出来的？

◎**实验操作，感受声音的传播**

1. 猜想。

师：如果把音响(装在密封袋里)放到水里，还能听到声音吗？

师：如果捂住一只耳朵，把耳朵贴墙上，另一个人把音响靠墙放，耳朵贴墙上的人能听到音乐吗？

2. 实验。

教师提出要求，幼儿进行实验操作。

3. 验证。

师：在做实验的时候，你们发现了什么？

师小结，原来声音也可以通过液体、固体传播。

◎**真空中会有声音吗**

师（播放在真空中的音响）：这个音响为什么没有声音？

师小结：原来声音在真空中是无法传播的，空气是声音传播的一种重要介质。

◎**延伸生活**

1. 鱼儿会被岸上走路的人吓到。

2. 古代打仗期间，士兵会贴地听是否有敌人的马蹄声。

活动照片如图 3-6-4 所示。

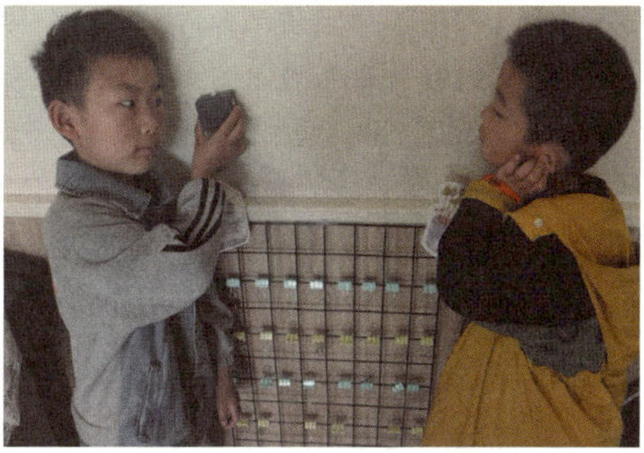

图 3-6-4　靠墙听音

## 案例 2　区域探究

**科学区：好玩的传声筒**

活动目标：

1. 探索传声筒的传声现象，知道空心罐子传出的声音很清楚。

2. 积极主动参与探索，大胆表述自己对传声筒的发现。

活动准备：各种空心和实心的管子、记录纸。

指导要点：

1. 鼓励幼儿进行多次尝试，发现传声筒的秘密。

2. 引导幼儿根据记录纸将所发现的秘密记录下来。

3. 引导幼儿大胆将自己的发现与同伴进行交流。

活动照片如图 3-6-5 所示。

图 3-6-5　传递声音

**阅读区：音乐气垫火车**

活动目标：

1. 理解画面内容，了解火车前后变化的原因，体验故事情节的转折变化。

2. 区别对噪音和悦音的不同感受，了解噪音对人体的负面影响。

活动准备：书本《音乐气垫火车》。

指导要点：

1. 引导幼儿认真观看书本内容。

2. 鼓励幼儿尝试讲述故事内容。

3. 鼓励幼儿讲出观看后的感受，并与同伴讨论书本内容。

### 案例3 亲子探究

#### 我找到的声音

活动目标：

1. 寻找生活中的声音，感受各种声音的特征。

2. 能用较完整的语句讲述自己听到的声音。

3. 懂得聆听生活中的声音。

活动准备：纸、笔。

指导要点：

1. 家长和孩子进行寻找声音大比拼。

2. 家长和孩子在规定时间里，将找到的声音记录下来。

3. 家长引导孩子用比较完整的话讲述自己找到的声音。

#### 振动的盐

活动目标：

1. 感受共振现象，探索影响盐振动快慢的原因。

2. 喜欢和家人一起探索声音的奥秘。

活动准备：保鲜膜、碗、音响。

指导要点：

1. 家长与孩子一同进行材料的准备。

2. 家长与孩子进行猜想：音响发出声音会让盐振动起来吗？

3. 家长和孩子共同完成实验，并尝试探索声音大小、节奏是否影响盐的跳动速度。

4. 家长同孩子一起查阅有关共振现象的资料。

#### 瓶子琴

活动目标：

1. 知道瓶子发出的声音是由瓶壁振动产生的。

2. 感受瓶子中水的多少可以影响音高的现象。

活动准备：空瓶子。

指导要点：

1. 家长与孩子将瓶子中装入不同水位的水，敲击瓶子，感受装有不同水位的瓶子发出的不同声音。

2. 家长同孩子一起搜索有关用瓶子、碗、杯子等用具演奏音乐的视频。

3. 家长同孩子用装有不同水位的瓶子演奏音乐。

## 四、整理故事，助力成长

在探究主题活动中，幼儿是主动的学习者，在探索声音的过程中，幼儿经验的积累来自他们源源不断的探索。幼儿通过动作、行为来认识声音，并试图以"尝试错误"的方式来解决自己遇到的各种问题，通过听、看、摸来发现原因，探求结果。我们尽量给孩子们创造时间、空间、材料等各方面的支持。

幼儿园课程评价是幼儿园课程建构、生成与发展的重要环节，是幼儿园教育工作者开展教育教学的重要内容，对幼儿的教育与促进发展有着积极作用。评价是动态的学习过程和发展过程。在整个探究式主题活动中，我们会用欣赏的目光去注意幼儿的"哇时刻"，用学习品质的视角去识别幼儿的"哇时刻"，就成了"学习故事"的升华，它连接着幼儿的后续学习。

### （一）活动中的学习故事

预设活动中的学习故事，如表3-6-5所示。生成活动中的学习故事，如表3-6-6所示。

**表3-6-5 "声音的奥秘"预设活动中的学习故事记录表**

| 活动时间 | 2020年3月10日 | 活动地点 | 中(2)班科学区 |
|---|---|---|---|
| 观察对象 | 小翔、小阳、小一 | 观察者 | 陈雅 |
| 学习故事 | | | |
| 注意 | 今天的区角时间，小翔、小阳和小一进入他们经常去的科学区。进入后，他们被新投放的材料"小鼓"吸引了注意力。他们拿出小鼓就开始敲打起来，完全忽略了材料筐中的记录纸。几分钟后，小一看向了材料筐，发现材料筐里的记录纸后拿起了记录纸，这时候，小翔也停下了手中的动作，凑过来一起研究记录纸。而小阳还在继续敲打着小鼓，没有要停下的意思。过了一会儿，小翔就叫小阳过来和他们一起看记录纸，小翔边指着记录纸边说："我们有任务，你看，这个"——"是说(让声音)变长，"-"是(让声音)变短，"."和"○"这两个是什么意思？"他们想了一会儿，似乎没有得出结论。 | | |

续 表

| | |
|---|---|
| 注意 | 于是，他们跑来问我："老师，这个我们不懂。""这个"."代表……这个"○"代表……"我边讲边用动作比划。他们明白了"."代表声音变小，"○"代表声音变大，便马上跑回去进行操作。在让声音变大、变小的操作中，没有难度，他们都知道轻轻敲打声音会轻，重重敲打声音会变大。但在让声音变长、变短的操作中，他们似乎遇到了难题，各自尝试着不同的方法。在多次尝试后，小翔兴奋地说："我知道了，敲得快声音很短，越快越短。"听了小翔的话，小阳和小一尝试这种方法，验证了小翔的说法。小翔说："那怎样让声音变长呢？"出现了两种做法，小阳说："我一直敲声音就一直在，声音很长。"小一说："我很重很重地敲一下，棒子不马上拿走，声音会变长。"就这样，这次的区域活动，就在小一和小阳这两种不同的做法中结束了。 |
| 识别 | 从这次的区域活动中可以看出，这三个孩子的探究兴趣是比较高的。虽然，在一开始没发现记录表时，他们只是在敲打鼓，让鼓发出声音，但是，这并不是没有价值的，在敲打鼓的时候，他们也是在感受。在后面发现记录纸后，他们的探究兴趣被点燃，不管是读懂记录纸还是后面的多次尝试，孩子们都乐在其中。 |
| 回应 | 这次活动后，这三个孩子对于变长、变短、变大、变小的声音依旧保持着很高的兴趣，并分享给身边的同伴。他们还让自己的声音变长、变短、变大、变小，在这过程中，有的孩子还特意让自己的声音变细、变粗，发生变化，慢慢地就变成了变声游戏。于是就有了后面的探究：声音怎么不一样了？ |

**表3-6-6 "声音的奥秘"生成活动中的学习故事记录表**

| 活动时间 | 2020年3月27日 | 活动地点 | 表演区 |
|---|---|---|---|
| 观察对象 | 小妍、小函、小媛 | 观察者 | 郑禾佳 |
| 学习故事 | | | |
| 注意 | 小妍、小函和小媛三个女孩子非常喜欢表演区，在表演区里她们会扮演模特、舞蹈家、化妆师等角色。这次她们来到表演区，拿出了表演区里的瓶瓶罐罐，小妍提议："我们今天办一个音乐会吧。""好啊，可是我们没有乐器。"小媛接着说。小妍指着这些瓶瓶罐罐说："我们可以用这些当乐器啊。"于是，她们很快达成了共识，拿起这些瓶瓶罐罐就敲打起来。敲打了一会儿，旁边就传来了其他小朋友的声音："好吵啊，太吵了。"听到有人抗议后，她们停了下来，从她们的表情中可以看出她们还想继续演奏，她们沉默了一会儿，小媛说："我们还是去当模特吧。""可我还是想要办音乐会。"小妍接着说。这时候，我以同伴的身份介入，说："我也想和你们一起办音乐会。""可是他们都说我们吵。"小函说。我接着说："刚刚的音乐会确实有点吵，你们都把这些瓶瓶罐罐当成鼓一样敲打，但是其实乐器有很多种哦，你们还知道什么乐器呢？""钢琴、大提琴、沙锤、非洲鼓……"这些乐器从她们口中说出来。我问："那你们能想办法把这个瓶子变成其他乐器吗？"小妍思索了一下说："我可以做一个沙锤。"小函接着说："我要做三脚铁。"于是，她们就找来了沙子、木棒，将沙子放到塑料瓶里当沙锤，用木棒敲打铁罐发出三角铁的声音。就这样，一场由不同乐器组成的音乐会开启了。 | | |
| 识别 | 从这次的区域活动中可以看出，这三个女孩子是比较会考虑大家的感受的。当发现自己制造的声音打扰到其他同伴时，她们选择停下来，并且开始考虑是否更改游戏。在她们犹豫不决时，我以游戏角色介入，以使孩子们想出既能让自己玩得开心，又不会打扰到其他人的方法。她们想到问题并想出办法时非常开心，马上就行动起来。最后，就有了一场她们的音乐会，音乐会还吸引了一些小观众。 | | |

续　表

| | |
|---|---|
| 回应 | 在这次区域活动后，我邀请这三个女孩子用自制的乐器给大家演奏了一首歌曲，孩子们听了都觉得很神奇，纷纷表示要来尝试一下这些自制乐器，还提出了其他能发出不同声音的材料，比如：揉垃圾袋可以发出沙沙的声音，往吸管里吹气发出呼呼的声音…… |

### （二）设计者的话

在整个探究式主题活动中，设计者以幼儿的好奇心和兴趣点为起始点，围绕声音展开了多样化的科学探究活动。孩子们通过直接感知、实际操作、亲身体验的学习方式，探索声音的奥秘，在自主探究和动手操作的过程中，发现了声音的来源、传播等知识，并积累了相关的生活经验。

在探究过程中，设计者作为孩子学习活动的支持者与指导者，注重关注孩子们在活动过程中提出的问题，并引导其进行猜想和验证，进一步激发了他们的探究欲望。孩子们不仅开阔了眼界、增长了知识，还萌发了对学习的热爱之情。

对声音的探索，孩子们意犹未尽，我们奇妙的声音之旅仍在继续。孩子们对于不同的物品发出的不同声音依然保持着很高的兴趣。相信不久之后，一场由孩子自己策划的自制乐器音乐会就会呈现在大家的面前啦。

（陈　雅）

# 设计 7　玩转色彩（小班）

## 一、共享共探，确定主题

### （一）问题缘起

“小朋友们，你们喜欢什么颜色呢？”当我询问孩子们这个问题时，她们都争先恐后地告诉我答案。“我最喜欢的颜色是粉色，因为女孩子都喜欢粉色。”“我喜欢绿巨人，它的颜色是绿色的。”“我喜欢蓝色，因为它很漂亮！”“我喜欢的颜色有很多，黄色、绿色、蓝色、红色……”

### （二）价值分析

在我们的生活中，颜色无处不在。变幻莫测的颜色像是玩躲猫猫的孩子，总是能给我们带来惊喜。它让这个世界变得更加美丽，同样也感染着孩子的心灵，熏陶着孩子们的美感。哪里会有颜色呢？颜色之间又会有怎样的变化？颜色还会有什么秘密？诸如此类的疑问让小班的孩子们充满了好奇。针对小班幼儿的年龄特点与好奇心，我们开展了“玩转色彩”的主题活动，旨在让幼儿成为色彩的探索者，通过各种色彩活动幼儿进一步认识了颜色，了解颜色是有趣的、有生命力的。

### （三）经验与问题的发掘

在色彩的探究活动前，我们先对孩子进行关于颜色的调查——“关于颜色，我知道”和“关于颜色，我还想知道”，具体如表3-7-1所示。

**表3-7-1 “我知道、我还想知道”的调查表**

| 关于颜色，我知道 | 关于颜色，我还想知道 |
|---|---|
| 1. 你知道哪些颜色？<br>2. 这些颜色都藏在哪里？<br>红色：草莓、苹果、灯笼、辣椒、爱心。<br>蓝色：大海、天空、蓝莓。<br>白色：白纸、白云、墙壁。<br>黄色：香蕉、梨、花朵、黄豆。<br>黑色：头发、眉毛、眼睛、轮胎。<br>紫色：葡萄、花朵。<br>绿色：树叶、毛毛虫、黄瓜。 | 1. 为什么彩虹会有那么多的颜色？<br>2. 黄色加棕色会是什么颜色？<br>3. 透明算颜色吗？<br>4. 水有颜色吗？<br>5. 衣服上为什么会有颜色？<br>6. 颜色从哪儿来？<br>7. 没有颜色会怎么样？ |

在前期初步的调查中，我们发现孩子们对于不同的颜色有了一些了解，也能够在环境中寻找出不同颜色的物品，滔滔不绝的话语透露着他们对颜色的好奇。当然，也有许多的问题是他们不了解的，需要进一步认识与探索。老师及时抓住幼儿的兴趣点及价值问题，进行了梳理和判断，总结出了以下几个方面，如表3-7-2所示。

**表3-7-2 “我还想知道”的关键经验梳理表**

| 幼儿要探究的问题表述 | 所归属的关键经验范畴 |
|---|---|
| 黄色加棕色会是什么颜色？ | 颜色的混合变化 |
| 水有颜色吗？ | 颜色的吸收 |
| 衣服上为什么会有颜色？ | 上色的方法 |
| 颜色从哪儿来？ | 原料的来源 |
| 没有颜色会怎么样？ | 色彩的内涵 |

主题活动目标设置如下：

1. 认识三原色，在做一做、玩一玩中知道三原色的融合会产生很多种配色结果，在此基础上认识几种中间色。

2. 乐意参与色彩的探究，尝试用自己的方式去表现和创造美。

3. 萌发对颜色变化的兴趣，感受和体验色彩美。

## 二、厘清脉络，立点梳线

### （一）预设主题网络图

教师在活动准备前，根据幼儿的已有经验及兴趣点，提前将有关"颜色"的知识进行整合排序，提升幼儿学习品质的保证，让幼儿在高效的、有目的性的氛围下进行学习探索，最终形成了"玩转色彩"主题预设网络图，如图3-7-1所示。

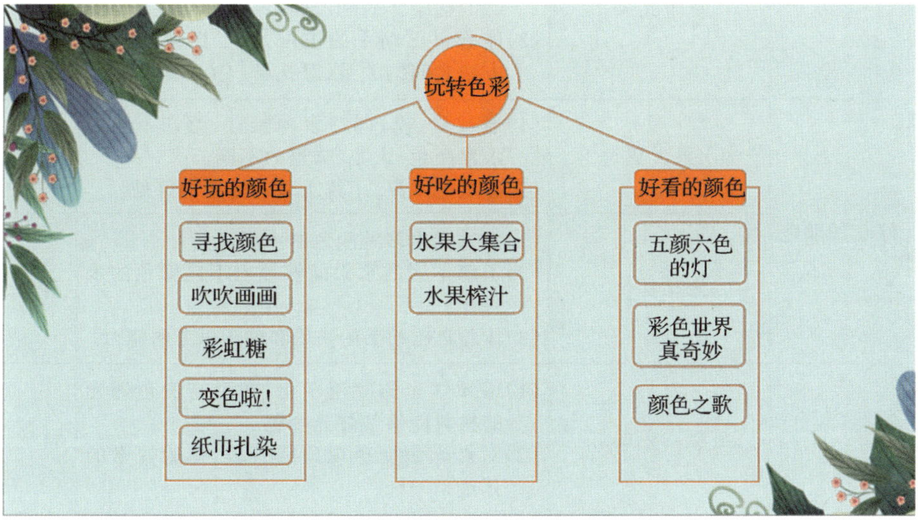


图3-7-1 "玩转色彩"预设主题网络图

### （二）预设活动导航表

为了达到预期的效果，我们设计了预设活动导航图，有目的、有计划地进行教学，有更加清晰、理性的思考和安排，具体内容如表3-7-3所示。

表3-7-3 “玩转色彩”活动方案预设导航表

| 序号 | 主题板块 | 活动名称 | 活动目标 | 涉及领域 |
| --- | --- | --- | --- | --- |
| 1 | 好玩的颜色 | 寻找颜色 | (1)感受大自然的色彩美,寻找、发现周围环境中美丽的色彩。<br>(2)激发幼儿探究颜色的兴趣,提高探究欲望。 | 科学、语言 |
| 2 | 好玩的颜色 | 吹吹画画 | (1)练习用吹画的方法作画。<br>(2)发展对色彩的想象力。<br>(3)体验吹画过程中带来的乐趣。 | 艺术 |
| 3 | 好玩的颜色 | 彩虹糖 | (1)初步感知彩虹糖在水中溶化的现象,愿意用语言表达自己的发现。<br>(2)在实验观察中,感受色彩变化带来的惊喜。 | 科学、语言 |
| 4 | 好玩的颜色 | 变色啦! | (1)通过猜测、实验等方法,了解两种颜色混合后出现的新颜色。<br>(2)学习简单的记录方式。 | 科学、语言 |
| 5 | 好玩的颜色 | 纸巾扎染 | (1)能够用不同的方法制作扎染作品。<br>(2)大胆操作,并积极向同伴展示和介绍自己的扎染作品和经验。<br>(3)体验自己动手的快乐,感受图案与扎染方法之间的关系,对扎染产生兴趣。 | 艺术、语言 |
| 6 | 好吃的颜色 | 水果大集合 | (1)通过看、摸、闻等多种感官,感知不同的水果颜色、大小、味道的不同。<br>(2)喜欢吃水果,了解水果对健康的好处。 | 科学、健康 |
| 7 | 好吃的颜色 | 水果榨汁 | (1)尝试调出多种颜色的水果汁。<br>(2)了解不同的水果能够榨出不同颜色的水果汁。<br>(3)体验自己动手的快乐和善于思考的能力。 | 科学、社会 |
| 8 | 好看的颜色 | 五颜六色的灯 | (1)感知灯光的颜色变化,知道有颜色透光的材料能够使灯光变色。<br>(2)对灯光的变色现象感兴趣,体验探索的乐趣。 | 科学、语言 |
| 9 | 好看的颜色 | 彩色世界真奇妙 | (1)通过动作,学唱幼儿歌曲。<br>(2)进一步加深幼儿对于颜色的认识,了解大自然中不同的颜色。 | 艺术 |
| 10 | 好看的颜色 | 颜色之歌 | (1)观察梨子、苹果等水果的颜色,以水果的颜色为题材创编儿歌。<br>(2)通过音乐活动加强幼儿对颜色的认识。 | 艺术 |

## 三、预设生成，灵动调整

### （一）内容的调整与实施

根据幼儿的年龄特点和个体差异，满足他们的发展需要。教师要及时捕捉教育契机，以幼儿的兴趣、经验和需要为起始点，与环境交互作用，自主生成新的探究活动，多给幼儿自主探索的机会。而生成的这些内容往往反映了幼儿的兴趣和需要，经过教师的支持、提升，从中提取有价值的信息，不断调整、取舍。

孩子的兴趣广泛而多变，教师应考虑其教育价值并加以选择，从而将幼儿的活动纳入有计划、有目的的轨道，促进幼儿最大程度的发展。以下就是本班师幼共同生成的“玩转色彩”探究式主题活动思维导图，具体内容如图3-7-2所示。活动方案一览表，如表3-7-4所示。

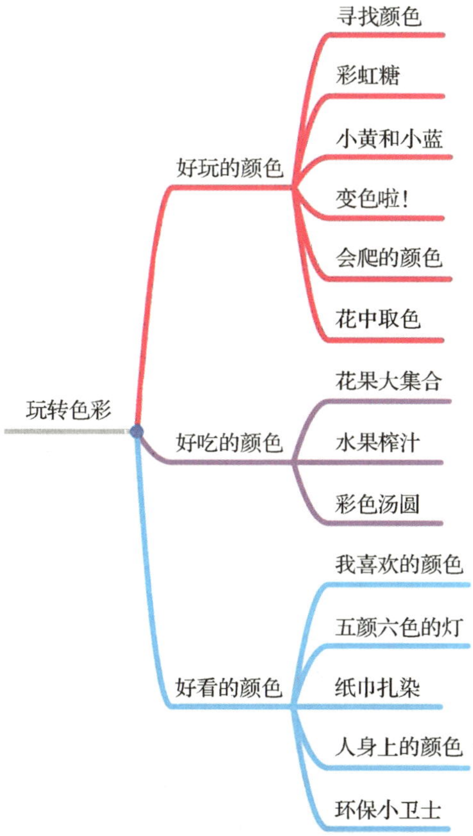


图3-7-2 “玩转色彩”探究式主题活动思维导图

表3-7-4 "玩转色彩"活动方案调整一览表

| 活动名称 | 活动目标 | 涉及领域 | 实施途径 |
| --- | --- | --- | --- |
| 关于颜色的调查 | 1. 通过提问，倾听，让幼儿产生对颜色的好奇。<br>2. 认识各种不同的颜色，并能将颜色和生活中的物体相对应。 | 语言、科学 | 集体探究 |
| 寻找颜色 | 1. 感受大自然的色彩美，寻找、发现周围环境中美丽的色彩。<br>2. 感受不同颜色带来的色彩魅力，提高探究欲望。 | 科学、语言 | 亲子探究 |
| 我喜欢的颜色 | 1. 大胆说出自己喜欢的颜色，并尝试用蜡笔作画。<br>2. 感受人们对颜色有不同的喜好，增进对同伴的了解。 | 语言、艺术 | 集体探究 |
| 五颜六色的灯 | 1. 感知灯光的颜色变化，知道有颜色透光的材料能够使灯光变色。<br>2. 对灯光的变色现象感兴趣，体验探索的乐趣。 | 科学、语言 | 集体探究 |
| 彩虹糖 | 1. 初步感知彩虹糖在水中溶化的现象，愿意用语言表达自己的发现。<br>2. 在实验观察中，感受色彩变化带来的惊喜。 | 科学、语言 | 区域探究 |
| 小黄和小蓝 | 1. 对色彩的变化产生好奇和兴趣。<br>2. 知道蓝色和黄色在一起会变成绿色。<br>3. 感受蓝色、黄色"拥抱"后的变化，体会和好朋友在一起的快乐。 | 语言、社会 | 区域探究 |
| 变色啦！ | 1. 通过猜测、实验等方法，了解两种颜色混合后出现的新颜色。<br>2. 学习简单的记录方式。 | 科学、语言 | 集体探究 |
| 会爬的颜色 | 1. 通过观察水能沿着松软的纸慢慢向上爬的现象，感知毛细现象。<br>2. 体验科学实验带来的乐趣。 | 科学 | 区域探究 |
| 纸巾扎染 | 1. 能够用不同的方法制作扎染作品。<br>2. 大胆操作，并积极向同伴展示和介绍自己的扎染作品和经验。<br>3. 体验自己动手的快乐，感受图案与扎染方法之间的关系，对扎染产生兴趣。 | 艺术、语言 | 集体探究 |
| 花中取色 | 1. 根据探索，能将花朵里的汁色捣出来。<br>2. 体验工人们捣汁的辛苦与收获。 | 科学 | 集体探究 |
| 水果大集合 | 1. 通过看、摸、闻等多种手段，感知不同的水果颜色、大小、味道的不同。<br>2. 喜欢吃水果，了解水果对健康的好处。 | 科学、健康 | 集体探究 |
| 水果榨汁 | 1. 尝试调出多种颜色的水果汁。<br>2. 了解不同的水果能够榨出不同颜色的水果汁。<br>3. 体验自己动手的快乐，培养善于思考的能力。 | 科学、社会 | 集体探究 |

续　表

| 活动名称 | 活动目标 | 涉及领域 | 实施途径 |
| --- | --- | --- | --- |
| 彩色汤圆 | 1. 尝试自己动手搓汤圆，体验做汤圆的快乐气氛。<br>2. 学习团、搓、压扁、捏、揉等技能，了解蔬菜、水果的汁能够使汤圆的颜色发生变化。 | 艺术、社会 | 亲子探究 |
| 人身上的颜色 | 1. 发现并了解人身上其实也有很多的颜色。<br>2. 寻找、观察颜色之间的不同，体验色彩的秘密。<br>3. 能够大胆地表达出自己的想法。 | 科学、语言 | 集体探究 |
| 环保小卫士 | 1. 知道干净的水是透明的。<br>2. 通过实验，知道水可以倒影物体，并变出漂亮的颜色。<br>3. 热爱大自然，培养幼儿保护环境的意识。 | 语言、社会 | 亲子探究 |

教师预设活动　　幼儿生成活动　　师生生成活动

## （二）案例呈现

### 案例1　集体探究

**科学活动：变色啦！**

活动目标：

1. 通过猜测、实验等方法，了解两种颜色混合后出现的新颜色。

2. 学习简单的记录方式。

活动准备：

记录纸、油画棒、水彩笔。

活动过程：

◎**绘本导入，激发幼儿兴趣**

师：小朋友们，你们都看过这本书吗？这本书讲了一个什么故事呢？

师：原来黄色、蓝色在一起会变出绿色。

◎**幼儿猜想**

师：那还有很多的颜色朋友，它们抱在一起又会变成什么颜色呢？

◎**实验操作**

出示记录表，幼儿进行实验。

师：将你们喜欢的颜色进行配对，看看都变成了什么颜色的新朋友呢！

**艺术活动：纸巾扎染**

活动目标：

1. 能够用不同的方法制作扎染作品。

2. 大胆操作，并积极向同伴展示和介绍自己的扎染作品和经验。

3. 体验自己动手的快乐，感受图案与扎染方法之间的关系，对扎染产生兴趣。

活动准备：

各色颜料、滴管、棉签若干、纸巾若干、皮筋。

活动过程：

◎**提问引发幼儿思考**

师：为什么白色的布、毯子上可以有这么漂亮的图案呢？这些图案又是怎么印上去的？

师：今天，我们也来感受一下扎染的魅力吧！

◎**讲解操作方法，教师示范**

师：我们用一些简单的材料来试试扎染。（教师示范）

师：现在请你们也去试一试吧。

◎**幼儿尝试操作**

◎**成品展示**

成品如图3-7-3所示。

图3-7-3　纸巾扎染

**科学活动：水果榨汁**

活动目标：

1. 尝试调出多种颜色的水果汁。

2. 了解不同的水果能够榨出不同颜色的水果汁。

3. 体验自己动手的快乐，培养善于思考的能力。

活动准备：

1. 各种水果：杨梅、西红柿、橘子等。

2. 刀叉、白色纸盘、白色盒子。

活动过程：

◎**提问**

师：瞧！今天都有些什么水果？你最喜欢吃哪种，为什么？

师：水果还能做成什么呢？

师：你们都是怎么把水果榨出汁来的呢？

◎**出示不同的材料**

师：你们用这些材料能弄出果汁来吗？有什么办法？

◎幼儿操作

师：宝贝们，快用手中的工具试试看弄出果汁吧！

◎一饮而尽

师：哇！原来水果中也藏着很多的颜色呢！

师：让我们一起干杯，把美味的果汁一饮而尽吧！

活动照片如图 3-7-4 所示。

图 3-7-4　水果榨汁

## 案例 2　区域探究

**科学区：彩虹糖**

活动目标：

1. 初步感知彩虹糖在水中溶化的现象，愿意用语言表达自己的发现。

2. 在实验观察中，感受色彩变化带来的惊喜。

活动准备：

彩虹糖若干、白色纸盘、塑料纸杯。

指导要点：

1. 将彩虹糖摆在纸盘上一圈。

2. 慢慢倒入水。

3. 观察彩虹糖的变化。

活动照片如图 3-7-5 所示。

图 3-7-5　彩虹糖

**科学区：会爬的颜色**

活动目标：

1. 通过观察水沿着松软的纸慢慢向上爬的现象，感知毛细现象。

2. 体验科学实验带来的乐趣。

活动准备：

杯子、水、纸巾、A4 纸、红色水彩笔。

指导要点：

1. 用水彩笔在纸巾上画一条线。

2. 准备一杯水，水面碰到纸条的底部。

3. 颜色就会慢慢往上爬啦。

### 图书区：小黄和小蓝

活动目标：

1. 对色彩的变化产生好奇和兴趣。

2. 知道蓝色和黄色在一起会变成绿色。

3. 感受蓝色、黄色“拥抱”后的变化，体会和好朋友在一起的快乐。

活动准备：

关于颜色的各类绘本，如《小黄和小蓝》《天为啥是蓝的?》《秋天画报》《食物王国的色彩精灵》等。

指导要点：

1. 投放关于颜色的绘本以及相关资料。

2. 幼儿自主进行阅读，安静看书，进一步探索颜色的秘密。

3. 激发幼儿阅读的兴趣，培养他们良好的阅读习惯。

## 案例3　亲子探究

### 寻找颜色

活动目标：

1. 感受大自然的色彩美，寻找、发现周围环境中美丽的色彩。

2. 感受不同颜色带来的色彩魅力，提高探究欲望。

活动准备：记录纸、水彩笔。

指导要点：

1. 家长带领幼儿在社区、公园寻找大自然的各种颜色。

2. 指导幼儿以绘画或照片的形式记录色彩。

3. 引导幼儿讲述看到颜色，感受大自然的色彩美。

### 彩色汤圆

活动目标：

1. 尝试自己动手搓汤圆，体验做汤圆的快乐气氛。

2. 学习团、搓、压扁、捏、揉等技能，了解蔬菜、水果的汁能够使汤圆的颜色发生变化。

活动准备：

面粉、蔬菜汁、盘子、纯净水。

指导要点：

1. 家长与幼儿一起制作彩色汤圆。

2. 以照片或者视频的方式记录幼儿探索的过程。

3. 品尝美味汤圆。

### （三）环境创设

主题墙的创设，不仅丰富了幼儿园的教育环境，更是幼儿发展、主题课程与班级环境创设三者的有机结合。我们以幼儿发展的需要为目的，紧紧围绕教育目标和教学内容，发挥孩子们的主体作用，让孩子成为环境的主人。

“玩转色彩”的探究式主题活动，从幼儿的角度出发，构建符合幼儿身心发展水平的活动。在主题墙的创设中，记录下幼儿的所见所闻所感，丰富幼儿的知识经验。活动照片如图3-7-6所示。

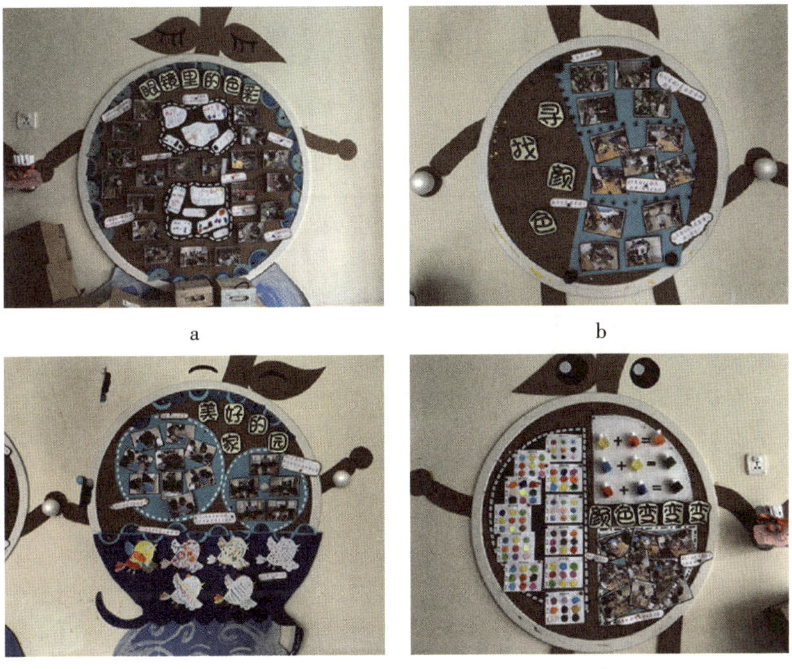


a　b　c　d

图3-7-6　“玩转色彩”小主题墙照片

## 四、整理故事，助力成长

直观生动的探索活动总能牵动孩子们好奇的心。在一个个有趣的发现中，一个个真实的操作和一段段美妙的绘本故事里，孩子们作为天生的学习者，用他们特定的学习方法积极地寻找关于颜色的秘密。在探究式主题进行过程中，老师们时刻关注着幼儿的疑问，记录他们每时每刻不经意间的小发现，有意识有准备地帮助幼儿将现有的经验进行迁移和运用。从被动学习到主动学习、变接受性学习为探索性学习，通过看、摸、玩、寻、吃等各种途径和渠道，幼儿对颜色的兴趣被激发。借此，幼儿探索事物的自主性、积极性、主动性、参与性都得到了良好的培养。

在一系列的探究活动中，我们发现孩子们对感兴趣的事情能够持续观察，发现其独特变化，还能就此事件提出自己的疑惑和猜想。因此将“研究颜色”作为一个载体，以探索颜色过程中发生的小故事为一个节点。在活动过程中，我们借鉴了“学习故事”的评价体系，灵活地对幼儿的探索活动进行了多元性评价，捕捉幼儿的“哇时刻”，助推幼儿的持续发展。接下来，让我们一起走进孩子的色彩世界吧。

### （一）活动中的学习故事

预设活动中的学习故事，如表3-7-5所示。生成活动中的学习故事，如表3-7-6所示。

表3-7-5 “玩转色彩”预设活动中的学习故事记录表

| | | | |
|---|---|---|---|
| 活动时间 | 2017年11月30日 | 活动地点 | 小(3)班教室 |
| 观察对象 | 小扬、小溢 | 观察者 | 毛彬窈 |
| 学习故事 | | | |
| 注意 | 在享受了水果宴后，我发现还有多余的西瓜和橙子，就对孩子们说：“西瓜和橙子放着明天再吃吧！太多了，吃不下。”一开始孩子们都回答说：“好。”只有小扬说：“老师，橙子还可以榨成橙汁的。”听他这么一说，其他的小朋友都愣住了，好似被小扬的这句话给点醒了。接着有人补充说：“西瓜也可以榨成西瓜汁啊，我喝过西瓜汁的，很甜很好喝的。”“我还喝过柠檬汁，是有点酸的。”看孩子们讨论得如此热烈，我就问道：“那你们是想像平时一样把西瓜和橙子切了吃，还是想把它们榨成果汁来喝呢？”所有的小朋友都兴奋地说：“我想榨果汁喝，我超级喜欢喝果汁。”我又问道：“那榨果汁需要用到什么呢？”小溢说：“我妈妈是用榨汁机来榨果汁的。”“谁家里有榨汁机呢？”“明天你们愿意把榨汁机带来幼儿园用一下吗？”“老师还有布置给小朋友一个任务，今天回家和爸爸妈妈讨论一下，或查一查资料，怎样让榨出来的果汁更好喝。”<br>到了第二天，大家来到了幼儿园，昨天表示带榨汁机的小朋友也如约带来了。在孩子们动手操作之前，我向他们提出了疑问：“为什么水果可以榨成果汁呢？”小扬说：“因为它里面有水。”酷儿说：“是因为榨汁机很厉害。”我又接着问：“经过你们昨天的调查，请你们来说说怎样才能让榨出来的果汁更好喝。”果果说：“加一些水和糖进去就会更好喝。”溜溜说：“我爸爸查了资料，说榨果汁的时候要把果肉和果汁分开来才好喝。”小溢说：“这些籽都要挑出去，不然果汁会苦的。”为了能够喝到一杯美味的鲜榨果汁，大家都非常努力。各自主动承担起任务，你洗我切，忙得不亦乐乎。终于到了榨汁的环节了，孩子们个个都兴奋得不得了，看着榨汁机疯狂地搅拌着水果，而水果瞬间变成了果汁，尖叫声不停。 | | |

续　表

| | |
|---|---|
| 识别 | 在以水果为情境脉络的活动中，幼儿不是去学习关于水果的标准答案，而是获得与真实情境密切相关的知识和经验。在吃水果的过程中，幼儿不仅感知了各种丰富的色彩，还知道了如何剥水果，如何文明进食。在动手操作中，幼儿学会了榨汁、做沙拉等多种加工方法。幼儿在有趣的、生活化的探究活动中学到的知识和经验是具有生命力的。 |
| 回应 | 这个活动生成是因为小扬小朋友在活动快结束时突如其来的一句话。“榨汁”是一件需要大家团结合作的事情，带榨汁机、切水果、给西瓜去籽等前期准备过程，让孩子们的兴趣迅速被挑起，感受实践操作带来的喜悦，通过同伴之间的互动与交流，获得自我经验的提升。 |

**表 3-7-6　“玩转色彩”生成活动中的学习故事记录表**

| 活动时间 | 2017年12月8日 | 活动地点 | 小(3)班教室 |
|---|---|---|---|
| 观察对象 | 小恩、小涵 | 观察者 | 毛彬窈 |
| 学习故事 | | | |
| 注意 | 刚迈入教室，小恩就甜甜地问：“老师，你昨天说要给我们带彩虹糖的。”我笑着说：“我可是说话算话，你们瞧，彩虹糖在此！”我拿出彩虹糖，孩子们个个都兴奋不已地叫：“哇，彩虹糖，是好吃的彩虹糖。”我说：“好多圆圆的糖果呀，都有些什么颜色呢？”小涵马上高高举起了自己的小手说：“有黑色的，黑色是巧克力味道的。”“真的吗？那我请你来尝尝，会是巧克力味道的吗？”话音刚落，小涵已经飞快地来到我的面前。我把糖递给她放在嘴里后，转过身面对大家说：“小涵，是什么味道的？”下面的小朋友一脸期待和羡慕地望着她，小涵吐吐舌头笑笑说：“好像不是巧克力，是葡萄味的。”就在小涵吐舌头的瞬间，小恩看到了她舌头上有黑黑的颜色：“老师，小涵的舌头变黑了。”我惊奇地问：“真的吗？我们一起来看看。”原来，彩虹糖外面的那层紫黑色的糖衣被口水融化了。我故作神秘地说：“原来，彩虹糖带了一张面具啊，你们要不要也来玩一玩彩虹糖变色的游戏？”孩子们听到开心地手舞足蹈起来。于是，我们一起分享了酸酸甜甜的彩虹糖，孩子们边尝边吐出舌头请小伙伴帮自己看看舌头有没有变色。一时间，教室的空气中都充满了香甜的糖果味，可真美好。于是，我问道：“你们的糖果都是什么水果味的呀？”酷儿迫不及待地说：“我的是苹果味道的，好好吃啊。”“那你们想不想尝一尝真正的水果？”孩子们齐声答道：“想！”于是，下一次的活动被这群小吃货给预订了，我们要去吃水果咯。活动照片如图 3-7-7 所示。<br><br>**图 3-7-7　彩虹糖变色** | | | |

续　表

| | |
|---|---|
| 识别 | 《指南》指出，要引导幼儿运用多种感官认识事物。因此，这个小活动一方面促进幼儿们用听听、看看、猜猜、做做、尝尝等多种方式认识彩虹糖，感受彩虹糖遇水溶化的特点；另一方面，也满足了幼儿想吃糖的心理需求，让幼儿在不同的情境中感知溶化的现象，使活动更具趣味性和游戏性。孩子们边玩边学，在无形中得到了知识。我相信这会让孩子受益匪浅。 |
| 回应 | 在这次的探究式主题活动中，我们培养了幼儿耐心观察的态度。在幼儿提出一些充满探索精神的问题时，教师及时给予了肯定和鼓励，并引导幼儿进一步探索，收到不错的效果。其中为幼儿设计的各种小实验，不是为了实验而实验，也不是为了向幼儿灌输高深的理论，而是让幼儿在游戏中通过操作主动探索，得到知识经验，培养了幼儿耐心观察、勇于尝试、敢于质疑的科学态度。 |

### （二）设计者的话

在整个探究式主题活动中，师幼“童”学“童”玩，通过阅读绘本，感受颜色融合所带来的乐趣，从而进一步激发幼儿对颜色探究的欲望；借助观察果蔬的颜色，了解到不同颜色的水果、蔬菜都有不同的价值和用途。在制作活动中，获得提取色彩的技巧和感受颜色变化所带来的惊喜。多个学科领域的内容相互融合，从不同的角度促进幼儿情感、态度、能力、知识、技能等方面的发展。

同时，《玩转色彩》这一系列活动能够顺利展开，得益于家长的支持与配合。在这过程中，幼儿和家长以及我们老师共同搜集相关图书、绘本、网络资源并提供物资。互相讨论，分享经验，使学习过程成为幼儿主动探究的过程，让教师的教学活动和能力都有了不同程度的改变和提升，家园携手共同育儿，让幼儿的自主探究活动延伸到生活当中。

从水果、植物、身边的物品中，孩子们发现了各种各样的颜色。通过发现—寻找—猜测—探索—体验，充分玩转了色彩，享受色彩带来的炫丽空间。寥寥几周的时间令孩子们意犹未尽，他们探索的脚步从活动室内走向了五彩缤纷的大自然……走进生活，孩子们和颜色的故事在衣食住行中慢慢续写开来，他们认为可以将颜色进行“分类”：好的颜色和坏的颜色；开心的颜色和难过的颜色；常用的颜色和闲置的颜色；等等。甚至有幼儿提出把颜色和每个人配对，找到一个专属于自己的颜色。

（周慧敏　毛彬窈）

# 设计8　磁铁的秘密(大班)

## 一、共享共探,确定主题

### (一)问题起源

幼儿园的建构室经过翻新设计,打造了一面全新的磁力墙。孩子们很喜欢拿着磁力积木,在这面墙上进行各种造型的拼贴。这一天,孩子们的一段对话引起了我的关注。小A说:“哇,刚刚我衣服上的这个拉链吸在墙上了。”小B说:“你骗人。这个只有磁力片才能吸在上面的。”就这样,小A一直反复地把自己的拉链头吸在墙上,引来好多小朋友的围观。大家都很好奇:为什么小A的拉链可以吸在墙上?孩子们开始拿各种各样的玩具试图让它们也可以吸在墙上……

### (二)价值分析

早在五千年前,人类便已发现了天然磁铁,包括我们赖以生存的星球其实也是一个巨型的磁场,当孩子们的认知还停留在磁等同于吸铁石的同时,磁早已融入了我们的生活,磁悬浮列车、冰箱上的吸条、电子设备上的扬声器、医院里的核磁共振……于是教师抓住这一教育契机,从当下幼儿的真实水平出发,借助生活中随处可见的资源进行探究,激发幼儿的积极性,让孩子们在享受磁带来便捷的同时,感受磁的魅力,激发孩子的动手能力、创造力、想象和思维能力,更好地贴近幼儿生活,开展探究式主题活动。

### (三)主题确立

基于孩子们对磁的兴趣,我们决定开展以“磁的力量”为主题的探究,与幼儿一同探索其中的奥秘,感受磁的力量及其在生活中的运用。为了使活动更加顺利地展开,我们做了以下调查,如表3-8-1所示。

表3-8-1 “我知道、我还想知道”的调查表

| 关于磁铁，我知道 | 关于磁铁，我还想知道 |
| --- | --- |
| 1. 磁铁是黑色的。<br>2. 磁铁都是硬硬的。<br>3. 磁铁可以吸住钉子、磁力片。<br>4. 有些铁是不能吸住东西的。 | 1. 磁铁是怎么造出来的？<br>2. 磁铁的力量是不是都是一样大？<br>3. 磁铁只能吸住铁吗？<br>4. 磁铁都是圆圆的吗？<br>5. 磁铁都是黑色的吗？<br>6. 磁铁可以吸住什么东西？<br>7. 磁铁就是铁做的吗？ |

通过这份调查表，我们可以发现幼儿对磁铁的了解只包括外形特征以及接触过的磁力玩具。可见孩子们在生活中对于磁铁的认知经验是很缺乏的，因此这样一次关于磁铁的探究之旅显得更加有意义。在交流谈话中，幼儿又产生了一系列的新问题，例如：磁铁都是黑色的吗？磁铁可以吸住什么东西？磁铁就是铁做的吗？……具体如表3-8-2所示。

表3-8-2 “我还想知道”的关键经验梳理表

| 幼儿要探究的问题表述 | 所归属的关键经验范畴 |
| --- | --- |
| 磁铁是怎么造出来的？ | 磁铁的制造过程 |
| 磁铁的力量是不是都是一样大？ | 磁铁不同面的磁力 |
| 磁铁只能吸住铁吗？ | 磁铁的特性 |
| 磁铁都是圆圆的吗？ | 磁铁的外形特征 |
| 磁铁都是黑色的吗？ | |
| 磁铁可以吸住什么东西？ | 磁铁的特性 |
| 磁铁就是铁做的吗？ | 磁铁的构造 |

通过以上调查分析，我们制定了以下主题目标。

1. 探索磁铁，知道磁铁的外形特征、内部结构等相关信息，知道磁铁的磁力现象，利用磁铁来发现生活中的铁制品。

2. 探索磁铁两极相斥相吸的属性，尝试用绘画、语言表达等不同的方式进行记录和表达。

3. 通过对磁铁的探究，感受磁力实验带来的乐趣，萌发对科学探究的兴趣。

## 二、厘清脉络，立点梳线

### （一）预设主题网略图

在磁铁的大调查过程中，教师发现孩子对磁铁的认知经验和想要了解的信息比较零散。经过段内研讨，我们将探究内容进行提炼、梳理，分别从“神奇的磁铁”“好玩的磁铁”“有用的磁铁”三个板块进行探究，预设主题网络图如图3-8-1所示。

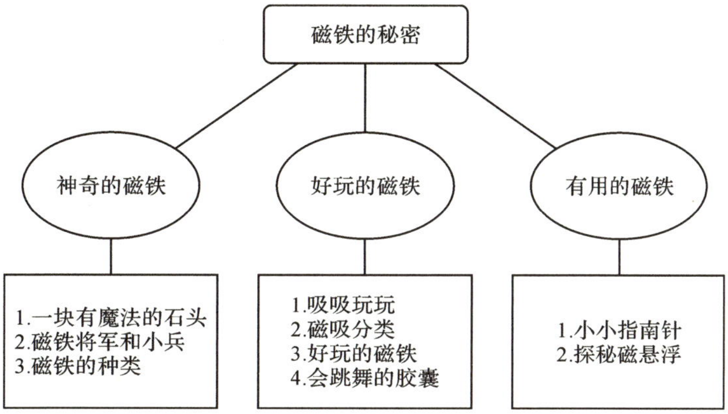


图3-8-1　“磁铁的秘密”预设主题网略图

### （二）预设活动导航表

为了使教师更加清晰、有序地组织探究式主题活动，经过研讨，我们还预设了活动导航表，具体如表3-8-3所示。

表3-8-3　“磁铁的秘密”活动方案预设导航表

| 序号 | 主题板块 | 活动名称 | 活动目标 | 涉及领域 |
|---|---|---|---|---|
| 1 | 神奇的磁铁 | 一块有魔法的石头 | （1）通过绘本故事，进一步了解磁铁的性质。<br>（2）尝试自制磁泥的方法，创新磁泥的多种玩法，拓展发散性思维。<br>（3）体验探究磁铁的乐趣。 | 语言、科学 |
| 2 |  | 磁铁将军和小兵 | （1）感知音乐中动与静的变化和滑音的特点，能用自己喜欢的肢体动作表现停顿及磁铁与金属相互吸引的情景。<br>（2）能随音乐变化进行律动游戏，享受多人合作游戏的快乐。 | 音乐、科学 |

续 表

| 序号 | 主题板块 | 活动名称 | 活动目标 | 涉及领域 |
|---|---|---|---|---|
| 3 | 神奇的磁铁 | 磁铁的种类 | (1)初步了解磁铁的种类,知道磁铁有不同形状。<br>(2)知道不同的磁铁、同一块磁铁的不同部位磁性强弱是不同的。 | 科学 |
| 4 | 好玩的磁铁 | 吸吸玩玩 | (1)在吸吸玩玩的过程中,了解磁铁,感受磁铁吸铁的特性。<br>(2)积极参与探索活动,萌发求知欲,体验、分享成功的快乐。 | 科学、语言 |
| 5 | | 磁铁分类 | (1)通过分类活动,幼儿感受到磁铁能吸引铁之类的物体。<br>(2)感悟磁铁不同磁极的相斥作用。 | 科学、数学 |
| 6 | | 好玩的磁铁 | (1)在操作中感知磁铁同性相斥、异性相吸的特性。<br>(2)能自创两块磁铁的多种玩法。<br>(3)对玩磁铁感兴趣,反复尝试,能从中不断获得新的发现。 | 科学 |
| 7 | | 会跳舞的胶囊 | (1)通过实验,观察磁铁的吸引现象。<br>(2)发现磁铁周围有磁场,具有穿透力。 | 科学 |
| 8 | 有用的磁铁 | 探秘磁悬浮 | (1)能运用不同的材料进行探索实验,让磁铁悬浮起来,初步了解磁悬浮现象。<br>(2)发现生活中的磁悬浮现象,感受科学的神奇,体会探究的乐趣。 | 科学、社会 |
| 9 | | 小小指南针 | (1)了解指南针的发明历史,知道指南针是我国四大发明之一。<br>(2)能探索指南针与磁场的关系,有探索与想象力。<br>(3)感受中国发明的伟大,萌发对科学持续的探索兴趣。 | 科学、社会 |

## 三、预设生成,灵动调整

### (一)内容的调整与实施

在探究式主题活动过程中,教师不仅心中要有充分的预设计划,也要善于发现孩子们探究的兴趣点,这样更有利于主题的推进,同时能将幼儿的表层兴趣引向深层。为了更好地帮助幼儿了解“磁铁的秘密”,教师制作了主题网络图和活动导航表来梳理脉络、开拓思维，以体现儿童立场为前提，将课程的内容和表现形式回归到日常生活中，创设有准备的环境，在真实的场景下学习，将已有经验和新学知识连接起来。对于孩子们来说，探究和体验是一件非常重大的事情，在本次探索之路中，孩子们对于磁铁产生了一定的思考。在此过程中，教师需要及时发现洞察孩子的兴趣点和疑惑，贴近儿童的视角去思考，不断对原本预设的内容进行更替迭代，确定新的方向和探究计划，逐步形成新的活动内容，和他们一起去寻找答案，开动脑筋去想去做，使幼儿养成良好的学习习惯，获得更全面的发展，具体内容如图3-8-2所示。实施活动一览表，如表3-8-4所示。

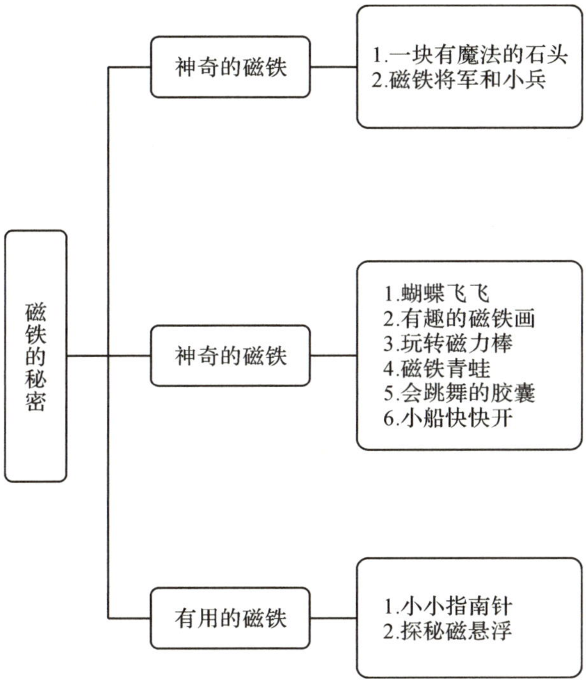


图3-8-2 “磁铁的秘密”生成主题网络图

表3-8-4 “磁铁的秘密”实施活动一览表

| 活动名称 | 活动目标 | 涉及领域 | 实施途径 |
|---|---|---|---|
| 一块有魔法的石头 | 1. 通过绘本故事，进一步了解磁铁的特性。<br>2. 尝试自制磁泥的方法，创新磁泥的多种玩法，拓展发散性思维。<br>3. 体验探究磁铁的乐趣。 | 语言、科学 | 集体探究 |
| 磁铁青蛙 | 1. 初步了解磁铁有正极、负极。<br>2. 感知磁铁同极相斥的科学原理，体验游戏带来的神奇和快乐。 | 科学 | 区域探究 |

续 表

| 活动名称 | 活动目标 | 涉及领域 | 实施途径 |
| --- | --- | --- | --- |
| 有趣的磁铁画 | 1. 大胆尝试用不同的材料创作磁铁画，感受不同纹理的美。<br>2. 在吸吸玩玩中，体验磁铁游戏的乐趣。 | 艺术、科学 | 集体探究 |
| 探秘磁悬浮 | 1. 能运用不同的材料进行探索实验，让磁铁悬浮起来，初步了解磁悬浮现象。<br>2. 感受科学的神奇，体会探究的乐趣。 | 科学、社会 | 集体探究 |
| 小小指南针 | 1. 了解指南针的发明历史，知道指南针是我国四大发明之一。<br>2. 探索指南针与磁场的关系，有探索与想象力。<br>3. 感受中国发明的伟大，萌发对科学持续的探索兴趣。 | 科学、社会 | 集体探究 |
| 玩转磁力棒 | 1. 感知磁铁的特性，探索磁力棒的多种玩法。<br>2. 乐意与同伴合作建构作品，体验成功的快乐。 | 科学 | 区域探究 |
| 蝴蝶飞飞 | 初步感知磁铁具有磁性与穿透力的特性。 | 科学 | 区域探究 |
| 会跳舞的胶囊 | 1. 通过实验，观察磁铁的吸引现象。<br>2. 发现磁铁周围有磁场，具有穿透力。 | 科学 | 区域探究 |
| 小船快快开 | 1. 进一步感知磁铁具有磁性与穿透力的特性。<br>2. 尝试制作小船，并运用磁铁的特性，让小船开动起来。 | 科学 | 亲子探究 |
| 磁铁将军和小兵 | 1. 感知音乐中动与静的变化和滑音的特点，能用自己喜欢的肢体动作表现停顿及磁铁与金属相互吸引的情景。<br>2. 能随音乐变化进行律动游戏，享受多人合作游戏的快乐。 | 音乐、科学 | 集体探究 |

教师预设活动　　幼儿生成活动　　师生生成活动

### （二）案例呈现

#### 案例1　集体探究

**语言活动：一块有魔法的石头**

活动目标：

1. 通过绘本故事，进一步了解磁铁的性质。

2. 尝试自制磁泥的方法，创新磁泥的多种玩法，拓展发散性思维。

3. 体验探究磁铁的乐趣。

活动准备：

1.《一块有魔法的石头》PPT课件、磁泥、吸铁石。

2. 操作材料：一次性手套、一次性面罩、四氧化三铁粉末(氧化铁黑)。

活动过程：

◎**通过绘本故事导入，引发幼儿对磁铁的兴趣**

1. 黑石头有什么样的魔法？

2. 黑石头都吸走了什么？

◎**教师表演魔法节目《“会吃东西”的泥》**

1. 教师表演。

2. 教师将磁泥放入手中，把吸铁石放在泥上不动。

3. 请幼儿说一说，发生了什么神奇的现象。

◎**幼儿尝试制作磁泥**

1. 介绍材料。

2. 教师示范制作磁泥。

◎**尝试磁泥玩法的多样性**

1. 尝试表演魔术。

2. 创新磁泥的玩法。

3. 分享自己的新玩法。

小结：你还可以把它拉出一条长脑袋，跟着磁铁摇头晃脑。也可以用磁铁磁化橡皮泥，把它变成一块大磁铁。

◎**结束**

1. 揭秘这神奇的现象。

师：你们猜一猜，老师到底加入了什么神奇的粉末，才使橡皮泥具有磁性了呢？

2. 介绍“魔法粉”就是四氧化三铁，这种粉末广泛用于炼铁等工业。磁铁，还有炼铁的磁石，里面都含有这种成分哦，化学名称叫四氧化三铁。

活动延伸：善于观察，发现生活中更多能运用到磁铁的物品。

活动照片如图3-8-3所示。

图3-8-3　有魔法的石头

## 美术活动：有趣的磁铁画

活动目标：

1. 大胆尝试用不同的材料创作磁铁画，感受不同纹理的美。

2. 在吸吸玩玩中，体验磁铁游戏的乐趣。

活动准备：

磁铁17个、回形针、金属暗扣、螺丝帽等铁质物品、颜料、勺子、分类盒、展示架、盒子人手1个、音乐、PPT、胶枪。

活动过程：

**◎舞蹈导入，激发幼儿参与活动的兴趣**

1. 播放音乐，师幼共同舞蹈。

2. 师：你们跳得真好！今天老师带来了一个神奇的回形针，它也会跳舞。你们想看它跳舞吗？

**◎了解磁铁画的技法**

1. 教师用磁铁带动回形针移动。

师：看，回形针会横着跳舞，竖着跳舞，还会跳圆圈舞呢！

2. 师：猜猜看回形针为什么会跳舞？

3. 小结：原来回形针是铁做的，在回形针的后面还有一个磁铁。磁铁和铁质回形针是好朋友，他们碰在一起就会相互吸引，只要我移动磁铁，回形针就会跟着移动。

4. 师：回形针跳得这么好看，你还记得它刚刚是怎么跳舞的吗，跳的什么舞？我们可以用颜料来帮助记录回形针跳的舞蹈。

5. 师：当回形针蘸上颜料，它跳舞的时候就会留下痕迹。直直地跳，转着圈圈跳，左右跳，上下跳……回形针跳好了，还可以试试别的铁质物品。

师：老师的画完成了，这种用磁铁作画的方式叫磁铁画。

**◎欣赏磁铁画**

1. 师：老师还带来了几幅磁铁画，看看你喜欢哪一幅，为什么？

2. 师：它跳的什么舞？

**◎幼儿操作，教师观察指导**

1. 教师提出操作要求：

(1)每次我们选择一个铁质物品放在盒子里。如果你想换一个，请你轻轻拿出蘸有颜料的铁质物品，放在中间的空盒子里，然后再选择新的铁质物品。

(2)用完勺子后把它送回原来的家。

2. 幼儿根据要求自主操作，教师鼓励幼儿大胆创作，并根据幼儿能力的差异，给予适时的指导。

◎**展示评价**

1. 将幼儿的作品排列在一起，互相欣赏。

2. 师：说一说你用什么物品画出了美丽的磁铁画。你的画像什么？

活动照片如图3-8-4所示。

图3-8-4　有趣的磁铁画

**科学活动：小小指南针**

活动目标：

1. 了解指南针的发明历史，知道指南针是我国四大发明之一。

2. 能探索指南针与磁场的关系，有探索与想象力。

3. 感受中国发明的伟大，萌发对科学持续的探索兴趣。

活动准备：

1. 电视或者电影里有关司南（中国古代辨别方向用的一种仪器）的片段。

2. 指南针若干个、磁铁若干、粗的缝衣针、细线。

3. 古代司南的相关图片。

活动过程：

1. 播放司南的相关视频，引起幼儿的兴趣。

师：你看到的是什么？它是什么样子？由什么构成？电视里拿它来做什么？

2. 教师简单地向小朋友们介绍指南针的来历。

3. 请幼儿说一说指南针在今天的作用，并且出示相关航海等照片。

4. 请幼儿自由讨论：你见过指南针吗？你会使用指南针吗？指南针如何用？

5. 教师做总结，告诉幼儿在日常生活中应该如何使用指南针。使幼儿明白指南针是我国劳动人民的伟大发明，升华幼儿对祖国的感情。

6.请幼儿到手工区，利用材料自行制作简易指南针。教师做简单的指导，让幼儿自由探索和了解指南针的原理。

延伸活动：请幼儿观看完整的介绍四大发明之指南针的纪录片，加深对指南针的认识和感受。

## 案例2　区域探究

**科学区：磁铁青蛙**

活动目标：

1. 初步了解磁铁有正极、负极。

2. 感知磁铁同极相斥的科学原理，体验游戏带来的神奇和快乐。

活动准备：

选两块中间有圆洞的磁铁，两面贴上小青蛙的形象，筷子一根。将两个磁铁同极相对放好，并穿进筷子。

指导要点：

1. 鼓励幼儿主动探索如何让青蛙跳动。

2. 引导幼儿观察青蛙跳动的基本原理。

**科学区：蝴蝶飞飞**

活动目标：

初步感知磁铁具有磁性与穿透力的特性。

活动准备：

回形针、塑料板、糖纸变的蝴蝶若干。

指导要点：

1. 鼓励幼儿自主探索，引导幼儿将回形针紧贴塑料板。

2. 根据幼儿的不同能力程度，引导幼儿选择难易不等的蝴蝶进行飞行。

3. 引导幼儿进一步知道蝴蝶飞跟下面磁铁的密切联系。

**科学区：会跳舞的胶囊**

活动目标：

1. 通过实验，观察磁铁的吸引现象。

2. 发现磁铁周围有磁场，具有穿透力。

活动准备：

直径4毫米左右的小铁珠、空药品胶囊（将小铁珠放入胶囊内）、磁铁、塑料垫板。

指导要点：

1. 引导幼儿开展游戏，想办法让胶囊跳舞。

2. 鼓励幼儿尝试更多、更难的玩法。

**建构区：玩转磁铁棒**

活动目标：

1. 感知磁铁的特性，探索磁力棒的多种玩法。

2. 乐意与同伴合作建构作品，体验成功的快乐。

活动准备：

建构区磁力棒若干。

活动过程：

**◎幼儿自由玩磁铁棒，发现磁铁棒的有趣之处**

1. 引导幼儿发现磁铁上不同颜色的标记。

2. 玩一玩,发现不同的玩法。

◎**同伴合作搭建作品**

◎**集中交流,作品分享**

1. 鼓励幼儿大胆表述自己的发现,展示自己的作品创意。

2. 幼儿相互点评。

### 案例3　亲子探究

**亲子游戏:小船快快开**

活动目标:

1. 进一步感知磁铁具有磁性与穿透力的特性。

2. 尝试制作小船,并运用磁铁的特性,让小船开动起来。

活动准备:

用泡沫塑料、木头、塑料瓶、罐头盒、积木、吹塑纸等材料制作成的小船,磁铁、图钉、回形针。

指导要点:

1. 幼儿为主,家长为辅,提醒幼儿注意图钉的安全使用。

2. 提醒幼儿注意小船与盘底的距离,水盆里的水不能太多。

3. 鼓励幼儿多加尝试,让自己的小船开动起来。

活动照片如图3-8-5所示。

图3-8-5　“小船快快开”活动照

## 四、整理故事,助力成长

在本次探究开始前,我们和孩子就大主题的确立展开了一次讨论,并做出了简单的记录,发现孩子们对于“磁”充满了兴趣并具备了一定的认知经验,于是教师们收集相关素材,进行整合细分,就大主题延伸出许多子主题,预设了学习的基本框架与内容。在学习的过程中,教师并没有为了达到目的而按照预设的内容去进行学习,而是关注孩子的行为,洞察孩子的需求,了解孩子的想法,及时调整学习的内容,去适应儿童的需求而不是一味地追寻目标,站在孩子的角度去引导他们,让幼儿体会到自己的价值。与此同时,加强幼儿园与社区、家庭之间的联系,为孩子们创设情境,让孩子们能有真实的操作体验，社区与家庭的链接则为孩子们搭建了一个更好的学习平台，在操作体验的同时也能与同伴交流与分享。这样，在成长学习的过程中，孩子不仅能有饱满积极的态度，更有一种团体归属感，在遇到问题时不仅有解决问题的能力和创新性思维，也能感受到分工合作的益处与团队的力量。

另外，教师在幼儿探究过程中，用学习故事的方式记录孩子与“磁铁”互动的精彩点滴，分析识别幼儿行为背后的意图，思考下一步活动的可能性，以促进幼儿更好地学习与发展。

## （一）活动中的学习故事

预设活动中的学习故事，如表3-8-5所示。生成活动中的学习故事，如表3-8-6所示。

表3-8-5 “磁铁的秘密”预设活动中的学习故事记录表

<table>
<tr><td>活动时间</td><td>2020年5月20日</td><td>活动地点</td><td>三楼建构室</td></tr>
<tr><td>观察对象</td><td>星星、彤彤</td><td>观察者</td><td>刘丽雀</td></tr>
<tr><td colspan="4">学习故事</td></tr>
<tr><td>注意</td><td colspan="3">今天孩子们正在建构室玩磁力片的游戏，他们用磁力片搭建各种各样的造型，星星想在木头积木的城堡上用磁力片搭一个尖尖的房顶，可是试了好久就是吸不上去。星星说：“为什么磁力片不能吸住木头积木呢？”彤彤说：“可能是木头太重了，你用塑料积木试试看。”于是星星试着用磁力片吸塑料积木：“哎呀，还是不行。”星星叹了叹气：“难不成磁力片只能和磁力片吸吗？”彤彤说：“别着急，我们再试试其他的，总有磁力片能吸住的东西的。”于是星星和彤彤拿着磁力片到处寻找能和磁力片相吸的“小伙伴”。<br>过了一会儿，整理的音乐响了，孩子们纷纷将玩具整理整齐。彤彤的水杯不小心倒了下去，彤彤赶紧接住了它，却意外地发现……“星星你快看！磁力片能吸住我的水杯呢！”“哇！真神奇！我也拿我的水杯试试看。”星星说道。星星把磁力片放在了自己的塑料水杯上说：“哎呀！为什么我的水杯就是不行呀！”彤彤拿着两人的水杯看了看，说：“我知道了！一定是因为你的水杯是塑料的！我的水杯是铁的，我们再去试一试。”星星和彤彤经过反复试验，发现磁力片能够吸住铁制的水杯，而塑料做的水杯则不能被吸住。<br>星星惊讶道：“好神奇啊，磁力片里藏了什么吗？它是什么做的呢？怎么会吸住铁的水杯呢？”活动照如图3-8-6所示。</td></tr>
</table>

续 表

| | |
|---|---|
| 注意 | <br>图 3-8-6 磁力片游戏 |
| 识别 | 对于年纪小的幼儿,我们该以怎样的方式去传授知识与经验呢?又该以何种方式让学习发生在幼儿当中?其实游戏便是很好的课堂。教师将便宜低廉的磁力片与其他材料混合在一起,幼儿自由选组、搭配、创造,在游戏中没有复杂的目标,却可以释放孩子的天性,在游戏中激发孩子的空间想象力以及艺术创造力。起初这只是一个规则游戏,孩子们用磁力片来搭建造型,但在玩耍的过程中,孩子们发现了磁力片的特点,教师抓住这一学习契机对其展开深入的探讨,孩子们的深度学习也就随之而来了。 |
| 回应 | 小小的磁力片引发了孩子们的兴趣,它究竟隐藏着什么秘密?孩子们对于磁力片充满着好奇心。为了让孩子们更好地认识"磁",接下来我们可以开展认识磁特点的教学活动,让孩子们了解磁的特点,明白磁是如何与物体相吸的。 |

表 3-8-6 "磁铁的秘密"生成活动中的学习故事记录表

| 活动时间 | 2020年5月28日 | 活动地点 | 班级科学区 |
|---|---|---|---|
| 观察对象 | 大宝、小宝 | 观察者 | 刘丽雀 |
| 学习故事 | | | |
| 注意 | 在了解磁铁同性相斥、异性相吸的原理之后,孩子们决定来一场简易版赛车大作战。首先出场的是我们的大宝和小宝,只见两人将他们的赛车放置在跑道上,嘟嘟裁判一声令下:"预备——开始!"两个人便操纵着自己的遥控器——一粒磁铁来控制着赛车的运行轨迹,只见大宝把磁铁靠近赛车,赛车就前进了一大步;小宝也不甘示弱,尾追其上,一不小心,小宝的车子跑偏了,这可怎么办呢?小宝说:"别担心,瞧我的。"小宝转了个身将磁铁轻轻靠近赛车,一个漂亮的回旋,赛车回到了跑道上。嘟嘟在旁边鼓掌:"哇!好厉害好厉害,磁铁也太神奇啦!我也要试试看。"<br>依依说:"我也觉得好厉害,要是真的有这么厉害的车子就好了,磁铁一来就回到跑道上了,像猫抓老鼠一样。"嘟嘟说:"对呀对呀!就是那种跑的特别快的车子。"这时我和孩子们说:"宝贝们,其实已经有这样的车子啦,就是我们的磁悬浮列车,它运用的就是我们磁铁同性相斥的原理,你们看它是不是悬挂在空中,而且它的速度可快了呢!"大宝说:"我坐过这个车子!妈妈带我坐过,像小鸟飞起来一样!""磁铁好厉害呀!那磁铁还可以变成什么呢?可以开展什么有趣的实验比赛呀!"小宝戳戳手问道。 | | |

续 表

| | |
|---|---|
| 识别 | 幼儿的学习内容源于他们的生活和学习兴趣。在主题探究的过程中，不仅要让幼儿学到知识，更要让幼儿去展现自己，感知远比认知重要，开展磁铁赛车比赛，可以让幼儿尽情地展现自己，在比赛中收获操作的快乐和比赛的紧张感，孩子们通过比赛也能更深刻地感受到磁铁同性相斥的原理，同时教师要追随孩子们的脚步，观察识别并做出回应，捕捉孩子们在比赛中的“哇时刻”，毫不吝啬地给出鼓励夸奖，激发孩子们良好的学习品质。 |
| 回应 | 由磁铁的特点引发的赛车大赛，使得孩子们学习的兴趣到达了顶端。孩子们纷纷想知道，磁铁还有怎样的可能性，还能变化出什么不一样的“高科技”。关于磁铁的小实验我们打算继续探究下去。 |

### （二）设计者的话

儿童是富有创造力的，他们是天生的学习者，但在日复一日的传统教育中，他们的热情、好奇心、创造力、灵感逐渐消散，我们仿佛忘记了学习的初衷是为了让我们更好地生活，能更好地看见这个世界存在的美好。而本次探究式主题活动中，孩子们从自己的生活中发现磁的存在，一步步循序渐进地认识磁、探索磁、玩转磁，又因磁改变了自己的生活。在这个过程中，教师遵循幼儿发展规律的特点，为幼儿的成长提供物质、环境、精神上的支持；更重要的是相信儿童的力量，对孩子给予足够的尊重，给环境留白、给思维留白，让幼儿放手去做去尝试，在自由的环境中收获成长。在一次次对“磁”的实践操作过程中，孩子不断进行自我调整，源源不断地吸收新的经验，这对于孩子来说无疑是新鲜的。在这样的环境下，所有的目标都在不断深入的探索过程中自然而然地被实现了。

（仇梦艳　刘丽雀　黄亦慕）

# 第四章

# 领略自然的神秘

## 设计1　奇妙的水(小班)

### 一、共享共探，确定主题

#### (一)问题缘起

孩子最喜欢幼儿园里的什么地方？答案可能会大大出乎你们的意料——盥洗室！这可是他们的秘密。这不，一连几天，盥洗室里发出的阵阵嬉笑声泄露了他们的秘密：只见他们一会儿捧水泼向镜子，盯着水珠慢慢滴落，一滴水滴的滴落，都能引起孩子们的惊呼声；一会儿把"船"放入水池，不停地拨弄着水，嘴里边喊着"开船啦！开船啦！"；一会儿用手按住水龙头，喷射的水花溅得他们满头满脸都是水，却把他们乐坏了，哈哈大笑个不停……

#### (二)价值分析

孩子们喜欢玩水，仿佛水对孩子有着一种天然的、无法阻挡的诱惑力。这是为什么呢？因为水是无色透明的流动性液体，看得见，摸得着，但抓不住，真是神秘莫测、非同一般的玩具。玩水是孩子的一种创造性游戏，极大地满足了孩子的好奇心和探知欲。但是，由于我们大人的种种顾虑，孩子的玩水行为往往会被无情地制止。既然孩子对水这么感兴趣，为什么不抓住这点让孩子尽情地玩水，去发现水的一些奥秘，感受大自然的神奇？在《指南》中明确指出："要珍视游戏和生活的独特价值，创设丰富的教育环境，合理安排一日生活，最大限度地支持和满足幼儿通过直接感知、实际操作和亲身体验获取经验的需要。"让孩子在与水的游戏中产生深度学习，了解水的秘密，获得粗浅的感知体验，激发对水的探究欲望和兴趣。

### （三）主题确立

一个人一旦对某事物有了浓厚的兴趣，就会主动去求知、去探索。基于幼儿对水的兴趣和需要，我们开展了一系列的调查活动，从“我知道”及“我想知道”两方面了解幼儿“关于水”的相关经验，具体如表4-1-1所示。

**表4-1-1 “我知道、我还想知道”的调查表**

| 关于水，我知道 | 关于水，我还想知道 |
| --- | --- |
| 1. 水会起泡泡。<br>2. 水中有我们的影子。<br>3. 水会把我们的衣服打湿。<br>4. 下雨天水落在树叶上，有水滴。<br>5. 下雨天，地很滑。<br>6. 我跳得低，水溅得低；我跳得高，水溅得高。<br>7. 水可以喝，用来浇花，还可以冲马桶。 | 1. 水是怎么来的？<br>2. 没有水会怎样？<br>3. 河里的水会一直流一直流，最终流到哪里？<br>4. 河里的水不会被太阳晒干吗？<br>5. 雨水为什么不能喝？<br>6. 雨水是从哪里来的呢？<br>7. 为什么鱼要生活在水里？<br>8. 为什么人不能生活在水里？<br>9. 船为什么能浮在水面而不沉下去？ |

通过这次调查，我们可以发现水对于每个孩子来说都不陌生，他们对水已经有了一个初步的认知与体验。谈话中，孩子们又生发了一些感兴趣的问题：水是怎么来的？为什么人不能生活在水里？没有水会怎么样？这些问题都是值得孩子们去探究的吗？这时候我们需要做的最重要的事情就是判定其是否蕴含内在的教育价值，是否有利于孩子的发展，是否是大部分孩子所感兴趣的。经过各方面的考量，我们对孩子想要探究的问题进行了梳理，如表4-1-2所示。

**表4-1-2 “我还想知道”的关键经验梳理表**

| 幼儿要探究的问题表述 | 所归属的关键经验范畴 |
| --- | --- |
| 雨水为什么不能喝？ | 水的循环 |
| 雨水是从哪里来的呢？ | 雨的形成 |
| 没有水会怎么样？ | 水的作用 |
| 船为什么能浮在水面而不沉下去？ | 水的浮力 |
| 河里的水不会被太阳晒干吗？ | 水的循环 |

根据以上的调查、梳理，我们从认知、能力、情感出发，制订了以下主题目标。

1. 了解水无色、无味，具有流动性的特征，感受水与其他物体所产生的化学现象，并萌生探索水的欲望。

2. 能将自己观察到的水的现象记录下来。

3. 在游戏过程中，创造性地表现水的运动状态，感受水流动的美。

4. 萌发节约用水的情感，懂得珍惜水资源。

## 二、厘清脉络，立点梳线

### （一）预设主题网络图

教育是一项复杂的活动，它需要教师在开展活动前做出周密的计划，确保活动的顺利开展，也就是对教学活动做出预设方案。只有充分的、开放的、创设性的预设，才有精彩而有价值的生成。由此，我们通过查阅资料、集体研讨等方式预设了“神奇的水宝宝”“好玩的水宝宝”“水宝宝不哭”三大板块，具体内容如图 4-1-1 所示。

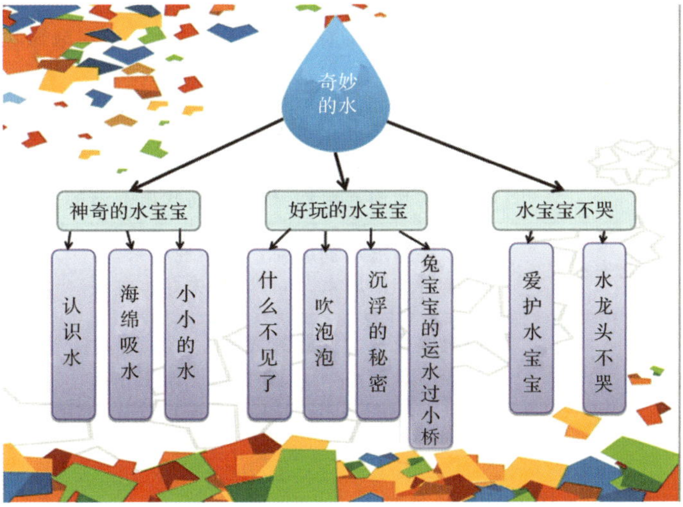


图 4-1-1 “奇妙的水”预设主题网络图

### （二）预设活动导航表

预设活动是幼儿园课程形成的主要方式之一。预设能帮助我们老师在探究活动中做到心中有方向，脑中有思路，由此我们还预设了活动导航图，以活动时间顺序进行排列，具体如表 4-1-3 所示。

表4-1-3 “奇妙的水”活动方案预设导航表

| 序号 | 主题板块 | 活动名称 | 活动目标 | 涉及领域 |
|---|---|---|---|---|
| 1 | 神奇的水宝宝 | 认识水 | (1)通过看、闻、尝,了解水是透明的,是无色无味的。<br>(2)在操作过程中,感知水具有流动的特征。 | 科学、语言 |
| 2 | 神奇的水宝宝 | 小小的水 | (1)愿意欣赏并初步感受诗歌,学习念诗歌。<br>(2)感受“小小的”叠字用法,能用简单的语言讲述观察到的图片。<br>(3)对水产生新的情感体验。 | 语言 |
| 3 | 神奇的水宝宝 | 海绵吸水 | (1)游戏中知道海绵能够吸水。<br>(2)积累初步的测量和比较的经验。 | 科学、数学 |
| 4 | 好玩的水宝宝 | 什么不见了 | (1)喜欢玩水,在玩的过程中感知水会流动、水能溶解糖和盐等特点。<br>(2)乐意用语言表达所看到的现象。 | 健康、科学 |
| 5 | 好玩的水宝宝 | 兔宝宝运水过小桥 | (1)尝试用多种容器将水运到“河”对岸的家里。<br>(2)从玩水的乐趣中锻炼平衡能力。 | 健康 |
| 6 | 好玩的水宝宝 | 沉浮的秘密 | (1)通过猜测、实验,能发现有的物体沉在水底,有的物体浮在水面。<br>(2)愿意参与活动,感受探究的乐趣。 | 科学 |
| 7 | 好玩的水宝宝 | 吹泡泡 | (1)知道肥皂的特征和用途,学会使用吹泡器吹出泡泡。<br>(2)尝试用圆形(三角形、正方形)吹泡器吹泡泡,感知不同形状的吹泡器吹出来的泡泡的特性,并能用语言的方式表达泡泡的形状。<br>(3)喜欢吹泡泡活动,体验成功吹出泡泡的乐趣。 | 科学 |
| 8 | 水宝宝不哭 | 水龙头不哭了 | (1)能根据歌词创编动作并表现出来。<br>(2)懂得节约用水,知道随时关好水龙头。 | 音乐、社会 |
| 9 | 水宝宝不哭 | 爱护水宝宝 | (1)萌发爱护水资源的情感。<br>(2)知道水被污染了,生物就不能生存。 | 社会 |

## 三、预设生成,灵动调整

兴趣是最好的老师,这是亘古不变的真理。当孩子对水特别感兴趣时,他就会非常热衷于“玩水”这件事,不断发现一些关于“水”的秘密。在“水”的探究式主题活动中,最重要的就是要发现孩子的兴趣点和探究愿望。在探究活动中,教师要善于倾听孩子,懂得包容孩子,学会支持孩子。正如苏霍姆林斯基提出的:教师要练就一双像鹰一样的眼睛。这双眼睛要敏锐地察觉到幼儿随时抛出的“球”(探究兴趣和关注的事物),并进行相关的价值筛选，选出更加适合的生成活动。在“奇妙的水”的探究活动中，孩子们自发地生成很多的探索点，如：水会不会被晒干？水是怎么来的？没有水会怎么样？……

### （一）内容的调整与实施

我们进行斟酌、筛选、调整，开展了以下活动，如图4-1-2所示。实施活动一览表，如表4-1-4所示。

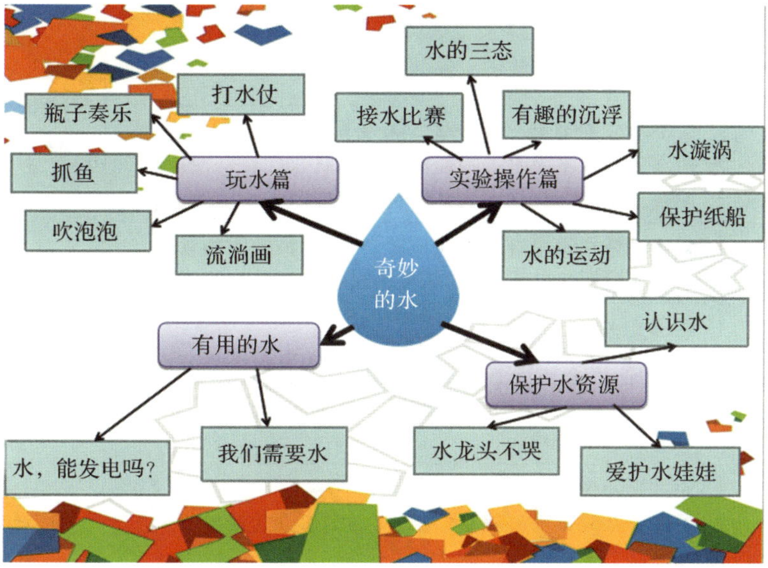


**图4-1-2　“奇妙的水”生成主题网络图**

**表4-1-4　“奇妙的水”实施活动一览表**

| 活动名称 | 活动目标 | 涉及领域 | 实施途径 |
| --- | --- | --- | --- |
| 认识水 | 1. 通过看、闻、尝，了解水是透明的，是无色无味的。<br>2. 在操作过程中，感知水具有流动的特征。 | 科学 | 集体探究 |
| 有趣的沉浮 | 1. 通过玩水，发现物体在水中的沉浮现象。<br>2. 学会使用符号做观察记录。 | 科学 | 区域探究 |
| 水的运动 | 1. 能运用不同方法使水动起来，并感受水的不同运动形态。<br>2. 能用身体的动作来表现水宝宝的舞蹈。 | 科学、艺术 | 区域探究 |
| 水漩涡 | 1. 通过观察，初步感知漩涡的存在。<br>2. 了解漩涡的形成原理和特征，与家人共同制作水漩涡。<br>3. 对生活中的水漩涡产生兴趣。 | 科学 | 亲子探究 |
| 吹泡泡 | 1. 初步了解制作泡泡水的过程。<br>2. 体验玩泡泡水的乐趣。 | 社会、科学 | 区域探究 |

续　表

| 活动名称 | 活动目标 | 涉及领域 | 实施途径 |
|---|---|---|---|
| 接水比赛 | 1. 知道各种材质的吸水性能不同。<br>2. 能在最短时间内运用多种组合工具接水。<br>3. 感受自主游戏的快乐。 | 社会、语言 | 区域探究 |
| 瓶子奏乐 | 1. 感知敲击不同水位的瓶子所发出的声音不同。<br>2. 愿意敲打出不同的节奏。 | 艺术、科学 | 区域探究 |
| 流淌画 | 1. 感受颜料滴到水中散开的美感，并能将水中的“画”印在宣纸上。<br>2. 对自己创作的作品有成就感。 | 艺术、科学 | 区域探究 |
| 保护纸船 | 1. 乐于参与“使纸船不被打湿”的探索活动，体验操作的乐趣。<br>2. 初步了解蜡不吸水的特性。<br>3. 能在实践操作过程中主动发现问题。 | 科学、社会 | 区域探究 |
| 抓鱼 | 1. 感受小鱼在水里自由自在地游动，有爱护动物的意识。<br>2. 充分体验抓鱼的乐趣，在抓鱼的过程中感受水的流动。 | 健康、社会 | 区域探究 |
| 水的三态 | 1. 能感受水固态、气态和液态的三态。<br>2. 对水的三态产生兴趣，激发其查阅相关资料。 | 科学 | 亲子探究 |
| 打水仗 | 1. 通过打水仗，了解水是流动的，没有形状的。<br>2. 享受玩水的乐趣。 | 健康、科学 | 区域探究 |
| 我们需要水 | 1. 知道水的作用。<br>2. 了解什么时候需要喝水，怎么样的喝水方式最健康。<br>3. 愿意做个爱喝水的好孩子。 | 健康、社会 | 集体探究 |
| 水，也能发电？ | 1. 感受水能发电的现象。<br>2. 对水的独特作用产生了探索欲望。 | 科学、社会 | 亲子探究 |
| 水龙头不哭了 | 1. 能根据歌词创编动作并表现出来。<br>2. 懂得节约用水，知道随时关好水龙头。 | 艺术、社会 | 集体探究 |
| 爱护水娃娃 | 1. 初步了解水与人们生活的密切关系，大胆讲述水的用途。<br>2. 懂得节约用水，萌发保护水资源的意识。 | 社会 | 集体探究 |

教师预设活动　　幼儿生成活动　　师生生成活动

## （二）案例呈现

### 案例1　集体探究

**科学活动：认识水**

活动目标：

1. 通过看、闻、尝，了解水是透明的，无色无味的。
2. 在操作过程中，感知水具有流动的特征。

活动准备：

小瓶子每人一个，瓶盖或者能盛水的玩具每人一个。

活动过程：

1. 看一看，了解水的颜色。

师：水是什么颜色的？（并出示牛奶和水请幼儿进行比较）

师（拿两颗珠子，分别放在牛奶和水中比较观察）：能不能看到珠子？

师：为什么水中能看到？

2. 闻一闻，对比水和醋的气味。

出示醋和水，请幼儿闻一闻。

3. 玩一玩，感受水会流动。

（1）用手抓一抓水。

（2）用工具盛水。

师小结：水是流动的，水装在任何容器中就是容器的形状，水本身是没有形状的。

**艺术活动：水龙头不哭了**

活动目标：

1. 能根据歌词创编动作并表现出来。

2. 懂得节约用水，知道随时关好水龙头。

活动准备：《水龙头不哭了》的音乐、PPT。

活动过程：

1. 播放录音，激发幼儿的兴趣。

（1）出示一段哭声。

师：谁在哭？

（2）教师带领幼儿寻声到洗手间。

2. 通过谈话，了解水龙头哭泣的原因。

3. 教师歌唱歌曲，让幼儿熟悉旋律。

4. 多种形式理解歌词并学唱歌曲。

（1）跟唱。

（2）请幼儿根据歌词创编动作，其余幼儿模仿创编好的幼儿动作，一起表演。

（3）分角色表演。很多小朋友做水龙头，请相同数量的幼儿做小朋友，第一段做“水龙头”的幼儿歌唱，第二部分做小朋友的幼儿歌唱。

（4）注意间奏的动作。

5. 结束。

师：小水滴们，我们去找找还有哪里的水在哭泣？

### 社会活动：爱护水娃娃

活动目标：

1. 初步了解水与人们生活的密切关系，大胆讲述水的用途。

2. 懂得节约用水，萌发保护水资源的意识。

活动准备：花草头饰若干、录音带、录音机。请配班老师扮演“小水滴”。

活动过程：

1. 情景导入，激发活动兴趣。

听到水滴哭声。

师：小水滴，你为什么哭呀？

2. 谈谈水的作用，了解水的重要性。

（1）水的作用。

师：水有什么用？都有谁需要水？

（2）怎样节约用水。

师：如果没有了水会怎么样？我们要怎样节约用水？

3. 了解水的二次利用，懂得节约用水。

师：小水滴，我能把洗过手帕的水倒掉吗？

4. 来到不太清澈的河边，激发幼儿保护河水的欲望。

师：你喜欢这条河吗？为什么？这些垃圾都是从哪里来的？

师：垃圾扔到河里后，我们的小河会怎么样？会发生什么变化？

师小结：平时除了要节约用水，我们还得保护我们的水宝宝，不能让垃圾污染小河。

活动照片如图4-1-3所示。

图4-1-3　观察河水

## 案例2　区域探究

### 科学区：有趣的沉浮

活动目标：

1. 通过玩水，发现物体在水中的沉浮现象。

2. 学会使用符号做观察记录。

活动准备：

各种轻重不同的物体、水、记录纸。

指导要点：

1. 引导幼儿将物品一样一样放到水里。
2. 引导幼儿放一样物品，观察一次，并进行记录。
3. 引导幼儿观察结束后与同伴进行交流。

记录表，如表 4-1-5 所示，活动照片如图 4-1-4 所示。

表 4-1-5 有趣的沉浮记录表

| | | | | | | |
|---|---|---|---|---|---|---|
| |  |  |  |  |  |  |
| ↑ | | | | | | |

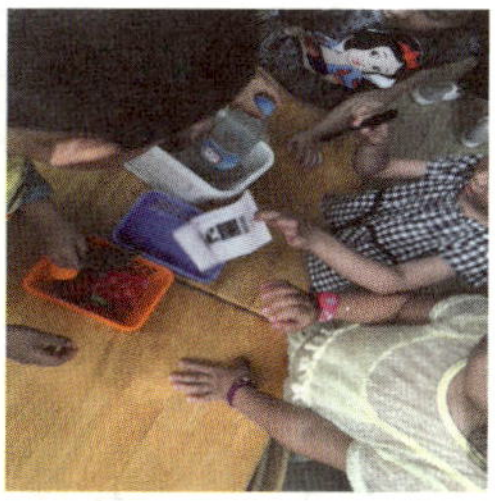

图 4-1-4　沉浮游戏

**音乐区：瓶子奏乐**

活动目标：

1. 感知敲击不同水位的瓶子所发出的声音不同。
2. 愿意敲打出不同的节奏。

活动准备：

装有不同水位的同种瓶子若干、塑料棒。

指导要点：

1. 引导幼儿敲打一下，听一下声音，对比装有不同水位的瓶子发出的声音。
2. 引导幼儿敲打时力度无须过大。
3. 引导幼儿根据墙上的动物节奏图敲打出节奏。

**美工区：流淌画**

活动目标：

1. 感受颜料滴到水中散开的美感，并能将水中的“画”印在宣纸上。
2. 对自己创作的作品有成就感。

活动准备：

各种颜料、透明的小脸盆。

指导要点：

1. 引导幼儿滴颜料的时候，不能一下子滴太多。
2. 引导幼儿颜料一散开，马上将宣纸放到水里(刚开始这里要给予孩子一定的帮助)。
3. 引导每个孩子观察自己的画，说说自己的画像什么。

活动照片如图4-1-5所示。

图4-1-5　区域材料

## 案例3　亲子探究

### 水漩涡

活动目标：

1. 通过观察，初步感知漩涡的存在。

2. 了解漩涡的形成原理和特征，与家人共同制作水漩涡。

3. 对生活中的水漩涡产生兴趣。

活动准备：较大的透明水缸。

指导要点：

1. 家长与孩子共同查阅有关水漩涡的资料，了解水漩涡的特征。

2. 家长同孩子一起寻找家中能制造出水漩涡的材料（筷子、衣架等）。找来后，和孩子一起制造水漩涡，让孩子知道制造水漩涡需要物品往同一个方向进行搅拌，搅拌速度越快，漩涡越持久。

3. 同孩子一起找一找家中出现的水漩涡（冲马桶时、洗衣机洗衣服时、洗手台冲水时），并告诉孩子这些水漩涡的作用。

### 水的三态

活动目标：

1. 能感受水固态、气态和液态的三态。

2. 对水的三态产生兴趣，激发其查阅相关内容。

活动准备：冰块、热水。

指导要点：

1. 家长为孩子准备冰块，让孩子观察冰块融化后会变成什么；让孩子直观地感受冰块变成水的过程；跟孩子共同得出结论，冰块就是由水变成的，水在一定的低温下会变成冰块。

2. 让孩子们观察杯子里的热水，让他发现杯子上的水蒸气。跟孩子共同得出结论，水蒸气是水的另一种状态，水在一定的高温下会变成水蒸气。

3. 同孩子一起查阅各种有关水的三态的内容。

**水，也能发电？**

活动目标：

1. 感受水能发电的现象。

2. 对水的特殊作用产生探索欲望。

活动准备：带孩子去科技馆；水力发电的装置。

指导要点：

1. 家长带孩子去科技馆，寻找水力发电的装置。

2. 和孩子一起感受水能发电的现象。

3. 购买或制作水力发电的装置，让孩子们进一步感受水力发电。

4. 与孩子共同查阅有关水的作用的资料。

### （三）环境创设

《纲要》中明确指出，幼儿园等教育机构要充分发挥环境对于幼儿的作用，通过环境的精心创设和有效利用，做好环境创设保障工作，有效促进幼儿的健康成长。活动环境和材料是活动的重要组成部分，只有在与环境和材料的相互作用中，孩子才会获得经验和知识。因此，我们根据“奇妙的水”主题与幼儿探索需求创设了相应的区域以及主题墙：在美工区我们投放了水、吸管、颜料和鞋盒盖供幼儿进行吹画；在科学区我们投放了瓶子（装水）、黄豆和小石子供幼儿投入水中，观察水位的上升；在图书区投放有关水的书籍，供幼儿阅读，进一步丰富水相关的知识；等等。在主题墙的呈现上，我们留下孩子的探索痕迹，这就成为表现孩子所思所想的另一个场所。活动照片如图4-1-6所示。

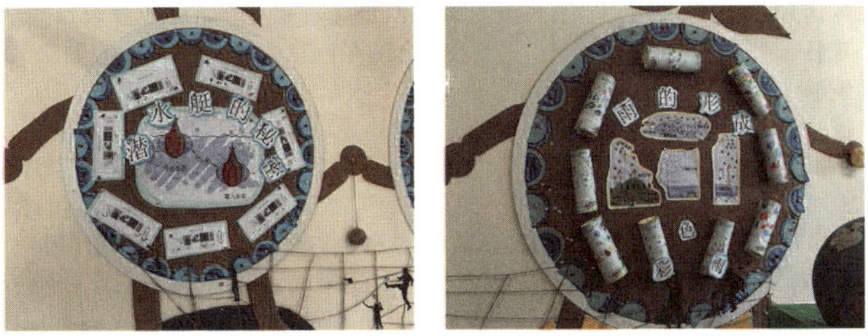

a　　　　b

图4-1-6　小主题墙

## 四、整理故事，助力成长

“学启于思，源于疑”，在活动中要将提问权交给孩子，允许孩子质疑。我们尽量给孩子创造探索的机会，提供材料、时间以及空间上的支持，鼓励孩子发现问题、提出问题、解决问题，如我们特意在卫生间给孩子开辟了一个“水上乐园”，让孩子尽情尽兴地展开玩水游戏。

幼儿园课程评价是课程运作的终点，又是课程继续发展的起点，并伴随着课程运作的全过程。所以，课程评价在整个课程中起到了重要作用。在整个探究式主题活动中，我会对孩子玩水过程中的“哇时刻”进行记录、整理，对整理的故事进行评价。这样的记录、整理、评价，能帮助我们更好地分析孩子们在“奇妙的水”探究活动中得到的发展，以探究下一步学习的可能性。

### （一）活动中的学习故事

预设活动中的学习故事，如表4-1-6所示。生成活动中的学习故事，如表4-1-7所示。

**表4-1-6 “奇妙的水”预设活动中的学习故事记录表**

| 活动时间 | 2018年6月7日 | 活动地点 | 小(3)班科学区 |
|---|---|---|---|
| 观察对象 | 小悠、小烨、小跃 | 观察者 | 陈雅 |
| 学习故事 | | | |
| 注意 | 今天，小悠、小烨、小跃相约一同来到科学区，因为他们早就瞄准了新投入的材料。这不，一开始他们就迫不及待地拿起水瓶摇晃起来，还不停地大声叫着：“瞧，我让水动起来了！”摇了一会儿，小悠就说：“小烨，我们来比赛吧，比比谁摇的水最厉害。”“好！”于是，他们加快了摇晃的速度，其他小朋友也逐渐加入其中，比赛“战”况越演越烈……这时，只有小跃一人默默地坐在旁边，静静地拿着吸管，一动不动地盯着杯子，仿佛在思考着什么。突然，他站了起来，用吸管往杯子里吹气，吹了一会儿，他脸上露出了欣慰的笑容，随即又低头吹起气来……这边还热衷于比赛的孩子，都被小跃小小的举动所吸引。小悠问：“小跃，你在干什么？”“我在水里制造泡泡啊！”小跃回答说。小烨问：“怎样才能制造泡泡呢？”只见小跃拿起吸管，在杯子里吹起泡泡来。这有趣的现象可把孩子们乐坏了，都迫不及待地去学小跃的样子吹起泡泡来了。小悠说：“泡泡还发出咕噜咕噜的声音，我吹得越用力，声音就越响。”“嗯，好像水在跳舞一样，真好玩。”小烨说。小跃接着说：“吸管伸到最下面，声音才最响。”听了小跃的话，他们都试着把吸管伸到最下面吹一吹，然后再放到上面吹一吹。“哇，真的是这样！”他们一同发出感叹。于是，他们玩得更起劲了，另一场比赛又开始了。 | | |

续　表

| | |
|---|---|
| 识别 | 孩子们在玩各种材料的过程中,感受了水的运动会随着外力的改变而发生变化。他们不单单是自己操作,还会去观察同伴的操作,从同伴身上学到一些操作方法。这种同伴之间的互相学习在幼儿的发展过程中起到了非常重要的作用。 |
| 回应 | 对于水的运动,孩子们在活动后,还是有很高的兴致,他们猜想着:如果不用任何东西、不碰到装水的瓶子,能不能让水运动起来呢?怎么样让水运动得更快?喷泉的水这么好看,是怎么运动起来的?于是,我和孩子们共同生成了后面的活动:水的运动。 |

**表4-1-7　“奇妙的水”生成活动中的学习故事记录表**

| 活动时间 | 2018年6月10日 | 活动地点 | 科学区以及玩水区 |
|---|---|---|---|
| 观察对象 | 小铭、小迅、小灏 | 观察者 | 瞿奕希 |
| 学习故事 | | | |
| | 小铭、小迅和小灏一同被两艘外形相同的纸船所吸引,这两艘小船激起了他们玩水的欲望。他们拿着这两艘小船来到玩水区,然后把两艘小船放到了洗手池里,不一会儿,小迅发现自己那艘小船湿了,眼看着小船要被水毁坏,小迅立马将自己的小船拿起来。拿起小船,他露出了难过的表情,继而好奇地看向小铭和小灏的那艘小船,问:“为什么你们的小船没有湿?”“我们也不知道。”小铭和小灏也都摇摇头。过了一会儿,小铭说:“那我们再等一下,看看会不会湿。”他们仨就一同注视着这艘小船。盯了好几分钟,他们发现这艘小船就是不会湿。他们拿出小船观察起来,他们闻了闻、摸了摸小船。突然,小灏说:“啊,你们有没有闻到一股臭臭的气味?”小迅和小铭也凑过去闻了闻,也都表示闻到了。“它还是滑滑的呢?”小迅说。紧接着,他们闻了闻,摸了摸打湿了的小船,发现打湿的小船上面没有这种气味,也没有滑滑的。于是,他们得出了结论:这艘打不湿的小船,上面涂了一种滑滑的东西,可以保护小船。于是,他们像发现新大陆似的连蹦带跳地跑了过来:“哈哈,我知道了,我发现小船的秘密啦!”“这秘密到底是什么呢?”孩子们带着这个问题,开始了新一轮的探究。 | | |
| 识别 | 孩子们对这两艘小船有着极高的兴趣,从刚开始的玩小船,到后面发现小船的秘密,到最后将秘密分享给大家。这当中他们的表情非常微妙:有为了小船湿掉而愁的;有发现另外一艘小船不湿而奇的;有发现秘密后而喜的。在这次的游戏中,他们运用了自己的各种感官去探索,充分说明感官在探索活动中起到的重要作用。 | | |
| 回应 | 在这次活动后,孩子们对纸船外面那层滑滑的、气味怪怪的东西产生了好奇,之后他们通过将这艘纸船带回家问爸爸妈妈,发现原来这层东西是蜡。在孩子们知道蜡可以防水后,还想知道除了蜡可以让在水里的纸船不湿,还有什么东西也可以保护纸船呢?为什么我们平时坐的船不会湿?选择什么材料做小船最好呢?于是,我和孩子们共同确定了下面的活动:不同的船。 | | |

## (二)设计者的话

在“奇妙的水”探究式主题活动中,孩子们亲近水宝宝,并逐渐变得善于观察,勇于尝试,乐于思考,他们对世界的探究兴趣和探索能力也将随之提高。在探究活动中,孩子们在丰富多彩的活动中与同伴体验操作。他们会用自己喜欢的方式表达对水的认知,享受分享与交流活动带来的愉快体验。

在探究式主题活动中,设计者以孩子的关注点为教育切入点,充分发挥了孩子的自主性,通过一系列的活动激发了孩子的探究热情,培养了孩子的观察能力和动手能力。最后活动延伸到孩子的日常生活中,从自我做起,节约用水,保护水资源,洗手的时候把水开小,洗完关好水龙头再离开。

烈日骄阳,孩子们依然热情不减,他们依依不舍地抹了抹脸上的水花,收起了水枪。在参观完被污染的河水后,孩子们对于如何让脏水变得干净萌生了兴趣。虽然我们的探究式主题活动暂时告一段落,但是孩子们探索奇妙的水的旅程仍在继续。就让我们跟随孩子继续探索水的奥秘,享受夏日的热情吧!

(陈　雅)

## 设计2　空气游乐园(中班)

### 一、共享共探,确定主题

#### (一)问题缘起

我们每天都在呼吸着"生命气体"——空气,它看不见摸不着却又无处不在。在一次观看纪录片的过程中,孩子们对于飘浮在空中的宇航员提出了疑问:"为什么宇航员叔叔是飞起来的?"老师解答:"因为太空里没有空气呀!"孩子们随即提出了一系列的疑问:"空气在哪儿呢?""我们为什么看不到它?""空气有什么用?""水里有空气吗?"……对于空气这个有趣的小精灵,孩子们无法理解它的存在,但对它充满了兴趣。

#### (二)价值分析

空气是大气经过变化产生的一种气体,也是人和动植物赖以生存的必需品。因为空气的特性,科技发展和创造得到了大大的提升,人们的生活也有了很大的改善;空气还与孩子们的生活息息相关,由于对转动的风车、鱼儿吐出的泡泡、会飞的气球等有趣现象的观察,孩子们早在不知不觉中发现了空气的存在,强烈的好奇心驱使着他们持续探究的欲望,不断地发现、提问与操作。教师应捕捉这一教育契机,利用空气的特点和作用,追随孩子的兴趣,设计一系列的教学活动,及时调整适宜幼儿的支持策略,让幼儿能从主题探究中获得一定的科学经验和知识积累。

### (三)主题确立

基于以上思考，我们中班段决定开展以“空气”为主题的一系列活动，去感受空气的存在，了解空气的独有特性，寻找发现空气的小秘密。为了使探究式主题活动能够更好地展开，我们对孩子展开了大调查，如表4-2-1所示。

**表4-2-1 “我知道、我还想知道”的调查表**

| 关于空气，我知道 | 关于空气，我还想知道 |
|---|---|
| 1. 没有了空气，人就不能呼吸了。<br>2. 没有了空气，蜡烛就灭了。<br>3. 我们呼、吸的空气是不一样的。<br>4. 空气是看不见，摸不着的。<br>5. 有了空气，气球就变大了，有的气球还会飞起来。<br>6. 汽车的轮胎里也有空气哦！<br>7. 水里也是有空气的，不然鱼就死了。<br>8. 空气是会跑的，到处都有空气。<br>9. 可乐、雪碧里也有空气。 | 1. 空气在哪里？<br>2. 风是空气吗？<br>3. 人为什么需要空气呢？<br>4. 动物和我们吸的空气一样吗？<br>5. 为什么山里的空气吸起来凉凉的？<br>6.有害气体也是空气吗，人吸了会死吗？<br>7.地球上人这么多，空气会被用完吗？<br>8.植物有鼻子吗，也需要空气吗？<br>9.月亮上也有空气吗？<br>10.为什么有些空气在气球里，气球会飞呢？ |

通过调查，我们发现孩子们对空气部分特性，如“空气是看不见的”“空气是会跑的”“到处都有空气”等有一定的了解。还知道空气存在的重要性，知道没有了空气人是不能活的，等等。但他们了解的空气还是肤浅的，浮于表层的，他们想知道更多，比如空气的成分、空气用途等，具体如表4-2-2所示。

**表4-2-2 “我还想知道”的关键经验梳理表**

| 幼儿要探究的问题表述 | 所归属的核心经验范畴 |
|---|---|
| 动物和人吸的空气一样吗？ | 空气的成分 |
| 有害气体也是空气吗，人吸了会死吗？ | 空气的成分 |
| 风是空气吗？ | 空气的流动性 |
| 为什么有些空气在气球里，气球会飞呢？ | 空气的重量 |
| 人为什么需要空气呢？ | 空气的重要性 |

我们根据孩子已有的经验、兴趣点以及中班孩子的年龄特征，从认知、能力、情感出发，确立了以下主题目标。

1. 通过各种有关空气实验的探索，感知空气的特性，体验相关实验带来的乐趣。

2. 在探索的过程中，感受空气存在重要性，乐于探究空气的流动性和变化性等特点。

3. 了解空气与人们生活相关的一些常见事件，乐于发现并尝试自己解决问题，提高适应环境的能力。

## 二、厘清脉络，立点梳线

### （一）预设主题网络图

在空气大调查的过程中，教师发现孩子对空气的认知经验和想要了解的信息比较零散，经过研讨，我们将探究内容进行提炼、梳理，分别从“找寻空气”“会跑的空气”“好玩的空气”三个板块进行探究，预设网络图如图4-2-1所示。

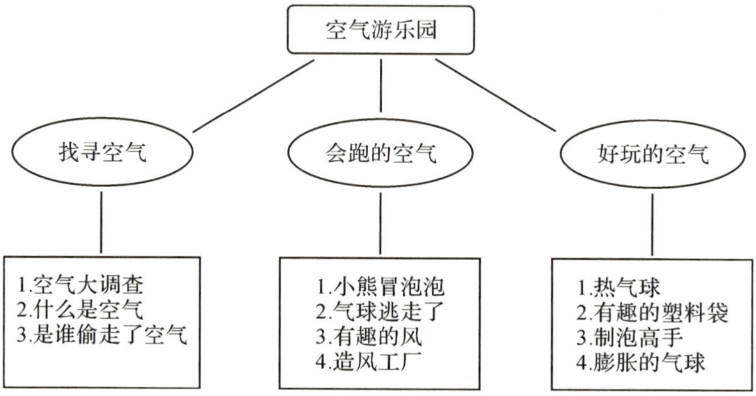


图4-2-1 “空气游乐园”预设主题网略图

### （二）预设活动导航表

为了使教师更加清晰、有序地组织探究式主题活动，经过研讨，我们预设了活动导航图，具体如表4-2-3所示。

表 4-2-3　“空气游乐园”活动方案预设导航表

| 序号 | 主题板块 | 活动名称 | 活动目标 | 涉及领域 |
|---|---|---|---|---|
| 1 | 找寻空气 | 空气大调查 | (1)能用图表的方式记录自己找到空气的方法，并大胆地进行表达。<br>(2)体验与同伴交流的快乐。 | 语言、科学 |
| 2 | 找寻空气 | 什么是空气 | (1)通过探索，感知空气的特性及其独有的作用，并知道空气无处不在。<br>(2)激发幼儿对科学小实验的兴趣，喜欢参与科学探究。 | 科学 |
| 3 |  | 是谁偷走了空气 | (1)倾听故事，了解空气的存在以及空气与人们生活之间的关系，对空气产生兴趣。<br>(2)感受故事的诙谐和有趣。 | 语言、科学 |
| 4 | 会跑的空气 | 小熊冒泡泡 | (1)欣赏故事，对饮料产生的气泡产生好奇心。<br>(2)初步感知气体能使物体变轻并漂浮起来。 | 科学、语言 |
| 5 |  | 气球逃走了 | (1)倾听故事，了解气球的动态特点及其与空气的关系。<br>(2)产生玩气球的兴趣。 | 科学、语言 |
| 6 |  | 有趣的风 | (1)对探索如何产生风感兴趣。<br>(2)发现风的形成与空气流动快慢之间的关系。<br>(3)大胆并清楚地表达自己在操作实验中的发现。 | 科学、语言 |
| 7 |  | 造风工厂 | (1)大胆尝试、寻找制造风的多种方法，体验探究与发现的乐趣。<br>(2)能运用绘画、语言讲述的形式表达制造风的过程。 | 科学、语言 |
| 8 | 好玩的空气 | 热气球 | (1)提高动手能力及想象力。<br>(2)了解热气球的知识，知道它为什么可以飞翔在空中。 | 科学、艺术 |
| 9 |  | 有趣的塑料袋 | (1)提高想象力、动手能力。<br>(2)知道空气的无处不在，看不见摸不着，是无色、无味的。 | 科学、艺术 |
| 10 |  | 制泡高手 | (1)尝试用各种方法在水中制造泡泡。<br>(2)萌发探索科学的好奇心和探索热情。 | 科学、社会 |
| 11 |  | 膨胀的气球 | (1)通过游戏活动进一步感知空气的基本特性。<br>(2)初步了解醋加苏打粉会产生气体，使气球充气变大。<br>(3)感受和爸爸妈妈一起做科学游戏的快乐。 | 科学、社会 |

## 三、预设生成，灵动调整

在探究空气的过程中，教师要基于幼儿的已有经验，敏锐地捕捉孩子的兴趣点。

从孩子的兴趣点出发，有目的有计划地进行探究活动，倾听、观察、记录儿童的行为，对活动内容不断进行调整、取舍，生成活动，形成最后的主题网络图，发挥探究的价值。由于幼儿年龄尚小，知识经验储备不足，在探究的过程中会遇到很多问题，对事物的理解和判断也有局限，这时老师要当好孩子们的“催化剂”，以维持幼儿的兴趣、深化幼儿的主题，将他们的兴趣和疑惑转为有价值的生成活动，产生共同关注的新话题，促使幼儿有效学习，使主题层层递进，呈现出动态、灵活的过程。

**（一）内容的调整与实施**

主题生成网络图，如图4-2-2所示。实施活动一览表，如表4-2-4所示。

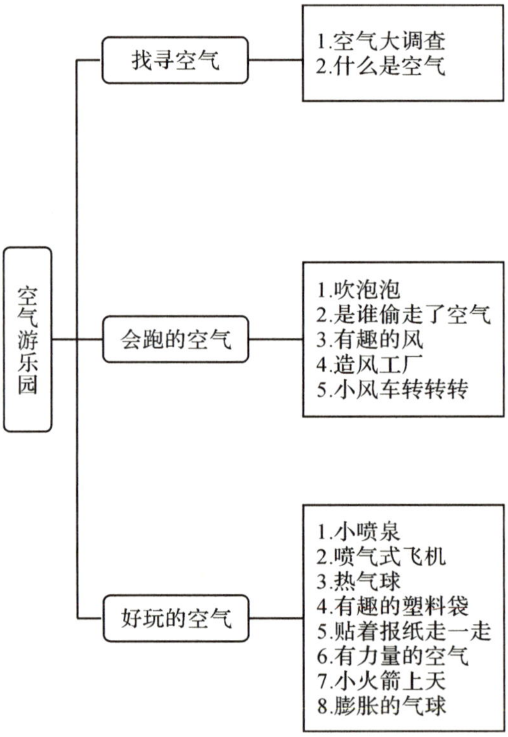


图4-2-2 “空气游乐园”生成主题网络图

表4-2-4 “空气游乐园”实施活动一览表

| 活动名称 | 活动目标 | 涉及领域 | 实施途径 |
|---|---|---|---|
| 空气大调查 | 1. 能用图表的方式记录自己找到空气的方法，并大胆地进行表达。<br>2. 体会与同伴交流的快乐。 | 科学、社会 | 集体探究 |

**续　表**

| 活动名称 | 活动目标 | 涉及领域 | 实施途径 |
|---|---|---|---|
| 什么是空气 | 1. 初步了解空气的基本特征，尝试利用各种材料探究空气。<br>2. 激发探究空气的兴趣，感知空气与我们生活的联系。 | 科学 | 集体探究 |
| 吹泡泡 | 1. 学习吹泡泡的方法：嘴对着泡泡器，把气吹出来。<br>2. 知道不同泡泡器吹出的泡泡都是圆形，体验吹泡泡的乐趣。 | 科学、艺术 | 集体探究 |
| 是谁偷走了空气 | 1. 倾听故事，了解空气的存在以及空气与人们生活之间的关系，对空气产生兴趣。<br>2. 感受故事的诙谐和有趣。 | 语言、科学 | 集体探究 |
| 有趣的风 | 1. 对探索如何产生风感兴趣。<br>2. 发现风的形成与空气流动快慢之间的关系。<br>3. 大胆并清楚地表达自己在操作实验中的发现。 | 科学、语言 | 集体探究 |
| 造风工厂 | 1. 大胆尝试、寻找制造风的多种方法，体验探究与发现的乐趣。<br>2. 能运用绘画、语言讲述的形式表达制造风的过程。 | 科学、语言 | 集体探究 |
| 小风车转转转 | 1. 喜欢参加玩风车活动，对风能使风车转动的现象感兴趣。<br>2. 愿意用简单的语言、动作表达自己的感受。 | 科学、语言 | 集体探究 |
| 小喷泉 | 1. 感知压力使瓶中的水喷出来的有趣现象。<br>2. 学习自主探索，体验科学游戏带来的快乐。 | 科学 | 区域探究 |
| 喷气式飞机 | 1. 感受空气流动会产生动力推动气球飞行的现象。<br>2. 乐意自主探索学习，感受科学游戏的快乐。 | 科学 | 区域探究 |
| 热气球 | 1. 初步了解热气球的基本构成和用途。<br>2. 尝试用各种材料装饰热气球，并大胆用自己的方式与同伴交流、分享作品 | 科学、艺术 | 集体探究 |
| 有趣的塑料袋 | 1. 在游戏中感知空气的特性。<br>2. 体验合作游戏的快乐。 | 科学、艺术 | 区域探究 |
| 贴着报纸走一走 | 1. 探索让报纸贴着身体走的各种方法。<br>2. 在活动中感受空气的存在。 | 健康、科学 | 集体探究 |
| 有力量的空气 | 1. 通过实验探索，感受空气的压力。<br>2. 对实验中发生的现象产生兴趣 | 科学 | 区域探究 |
| 小火箭上天 | 1. 在尝试探索中感知空气的存在，以及空气流动的力量，感受大气压强的作用。<br>2. 有主动探究的意识，体验科学探索的乐趣。 | 科学、社会 | 亲子探究 |
| 膨胀的气球 | 1. 通过游戏活动进一步感知空气的基本特性。<br>2. 初步了解醋加苏打粉会产生气体，使气球充气变大。<br>3. 感受和爸爸妈妈一起做科学游戏的快乐。 | 科学、社会 | 亲子探究 |

教师预设活动　　幼儿生成活动　　师生生成活动

## (二)案例呈现

### 案例1 集体探究

#### 科学活动:什么是空气

活动目标:

1. 初步了解空气的基本特征,尝试利用各种材料探究空气。

2. 激发探究空气的兴趣,感知空气与我们生活的联系。

活动准备:

塑料袋、气球(打气筒)针筒、海绵、粉笔、泡泡、蜡烛每人一份、杯子每人一个、记录表每人一份、大记录表一张。

活动过程:

◎猜谜导入

看不见,摸不着,不香不臭没味道,说它宝贵到处有,动物植物离不了。

师:现在我请小朋友拿个塑料袋去找一下空气,并且来说说你是在什么地方找到的。

◎自由探索,感知空气的特性及存在

1. 感知空气的特性。

请幼儿按自己想的用塑料袋去教室的各个地方找空气。

请幼儿互相介绍自己是在哪里捉到空气的。"你在哪儿找到了空气?"

请幼儿看一看,闻一闻:空气是什么样的? 有没有味道?

小结:空气是无色无味的,我们的周围到处都是空气。

2. 感知空气的存在。

这个空气还是一个调皮娃娃呢,它可喜欢捉迷藏了。现在老师给你们准备了一些材料,请你们去找找这个空气藏在哪里? 你是怎么找到的呢? 并记录下来。

3. 幼儿相互讨论实验的结果。

4. 请幼儿来说说发现并现场验证。

5. 小结:原来这个空气无所不在,以不同形式存在于不同的地方。

◎认识空气作用

1. 启发幼儿想一想、说一说,你知道空气有哪些用途?

2. 小结:人的呼吸离不开空气,如果没有了空气,就要死掉。

3. 空气能帮助燃烧。

4. 实验操作:把两只蜡烛立在桌面上点燃(火苗很旺),然后把杯子扣到点燃的蜡烛上。

请小朋友说一说,你发现了什么现象? 为什么会有这样的现象?

小结：在刚才的实验中，点燃的蜡烛火苗很旺是因为空气能助燃，用杯子盖住以后火就灭了。这表明空气能帮助燃烧。

◎**幼儿相互说说空气还有什么作用（延伸）**

活动照片如图4-2-3所示。

图4-2-3　找空气

**科学活动：吹泡泡**

活动目标：

1. 学习吹泡泡的方法：嘴对着泡泡器，把气吹出来。

2. 知道不同泡泡器吹出的泡泡都是圆形，体验吹泡泡的乐趣。

活动准备：

泡泡液、毛巾每组一份、不同形状泡泡器每组一份、大记录表一份、三角形、正方形、心形卡片若干，五角星吹泡器、长方形吹泡器各一个。

活动过程：

◎**谈话导入，激发幼儿吹泡泡的兴趣**

今天老师请你们来玩游戏，你们想吗？

◎**学习吹泡泡的方法**

1. 教师拿出套圈在泡泡液里一蘸，轻轻一吹出现泡泡，激发幼儿的兴趣。

你们知道怎样吹出泡泡来吗？谁来说一说？

教师示范并讲解吹泡泡的方法（吹泡泡要先蘸一点泡泡液，然后嘴对着泡泡器，把气吹出来）。

2. 你们会不会吹？吹给老师看看。

◎**创设自由探索的空间，使幼儿掌握吹泡泡的基本技能**

1. 老师为大家都准备了圆形吹泡器，你们想试试吗？

要求：吹泡泡时，嘴巴不要碰到工具，不要对着同伴的脸吹泡泡，如果不小心把泡泡水洒到桌子上，要用毛巾擦干净。音乐一停，小朋友要马上回到位置上休息。

2. 幼儿自由探索吹泡泡，掌握吹泡泡的基本技巧。师巡视指导。

3. 泡泡吹出来了吗？成功的小朋友想一想怎么样让泡泡吹得越来越大？

4. 小结吹泡泡的经验。

现在我请小朋友说说刚才是怎么成功的。教师演示，和幼儿一起总结吹泡泡的经验。蘸一蘸泡泡液，然后轻轻地吹，吹的时候要时间长些，就可以吹出泡泡了。你们都是这么做的，对吗？太棒了！

**◎猜想环节**

1. 出示记录表，介绍材料：除了圆形的吹泡器，老师也带来了其他形状的吹泡器。小朋友们来看看，都有什么形状的吹泡器？

2. 猜一猜：三角形、方形、心形的吹泡器分别会吹出什么形状的泡泡？

3. 幼儿大胆猜想，老师根据幼儿猜想做记录。

**◎出示其他形状的吹泡器，动手验证**

1. 大家都有自己的想法，结果和我们猜想的是不是一样呢？我们亲自来试试不就知道了吗？

2. 幼儿分组操作，进行记录，并提出要求。

3. 幼儿操作尝试，教师全面观察，及时给予支持与帮助。

**◎验证泡泡的形状**

原来三种形状的吹泡器，吹出的泡泡都是圆形的。

**◎结束**

### 科学活动：有趣的风

活动目标：

1. 对探索如何产生风感兴趣。

2. 发现风的形成与空气流动快慢之间的关系。

3. 大胆并清楚地表达自己在操作实验中的发现。

活动准备：

1. 物质材料。

幼儿操作材料：扇子、书、花草帽、塑料瓶（拧上瓶盖并在瓶盖上打几个小孔）、彩色泥工板、花毛巾、小花伞。

教师实验材料：同幼儿实验材料各一份，一只方形大鱼缸、水、测风仪、多媒体课件“风的用途”。

2. 认知基础：孩子们已探究过空气。

活动过程：

**◎引题，同时了解幼儿对风的已有经验水平**

1. 通过谜语“抓不住它的身子，看不见它的影子。有时会摇动树枝，有时会推倒房子”，引出它是谁。

2. 梳理经验：你平时感受过风吗？你是怎样感受到的？

3. 你对风有什么感兴趣的问题？

**◎探索风是怎样产生的**

1. 请幼儿用桌上的各种材料试一试，怎样才能产生风。

2. 师生交流第一次探索的发现：请你来试着说说，你是用什么材料、什么方法产生风的？

3. 幼儿迁移：如果不用这些材料，你也能产生风吗？

4. 组织幼儿开展讨论：为什么会产生风？

5. 教师演示类比小实验。

**◎尝试产生大风和小风**

1. 提出问题：为什么刚才产生的风一会儿大，一会儿小呢？

2. 请你用桌上的材料再去试试，怎样产生大风与小风？

3. 师生交流：你是用什么方法产生大风和小风的？

4. 幼儿讨论：为什么会产生大风与小风？

**◎结合课件，初步了解风的用途**

1. 你喜欢风吗？为什么？

2. 小结：风也会给我们带来灾难，是什么灾难呢？有什么办法来治理风灾呢？请小朋友回家后问问爸爸妈妈，也可以和爸爸妈妈一起上网查找资料，下次我们再来讨论这个问题。

活动照片如图4-2-4所示。

图4-2-4　有趣的风

**科学活动：小风车转转转**

活动目标：

1. 喜欢参加玩风车活动，对风能使风车转动的现象感兴趣。

2. 愿意用简单的语言、动作表达自己的感受。

活动准备：

人手一个小风车、一个电吹风。

活动过程：

◎**展示材料，引发兴趣**

师：今天我带来了一个很漂亮、很好玩的玩具，你们看是什么？

引导幼儿与风车打招呼。

◎**情景设疑，探索问题**

师：风车有什么本领呢？

请小朋友去试一试，帮助风车转起来。

操作后交流：你的风车转起来了吗？你用什么方法让风车转起来的？

◎**提供材料，引向深入**

师：我请来一个朋友帮忙，你们看，它是谁？它能让风车转起来吗？你认为它是怎么帮助风车的？

师：我打开电吹风后，从里面吹出来什么？你是怎么知道的？这个风能让风车转起来吗？

小结：原来是风在帮助风车转起来。

师：电吹风里吹出来的风一样大吗？大风和小风，哪个能让风车转得更快？为什么？

幼儿操作，重点引导幼儿观察不同的风力对风车转动速度的影响。操作后交流：你发现了什么？

◎**开拓延伸，自由玩耍**

师：刚才我们小朋友已经发现，风能帮助风车转起来。那哪里还有风呢？我们到外面去找一找，跑一跑，玩一玩，让风车转起来！

## 案例2　区域探究

### 科学区：小喷泉

活动目标：

1. 感知压力能使瓶中的水喷出来的有趣现象。

2. 学习自主探索，体验科学游戏带来的快乐。

活动准备：

在透明的饮料瓶盖上打上两个小圆孔（孔的大小与吸管直径一样），再将两根长吸管插入孔内，留出六分之一的长度；一盆清水；准备可供多次更换的吸管，以保证操作的安全卫生。

指导要点：

1. 鼓励幼儿自主探索，引导幼儿学会表达。

2. 引导幼儿把瓶子灌满水，拧紧瓶盖，对准其中一根吸管用力吹气。

3. 你发现了什么？你有什么想问的吗？你知道这是为什么吗？启发孩子思考。

### 科学区：喷气式飞机

活动目标：

1. 感受空气流动会产生动力推动气球飞行的现象。

2. 乐意自主探索学习，感受科学游戏的快乐。

活动准备：

长长的气球或圆气球，打气筒。

指导要点：

1. 鼓励幼儿尝试自己或与同伴合作使用打气筒给气球充气。

2. 引导幼儿想办法把气球充满。

### 美工区：有趣的塑料袋

活动目标：

1. 在游戏中感知空气的特性。

2. 体验合作游戏的快乐。

活动准备：

干净的塑料袋、各种卡纸、手工纸、剪刀、胶棒。

指导要点：

1. 提醒幼儿先选择塑料袋，之后寻找空气，将空气装进袋子里。

2. 引导幼儿构思出将要设计的动物形象，选择卡纸、手工纸等进行创设。

### 美工区：热气球

活动目标：

1. 初步了解热气球的基本构成和用途。

2. 尝试用各种材料装饰热气球，并大胆用自己的方式与同伴交流、分享作品。

活动准备：

没有打气的气球、打气筒、废旧卡通图形、卡纸、剪刀、双面胶。

指导要点：

1. 与同伴利用打气筒给气球打气。

2. 选择自己喜欢的颜色卡纸，之后设计出自己喜欢的热气球形象。

3. 引导幼儿在设计好的气球上进行创设，剪贴上自己喜欢的图案。

活动照片如图4-2-5所示。

图4-2-5　自制热气球

**案例3　亲子探究**

**小火箭上天**

活动目标：

1. 在尝试探索中感知空气的存在以及空气流动的力量，感受大气压强的作用。

2. 有主动探究的意识，体验科学探索的乐趣。

活动准备：

1. 物质材料：红、绿小火箭人手一个（大可乐瓶上盖一个纸做的圆锥体）。

2. 认知基础：幼儿对空气已有初步的认识与了解。

指导要点：

1. 家长准备已有材料，引导幼儿探索小火箭上天的方法。

2. 一起研究探索小火箭上天的原因。

3. 进一步探索，让火箭飞得更高。

## 四、整理故事，助力成长

在实施“空气游乐园”探究式主题活动过程中，我们遵循陶行知先生“生活即教育，一日生活皆课程”的教育理念，将课程的实施融在一日生活和游戏活动中，从生活的细枝末节随时随地发现教育的作用。孩子们怀着好奇的心去探索“神秘”的空气，在生活中观察、发现问题所在，提出自己的猜想，进行大胆的假设，从而进一步去寻找方法求证真相。当知识与日常生活相结合，孩子们能更好地将知识运用起来，进而激发自己的学习兴趣，形成一个良性循环，推动课程的深层次发展。

为了更好地了解和理解幼儿，关注幼儿的成长需要，了解幼儿当前的能力水平、发展情况，教师利用多种方法进行观察记录，对幼儿行为做出及时有效的连续性评价，从而对课程做出相应的调整，对幼儿采取个性化的支持策略，并且加强幼儿园与家庭的联系，及时和家长进行沟通，让老师和家长从不同的视角重新审视幼儿，因材施教，为幼儿提供更好的发展，也将幼儿园中的学习经验延续到家庭生活中，不断地学习、巩固和提升。

### （一）活动中的学习故事

预设活动中的学习故事，如表4-2-5所示。生成活动中的学习故事，如表4-2-6所示。

**表 4-2-5　“空气游乐园”预设活动中的学习故事记录表**

| 活动时间 | 2019年6月5日 | 活动地点 | 美术室 |
|---|---|---|---|
| 观察对象 | 嘟嘟、小船、核桃 | 观察者 | 刘丽雀 |
| 学习故事 | | | |
| 注意 | 前期孩子们了解到风是因为空气的流通而产生的，为了让孩子们更好地感受到空气流通的特性，于是6月5日在班级里开展了一场“风车转转转”的科探活动。一大清早，孩子们带着自己制作的风车来到了班级，嘟嘟拿着风车在班级里跑了起来，高兴地说：“呜——我的风车转起来啦！”核桃说：“我用嘴吹一吹风车也能转起来，你看！”这时小船拿着扇子走了过来，对着自己的风车扇了起来，嘴里嘀咕说：“有风啦有风啦，我的风车转起来啦！”不错，看来孩子们都已经明白了风车转动的原理是因为空气的流动而产生的风。可是，没一会儿三个人都累了，坐在地上大口地喘起气来。<br>这时，三个人拿着风车走到了电风扇面前，风车开始转动，孩子们发现了这一情况，疑问道：“为什么电风扇吹的风使风车转得那么快呢？一直转呀转，我都快看不清楚风车了。”嘟嘟思考了许久，说：“可能是空气跑得太快了，所以风很大，风车就转得很快了。”“那有没有什么办法能让风车转得更快呢？”小船好奇地问。嘟嘟说：“那就让空气跑得再快一点，风再大一点。”核桃拍手：“那我们快来试试吧！”孩子们把电风扇的档位往上升了一档，小船惊喜地开口：“我的风车转得更快了！转得更快了！”核桃和嘟嘟附和道：“我的也是，我的也是。”随着风力的越来越大，孩子们的风车转动也越来越快。<br>这个时候核桃对着远处的池塘发呆，默默地说：“空气跑跑跑，会跑到水里去吗？水里会有空气吗？”嘟嘟回答道：“这个问题我也不知道。”小船也摇了摇头：“不要看我，我也不知道空气会不会跑到水里，要不我们去问问老师吧！” | | |
| 识别 | 如果我们想告诉孩子什么，最好的方式就是玩给他看，使他们获得直接经验。教师利用风车作为探索媒介，有效地将幼儿的认知和科学知识连接起来，让孩子们明白空气具有流动性，同时改变了刻板的课堂教学模式，相信孩子是有判断力的个体，为孩子们创设开放性的环境，促使深度学习自然而然地发生。从这个片段中我们可以看出，孩子们在玩耍中发现了风车转动速度的不同，提出了自己的假设；而假设又正巧是幼儿独立思考的开始，孩子们对于问题有着天生的好奇心，会和同伴交流经验分享，在进一步了解后会提出新的疑问。教师在这一过程中并没有直接介入，而是给他们创造了良好的环境，提供充足的时间和空间进行探索，让他们去猜想假设和验证，保护他们的好奇心和探索精神，一步一步推进课程的发展。 | | |
| 回应 | 小班幼儿以具体形象思维为主，因为风车的转动，孩子们更清楚地感受到风的存在、风的大小和风车转动的关系，在后续的讨论中，孩子们对“空气会跑到哪里？”“水里会有空气吗？”这样的问题产生兴趣，于是“水中有没有空气？”的探究活动就这样产生了。 | | |

表4-2-6 “空气游乐园”生成活动中的学习故事记录表

| 活动时间 | 2019年6月5月 | 活动地点 | 活动室 |
|---|---|---|---|
| 观察对象 | 芽芽、多多、艾米 | 观察者 | 刘丽雀 |
| 学习故事 | | | |
| 注意 | 今天孩子们早早地来到幼儿园，发现了一瓶洗洁精后，发出了提议：“要不我们玩吹泡泡吧！”“好呀好呀！”孩子们附议道。“可是，”艾米摊了摊手，“我们没有吹泡泡的工具，也没有泡泡水。”多多拍了拍艾米说：“别着急，我们可以自己做呀！”<br>说时迟那时快，孩子们利用网络查询了泡泡水的制作方法，共同操作在水里加入洗洁精、胶水等材料，再用筷子搅拌一下，泡泡水就制作完成了。可是制作泡泡的工具该用什么呢？这可让孩子们犯了难。芽芽有了主意：“我们可以用吸管呀！这样泡泡就能吹出来了！”经过芽芽的启发，孩子们的灵感迸发了出来，艾米说：“我要用吸管做一个五角星，这样吹出来的泡泡会不会是星星形状的呢？”多多说：“我觉得肯定是，我要折一个正方形，吹出很多正方形的泡泡。”孩子们纷纷加入了吹泡泡工具的制作当中。<br>工具做好了，多多把吸管对着嘴巴，用力“呼”的一声把气吹出来，正当大家满心期待的时候，吹出来的泡泡却是圆形的，孩子们疑惑极了，艾米也赶紧拿着自己的五角星形状来试一试，果不其然，艾米说：“怎么我的泡泡吹出来也是圆形的呀？”为了验证泡泡能否吹出其他形状，芽芽拿了很多形状的吹泡泡工具，可无论是爱心形的还是三角形的都只能吹出圆形的泡泡。芽芽叹了叹气说：“为什么泡泡都是圆形的呢？”艾米说：“是不是因为吹的是吸管，我们换成铁丝试一试吧！” | | |
| 识别 | 吹泡泡是每个小孩子特别喜欢的游戏。此次活动让孩子们亲身体验研究的过程，探究吹泡泡的工具，改变物体的形状制作出吹泡泡的工具，二者之间存在经验的迁移和运用，开拓了孩子的思维。在探究泡泡的过程中，孩子们找到了一个感兴趣的操作点：能否吹出不同形状的泡泡，这是孩子的兴趣点，也是值得探究挖掘的点。活动中孩子们制作了很多形状的工具，去验证自己的猜测，进行一次又一次的尝试，同时在活动尾声也提出了自己的疑惑：“为什么泡泡都是圆形的？” | | |
| 回应 | 出于对泡泡的喜爱，孩子们想把泡泡玩出更多的花样，但在过程中孩子们发现泡泡只能吹出圆形的，于是乎“泡泡的形状是否与吹的工具有关？”“泡泡是不是只有圆形的？”，关于此类的问题，我们可以再开设一节课程探究泡泡的活动。 | | |

### （二）设计者的话

《幼稚园课程标准》中提到要“引领幼儿对自然环境和日常活动的观察与探究”。在本次主题实施的过程中，设计者从幼儿的实际生活出发，将社会生活与科学探究联系在一起，发现空气的秘密。以孩子们感兴趣的“空气的作用”“空气的重要性”“空气的特性”形成三个模块的活动，在初步认识空气、掌握一定核心经验的基础上探寻空气的属性特征，利用直观的现象观察、感受空气的存在，最后将空气玩转起来，与科学游戏活动结合在一起，推动课程进展，将知识运用于生活，刺激幼儿学习的兴趣。

到户外玩耍让孩子们感受风的存在，喷泉的水花让孩子们明白空气的压力差，小火箭的发射更让孩子们明白空气不仅仅可以用来呼吸，还可以造就伟大的科技。给孩子留有一定的空间，去思考，去验证，去大胆假设。在真实的问题中，发现孩子的语言，让孩子们去寻找意义，而不是倾听意义。

空气是我们无声的朋友，短短几周孩子们利用各种外来力量认识了空气，但对于孩子们而言，火箭、喷泉、喷射式飞机、热气球似乎离他们很遥远也并不常见。其实关于空气的使用一直藏在我们生活之中，如真空包装、游泳圈等。随着环境的日益恶化，雾霾、沙尘暴使得空气质量越发下降。其实空气是人类的共有财产，对于空气的探索，孩子们还在不断继续。

（刘丽雀　黄亦慕）

## 设计3　石头探秘之旅（大班）

### 一、共享共探，确定主题

#### （一）问题缘起

石头在我们的生活中非常常见。比如：温州著名的雁荡山，就有许多奇形怪状的石头；青石博物馆，有许多各种石头制作的成品；等等。就连我们的幼儿园里也有很多石头的踪迹，石头路、石头水池、石头桌子等；但是我们发现幼儿对石头的了解很表面，并且只认识一部分石头。

有一天散步的时间，我们经过了石头路，孩子们发现有些石头坑。烁烁小朋友就问："哎，这是个石头坑么？里面的石头去哪里了？""这边也有一个，他们的大小似乎不一样，那是不是石头也不一样呢？"小宝也一起蹲下来观察起来，很快就吸引了其他的小朋友一起蹲在石头路上开始观察起来，石头有大有小，有光滑的和粗糙的，他们就这样你一言我一语地聊起来……

#### （二）价值分析

通过了解和调查，我们发现幼儿对石头充满探究欲望，于是我们决定从石头出发，进行相关探究。"石头"看似很简单，其实涉及的领域及知识特别多，作为教师应该尊重幼儿的兴趣点，捕捉他们感兴趣的内容，提供丰富的教育资源，引导幼儿了解石头的特征、种类、用途，支持幼儿深入探究石头的内部结构、科学知识，丰富相关经验。在此过程中，锻炼幼儿的观察探究能力、动手操作能力、沟通合作能力。

### (三)主题确立

为了进一步了解幼儿对石头已有的认知经验和进一步探究的兴趣点,同时厘清后续探究的方向,我们对幼儿进行了一次关于“石头”的小调查,把幼儿已有的经验和感兴趣的探索内容或疑问记录下来,并进行分类、梳理,如表4-3-1所示。

表4-3-1 “我知道、我还想知道”调查表

| 关于石头,我知道 | 关于石头,我还想知道 |
| --- | --- |
| 1. 石头的种类(鹅卵石、大理石、大礁石、金刚石……)。<br>2. 石头的颜色有很多种(灰色、黑色)。<br>3. 火山会喷发。<br>4. 石头可以打水漂、旋转陀螺、叠高。<br>5. 石头可以装饰和画画。<br>6. 用石头摩擦起火。<br>7. 鹅卵石摸起来滑滑的、冰冰的。<br>8. 陨石在外太空。<br>9. 化石是由以前的动物变成的。 | 1. 为什么石头的颜色、大小、形状都是不一样的呢?<br>2. 为什么有些石头摸起来滑滑的,有些石头摸起来刺刺的呢?<br>3. 石头为什么可以在地上画画?<br>4. 为什么页岩是层层叠叠的?<br>5. 怎样辨别宝石?<br>6. 陨石是什么样子的?<br>7. 地底下和海里的石头为什么那么容易碎?<br>8. 石头可以变出不同的样子吗?<br>9. 沙子是不是石头?<br>10. 石头是怎么来的? |

通过对幼儿进行“我知道、我还想知道”的调查活动,我们了解到孩子们对石头已经有了一定的认知经验,如石头的种类、颜色、作用等,能看出幼儿有很多的兴趣点,但是他们对石头还有很多疑问,如:石头的外形特征、结构、辨别方法等。我们将幼儿的这些问题进行梳理,归纳相关经验如表4-3-2所示。

表4-3-2 “我还想知道”的关键经验梳理表

| 幼儿要探究的问题表述 | 所归属的关键经验范畴 |
| --- | --- |
| 1. 为什么石头的颜色、大小、形状都是不一样的呢? | 石头的种类 |
| 2. 为什么有些石头摸起来滑滑的,有些石头摸起来刺刺的呢? | 石头的外形特征 |
| 3. 石头为什么可以在地上画画? | 石头的作用 |
| 4. 为什么页岩是层层叠叠的? | 石头的内部结构 |
| 5. 怎样辨别宝石? | 石头的辨别方法 |
| 6. 陨石是什么样子的? | 石头的外形特征 |

续　表

| 幼儿要探究的问题表述 | 所归属的关键经验范畴 |
|---|---|
| 7. 地底下和海里的石头为什么那么容易碎？ | 石头与环境的关系 |
| 8. 石头可以变出不同的样子吗？ | 石头的设计 |
| 9. 沙子是不是石头？ | 石头的种类 |
| 10. 石头是怎么来的？ | 石头的来源 |

因此，我们充分挖掘与石头相关的教育价值，通过开展探究式主题活动“寻石记”，提高幼儿对石头的认识，帮助幼儿了解石头所涉及的各领域知识，促进幼儿全面发展，具体制订了以下主题目标。

1. 通过观察关注周围环境中各种各样的石头，了解石头的种类及其用途，感知石头的特性和内外构造。

2. 尝试石头的各种实验，感受石头的神奇之处，表达对石头的感受，体验探究的快乐。

3. 运用多种手段，了解石头与人类的关系，萌发对大自然的美好情感，增强环保意识。

## 二、厘清脉络，立点梳线

### （一）预设主题网络图

在进行石头探秘之旅的主题前，我们做了一些前期准备。一方面，对石头相关知识做进一步的了解，如石头的来源、结构等；另一方面，在之前的调查中我们发现幼儿对石头存在很大的兴趣，同时也存在很多的疑问，对此我们做了梳理和提炼，从石头的来源、石头的特征、石头与人类的关系等几个方面出发，并且考虑到五大领域内容的平衡，最终形成此次探究式主题的预设网络图，如图4-3-1所示。

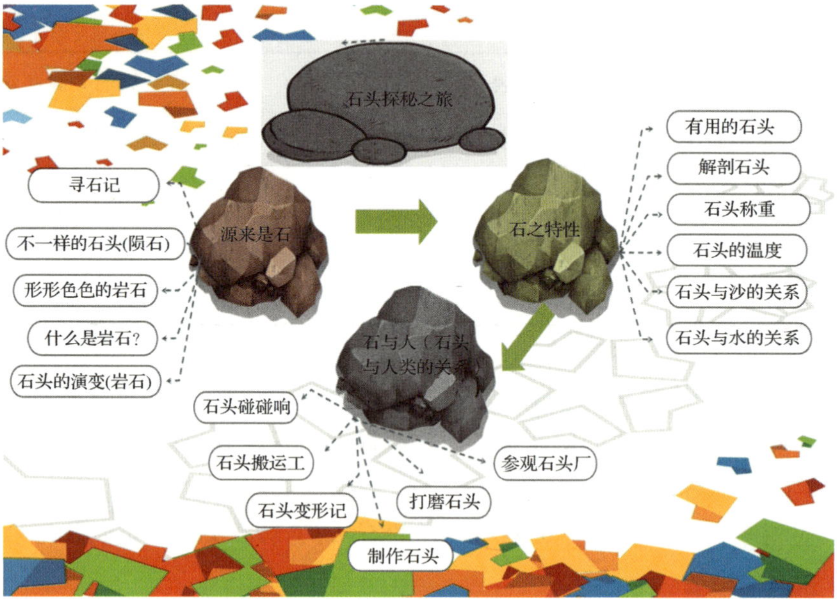


图 4-3-1 “石头探秘之旅”预设主题网络图

## (二)预设活动导航表

制定好石头预设网络图之后,教师对石头相关资料进行梳理,并与所在年级段教师进行互动研讨,丰富教学资源库备用。同时,为了使教师厘清寻石记的开展思路,明确探究方向和活动形式,我们编制了以下活动方案预设导航表,如表4-3-3所示。

表 4-3-3 “石头探秘之旅”活动方案预设导航表

| 序号 | 主题板块 | 活动名称 | 活动目标 | 涉及领域 |
|---|---|---|---|---|
| 1 | 源来是石 | 寻石记 | (1)了解石头的特征,激发探究欲望。<br>(2)愿意大胆介绍自己认识的石头。 | 科学、语言 |
| 2 | | 不一样的石头 | (1)知道每一块石头的大小、形状、颜色都不一样。<br>(2)初步认知宇宙太空的奥秘。 | 数学、社会 |
| 3 | | 形形色色的岩石 | (1)理解绘本故事,感知石头的不一样。<br>(2)乐意与同伴观察石头的好坏。 | 语言、数学 |
| 4 | | 什么是岩石? | (1)通过观察和实验,了解石头的多样性。<br>(2)激发幼儿热爱大自然的情感。 | 语言、科学 |
| 5 | | 石头的演变 | (1)初步了解石头的来源,知道石头的演变过程。<br>(2)对石头的特性产生浓厚的兴趣。 | 科学 |
| 6 | 石之特性 | 温州石雕 | (1)观赏温州石雕作品,通过视频、图片了解温州石雕历史以及造诣特点。<br>(2)初步体验水磨石头带来的乐趣。 | 艺术、语言 |

续　表

| 序号 | 主题板块 | 活动名称 | 活动目标 | 涉及领域 |
|---|---|---|---|---|
| 7 | 石之特性 | 有用的石头 | (1)感知石头的作用,萌发探究意识。<br>(2)感受石头的特性,了解石头的作用。 | 科学、语言 |
| 8 | | 解刨石头 | (1)知道解剖石头需要的材料,并尝试简单地解剖石头。<br>(2)大胆和同伴交流自己的操作方式和发现,培养对科学的兴趣。 | 语言、科学 |
| 9 | 石之特性 | 石头称重 | (1)知道大、小石头的重量不同,能用多种方法比较石头的轻重。<br>(2)大胆地动手操作并表达自己的发现,与同伴合作完成表格。 | 科学、数学 |
| 10 | | 石头温度 | (1)感知石头变热的现象。<br>(2)探究使石头变热的多种方式并记录。 | 科学、数学 |
| 11 | | 石头和沙的关系 | (1)了解沙子和石头的特征,知道沙子和石头是多样的。<br>(2)通过观察和讨论,发现沙石的使用及其与人们生活的关系。 | 科学、语言 |
| 12 | | 石头和水的关系 | (1)初步知道小石子、沙子、棉球可以过滤掉清水中的杂质。<br>(2)在探索中,喜欢与同伴一起合作、探究,愿意自己动手做实验。 | 科学、语言 |
| 13 | 石与人 | 石头碰碰乐 | (1)探索用石头跟随音乐的节奏进行打击。<br>(2)体验敲击出声音的乐趣。 | 音乐 |
| 14 | | 石头搬运工 | (1)尝试搬运货物的各种方法,发展肢体力量。<br>(2)感受与同伴合作搬运的乐趣,勇于挑战并乐意分享。 | 健康 |
| 15 | | 石头变形记 | (1)运用各种材料装饰石头,体验石头画的乐趣。<br>(2)能大胆地进行石头的组合,创造出新颖的形象。 | 美术 |
| 16 | | 制作石头 | (1)学会用方法制作石头,体验制作成功的快乐。<br>(2)锻炼幼儿的精细运动能力。 | 科学、美术 |
| 17 | | 打磨石头 | (1)初步体验用各种材料打磨石头。<br>(2)通过视频、图片了解温州石雕的历史以及特点。 | 科学、语言 |
| 18 | | 参观石头厂 | (1)知道石头厂的具体内容,并大胆与同伴分享。<br>(2)体验参观石头厂的乐趣。 | 社会 |

## 三、预设生成,灵动调整

### (一)内容的调整与实施

本次探究式主题活动因为疫情,延续了比较长的时间。在活动进行的过程中,由于时间的延长、家长寒假带幼儿参观石头博物馆等石头地，造成幼儿对石头的知识储备及感兴趣的方面与教师之前预设的主题内容有所不同，甚至有所偏离网络图，这时就需要教师多方位了解幼儿的知识储备，对内容进行先修改、再提炼、后增加，使幼儿的探究兴趣一直延续，主题内容层层递进。通过多层次、多形式的主题活动，幼儿在发现问题、解决问题、生发问题的过程中，获得有益于身心全面发展的多领域提升，从而充分发挥探究式主题活动的教育功能，使“石头探秘之旅”的探究式主题活动更有意义。“石头探秘之旅”生成主题网络图，如图4-3-2所示。实施活动一览表，如表4-3-4所示。

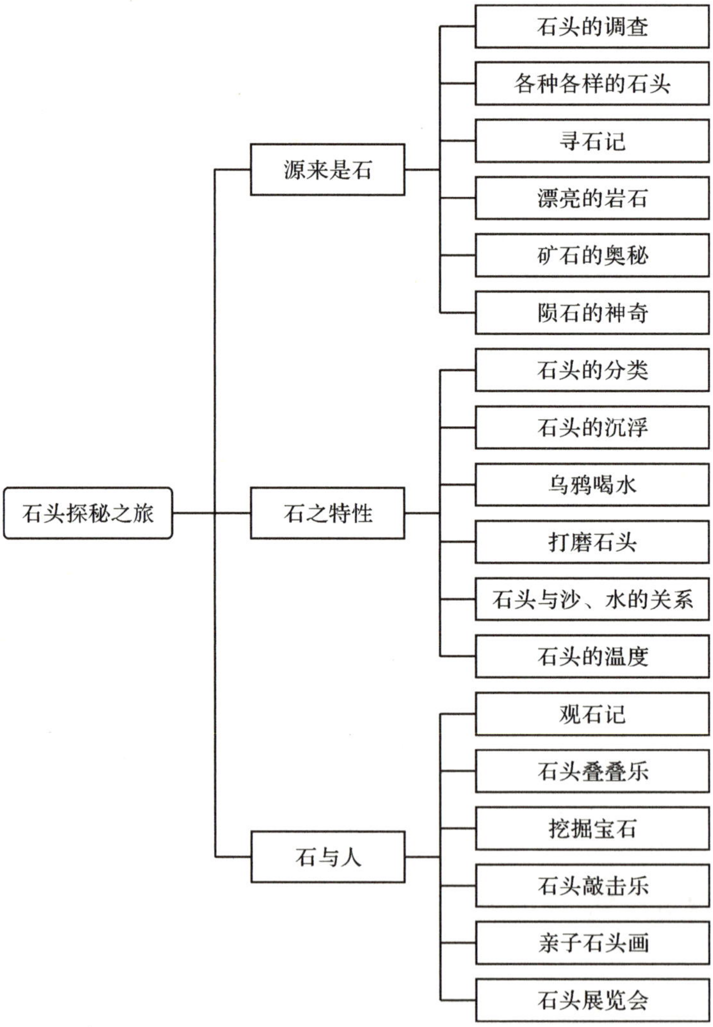


图4-3-2 “石头探秘之旅”生成主题网络图

**表4-3-4 “石头探秘之旅”实施活动一览表**

| 活动名称 | 活动目标 | 涉及领域 | 实施途径 |
| --- | --- | --- | --- |
| 石头的调查 | 1. 基于原有经验大胆地说出自己对石头的了解。<br>2. 乐意用“头脑风暴”的方式表达自己关于石头的探究方向。 | 语言、科学 | 集体探究 |
| 多种多样的石头 | 1. 收集身边各种各样的石头，产生进一步探究的兴趣。<br>2. 通过看、摸等方式初步了解石头的形状、花纹、质地等特性。 | 科学、社会 | 集体探究 |
| 石头分类 | 1. 能够根据石头的形状、花纹、质地等特征进行分类。<br>2. 体验和同伴一次次验证的乐趣。 | 科学、社会 | 集体探究 |
| 寻石记 | 1. 寻找幼儿园里的各种石头，看一看、摸一摸。<br>2. 感受不同石头在幼儿园各个角落的美和用处。 | 科学 | 集体探究 |
| 漂亮的岩石 | 1. 认识常见的石头，了解岩石的自然属性——风吹不动，火烧不怕等。<br>2. 感受岩石的特征、种类。 | 语言、科学 | 集体探究 |
| 矿石的奥秘 | 1. 通过观察、触摸，感知铜矿原石与其他石头的区别。<br>2. 多种途径了解铜矿石提炼精铜的经过，知道铜矿石的价值。 | 社会、科学 | 集体探究 |
| 石头的沉浮 | 1. 通过观察、触摸、掂量，感知火山石的特性。<br>2. 亲手操作各种石头的沉浮实验，知道火山石是可以浮在水面上的。<br>3. 观看火山石的视频，了解火山石在生活中的作用与价值。 | 数学、科学 | 集体探究 |
| 乌鸦喝水 | 1. 了解瓶子水位的上升跟放入石头的数量、大小有关。<br>2. 体验探究并验证乌鸦喝水实验的乐趣。 | 数学、语言 | 区域探究 |
| 观石记 | 1. 在家人的带领下领略温州的奇峰怪石。<br>2. 观赏温州石雕作品，通过视频、图片了解温州石雕的历史以及特点。 | 科学、社会 | 亲子探究 |
| 石头屋 | 1. 尝试借助各种材料搭建石头屋。<br>2. 感知物体的平衡，感受搭建的乐趣。 | 科学、社会 | 区域探究 |
| 打磨石头 | 1. 根据现有材料，进行石头的打磨。<br>2. 了解石头的内部结构，知道石头的组成。 | 科学 | 集体探究 |
| 石头与沙子、水的关系 | 1. 最初了解沙子和石头的特征，知道沙子和石头是多样的。<br>2. 通过观察和讨论，了解石头与沙、水的关系。 | 科学 | 区域探究 |

续 表

| 活动名称 | 活动目标 | 涉及领域 | 实施途径 |
|---|---|---|---|
| 石头的温度 | 1. 大胆猜测让石头变热的方法，并记录在记录纸上。<br>2. 根据记录纸里的记录，通过实际操作验证让石头变热的方法。<br>3. 在验证的过程中，体验石头变热科学实验的乐趣。 | 科学、数学 | 小组探究 |
| 挖掘宝石 | 1. 尝试与同伴合作，利用工具在石头里挖掘出宝石。<br>2. 观察灯光下石头的外部特征。 | 科学、美术 | 区域探究 |
| 神奇的陨石 | 1. 通过视频发现陨石的特点和神奇之处。<br>2. 利用现有材料演示陨石飞落的实验，了解陨石坑。 | 科学 | 集体探究 |
| 石头打击乐 | 1. 探索用石头和辅助材料跟随音乐的节奏进行打击乐，表现音乐鲜明的节奏。<br>2. 尝试分段交替演奏，体验合作演奏的乐趣。 | 音乐、社会 | 集体探究 |
| 亲子石头画 | 1. 大胆想象，利用各种辅助材料创作石头画作品。<br>2. 提升对美的感受，增强亲子之间的情感。 | 美术、社会 | 亲子探究 |
| 石头展览会 | 1. 幼儿能够大胆讲述自己的作品，提高自信心。<br>2. 通过对石头创意作品的欣赏，提高幼儿的审美能力。 | 美术、社会 | 集体探究 |

教师预设活动　　幼儿生成活动　　师生生成活动

### (二)案例呈现

#### 案例1　集体探究

**科学活动：多种多样的石头**

活动目标：

1. 收集身边各种各样的石头，产生进一步探究的兴趣。

2. 通过看、摸等方式，初步了解石头的形状、花纹、质地等特性。

活动准备：

各式各样的石头、PPT。

活动过程：

**◎以观察“石头展览”谈话引入**

师：今天班级举行一场石头展览会。展览会上有好多不同的石头，请你们看一看、摸一摸、比一比石头，看看石头都有哪些不一样。

**◎幼儿参观“石头展览”，分享探究发现**

幼儿介绍石头。

师：你认识哪些石头？你发现哪些石头的秘密？

◎**探究石头的特性**

1. 引导幼儿小结。

师：你们知道这些奇形怪状的石头有什么作用吗？

2. 展示相关图片，介绍石头的作用。

**科学活动：石头分类**

活动目标：

1. 能够根据石头的形状、花纹、质地等特征进行分类。

2. 体验和同伴一次次验证的乐趣。

活动准备：

幼儿收集到的石头。

活动过程：

◎**观察石头，对石头产生兴趣**

师：今天大家带来了各式各样的石头，他们是一样的吗？哪里不一样呢？

◎**根据石头的特质进行石头分类**

1. 观察、比较石头。

师：怎样才能又快又清楚地对石头进行分类呢？

2. 分组进行分类。

3. 鼓励幼儿介绍分类的原因。

师：你们是怎么给石头分类的，原因是什么？

4. 对石头的特征进行深入了解。

通过视频，了解石头的具体特征。

活动照片如图4-3-3所示。

图3-3-3　石头分类

**科学活动：石头的沉浮**

活动目标：

1. 通过观察、触摸、掂量，感知火山石的特性。

2. 亲手操作各种石头的沉浮实验，知道火山石是可以浮在水面上的。

3. 观看火山石的视频，了解火山石在生活中的作用与价值。

活动准备：

实验操作材料（各种石头、盛水的水盆、毛巾）每组一份。

活动过程：

**◎通过观察、触摸、掂量，感受石头的不同**

出示不同的石头，让幼儿感受。

师：今天我带来了这么多的石头，你们觉得有什么不一样？可以上来看一看，摸一摸，掂一掂。

**◎通过实验，了解石头的沉浮不同**

1. 幼儿实验并做记录。

师：现在请你们一起去试一试到底哪些石头会浮起来，哪些石头会沉下去？

2. 幼儿分享。

师：请把你们的实验结果分享一下。

**◎观察视频，了解火山石**

1. 提问，对火山石感兴趣。

师：你们刚才都知道火山石能够浮起来了，这是为什么呢？

2. 播放视频。

师：火山石是怎么形成的？为什么火山石会浮起来呢？

## 案例2　区域探究

**科学区：乌鸦喝水**

活动目标：

1. 了解瓶子水位的上升跟放入石头的数量、大小有关。

2. 体验探究并验证乌鸦喝水实验的乐趣。

活动准备：

若干半瓶水、若干勾线笔、若干小石子、毛巾、记录表。

指导要点：

1. 观看乌鸦喝水的视频。

2. 幼儿利用各种材料，如若干半瓶水、若干勾线笔、若干小石子等进行实验，实验过程填写记录表。

3. 分享成功的实验。

活动照片如图4-3-4所示。

图4-3-4　乌鸦喝水

**科学区：挖掘宝石**

活动目标：

1. 尝试与同伴合作，利用工具在石头里挖掘出宝石。
2. 观察灯光下石头的外部特征。

活动准备：

宝石化石、挖宝石工具。

指导要点：

1. 先简单介绍教师准备好的材料：宝石化石、挖宝石的工具。
2. 利用工具进行挖化石的操作，并学会整理多余的垃圾。
3. 用灯光和放大镜观察自己挖出的宝石。

**建构区：石头屋**

活动目标：

1. 尝试借助各种材料搭建石头屋。
2. 感知物体的平衡，感受搭建的乐趣。

活动准备：

石头、其他建构材料。

指导要点：

1. 教师出示石头屋的图片，了解石头屋的构造。
2. 引导幼儿按照自己的想法搭建创造石头屋。
3. 鼓励幼儿介绍自己搭建的石头屋。

**音乐区：石头打击乐**

活动目标：

1. 探索用石头和辅助材料跟随音乐的节奏进行打击，表现音乐鲜明的节奏。
2. 尝试分段交替演奏，体验合作演奏的乐趣。

活动准备：

石头、音乐。

指导要点：

1. 教师出示并介绍石头和器乐。
2. 引导幼儿用不同器乐敲击石头发出声音。
3. 鼓励幼儿跟着音乐一起演奏石头演唱会。

### 案例3 亲子探究

主题开展前期，我们与家长进行沟通，预告新主题活动的名称、教育目标、学习目标、活动内容等，请家长协助孩子搜集资料，记录信息，丰富孩子的相关经验。同时在寒假期间鼓励家长带幼儿参观石头的博物馆及旅游景点，引发幼儿持续探究主题的兴趣，延伸幼儿的知识面。这次的亲子石头画就是一次成功的亲子探究。

**亲子石头画**

活动目标：

1. 大胆想象，利用各种辅助材料创作石头画作品。

2. 提升对美的感受，增强亲子之间的情感。

活动准备：石头画的材料。

指导要点：

1. 寻找材料，确定绘画内容。

2. 动手进行亲子石头画。

3. 展示介绍自己的作品。

作品如图4-3-5所示。

图4-3-5 亲子石头画

### （三）环境创设

“石头探秘之旅”的主题环境创设应该符合本班幼儿兴趣与需要，凸显灵活性、动态性和互动性的特点。通过环境潜移默化的作用，刺激幼儿的感官，满足幼儿的发展需要。随着主题活动的深入开展，我们的主题墙也日渐丰满，在“石头探秘之旅”这个主题中，幼儿成为环境的主人，人人参与环境的设计、布置。

活动照片如图4-3-6所示。

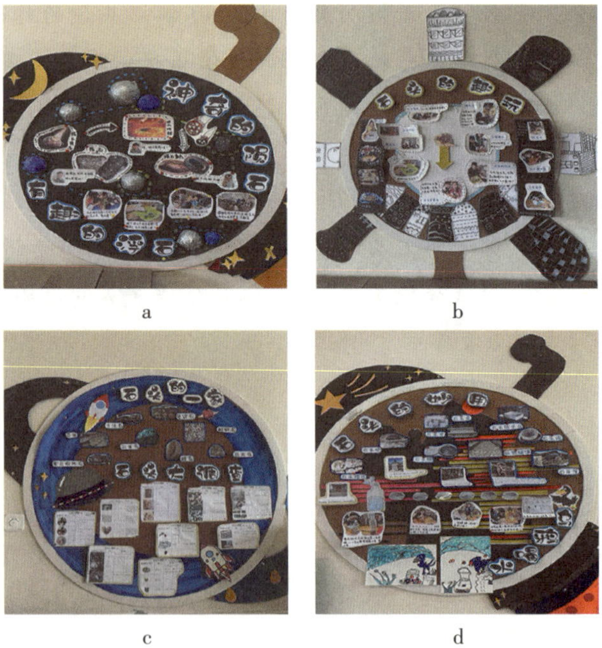

a b c d

图4-3-6 小主题墙照片

## 四、整理故事，助力生长

在关于“石头探秘之旅”的探究式主题活动中，我们用了两个学期的跨度，孩子们慢慢地深入了解石头。从主题环境的创设到区域活动的设计以及教育活动的组织，多层面、多角度地激发幼儿的兴趣点和提高幼儿的积极性。在整个学习过程中，老师观察捕捉幼儿学习中的“哇时刻”和“魔法时刻”，以白描的方式进行叙事性的描述，进一步分析和理解幼儿的学习情况，及时根据评价表反馈幼儿的学习程度，并有计划地支持幼儿的进一步学习活动。以下为我们探究式主题活动中的学习故事评价表。

### （一）活动中的学习故事

预设活动中的学习故事，如表4-3-5所示。生成活动中的学习故事，如表4-3-6所示。

**表4-3-5　“石头探秘之旅”预设活动中的学习故事记录表**

<table>
<tr><td>活动时间</td><td>2021年3月</td><td>活动地点</td><td>大(3)班教室</td></tr>
<tr><td>观察对象</td><td>琪琪、小凡</td><td>观察者</td><td>鲁梦圆</td></tr>
<tr><td colspan="4">学习故事</td></tr>
<tr><td>注意</td><td colspan="3">之前读了《乌鸦喝水》的故事，孩子们对乌鸦喝水的这一过程很好奇，想要亲自尝试一番。琪琪先用自己的矿泉水瓶接了三分之一的水，在水的同一高度位置用勾线笔画一条黑线来做记录。<br>琪琪想：“那我放多少石头会上升呢？”小凡急忙回答：“我知道！可以再量一下，每5厘米我们画一条黑线，看看要放多少石头会上升。”琪琪高兴地点点头，并去拿了一张白纸和笔，让小凡在一旁进行记录。琪琪开心地把石子放入水里，一看水没过了第二条线便十分开心。小凡问琪琪：“它没过这条线啦，你是放了几块石头呢？我要记录起来。”琪琪摸摸脑袋：“啊哦，我刚刚忘记数了，只是一直放进去了呢。”两人对视了一会儿，就将头侧过来盯着矿泉水的底部开始数石子啦。<br>他们有了之前的经验便开始了第二次实验，拿来差不多大小的石子继续进行。“六、七、八、九、十。哇！水又上升了，到第三条线啦！”琪琪激动地大叫了起来，小凡也马上记录在纸上。他们发现，石头大小不一样，那么水多涨5厘米用到的石头数量也是不一样的。实验到最后水满了出来，他们满意地点了点头：“原来乌鸦就是这么喝水的呀！”</td></tr>
<tr><td>识别</td><td colspan="3">在这一次活动中，可以看出琪琪是一个细心、认真的女孩子，在实验的过程中，也会不断改进，和其他小朋友一起商量好办法。小凡也十分配合，两名幼儿合作得十分愉快，一名做实验一名做记录，才能让“乌鸦喝水”的实验那么成功。</td></tr>
</table>

续　表

| | |
|---|---|
| 回应 | 幼儿在实验中已经理解了在密闭的储水处，石头的体积可以使水位上升。在实验的过程中，还有些小朋友因为不明白意思，将勾线笔画到了石头上面。所以下一次的环节可以让孩子们想一想什么材料可以画石头装饰画？ |

**表4-3-6　"石头探秘之旅"生成故事中的学习故事记录表**

| 活动时间 | 2021年3月 | 活动地点 | 大(3)班教室 |
|---|---|---|---|
| 观察对象 | 小涵、小妍 | 观察者 | 李浩然 |
| 学习故事 | | | |
| 注意 | 当孩子们看过石船的视频后，他们对石船特别感兴趣："我要在浮石上面搞一个洞，插一面小红旗。"小涵手舞足蹈地说着。"我要把浮石放在下面，然后在上面用上一次性筷子，让它变得更大。"小妍开心地比画着……孩子们纷纷表达了自己的想法，并付诸行动。<br>孩子们在区域活动中做好了石船，迫不及待想要试一试。当将石船放进水里，进行试验时却发现了问题。"哎呀，我的船。"小涵发出了惨叫，原来是她的石船往一边倾斜，这是怎么回事呢？我们进行了观察，发现小涵的石船由两块浮石拼接而成，一块长方形，一块椭圆形，小妍用手拿起来掂一掂："老师，这个一边重一边轻。"他们俩又试了试，发现果真如此。那么就要改变这个状况。"可是我的塑料船身都翘起来了。"看来材料的选择很重要，不能贴得太挨近浮石底部，不然船身和船底就分开了。经过整改，孩子们的石船更加牢固，美观性也提高了不少。并且孩子们发现非动力的石船虽然可以浮在上面，但是不能往前开，只能靠手去拨动。活动照片如图4-3-7所示。<br><br>**图4-3-7　做石船** | | |
| 识别 | 小妍和小涵合作制作的石船非常美观，但是需要通过实验才能确定石船制作是否成功。在这过程中，孩子们遇到了难题。面对难题时，他们没有气馁，而是通过自己的观察和研究，发现了问题，并对问题进行了整改。 | | |
| 回应 | 这一次的活动说明我们要支持幼儿的兴趣，鼓励幼儿对自己的作品进行验证；并且基于幼儿日常生活的经验，选择有价值的素材，获取新知，助推完整儿童的发展。石船完成后，我们可以让幼儿在大人的帮助下再次制作自动石船，相信这样的石船孩子们肯定更喜欢。 | | |

## （二）设计者的话

本次探究式主题活动中，幼儿在探究、分享、记录、策展中，不仅促进了高阶思维的发展，还提升了自主学习的意识，对石头有了一个深入学习、仔细探究的过程，通过对石头各领域、各形式的研究，其自身认知、口头语言、书面语言、综合素质有了一个较大的提升。而设计者也逐渐“退后”，成为孩子探究的启发者和支持者，让每一个孩子充分发挥自己潜在的能力，获得自主生长。

孩子们在持续两个月的探究过程中，观察、触摸、实验、欣赏等一步步走进石头的世界，深入了解石头。孩子们每一次专注的眼神，每一次开心的笑容都透露着对“石头探秘之旅”的喜爱，在这短短的探究时间里，孩子们探究的脚步从未停止。虽然我们的主题活动已结束，但相信孩子们对石头的探秘之旅并未结束。接下来我们还可以去寻找石头厂，让孩子亲眼见证石头是怎么切割的，同时孩子们对陨石的探究也非常感兴趣，可以继续深入研究，我们将尊重幼儿的兴趣，带着幼儿继续石头的探秘之路。

（李浩然）

# 第五章

## 享受创造的乐趣

### 设计1　汽车总动员(大班)

#### 一、共享共探,确定主题

**(一)问题缘起**

在我们生活中汽车是无处不在的,马路上、小区里、车库里等都有各式各样的汽车。当汽车从孩子们眼前飞驰而过的时候,当孩子们路过车库看到汽车的时候,当孩子们坐在汽车里看窗外的时候,他们离汽车是那样近,他们对汽车是那样熟悉。

大班开学初,孩子们都很兴奋地交流着自己放假去了哪儿玩,是怎么去的。小雅一进教室就大声告诉大家:“我放假去泽雅玩啦,是坐着我爸爸的小汽车去的,坐在里面就像躺在床上一样!”小翔听完小雅的话马上接道:“我爸爸的车很长,里面可以坐好多人呢!”小轩这时也跑来了:“我是坐我舅舅的房车去杭州玩的,房车就像一个家一样,里面什么都有,可方便啦!”孩子们你一言我一语地聊开了……

**(二)价值分析**

通过观察,我们发现幼儿对汽车非常感兴趣,于是以汽车为线索进行相关探究。“汽车”主题涉及的领域及内容很多,作为教师应及时捕捉幼儿感兴趣的事物和话题,提供丰富的教育资源,充分调动他们的积极性,引导幼儿深入探究汽车的奥秘,帮助幼儿了解不同汽车的外形特征、内部构造以及用途,丰富相关经验;并在此过程中锻炼他们的沟通合作能力、解决问题能力和创新创造能力。

### （三）主题确立

为了进一步了解幼儿对汽车已有的认知经验和进一步探究的兴趣点，同时厘清后续探究的方向，我们对幼儿进行了一次关于“汽车”的小调查，把幼儿已有的经验和感兴趣的探索内容或疑问记录下来并进行分类、梳理，具体如表5-1-1所示。

**表5-1-1　“我知道、我还想知道”的调查表**

| 关于汽车，我知道 | 关于汽车，我还想知道 |
|---|---|
| 1. 汽车是各种各样的。<br>2. 汽车需要加油。<br>3. 公交车比面包车大。<br>4. 汽车有不同的标志、形状。<br>5. 汽车不可以到处乱开。<br>6. 汽车有大有小。<br>7. 我们小区停着好多不同颜色的汽车。<br>8. 汽车都有车牌。 | 1. 汽车的引擎盖里有什么？<br>2. 汽车有多重？<br>3. 警车为什么要装警笛？<br>4. 消防车的设备放在哪里？<br>5. 汽车是怎么发动的？<br>6. 汽车为什么要装轮子？<br>7. 汽车为什么会排放尾气？<br>8. 洗车是怎么清洗的？<br>9. 汽车的车牌为什么有不同的颜色？<br>10. 新能源汽车是什么样的？ |

通过对幼儿进行“我知道，我还想知道”调查活动，我们了解到孩子们对汽车已经有了一定的认知经验，如汽车的颜色、大小、品牌等，能看出幼儿有很多的兴趣点，但是他们对汽车还有很多疑问，如汽车的结构、种类等。我们将幼儿的这些问题进行梳理，提炼归属的关键经验，如表5-1-2所示。

**表5-1-2　“我还想知道”的关键经验梳理表**

| 幼儿要探究的问题表述 | 所归属的关键经验范畴 |
|---|---|
| 1. 汽车的引擎盖里有什么？ | 汽车的结构与功能 |
| 2. 汽车有多重？ | 汽车的外形特征 |
| 3. 警车为什么要装警笛？ | 汽车的工作原理和维护 |
| 4. 消防车的设备放在哪里？ | 汽车的种类 |
| 5. 汽车是怎么发动的？ | 汽车与人类生活 |
| 6. 汽车为什么要装轮子？ | 汽车的结构与功能 |
| 7. 汽车为什么会排放尾气？ | 汽车的结构，保护环境 |
| 8. 洗车是怎么清洗的？ | 人与汽车的关系 |
| 9. 汽车的车牌为什么有不同的颜色？ | 汽车车牌的含义 |
| 10. 新能源汽车是什么样的？ | 环境及未来发展 |

因此，我们充分挖掘关于汽车多方面的教育价值，通过开展探究主题活动“汽车总动员”，提高幼儿对汽车的认识，帮助幼儿了解汽车的实用价值，同时促进幼儿的全面发展，具体制订了以下主题目标。

1. 有效利用各种教育资源，了解汽车的外观、零件等相关信息，认识车的外形特征和用途，知道汽车的款式、结构，能用完整连贯的语言表达自己对汽车的认识。

2. 对各种汽车产生好奇和探索欲望，尝试用多种方式表达、表现与汽车相关的感受和体验，感受创造性活动的快乐。

3. 运用多种手段，了解汽车与我们日常生活的密切关系，感受它们为人们生活带来的便利。

## 二、厘清脉络，立点梳线

### （一）预设主题网络图

在进行汽车总动员活动前，我们做了一些前期的准备。一方面，对汽车相关知识做进一步的了解，如汽车的来源、结构等；另一方面，在之前的调查中我们发现幼儿对汽车有很大的兴趣，同时也存在很多的疑问，对此我们做了梳理和提炼，从汽车的外观、汽车的零件、汽车的其他资料等几个方面出发，并且考虑到五大领域内容的平衡，最终形成此次探究式主题预设网络图，如图5-1-1所示。

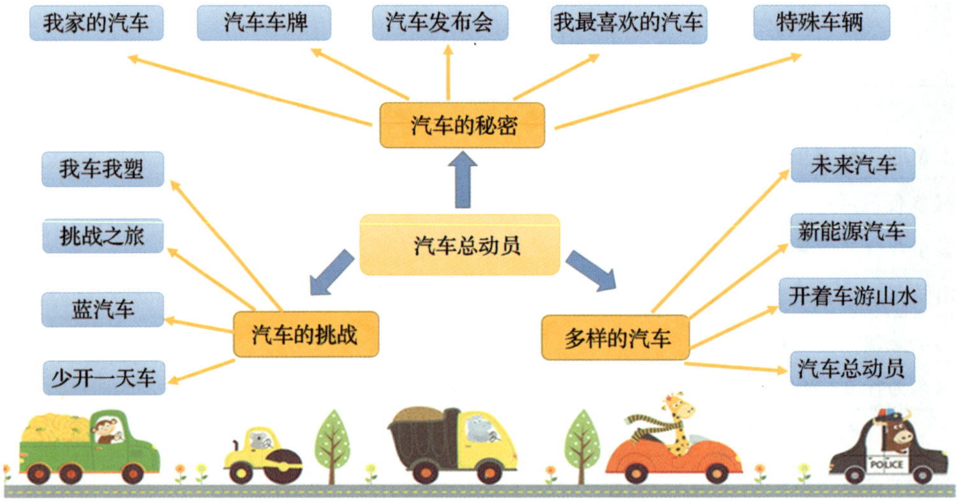


图5-1-1 “汽车总动员”预设主题网络图

### (二)预设活动导航表

制定好汽车预设网络图之后,教师对汽车相关资料进行梳理,并与段内教师进行互动研讨,丰富教学资源库备用。同时,为了使教师厘清汽车总动员的开展思路,明确探究方向和活动形式,我们编制了基于本班幼儿兴趣需要和发展思考的活动方案预设导航,如表5-1-3所示。

**表5-1-3　"汽车总动员"活动方案预设导航表**

| 序号 | 所属板块 | 活动名称 | 活动目标 | 涉及领域 |
|---|---|---|---|---|
| 1 | 汽车的秘密 | 我家的汽车 | (1)知道汽车是各种各样的,它们有不同的用途。<br>(2)愿意大胆介绍自己家的车。 | 科学、语言 |
| 2 | 汽车的秘密 | 汽车车牌 | (1)知道买到新车后要到"车管所"上牌照,理解车牌号颜色和数字的意义。<br>(2)能根据新车的车型和用途,设计车牌,并进行相关的分类。 | 数学、社会 |
| 3 | 汽车的秘密 | 汽车发布会 | (1)在了解汽车特点的基础上,运用自己的语言向他人介绍自己家的汽车性能。<br>(2)尝试用广告语言宣传汽车,提高运用语言的能力。<br>(3)体验语言运用的快乐。 | 语言 |
| 4 | 汽车的秘密 | 我最喜欢的汽车 | (1)了解与人们生活有密切关系的汽车,知道它们的名称、用途和主要特征。<br>(2)尝试运用多种材料、手段表现自己喜欢的汽车。 | 语言、科学 |
| 5 | 汽车的秘密 | 特殊车辆 | (1)认识救护车、消防车、警车的声音、特征和用途。<br>(2)知道这些多功能的车与人们之间的密不可分的生活关系。 | 科学、语言 |
| 6 | 汽车的挑战 | 我车我塑 | (1)在认识汽车的基础上,感知各种车或自己最喜欢的汽车的外形特点和性能特点。<br>(2)乐于用泥表现各种喜欢的事物,体验创作的成功。 | 艺术、语言 |
| 7 | 汽车的挑战 | 挑战之旅 | (1)能协调地进行钻、爬、平衡等基本动作,动作灵活。<br>(2)对赛车活动有一定的认识,丰富赛车知识。<br>(3)养成不怕困难,勇于挑战的信心。 | 健康 |

续　表

| 序号 | 所属板块 | 活动名称 | 活动目标 | 涉及领域 |
|---|---|---|---|---|
| 8 | 汽车的挑战 | 蓝汽车 | (1)阅读画面上小汽车的形象、动作以及周围环境的色彩,初步理解故事的意思。<br>(2)愿意大胆想象并仿编故事结尾。<br>(3)知道世界有了缤纷的色彩才变得美丽,愿意争当保护环境的小天使。 | 语言、艺术 |
| 9 | 汽车的挑战 | 少开一天车 | (1)知道全国各大城市开展"少开一天车"的活动意义。<br>(2)以具体的行动、一定的方式来关注周围的成人参与"少开一天车"的活动。<br>(3)初步体验自己以微小力量来感染社会,提高环境保护意识。 | 社会 |
| 10 | 多样的汽车 | 未来汽车 | (1)在了解部分汽车的基础上,能大胆畅想理想中的汽车。<br>(2)能选择各种材料,采用多种形式创作新汽车,提高幼儿的表现力。<br>(3)通过活动,体验与同伴合作创作成功的乐趣。 | 艺术、语言 |
| 11 | 多样的汽车 | 新能源汽车 | (1)了解新能源汽车与其他汽车的不同。<br>(2)通过观察,知道新能源汽车是采用电发动汽车。 | 科学、语言 |
| 12 | 多样的汽车 | 开着车游山水 | (1)认识"旅游"目的地:山水名都幼儿园,讨论去目的地的公交班车。<br>(2)能根据马路上的路标,有规则地进行开车。<br>(3)感受活动的成功与乐趣,在竞赛中学习、合作、谦让。 | 社会、健康 |
| 13 | 多样的汽车 | 汽车总动员 | (1)通过探索活动,认识不同车子的功能及特点,了解一些特殊作用。<br>(2)了解车辆与我们日常生活的密切关系,感受它们给人们生活带来的便利。 | 社会、科学 |

## 三、预设生成,灵动调整

我们的探究式主题活动就此展开,根据实际情况,整个探究的时间可能会历时半个月至两个月。在活动行进的过程中,幼儿感兴趣的问题和现象可能会与教师之前预设的主题内容有所不同,甚至与原来预设的网络偏离,这时就需要教师敏锐地捕捉有价值的信息,及时进行筛选、提炼,使探究层层递进。通过多种形式的活动,幼儿在不断地发现问题、分析问题、解决问题的过程中,获得有益于身心发展的多种经验,从而充分发挥探究式主题活动的教育功能，使"汽车总动员"的探究式主题活动更有意义。

### (一)内容的调整与实施

"汽车总动员"生成主题网络图，如图5-1-2所示。实施活动一览表，如表5-1-4所示。

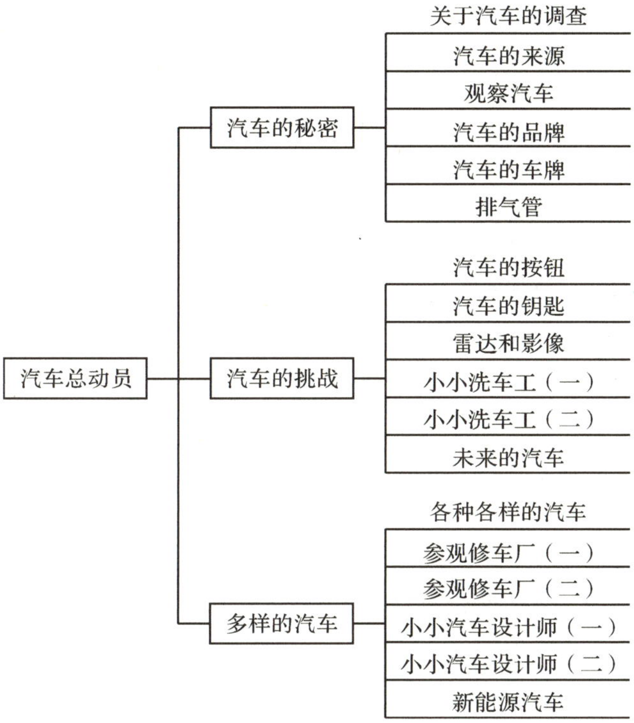


**图5-1-2　"汽车总动员"生成主题网络图**

**表5-1-4　"汽车总动员"实施活动一览变**

| 活动名称 | 活动目标 | 涉及领域 | 实施途径 |
| --- | --- | --- | --- |
| 关于汽车的调查 | 1. 回忆已有的生活经验，大胆表达自己的想法。<br>2. 初步了解汽车的相关知识，激发对汽车探究的兴趣。 | 语言、科学 | 集体探究 |
| 各种各样的汽车 | 1. 通过观察和比较等形式，知道汽车的功用及外形特征。<br>2. 提高观察比较和综合分析的能力。 | 科学、社会 | 集体探究 |
| 汽车的来源 | 1. 通过查找资料，进一步了解汽车的相关知识。<br>2. 对汽车产生探究的兴趣，培养良好的探究习惯。 | 科学 | 区域探究 |

续 表

| 活动名称 | 活动目标 | 涉及领域 | 实施途径 |
| --- | --- | --- | --- |
| 观察汽车 | 1. 初步了解汽车各组成部分的名称、用途。<br>2. 能掌握观察的方法，观察到物体的细微特征并能对观察的事物进行完整的描述。 | 语言、社会 | 区域探究 |
| 汽车的品牌 | 1. 认识汽车的品牌。<br>2. 体验汽车标志的艺术美感，尝试设计汽车标志。 | 社会、美术 | 集体探究 |
| 汽车的车牌 | 1. 积极参与活动，乐于表达自己的发现。<br>2. 初步了解车牌号码的特点。<br>3. 对一组数字不同的排列组合感兴趣，探索不同的排列组合的方法。 | 数学、社会 | 集体探究 |
| 排气管 | 1. 了解排气管的作用和特征。<br>2. 乐意用不同的方式表述自己的想法。 | 科学、语言 | 区域探究 |
| 雷达和影像 | 1. 感知倒车雷达和影像的作用。<br>2. 大胆讲述汽车的雷达和影像的特征。 | 科学、语言 | 区域探究 |
| 汽车的按钮 | 1. 探索汽车各个按钮的作用，用各种材料制作汽车按钮。<br>2. 知道不可以随意按动汽车的按钮，增强安全意识。 | 科学、语言 | 区域探究 |
| 汽车的钥匙 | 1. 了解汽车钥匙有各种各样的，打开的方式也不同。<br>2. 尝试设计钥匙的保护壳，知道钥匙的重要性。 | 科学、美术 | 区域探究 |
| 参观修车厂(一) | 1. 尝试用绘画的形式将自己感兴趣的汽车知识画下来。<br>2. 了解汽车的外观结构，对汽车的基本结构产生浓厚的兴趣。 | 美术、社会 | 集体探究 |
| 参观修车厂(二) | 1. 进一步了解汽车的结构及汽车相关知识。<br>2. 利用建构材料搭建修车厂，进一步激发对汽车的探究兴趣。 | 科学 | 区域探究 |
| 小小洗车工(一) | 1. 根据生活经验，尝试将洗车所需的工具或步骤用绘画的方式记录下来。<br>2. 对洗车产生浓厚的兴趣。 | 社会 | 集体探究 |
| 小小洗车工(二) | 1. 初步了解洗车的步骤，尝试用各种道具洗车。<br>2. 愿意主动跟同伴分享洗车的过程。 | 社会、科学 | 区域探究 |
| 小小汽车设计师(一) | 1. 尝试用各种材料制作汽车，培养幼儿的动手能力。<br>2. 享受设计汽车的过程，体验成功的快乐。 | 美术 | 集体探究 |
| 小小汽车设计师(二) | 1. 能大胆地在同伴面前介绍自己与家人共同制作的汽车，体验成就感。<br>2. 通过自制汽车的比赛，探索影响汽车行驶速度的各种因素。 | 语言、社会 | 亲子探究 |

续　表

| 活动名称 | 活动目标 | 涉及领域 | 实施途径 |
| --- | --- | --- | --- |
| 未来的汽车 | 1. 根据生活经验大胆设计未来的车，尝试表现未来车的多功能和独创性。<br>2. 体验大胆想象和自由创作未来汽车的快乐。 | 美术 | 集体探究 |
| 新能源汽车 | 1. 了解新能源汽车与其他汽车的不同。<br>2. 通过观察，知道新能源汽车是采用电发动汽车的。 | 科学 | 集体探究 |

教师预设活动　　幼儿生成活动　　师生生成活动

## (二)案例呈现

### 案例1　集体探究

**科学活动:各式各样的汽车**

活动目标:

1. 通过观察和比较等形式,知道汽车的功用及外形特征。

2. 提高观察比较和综合分析的能力。

活动准备:

1. 汽车发明过程的视频。

2. 布置出一个“汽车展览会”,汽车玩具若干和各种汽车图片。

活动过程:

1. 情景导入,吸引幼儿对汽车的兴趣。

师:小朋友们都知道乘汽车很方便,你们知道汽车是怎么发明的吗?

2. 简要了解汽车的由来。

(1)播放视频。

师:谁能说说汽车的由来?

(2)引导幼儿说出过程:走—动物—轮子—有辐条车轮-美国人发明汽车。

3. 了解汽车的种类及不同的用途。

(1)教师引导幼儿动脑筋思考:“你们见过什么样的汽车?”

(2)情境表演,认识消防车、救护车。

4. 出示汽车展览会视频,激发幼儿对特殊车辆的探究欲望。

以参观“汽车展览会”结束教学。

**社会活动:汽车的品牌**

活动目标:

1. 认识汽车的品牌。

2. 体验汽车标志的艺术美感，尝试设计汽车标志。

活动准备：

各种汽车品牌标志图片、参观停车场的照片、两张不同号码的车牌。

活动过程：

1. 根据生活经验，介绍对汽车的了解。

引导幼儿回忆参观停车场的情景，启发幼儿想一想、说一说自己有哪些有趣的发现。

2. 引导幼儿认识汽车标志和车牌号。

出示各品牌汽车的标志图片，引导幼儿辨认各种汽车的标志。

师：车的标志是一种品牌的象征。

3. 幼儿根据自己的构想，大胆设计汽车标志。

(1)引导幼儿观察自己的玩具汽车，启发幼儿谈论想给自己的汽车设计什么样的标志。

(2)提供美工材料，引导幼儿根据自己的构想，设计出汽车的标志及车牌号。

4. 分享汽车作品，提升幼儿表达能力。

展示幼儿作品，引导幼儿互相观赏。

**社会活动：小小洗车工**

活动目标：

1. 根据生活经验，尝试将洗车所需的工具或步骤用绘画的方式记录下来。

2. 在分工合作的过程中体验劳动的快乐。

活动准备：

洗车工具、一辆肮脏的汽车。

活动过程：

1. 出示肮脏的汽车图片，激发幼儿洗车的欲望。

师：小汽车怎么了？那要怎么做呢？它要去哪里洗？

师：怎样才能把车洗干净？洗车的时候都会用到哪些工具？

2. 幼儿自主选择合适的工具，学习合作洗车。

幼儿分组分工洗车。

师：我们洗车的时候要注意什么？请穿戴好洗车的衣服和鞋子。

3. 分享洗车的问题和乐趣。

师：你们今天在洗车的过程中遇到了什么问题？

师：在洗车的过程中你学到了什么？

活动照片如图5-1-3所示。

图 5-1-3　认识汽车

## 案例 2　区域探究

**阅读区:汽车的来源**

活动目标:

1. 通过资料查找,进一步了解汽车的相关知识。

2. 对汽车产生探究的兴趣,培养良好的探究习惯。

活动准备:

汽车的图片、有关汽车的绘本、PPT。

指导要点:

1. 教师先播放汽车由来的视频,初步了解汽车是怎么被发明的。

2. 幼儿自主选择相关的绘本和图片,在自己翻阅查看的过程中,了解汽车的进化史。

3. 幼儿用完整的语言讲述汽车的由来。

活动照片如图 5-1-4 所示。

图 5-1-4　有关"汽车"的阅读区材料

**美工区:汽车的按钮**

活动目标:

1. 探索汽车各个按钮的作用,用各种材料制作汽车按钮。

2. 知道不可以随意按动汽车的按钮,增强安全意识。

活动准备:

瓶盖、蜡笔、双面胶等。

指导要点:

1. 先简单介绍教师准备好的材料以及操作要点:可以用瓶盖来做按钮,进行添加装饰，做出属于自己的按钮。

2. 幼儿用自己的话来介绍纽扣的用处。

3. 鼓励幼儿大胆地创作想象。

**建构区：参观修车场（二）**

活动目标：

1. 进一步了解汽车的结构及汽车相关知识。

2. 利用建构材料搭建修车厂，进一步激发对汽车的探究兴趣。

活动准备：

参观修车厂，提供纸箱、积木、玩具车等材料。

指导要点：

1. 教师带领幼儿参观修车厂，了解其内部构造。

2. 请幼儿一起分享，你看到的修车厂是什么样的，里面都有些什么。

3. 引导幼儿搭建创造你看到的修车厂或者是你心目中的修车厂。

活动照片如图5-1-5所示。

a

b

图5-1-5 "有关汽车"的建构区材料

## 案例3 亲子探究

主题开展前期，我们与家长进行沟通，预告新主题活动的名称、教育目标、学习目标、活动内容等，请家长协助孩子搜集资料、记录信息，丰富孩子的相关经验。同时鼓励家长与幼儿讨论关于汽车的相关话题，引发幼儿持续探究的兴趣，扩展幼儿的知识面。

**小小汽车设计师（二）**

活动目标：

1. 能大胆地在同伴面前介绍自己与家人共同制作的汽车，体验成就感。

2. 通过自制汽车的比赛，探索影响汽车行驶速度的各种因素。

活动准备：制作汽车的材料（纸盒、瓶罐、牙膏盒、光盘、玩具车轮等）。

指导要点：

1. 确定制作汽车的款式和设计稿（汽车型号、大小、图片等）。

2. 和爸爸妈妈一起寻找制作汽车的材料（纸盒、瓶罐、牙膏盒、光盘、玩具车轮等）。

3. 动手制作汽车。

4. 展示并介绍自己的作品（汽车的材料、结构等）。

活动照片如图5-1-6所示。

图5-1-6　亲子汽车设计稿

### （三）环境创设

“汽车总动员”的主题环境创设，应该追随本班幼儿兴趣与需要，凸显灵活性、动态性和互动性的特点。通过环境潜移默化的作用，刺激幼儿的感官，满足幼儿发展的需要。随着主题活动的深入开展，我们的主题墙也日渐丰满，在“汽车总动员”这个主题中，幼儿成为环境的主人，人人参与环境的设计、布置。

活动照片如图5-1-7所示。

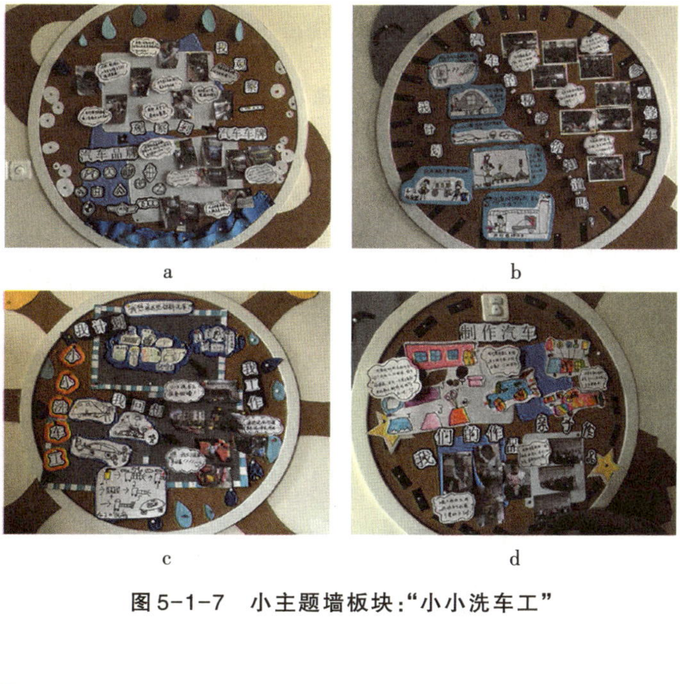


a　b　c　d

图5-1-7　小主题墙板块：“小小洗车工”

## 四、整理故事，助力成长

在关于“汽车总动员”的探究式主题活动中，我们围绕这个主题开展了多种途径、不同形式的活动，从主题环境的创设到区域活动的设计以及教育活动的组织，多层面多角度地激发幼儿的兴趣点和提高幼儿的积极性。在“汽车”活动整个学习过程中，老师观察捕捉幼儿学习中的“哇时刻”和“魔法时刻”，以白描的方式进行叙事性的描述，进一步分析和理解幼儿的学习情况，及时根据评价表反馈幼儿的学习进度，并有计划地支持幼儿的进一步学习活动。

### （一）活动中的学习故事

预设活动中的学习故事，如表5-1-5所示。生成活动中的学习故事，如表5-1-6所示。

表5-1-5 “汽车总动员”预设活动中的学习故事记录表

| 活动时间 | 2019年4月 | 活动地点 | 山水名都小区 |
| --- | --- | --- | --- |
| 观察对象 | 果果、乐乐 | 观察者 | 鲁梦圆 |
| 学习故事 | | | |
| 注意 | 这天，我们一起在小区里散步。乐乐跑到车前突然大叫：“哇！这两辆车的车牌前面字母怎么不一样的啊？”果果听到后回答：“我知道，前面那个字是‘浙’，代表我们浙江，后面的字母就是代表浙江里的一个地方。”乐乐又问道：“那A是哪里，C又是哪里呢？”果果这时皱起眉头：“让我想想。”过了一会儿，果果说：“A是杭州，C是温州的。”乐乐对果果竖起了大拇指：“那现在我们再去找一找，还有什么车牌前面两个字是不一样的吧！”<br>她们俩发现了车牌前面有的是浙B，有的是浙D，还有的是浙K、浙H等。乐乐这时匆匆地跑来：“老师，快来，我发现了一个字不一样的车牌！”我们跑到这辆车的旁边，乐乐指着车牌：“你们看，这是什么字啊，后面也是C。”我告诉乐乐：“这个字念‘沪’。”果果说道：“哦！是上海的牌子！”乐乐问：“汽车为什么都要有车牌呢？”“每一辆车的车牌都不一样吗？”果果看着乐乐说：“是的，每一辆汽车都必须要有车牌，就像人要有身份证一样，车牌就是汽车的身份证。通过车牌我们可以知道这辆车是哪个省的或者是哪个城市的。”乐乐兴奋地说：“这样是不是就可以知道汽车主人了？”果果点了点头。“哇！真是太神奇了！”…… | | |
| 识别 | 在这次活动中，可以看出果果十分喜欢“认识车牌”的活动。在平时的生活中，果果的家长会有意识地引导她认识牌照，理解其中的意义，所以在活动中，她就像一个小老师一样，当小朋友遇到了难题和不解她都会主动帮助他们。在“认识车牌”活动中，幼儿对汽车牌照的知识有了一定的了解与认识，对于更多有关车牌的故事也很有兴趣知道。 | | |
| 回应 | 幼儿已经积累了一些有关汽车牌照的知识，但还不是很全面，如特种车车牌、不同颜色车牌等。那么我们就动员家长与孩子一起展开一次有关车牌的大调查活动，让幼儿进一步了解车牌的作用和意义。 | | |

表5-1-6　“汽车总动员”生成活动中的学习故事记录表

| 活动时间 | 2019年4月 | 活动地点 | 山水名都小区 |
|---|---|---|---|
| 观察对象 | 小熙、小雅 | 观察者 | 李浩然 |
| 学习故事 | | | |
| 观察 | 在一次区域活动中，小熙在美工区用矿泉水瓶搭建汽车，她做了一个很大的汽车，并拿起来观赏，玩了几圈之后，她似乎还不满意，看着汽车皱起了眉头。她将汽车放在了地上，到美工区又拿了新的材料，三两下做了一个小风车。她想把小风车放在汽车的顶上，还没等她放手，风车就倒下了。她又拿来了双面胶，将风车粘在汽车上，风车还是掉了下来，她又想到了轻黏土，但也还是失败了。她不开心地把风车扔在了地上，噘起了她的小嘴。小雅看到了，跑来安慰她：“小熙，怎么啦？”“我想把风车立在汽车的车顶，可是立不住，你有什么办法么？”两个人又开始了尝试，还是失败了，小雅拿起汽车东瞧瞧、西看看，突然她眼睛一亮叫道：“我有办法了。”只见她迅速拿起剪刀开始往汽车的车顶上戳洞，小熙惊叫道：“小雅，你戳洞干嘛呀？”小雅笑着说：“汽车上面放不上去，我们可以给车顶留个洞呀！”小熙听了连连点点头，和小雅一起剪洞，剪好了洞，她们迫不及待地把小风车放了进去，这一次发现风车能在车里立住了，她们俩开心地叫了起来：“我们成功啦！” | | | |
| 识别 | 对于小熙和小雅来说，搭建汽车是一件很容易的事情，但是怎么把小风车立在车顶却难倒了她们。活动中她们通过不断地尝试，最终利用剪洞的方法将风车固定住，找到了解决的办法。在这过程中，她们不断地沟通、交流，一起努力想办法解决问题，具备一定的合作能力。 | | | |
| 回应 | 这一次的活动让孩子们知道了汽车原来还可以利用我们的想象变身成很多样子，那下一次的活动我们就可以让孩子们天马行空，想象设计未来的汽车，可以是会飞的汽车，未来的汽车可以是开在海里的汽车，还可以是隐身的汽车，等等。 | | | |

## （二）设计者的话

“汽车总动员”这个活动热热闹闹地结束了，从开始的创设到最后的结尾，孩子和家长都充分参与，“汽车总动员”活动开展得有声有色。一个好的主题离不开孩子的兴趣，在整个探究式主题活动中，孩子们参与活动的兴趣很高，学习的主动性和积极性都有所提升。现在，不论是车的外形还是结构、标志，孩子们都有了更深入的了解。这个主题正是从孩子们的兴趣点切入，调动了他们的积极性，逐渐转变了孩子对主题活动的观念，也促使设计者对主题的预设进行反思，看来孩子才是主题真正的源泉和动力。

看着孩子们对汽车的喜爱和家长的热情参与，设计者觉得这个主题的开展是成功的，心中不由得欢喜，从来没见过孩子们和家长这么关心一个主题，这次我们做到了。孩子们十分喜欢汽车、关注汽车，对汽车充满着大大的好奇心。虽然我们的主题活动已结束，但相信孩子们还会继续探索汽车，看看汽车身上还有多少“小秘密”……

（李浩然　鲁梦圆）

# 设计2 “桥”这一家子(大班)

## 一、共享共探、确定主题

### (一)问题缘起

在我们的生活中,随处可见各种各样的桥:火车桥、立交桥、拱桥等。一次,幼儿园科技节的小制作比赛中,形态各异的“桥”吸引了孩子的眼球,他们围着桥叽叽喳喳、说个不停。“老师,为什么要有桥啊?”“桥是怎么造出来的?为什么它能建在水中?怎么建的呢?”……他们对桥产生了浓厚的兴趣。

### (二)价值分析

千姿百态的“桥”是智慧的结晶,是新科技的展现,有着独特的美学价值,也蕴含了丰富的科学原理和丰富的教育资源。桥梁有着丰富的形态、流畅的线条和多变的造型,使孩子们产生美妙的联想和探究的欲望。同时,桥还有悠久的历史和丰富的文化,关于桥的美好故事、历史传说,蕴含着深切的事理与情感。因此,作为教师的我们应紧抓这个教育契机,追随幼儿的兴趣需要,支持他们探究与桥有关的信息,锻炼动手操作能力和解决问题的能力。

### (三)主题确立

基于以上思考,我们大班段决定以桥为主题展开一系列的探究活动,一起去寻找和发现桥的秘密。为了使探究式主题活动能够更加顺利地开展,我们对孩子开展了大调查活动,如表5-2-1所示。

通过调查,我们发现孩子们对桥的外形特征、种类、材质、用途等都有了大概的了解,但是他们还不满足于这些经验,他们还想要知道更多,比如桥的结构、桥的建造方法等,具体如表5-2-2所示。

表 5-2-1　“我知道、我还想知道”的调查表

| 关于桥，我知道 | 关于桥，我还想知道 |
| --- | --- |
| 1. 桥是各种各样的，有立交桥、木桥、铁索桥等。<br>2. 桥下面有很多的柱子。<br>3. 有些桥只能开车，有些桥只能走人，有些桥是既可以走人又可以开车的。<br>4. 桥旁边有围栏，人就不会掉下去。<br>5. 有些桥是石头做的，有些铁做的。<br>6. 有的桥中间会有洞。<br>7. 遇到河，没有路，就可以从桥上走。<br>8. 有些桥有很多层。<br>9. 桥可以通向很远的地方。 | 1. 桥在水里为什么不会浮起来？<br>2. 桥为什么有这么多种？<br>3. 有的桥下面有柱子，有的桥下面没有柱子？<br>4. 桥是用什么固定的？<br>5. 悬崖上的桥怎么这么牢固？<br>6. 大海那么深，那些桥是怎么造起来的？<br>7. 桥上能造房子吗？<br>8. 世界上第一座桥还在吗？<br>9. 火车那么重，开在桥上，桥怎么不会断呢？ |

表 5-2-2　“我还想知道”的关键经验梳理表

| 幼儿要探究的问题表述 | 所归属的核心经验范畴 |
| --- | --- |
| 桥为什么有这么多种？ | 桥的种类 |
| 有的桥下面有柱子，有的桥下面没有柱子？ | 桥的结构 |
| 火车那么重，开在桥上，桥怎么不会断呢？ | 桥的承重 |
| 世界上第一座桥还在吗？ | 桥的历史 |
| 悬崖上的桥怎么这么牢固？ | 造桥技术 |

我们根据孩子已有的经验、兴趣点以及大班孩子的年龄特征，从认知、能力、情感出发，确立了以下主题目标。

1. 通过观察、记录、交流、搜集资料等方式，认识各种各样的桥，了解桥的基本构造。

2. 尝试运用多种方法和材料设计心目中的桥，能自己动手操作和大胆想象、创新，增强动手操作能力和表现能力。

3. 乐于表达对“桥”的感受、体验和情感，体会桥给人们生活带来的便利及其美好的寓意。

## 二、厘清脉络，立点梳线

### （一）预设主题网络图

在关于桥的调查过程中，我们发现孩子对桥的认知经验和想要了解的信息比较零散，经过段内研讨，我们将探究内容进行提炼、梳理。分别从看桥、画桥、搭桥、探桥四

个维度进行探究，预设网络图如图5-2-1所示。

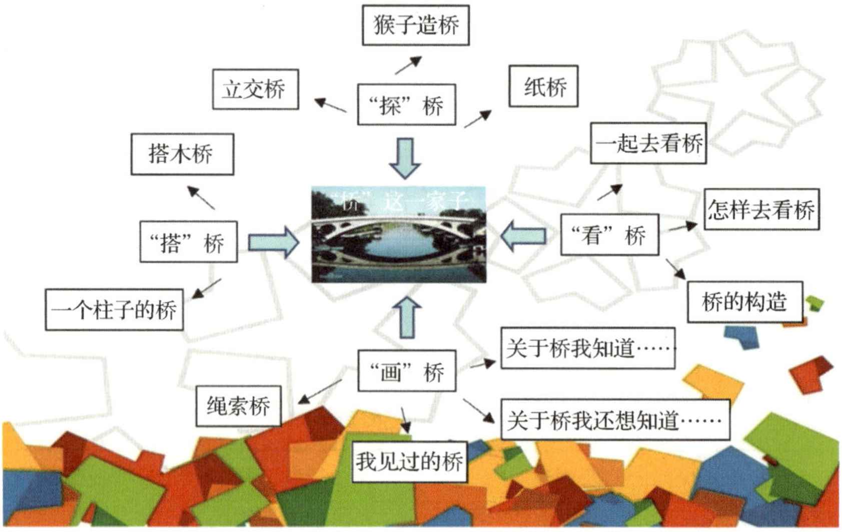


图5-2-1 "'桥'这一家子"预设主题网略图

### （二）预设活动导航表

为了使教师更加清晰、有序地组织探究式主题活动，经过研讨，我们还预设了活动导航图，按照活动开展的时间顺序进行排列，具体如表5-2-3所示。

表5-2-3 "'桥'这一家子"活动方案预设导航表

| 序号 | 主题板块 | 活动名称 | 活动目标 | 涉及领域 |
| --- | --- | --- | --- | --- |
| 1 | "画"桥 | 关于桥，我知道…… | （1）尝试与同伴分工合作，在协商、讨论后，运用绘画的方式表达对桥的已知经验。<br>（2）对桥有探究欲望，能大胆说出自己的想法。<br>（3）学习记录、分析和概括。 | 语言、科学、艺术 |
| 2 | "看"桥 | 一起去看桥 | （1）对各种各样的桥感兴趣，初步感知桥的外形特征和桥的多样性。<br>（2）乐意表达看桥过程中的所见所闻，提高幼儿观察和语言表达能力。 | 语言、社会 |
| 3 | "画"桥 | 我见过的桥 | （1）初步了解一些常见的桥的类型、特征及用途，知道桥的作用，了解桥的发展史。<br>（2）结合以往经验，能够大胆讲述自己见过的桥。 | 科学、语言 |

续　表

| 序号 | 主题板块 | 活动名称 | 活动目标 | 涉及领域 |
| --- | --- | --- | --- | --- |
| 4 | “看”桥 | 桥的构造 | (1)初步了解桥墩、桥梁、塔柱、拉锁等桥的组成部分及作用。<br>(2)能提出想知道的关于桥的问题，积极参与桥的话题讨论。 | 科学、语言 |
| 5 | “探”桥 | 立交桥 | (1)通过观察、交流，感受立交桥的形态，进一步了解立交桥的功能。<br>(2)对立交桥的探索产生兴趣，体验交流的乐趣。 | 科学、语言 |
| 6 | “画”桥 | 绳索桥 | (1)回忆生活中自己所见过的桥，大胆说出自己的想法。<br>(2)对绳索桥产生探索兴趣。 | 科学、语言 |
| 7 | “探”桥 | 猴子造桥 | (1)理解故事内容，能感受故事带来的情趣与乐趣。<br>(2)对桥的作用和意义有更深一步的体会。 | 语言、社会 |
| 8 | “探”桥 | 纸桥 | (1)通过操作实验，感知纸桥与承受力之间的变化。<br>(2)感知使用不同的折叠方法，纸桥的承重力也不一样。 | 科学 |
| 9 | “搭”桥 | 搭木桥 | (1)发挥想象，根据自己的计划尝试用木板、木头创作不同造型的木桥。<br>(2)大胆用各种方式表达与同伴的合作经验。 | 科学、社会 |
| 10 | “搭”桥 | 一个柱子的桥 | (1)能够独立完成个人搭桥计划。<br>(2)尝试与同伴合作利用不同材料搭建一根“柱子”的桥。 | 科学、语言、艺术 |

## 三、预设生成，灵动调整

预设与生成可谓是无处不在，在探究式主题活动中，二者相辅相成、缺一不可。《纲要》中明确倡导：教师要通过适宜的方式和时间去生成一定的教学内容，在幼儿园教学中，要重视“生成”的极大教育价值。因此，我们要做好探究式主题活动的预设，正确把握好预设内容与幼儿自发生成之间的关系，促使“生成”的价值得到真正体现。当然，无论是预设还是生成，都要服从于有效的教学、正确的价值导向和幼儿的健康发展。

### (一)内容的调整与实施

在桥的探究过程中,教师及时聆听幼儿的心声,观察并解读幼儿的行为表现,捕捉活动中有价值的生长点,形成了以下主题网络图,如图5-2-2所示。活动实施一览表,如表5-2-4所示。

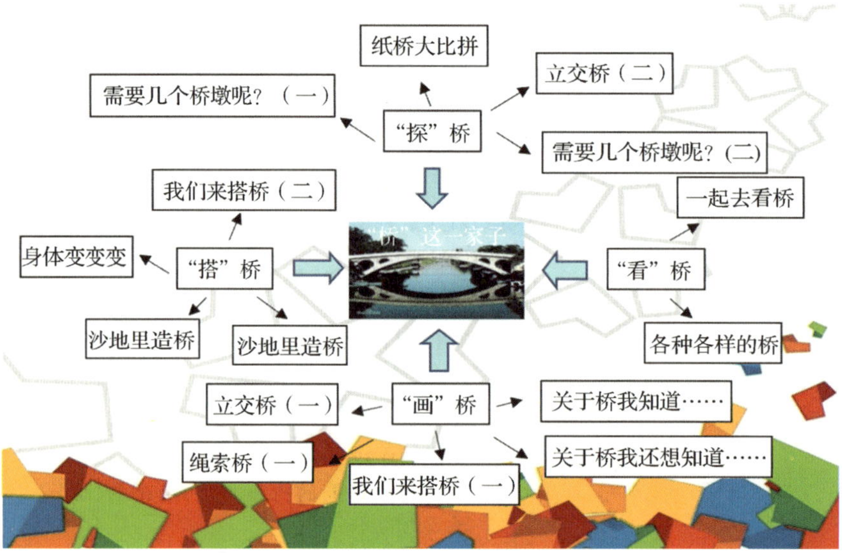


图5-2-2 "'桥'这一家子"生成主题网略图

表5-2-4 "'桥'这一家子"活动实施一览表

| 活动名称 | 活动目标 | 涉及领域 | 实施途径 |
|---|---|---|---|
| 关于桥,我知道…… | 1. 尝试与同伴分工合作,在协商、讨论后,运用绘画的方式表达对桥的已知经验。<br>2. 对桥有探究欲望,能大胆说出自己的想法。<br>3. 学习记录、分析与概括。 | 语言、科学、艺术 | 集体探究 |
| 一起去看桥 | 1. 对各种各样的桥感兴趣,初步感知桥的外形特征和桥的多样性。<br>2. 乐意表达看桥过程中的所见所闻,提高幼儿观察和语言表达能力。 | 语言、社会 | 亲子探究 |
| 各种各样的桥 | 1. 初步认识各种各样的桥,感知桥的形状及组成,知道桥的作用,了解桥的发展史。<br>2. 对桥梁感兴趣,积极参与桥的话题讨论,提高发散思维和动手构建能力。 | 科学、语言 | 集体探究 |

续　表

| 活动名称 | 活动目标 | 涉及领域 | 实施途径 |
|---|---|---|---|
| 立交桥 | 1. 通过观察、交流，感受立交桥的形态，进一步了解立交桥的功能。<br>2. 对立交桥的探索产生兴趣，体验交流的乐趣。 | 科学、语言 | 集体探究 |
| 绳索桥(一) | 1. 回忆生活中自己所见过的桥，大胆说出自己的想法。<br>2. 激发幼儿对绳索桥的探索兴趣。 | 科学、语言 | 集体探究 |
| 绳索桥(二) | 1. 通过了解绳子搭桥的玩法，激发幼儿对玩绳的兴趣，体会玩绳的快乐。<br>2. 掌握简单的绑、固定等绑绳方法。 | 科学、语言 | 区域探究 |
| 身体变变变 | 1. 在游戏中，尝试利用自己的身体大胆表现各种形态的桥。<br>2. 体验合作游戏的乐趣，分享创造的快乐。 | 健康、社会 | 集体探究 |
| 我们来搭桥 | 1. 在了解桥墩的基础上，能大胆表述自己搭建桥墩的过程和结果。<br>2. 能选择各种材料，采用多种形式搭桥，提高桥的稳定性。<br>3. 通过对比，初步感知桥墩的数量与桥体稳固性的关系。 | 科学、语言 | 区域探究 |
| 纸桥大比拼 | 1. 通过操作，感知改变纸的形状可以使纸桥的承重能力发生变化。<br>2. 通过对比实验，发现同样的纸折成山形最牢固，发展动手操作能力和思维能力。 | 科学、语言 | 集体探究 |
| 沙地造桥(一) | 1. 在搭建桥墩过程中尝试与同伴合作，感知合作的意义。<br>2. 大胆用各种方式表达与同伴的合作经验。 | 科学、语言 | 区域探究 |
| 沙地造桥(二) | 1. 通过操作，感知桥墩的材料不同会使桥的稳定性发生变化。<br>2. 发现同样的管子有不同的搭建方法，发展动手操作能力。 | 科学 | 区域探究 |
| 需要几个桥墩呢?(一) | 1. 了解物体的放置方法，探索桥墩的数量与桥的承重能力之间的关系。<br>2. 通过自我检验与同伴之间的互相对比，逐渐增加桥墩的数量。<br>3. 体验与同伴合作探究的乐趣。 | 科学、社会 | 区域探究 |
| 需要几个桥墩呢?(二) | 1. 进一步探究物体的放置方法，感知桥墩的放置位置与桥承重能力的关系。<br>2. 通过对比实验，探索桥墩数量逐渐减少对桥体承重力的影响。<br>3. 积极动手动脑，体验同伴合作的乐趣。 | 科学、社会 | 区域探究 |

教师预设活动　　幼儿生成活动　　师生生成活动

## (二)案例呈现

### 案例1　集体探究

**科学活动:各种各样的桥**

活动目标:

1. 初步认识各种各样的桥,感知桥的形状及组成,知道桥的作用,了解桥的发展史。

2. 对桥梁感兴趣,积极参与桥的话题讨论,提升发散思维能力和动手构建能力。

活动准备:

家长帮助孩子一起完成调查表,并收集一些桥的图片,带领幼儿参观附近的桥梁。

活动过程:

**◎展示“桥”主题活动的调查表,引导幼儿说说各种各样的桥**

1. 幼儿与同伴交流:你调查到了哪些桥? 叫什么名字? 这些桥是什么样子的? 它是用什么材料造的?

2. 集体交流。

**◎引导幼儿初步认识各种各样的桥**

1. 带领幼儿逐页观察画面,感知不同结构特点的桥梁。这是什么桥? 你知道它的名字吗? 它是什么形状的? 它是用什么材料做的?

(1)按建桥地点来分,可分成架在河面上的桥和架在陆地上的桥两类。

(2)按建桥材料来分,可分成木桥、石桥、铁桥、钢筋混凝土桥等几类。

(3)按桥的形态来分,可分成桥中间有桥墩的和没桥墩的两类。

2. 向幼儿介绍中外比较著名的桥梁。

例如:伦敦桥、美国金门大桥、中国江阴长江大桥以及日本明石海峡桥等。

**◎引导幼儿讨论各种各样桥梁的用途**

1. 桥有什么一样的地方呢? 为什么有的建在河流上,而有的建在马路上? 为什么有的桥很大很长,有的桥却很小呢?

2. 幼儿开展讨论,说出自己的发现和认识。

3. 小结:桥梁最初是用来跨越江河的。如今,除了架在江河上的桥以外,还有架在十字路口的立交桥、人行天桥。这些桥不仅保证了道路的安全畅通,而且已成为现代城市的漂亮建筑。

**◎引导幼儿观看PPT,了解桥的发展史**

1. 古代劳动人民依靠自己的聪明才智设计制造了各种各样的桥梁,随着科技的发展,现代设计师和工人又造出了各种现代桥梁,我们一起来看看桥是怎样发展的。

2. 幼儿观看关于桥梁发展史的PPT，开阔视野，丰富经验。

◎**活动延伸**

如果让你来设计一座桥，你想怎样设计？

## 科学活动：立交桥

活动目标：

1. 通过观察、交流，感受立交桥的形态，进一步了解立交桥的功能。

2. 对立交桥的探索产生兴趣，体验交流的乐趣。

活动准备：

PPT、纸、笔、建构积木等。

活动过程：

◎**经验回顾——我知道的桥**

1. 你们认识哪些桥？

2. 它们有什么奇特的地方？

◎**认识立交桥**

1. 出示PPT。

(1)这是什么桥？它有什么特别的地方？(引导幼儿了解立交桥的特征)

(2)教师小结。

2. 出示各种各样立交桥的照片。

(1)今天老师还带来了一些立交桥的图片，一起来看看，说说你最喜欢哪座立交桥，它长什么样？

(2)为什么最喜欢这座立交桥？

(3)教师小结。

◎**观看路阻图片**

1. 发生什么事了？为什么会堵车呢？

2. 你觉得可以怎么解决？

3. 教师小结：立交桥是现代城市道路交通的重要标志，它可以让汽车畅通无阻地通过一个个路口，不用在路口慢慢地等红绿灯，避免了在交叉路口发生拥堵。如今很多交通要道和高速公路上都建起了多座立交桥，给人们的生活带来了便利。

◎**立交桥设计师**

1. 如果你是设计师，你想设计什么样的立交桥？

2. 引导幼儿设计、搭建各式各样的立交桥。

## 健康活动：身体变变变

活动目标：

1. 在游戏中，尝试利用自己的身体大胆表现各种形态的桥。
2. 体验合作游戏的乐趣，分享创造的快乐。

活动过程：

◎**热身运动**

1. 听音乐，进入场地。
2. 活动身体：扭扭头，扭扭腰，踢踢腿等。

◎**游戏—身体变变变**

1. 今天我们要用我们的身体来变桥，你们来试一试！
2. 幼儿自由尝试。
3. 教师请个别幼儿上前示范。

◎**合作游戏—身体变变变**

1. 幼儿分组合作，用身体搭桥。
2. 教师请幼儿上前示范。

◎**放松活动**

活动照片如图5-2-3所示。

a

b

图5-2-3　孩子们搭的身体桥

## 科学活动：纸桥大比拼

活动目标：

1. 通过操作，感知改变纸的形状可以使纸桥的承重力发生变化。
2. 通过对比实验，发现同样的纸折成山形最牢固，提高动手操作能力和思维能力。
3. 通过活动，萌发幼儿进一步探究桥的兴趣。

活动准备：

A4纸、塑料积木、硬币、折纸扇、石棉瓦、瓦片等。

活动过程：

◎**激趣导入**

1. 小朋友们，你们见过桥吗？

2. 它是什么样子的？用什么材料做的？

◎**幼儿操作**

1. 第一次制作纸桥。

(1)介绍材料：积木、纸、硬币。

师：请你们也来做个小小设计师，设计一座小桥，桥上能够承受一个硬币的重量。

(2)幼儿尝试制作纸桥，师巡回指导。

(3)集中交流，将做好的纸桥展示在桌子上。

师：你成功了吗？你是怎么做的？

2. 第二次制作纸桥。

(1)这次要在桥上放三个硬币，你有什么办法让桥面更牢固？

(2)幼儿第二次操作，并将完成的作品放在桌子上。

(3)集中交流。

师：你成功了吗？你用了什么方法？你的纸发生了什么变化？

◎**游戏——比比谁的纸桥最牢固**

1. 提出要求：每组派代表比拼。比一比谁的纸桥最牢固，最多在桥上能放多少硬币。

2. 你做的纸桥最多能放几个硬币？为什么你的纸桥能放这么多积木？

3. 小结：当纸弯曲之后能够承受的重量变大，弯曲的次数越多，承受的重量越大，纸桥也就越牢固。

◎**延伸**

在生活中，你还发现哪些东西是利用弯曲后来使它变牢固的？(瓦、折纸扇、瓦楞纸等)

活动照片如图 5-2-4 所示。

a

b

图 5-2-4　纸桥大比拼

## 案例2 区域探究

### 沙地造桥(一)

活动目标：

1. 在搭建桥墩过程中尝试与同伴合作，感知合作的意义。
2. 大胆用各种方式表达与同伴的合作经验。

活动准备：

幼儿自带的材料，如筷子、柱子、石头、木桩、铅笔、光盘、管子等。

指导要点：

1. 引导幼儿利用自带的材料进行建桥，鼓励幼儿勇于探索。
2. 注意观察幼儿的活动过程，发现有困难的，及时介入指导。

### 沙地造桥(二)

活动目标：

1. 通过操作，感知桥墩的材料不同会使桥的稳定性发生变化。
2. 发现同样的管子有不同的搭建方法，发展动手操作能力。

活动准备：

长短不一的管子若干，长短不一的木板若干。

指导要点：

1. 注意观察幼儿的活动过程，适时提醒与引导幼儿，让桥墩变得更加坚固。
2. 提醒幼儿学会相互合作，大胆表述自己的想法，想出更多的好办法。

### 科学区：需要几个桥墩呢？

活动目标：

1. 了解物体的放置方法，探索桥墩的数量与桥的承重能力之间的关系。
2. 通过自我检验与同伴之间的相互对比，不断探索增加桥墩的数量。
3. 体验与同伴合作探究的乐趣。

活动准备：

圆柱筒、加长的纸、记录表、硬币每组一份。

指导要点：

1. 鼓励幼儿大胆猜想需要几个桥墩能使桥承受更大的力，用于探究实验。
2. 提醒幼儿学会相互合作，大胆表述自己的想法，想出更多的好办法。
3. 引导幼儿搭建纸桥、探索纸桥的承重力，提高幼儿的探究兴趣。

### 建构区：我们来搭桥

活动目标：

1. 在了解桥墩的基础上，能大胆表述自己搭建桥墩的过程和结果。

2. 能选择各种材料，采用多种形式搭建桥，提高桥的稳定性。

3. 通过对比，初步感知桥墩的数量与桥体稳固性的关系。

活动准备：

积木、圆纸筒、乐高积木、木块、砖块、泡沫积木等。

指导要点：

1. 鼓励幼儿小组讨论，绘制桥的设计图。

2. 大胆表述自己的想法，与同伴合作造桥。

3. 展示交流，促进幼儿对搭建桥、探索不同造型桥的兴趣。

## 案例3　亲子探究

### 一起去看桥

活动目标：

1. 对各种各样的桥感兴趣，初步感知桥的外形特征和桥的多样性。

2. 乐意表达看桥过程中的所见所闻，提高幼儿观察和语言表达能力。

活动准备：

笔、记录纸、卷尺、望远镜、相机等。

指导要点：

1. 根据老师布置的打卡任务，将观察到的桥的种类以绘画或照相的形式记录下来。

2. 看看说说各种桥的来历、名称以及作用。

### （四）环境创设

《纲要》明确提出："环境是重要的教育资源，应通过环境的创设和利用，有效地促进幼儿的发展。"环境创设能使幼儿有探索学习主题活动内容条件。桥的主题活动与环境应互动的，是"生生互动""师生互动""家园互动"的有机结合，最终使幼儿在与环境的互动中身心得到健康发展。同时，环境的创设和丰富也更好地展现了我们的探究成果，留下了孩子学习的痕迹。在探究式主题"桥"的环境创设中，我们分为四个小主题与一个大主题进行布置。四个小主题里包含"桥为什么不会飞""桥上能放几块积木呢？""瞧，我们在造桥""一根筷子能做桥吗？"四个内容。大主题里包括"我们一起去看桥""桥的世界我知道""桥的秘密在哪里"等三个内容。我们以图、文结合以及墙面互动的形式进行装饰，具体展示如图5-2-5所示。

a　　　　　　　　b

图5-2-5　小主题墙

### 案例4　区域创设

**科学区**

（1）提供硬币、纸、记录表等，引导幼儿进行“纸桥大比拼”以及“需要几个桥墩呢？”等实验。

（2）提供筷子、木头、纸等材料，引导幼儿制作“桥”。

**美工区**

（1）画桥：提供绘画纸、勾线笔和蜡笔等，引导幼儿画各种各样的桥，以及设计未来的桥。

（2）提供各种装饰品（例如玉米粒、毛绒球等），引导幼儿装饰“桥”。

具体如图5-2-6所示。

a　　　　　　　　b

图5-2-6　画桥

**建构区**

提供纸盒、积木、木块等，供幼儿搭建各种各样的桥。

## 四、整理故事、助力成长

以往我们教师在家长面前对幼儿进行评价时，经常都是挑选幼儿比较优秀的方面进行评价，忽略了家长应对幼儿有正确认识，缺乏对幼儿行为背后原因的深思；而学习故事将家长与教师、幼儿联系在一起，一起去记录发生在幼儿身上的“哇时刻”，利用这些信息再对幼儿进行客观的、有价值的分析和评价。这样不仅有利于幼儿的发展，也促进了教师与幼儿、家长之间的沟通与发展。而这些精彩的“哇时刻”学习故事也将作为整个探究游戏故事集中的补充材料，为接下来其他班级主题活动的开展提供可借鉴的经验和模板。

“桥”的探究将告一段落。在探究式主题进行的过程中，也发生了很多有趣、有意义的故事。

### （一）活动中的学习故事

预设活动中的学习故事，如表5-2-5所示。生成活动中的学习故事，如表5-2-6所示。

**表5-2-5　“‘桥’这一家子”预设活动中的学习故事记录表**

| 活动时间 | 2018年11月5日 | 活动地点 | 建构区 |
|---|---|---|---|
| 观察对象 | 特特、欣然、浩然 | 观察者 | 刘丽雀 |
| 学习故事 | | | |
| 注意 | 建构活动开始了，孩子们争先恐后地去找自己需要的材料。特特说：“老师，我要建一座楼梯桥。”只见他拿了长短不一的木块当楼梯，用长长的木块当桥面，下面立了两个“桥墩”。不一会儿他的楼梯桥就成功了。边上的欣然说：“你搭的这个牢固吗？让我试试。”于是他们拿了小型圆柱体积木，试试桥面的牢固度。结果，圆柱体从桥上滚了下来。浩然说：“你这个没有栏杆，很危险的。”接着，他们就拿了两块木板当成桥面的两边栏杆。你瞧，这样楼梯桥就变得美丽又牢固了。这时，特特疑惑了：“我们建的都是木头桥，在水里不会烂吗？”…… | | |
| 识别 | 孩子们在建桥的过程中，知道了桥的基本构造，桥由桥墩和桥面组成，而且对安全性方面还进行了测试。通过测试发现桥还需要有栏杆，不然会有危险。对于做桥的材质，孩子也提出了自己的疑惑，指出木头的桥会不会烂。他们相互之间有商有量，体现了团队的合作意识。 | | |
| 回应 | 他们对木质的桥产生了质疑，疑惑会不会烂在水里，会不会造成危险等。他们对建桥的地点以及建桥的材质产生了兴趣。因此，我们将请家长在周末的时间里带着孩子去小区的周边看看桥，了解桥的材质、结构、用途等。 | | |

表5-2-6 “‘桥’这一家子”生成活动中的学习故事记录表

| 活动时间 | 2018年11月7日 | 活动地点 | 沙池 |
|---|---|---|---|
| 观察对象 | 锐锐 | 观察者 | 刘丽雀 |
| 学习故事 | | | |
| 注意 | 活动开始不久，孩子们在沙池里基本上都搭好了桥。这时一旁的锐锐还在努力搭建自己的桥，只见他一手扶着柱子，一手扶着桥面。一松手，桥面又塌了。他生气地自言自语：“我的桥一直倒，这是为什么呢？怎样搭造桥会更牢固呢？”思考一阵后，锐锐将干的沙子用水兑成了湿的沙子。还将沙子装满整个管子，将四个管子深深地埋在湿湿的沙堆里。再架上桥面，桥显得很坚固。他异常兴奋地大叫起来：“我成功啦！我终于成功啦！”他得意地跟边上朋友说：“我才用了四个柱子呢！”“我才两个呢！”一旁的轩轩更加得意地回答，“咦，你的桥墩怎么不一样高的呀，你看桥都斜了耶！”“你不知道了吧，我这是斜桥呢！”他们你一言我一语地讨论，引起了大家的关注。 | | |
| 识别 | 孩子们通过自带的材料在沙中建桥，初步尝试都能够成功建立；但通过测试，他们发现有的只能立一会儿，有的需要手扶着，有的一放东西直接就塌了，不是很牢固。锐锐小朋友也发现了这个问题，他再次通过将沙子打湿，在管子中灌入沙子并深埋沙子中，大大提高了桥的牢固度。其他小朋友也积极效仿，大大提高了成功率。他们还意外地发现自己和别人的桥墩数量是不一样的。 | | |
| 回应 | 孩子们在沙子中建构桥墩时发现，桥墩的数量是可以进行改变的，而且在桥墩的高低放置方面也有了不同发现。后续我们将会为幼儿提供更加丰富的材料，让幼儿在操作中感知桥墩的材料不同，会使桥的稳定性发生变化。 | | |

### （二）设计者的话

在幼儿园的探究式主题活动中，教师是倾听者、观察者，理解幼儿的探索愿望和探索行为。教师是引导者、支持者，推动幼儿进行有意义的探索。本次探究式主题活动，设计者遵循这一原则，让幼儿从日常生活经验出发，通过看桥、画桥、搭桥、探桥等四个维度循序渐进地进行探究。首先，结合各种桥的图片，让孩子一起实地参观、游览，尝试了解桥的不同类型，如木桥、石桥、拱桥、索桥等，在比较中初步发现桥的主要结构特征，从中充分感受桥的多样性。接着通过各种游戏，用多种材料搭建各种各样的桥，进一步探究了解桥的特性。和同伴一起交流互动，充分表达自己美好的愿望。

通过本次主题活动，孩子们从生活经验过渡到参与体验，通过充分地观察、操作，用各种材料和方式来表达对桥的情感，满足了他们的探究欲望和好奇心。

《纲要》指出：幼儿教育课程应贴近幼儿的生活和已有经验，应体现生活化、经验化。桥是幼儿生活中最常见和最熟悉的事物，蕴含着丰富的教育资源。教师们抓住这次的教育契机，让孩子们在充分的自主探索中对桥有了很大的了解。但在桥的建造历史、搭建的材料上还是存在不足，希望今后能够继续深入探究，对桥有更加充分的了解。

（刘丽雀　苏瑞芳）

# 设计3 城市的轻轨(大班)

## 一、共享共探,确定主题

### (一)问题缘起

在一次区角游戏中,孩子们在建构区互相“炫耀”自己乘坐轻轨出行时的情景,七七说:“我坐轻轨去了三垟湿地,几分钟就到了,速度可快了。”橘子说:“我在轻轨上还给老爷爷让座了呢!”梓轩兴奋地说:“我还看到轻轨站里的图标可多了!”睿涵还没有坐过轻轨,于是问:“轻轨跟地铁一样吗?”“有没有轮子呀?”孩子们你一言我一语地讨论着……

### (二)价值分析

温州S1线轻轨是温州新型的交通工具。通过倾听与观察,我们发现孩子们对身边的轻轨这一新鲜事物产生了强烈的求知欲和好奇心。于是教师紧抓这一教育契机,充分调动幼儿学习的积极性和主动性,使其展开充分的想象,让孩子们在活动中学得轻松、愉快。因此,借助本土化教育资源开展主题活动“温州S1线”,不仅能让幼儿了解轻轨这种新型交通工具的外形特征和内部结构,而且能让他们体会轻轨给人们生活带来的便利和它绿色环保的特点,从而萌发爱家乡的情感,可谓是一举多得。

### (三)主题确立

为了了解幼儿关于轻轨的一些前期经验和接下来探究的方向,我们组织和开展了“关于轻轨,我知道、我还想知道”的大调查。我们的调查记录表,如表5-3-1所示。

通过这份调查表,我们可以发现幼儿对轻轨的了解包括一些外形特征、站点、行驶速度等。经验丰富的幼儿还知道轻轨的门都是感应门,可见孩子们在生活中对于轻轨已经积累了一定的认知经验。在交流谈话中,他们又产生了一系列的新问题,例如轻轨和火车、地铁有什么不一样?轻轨的速度有多快?S1线全长多少?……具体如表5-3-2所示。

**表 5-3-1 “我知道、我还想知道”的调查汇总**

| 关于轻轨，我知道 | 关于轻轨，我还想知道 |
| --- | --- |
| 1. 我知道轻轨有停经站点。<br>2. 轻轨行驶的速度非常快。<br>3. 轻轨有开往不同方向的线路。<br>4. 我知道轻轨的门也是感应门。<br>5. 轻轨的外观是长长的。<br>6. 轻轨发出的声音比火车大很多。<br>7. 轻轨也是有颜色的。<br>8. 轻轨有自己的轨道。<br>9. 轻轨和动车、火车很像。<br>10. 轻轨是用钢铁做的。<br>11. 我坐轻轨的时候有点晕。<br>12. 我坐轻轨的时候看到有的轻轨经过山洞。<br>13. 轻轨里面有空调。<br>14. 坐在轻轨里面能看到外面的风景。 | 1. 轻轨是使用什么材料制成的？<br>2. 轻轨站的标志是什么样的？<br>3. 轻轨和动车、火车、地铁有什么不同之处？<br>4. 轻轨是用什么能源来启动的？<br>5. 为什么轻轨行驶的速度这么快？<br>6. 轻轨是怎么启动的？它也和我们的电视机一样有开关键吗？<br>7. 轻轨的轨道是怎么连接起来的？<br>8. 轻轨行驶的速度有多快呢？<br>9. 轻轨的停经站点有哪些地方？<br>10. 轻轨的轨道是怎么样的？ |

**表 5-3-2 “我还想知道”的关键经验梳理表**

| 幼儿要探究的问题表述 | 所归属的关键经验范畴 |
| --- | --- |
| 轻轨行驶的速度为什么这么快？ | 行驶速度 |
| S1轻轨有多长？ | 轻轨的外形特征 |
| 轻轨的停经站点有哪些地方？ | 轻轨的站点 |
| 轻轨和火车、动车、地铁的不同之处？ | 轻轨的特征与功能 |
| 轻轨是使用什么材料制成的？ | 轻轨的外形特征与内部结构 |
| 轻轨是怎么启动的？ | 轻轨的启动原理 |

通过以上调查分析，我们制订了以下主题目标。

1. 探索城市的交通工具，知道轻轨的外形特征、内部结构、功能等相关信息，掌握生活中乘坐交通工具的一般常识。

2. 尝试用多种方式表达与轻轨相关的感受和体验，在探究过程中发展观察、语言表达、形象概括等各项能力。

3. 通过对城市轻轨的探究，感受创造性活动带来的乐趣，萌发热爱家乡、热爱身边事物、亲近城市的情感。

## 二、厘清脉络，立点梳线

### （一）预设主题网络图

《纲要》中指出：幼儿园的教育内容是全面的、启蒙性的，可以划分为健康、语言、社会、科学、艺术五大领域。我们结合幼儿的兴趣和需要，将收集到的信息进行分析和诊断，对具有价值的问题进行梳理，预设主题网络图，如图5-3-1所示。

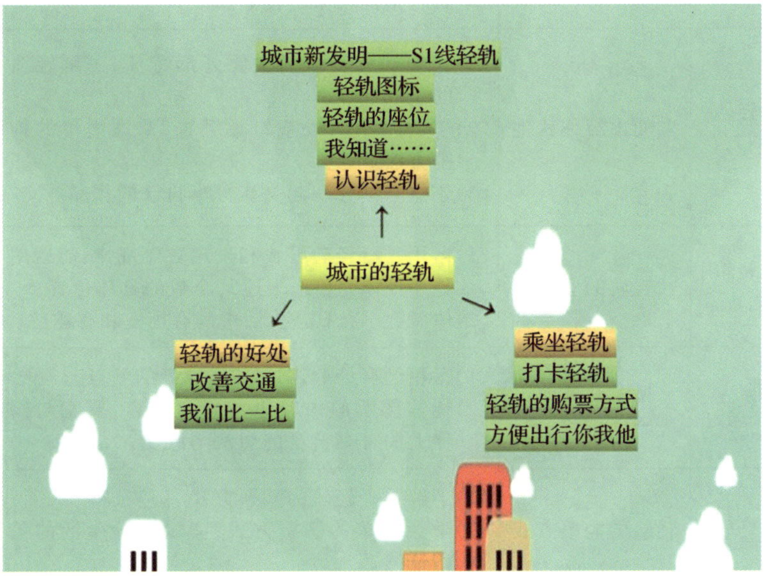


图5-3-1　“城市的轻轨”预设主题网络图

### （二）预设活动导航图

在以上网络图中，我们根据“认识轻轨”“乘坐轻轨”和“轻轨的好处”三个方面预设并提出问题，通过个人、小组、集体等不同组织形式开展活动。同时还根据活动开展的时间顺序预设了活动导航表，具体如表5-3-3所示。

表5-3-3　“城市的轻轨”活动方案预设导航表

| 序号 | 主题板块 | 活动名称 | 活动目标 | 涉及领域 |
| --- | --- | --- | --- | --- |
| 1 | 认识轻轨 | 我知道…… | （1）回忆关于轻轨的生活经验，大胆表述自己的想法。<br>（2）愿意和同伴大胆分享自己的想法与感受。 | 语言、科学 |

续 表

| 序号 | 主题板块 | 活动名称 | 活动目标 | 涉及领域 |
| --- | --- | --- | --- | --- |
| 2 | 乘坐轻轨 | 乘坐轻轨 | (1)体验轻轨给生活带来的便利。<br>(2)对乘坐轻轨的步骤有初步的了解。 | 社会、语言 |
| 3 | 乘坐轻轨 | 打卡轻轨 | (1)初步了解轻轨站里的基本设施及用途。<br>(2)学会文明乘坐轻轨,养成遵守交通规则的好习惯。 | 语言、科学 |
| 4 | 轻轨的好处 | 我们比一比 | (1)探索发现轻轨与动车、火车之间存在的差别。<br>(2)了解轻轨是绿色出行的方法之一,感受轻轨给生活带来的便利。 | 语言、科学 |
| 5 | 乘坐轻轨(一) | 方便出行你我他 | (1)仔细观察轻轨的主要外形特征,了解轻轨的组成。<br>(2)学会用不同线条勾画轻轨,掌握简单的构图方法。<br>(3)乐意与同伴一起交流分享自己的作品。 | 艺术、语言 |
| 6 | 认识轻轨(二) | 轻轨的座位 | (1)运用已有经验寻找和发现数序规律,能运用数序规律完整地表述某个数的具体位置。<br>(2)体验数学在日常生活中的有用性和有趣性。 | 科学、语言 |
| 7 | 认识轻轨 | 城市新发明——S1线轻轨 | (1)运用已有经验讲述S1线停经的站点。<br>(2)能按图示的内容思考画面内容,愿意与同伴大胆分享自己的想法与感受。 | 语言、社会 |
| 8 | 乘坐轻轨 | 轻轨的购票方式 | (1)了解乘坐轻轨的购票方式。<br>(2)学会简单的购票方式,尝试体验生活的美好情感。 | 社会、语言 |

## 三、预设生成,灵动调整

在探究式主题活动中,教师及时了解幼儿的兴趣点以及幼儿的行为表现,并进行细致的解读分析,编制主题生成网络图。教师基于幼儿的生活与体验,鼓励幼儿大胆参与并发挥充分想象,结合幼儿身边熟悉但并未深入梳理的轻轨内容展开活动。这个活动中有很多预设与生成的取舍,教师应通过对幼儿的需求和感兴趣的事物进行价值的分析,不断进行梳理和调整,生成新的主题。然而幼儿在探究过程中由于经验的缺乏和知识积累的不足,从中会产生疑问和困惑,此时教师要运用各种手段和方法为幼儿答疑解惑,形成一个多元、动态、层层递进的主题活动。

### (一)内容的调整与实施

我们在制订预方案之后,又根据幼儿的兴趣和疑问,对活动内容做出以下调整,如图 5-3-2 所示。

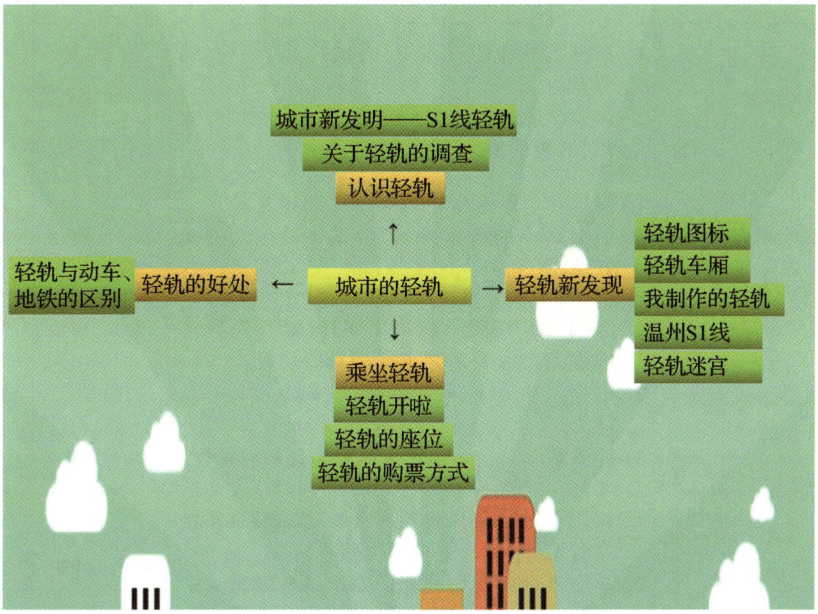


图 5-3-2　“城市的轻轨”生成主题网络图

教师将预设活动与生成活动进行了整合,形成最终的实施活动一览表,如表 5-3-4 所示。

表 5-3-4　“城市的轻轨”实施活动一览表

| 活动名称 | 活动目标 | 涉及领域 | 实施途径 |
|---|---|---|---|
| 关于轻轨的调查 | 1. 回忆关于轻轨的生活经验,大胆表述自己的想法。<br>2. 愿意和同伴大胆分享自己的想法与感受。 | 语言、科学 | 集体探究 |
| 城市新发明——S1 线轻轨 | 1. 初步了解轻轨的基本特征。<br>2. 知道轻轨是现代化的交通工具。<br>3. 对周围生活中的现代化科技产品产生兴趣。 | 社会、语言 | 集体探究 |
| 乘坐轻轨 | 1. 体验轻轨给生活带来的便利。<br>2. 对乘坐轻轨的步骤有初步的了解。 | 科学、语言 | 亲子探究 |

续 表

| 活动名称 | 活动目标 | 涉及领域 | 实施途径 |
| --- | --- | --- | --- |
| 轻轨与地铁、动车的区别 | 1. 了解轻轨与地铁、火车之间存在的差别。<br>2. 了解轻轨是绿色出行的方法之一，感受到轻轨给生活带来的便利。<br>3. 知道乘坐轻轨的基本规则和礼仪。 | 科学、语言 | 集体探究 |
| 轻轨开啦 | 1. 在熟悉歌曲的过程中，尝试拍×× × ×- 的节奏。<br>2. 体验学唱教师改编的歌曲《轻轨开啦》的欢快、活泼的情绪。 | 艺术 | 集体探究 |
| 轻轨的购票方式 | 1. 知道和了解乘坐轻轨有哪些购票方式。<br>2. 学会简单的购票方式，尝试体验生活的美好情感。 | 科学、社会 | 集体探究 |
| 轻轨的座位 | 1. 运用已有经验寻找数序规律，能运用数序规律完整地表述某个数的具体位置。<br>2. 根据活动故事，解决问题，提高观察和推理能力。<br>3. 体验数学在日常生活中的有用性和有趣性。 | 科学 | 集体探究 |
| 轻轨图标 | 1. 认识一些有关轻轨的主要标志，如：乘车信息指示标志、轻轨口周边信息。<br>2. 学会根据轻轨里的图标安全乘坐轻轨。<br>3. 了解到这些图标对于乘坐轻轨的重要性。 | 社会、健康 | 集体探究 |
| 轻轨迷宫 | 1. 运用各种材料，探索轻轨迷宫的秘密。<br>2. 能根据图标，顺利走出迷宫。<br>3. 体验与同伴走迷宫的乐趣。 | 艺术、科学 | 区域探究 |
| 轻轨的车厢 | 1. 利用各种材料表现轻轨车厢及车厢里的物品。<br>2. 体验创作的乐趣，萌发对生活的热爱之情。 | 艺术、科学 | 区域探究 |
| 温州S1线 | 1. 围绕设计主题，自由选择游戏材料，分组模拟搭建轻轨站。<br>2. 在提高垒高、围合、穿插等建构技能的基础上，整体合理布局，发展美感。<br>3. 能和同伴合作完成搭建大型轻轨的游戏，与同伴分享成功的喜悦。 | 科学、艺术 | 区域探究 |

教师预设活动　　幼儿生成活动　　师生生成活动

## (二)案例呈现

### 案例1 集体探究

**科学活动:城市新发明——S1线轻轨**

活动目标:

1. 初步了解轻轨的基本特征。

2. 知道轻轨是现代化的交通工具。

3. 对周围生活中的现代化科技产品产生兴趣。

活动准备:

轻轨的录像片。

活动过程:

**◎观看录像,回忆经验**

师:刚才看到的是什么交通工具?

师:它看上去像什么?

**◎乘坐轻轨的感觉**

师:你们坐过轻轨吗?

师:坐轻轨是什么样的感受?

师:怎样安全乘坐轻轨?

**◎了解轻轨的作用**

1. 师:请你说一说轻轨是什么样的。

幼儿讨论。

2. 谈谈轻轨给生活带来的便利。

师:为什么要造轻轨?谁知道轻轨的作用?

**◎幼儿辩论**

说出喜欢和不喜欢轻轨的理由。幼儿分成两组辩论。

**◎激发幼儿兴趣,诱导想象**

师:假如你是设计师,你想设计怎样的轻轨以方便人们的出行?

师:你还能为未来的城市设计怎样的交通工具?

**科学活动:轻轨的座位**

活动目标:

1. 运用已有经验寻找数序规律,能运用数序规律完整地表述某个数的具体位置。

2. 根据活动故事,解决问题,提高观察和推理能力。

3. 体验数学在日常生活中的有用性和有趣性。

活动准备:PPT。

活动过程：

◎了解温州轻轨

1. 从温州轻轨图标引入。

2. 了解轻轨的用途。

师小结：所以呀，坐轻轨的时候不仅不会堵车还很环保，又可以很快地到达你想去的地方。

◎认识路线图

出示路线图。

◎走入故事

1. 师：今天老师给你们带来了两个好朋友，你们看，是谁呢？是小兔和小熊。小兔说，咱们去三洋湿地玩吧。小熊说，但是我们没有车子，该怎么办呢？

师：对啦，我们可以坐轻轨。现在我们在幼儿园呢，就是新桥站，要是想到三垟湿地去，要经过几站呢？（幼儿和教师一起数）1，2，3，4，5。对啦，要经过五站，那我们跟着小兔和小熊一起上车吧。

2. 师：首先来到了新桥站，有谁在车上呢？

师：左边有几个小动物呀？

师：右边呢？分别有谁？

师：总共有几只呢？算式怎么算？

3. 出示算式图。

师：那现在第一站德政站到了，车上还剩几只小动物呢？你又是怎么算的？

师：现在第二站龙霞站到了，车上还剩几只小动物呢？你又是怎么算的呢？

师：你们写得非常棒，现在第三站惠民路到了，小老虎下车了，车上还有几只动物呢？

师：第四站三洋湿地站到了，小兔和小熊到站了，小鸟也下车了，来了一只新的小动物，你又是怎么算的呢？

师：那现在我们跟小熊和小兔一起去公园玩吧。

活动延伸：出示公园图片，可用公园内的小动物和大树、小花来列算式。

**科学活动：轻轨与地铁、动车的区别**

活动目标：

1. 了解轻轨与动车、火车之间存在的差别。

2. 了解轻轨是绿色出行的方法之一，感受到轻轨给生活带来的便利。

3. 知道乘坐轻轨的基本规则和礼仪。

活动准备：

轻轨车厢内提示用的各种图片。

活动过程：

**◎认识轨道**

1. 师：小朋友们，你知道这是什么车的轨道吗？

师：那火车的轨道是什么样的呢？

2. 师（出示动车图片）：动车和轻轨有什么不一样的呢？

做出小结。

师：那谁可以具体来说一下动车里的位置是怎么样的吗？

师：（出示图片）一般都五个为一排，上面都有标志，有A，B，C，D，F。

**◎看视频了解不同**

1. 师：看看这张照片，是什么车呢？从哪里看出来的呢？

师小结：地铁，是从车厢里看出来的，还有车的外形和颜色。

2. 师：我们现在观看一个小视频，等会我要请小朋友起来回答轻轨和地铁、动车有哪些不一样的地方哦！

（观看视频）

师小结：轻轨是短的，地铁比轻轨稍微长点，动车是最长的。

师：还有其他不一样的吗？

**◎深入了解轻轨**

师：你们还知道轻轨的什么知识吗？

小结：轻轨速度很快，不会堵车。虽然它承载人的量没有地铁多，但它还是可以给我们生活带来很多便利的。

活动延伸：回家可以和爸爸妈妈一起去坐一次轻轨，明天回来和大家分享你们的故事。

## 社会活动：轻轨图标

活动目标：

1. 认识一些有关轻轨的主要标志，如乘车信息指示标志、轻轨口周边信息。

2. 学会根据轻轨里的图标乘坐轻轨。

3. 了解这些图标对于乘坐轻轨的重要性。

活动准备：

1. 轻轨里图标的图片。

2. 轻轨的图片。

活动过程：

**◎故事导入**

师：小朋友们，今天有一个小动物想要请我们大（2）班的小朋友帮一个忙。我们一起看看这个小动物是谁吧？

师：小朋友们观察一下小狮子在干什么呀？

师：你们平时来上学的时候有没有遇到路上堵车的情况呢？

师小结：是呀，因为路上的车太多了，所以会堵车。但是我们温州现在出现了一种新的交通工具，它叫轻轨。

师：可是，小狮子第一次乘坐轻轨，它看到了好多好多不认识的标志。(展示PPT)你们愿意帮助小狮子乘坐轻轨吗？

◎**认识标志**

教师出示各种轻轨标志的图片，请幼儿自由发表自己的意见，试着说出这些分别是什么标志，分别代表什么意思。

师：对，这个标志表示，前方就是乘车的地方，于是小狮子跟着这个标志继续往前走。

师：你们看，它看到了什么呀？

师：让我们来看看电梯上面都有些什么标志吧！(出示图片)

师：轻轨终于到站了！小狮子坐上了轻轨，它又看到了几个不认识的标志。我们一起来看一看吧！

师：终于到站了，谢谢小朋友们帮助小狮子成功乘坐了轻轨。

◎**结束活动**

师：这节课我们认识了许多轻轨上的图标，现在老师想考考小朋友，还认不认识这些图标呢？

游戏我指你说：教师可指出标志图片，让幼儿说出图标的含义，促进幼儿巩固复习。

## 案例2 区域探究

**科学角：轻轨迷宫**

活动目标：

1. 运用各种材料，探索轻轨迷宫的秘密。

2. 根据图标，顺利走出迷宫。

3. 体验与同伴走迷宫的乐趣。

活动准备：

轻轨迷宫、手电筒、镜子、图标等。

指导要点：

用纸箱做成轻轨车厢的迷宫，幼儿利用手电筒、镜子等材料，根据指示图标从轻轨迷宫起点走到终点。

**美工区:轻轨的车厢**

活动目标:

1. 利用各种材料表现轻轨车厢及车厢里的物品。

2. 体验创作的乐趣,萌发对生活的热爱之情。

活动准备:

油画棒、水粉颜料、彩纸、纸板、闪光纸、毛绒球等。

指导要点:

引导幼儿用纸板来制作轻轨特色车厢,并设计标志,制作完成后对车厢进行装饰。

活动照片如图5-3-3所示。

图5-3-3　美工区

**建构区:温州S1线**

活动目标:

1. 围绕设计主题,自由选择游戏材料,分组模拟搭建轻轨站。

2. 在提高垒高、围合、穿插等建构技能的基础上,整体合理布局,发展美感。

3. 能和同伴合作完成搭建大型轻轨的游戏,与同伴分享成功的喜悦。

活动准备:

磁力片、木头砖块、建构玩具。

指导要点:

教师提供轻轨模型,引导幼儿利用磁力片、木头砖块、建构玩具等材料拼搭、建构"温州S1线轻轨"。

活动照片如图5-3-4所示。

图5-3-4　建构区

## 案例3　亲子探究

**乘坐轻轨**

活动目标:

1. 体验轻轨给生活带来的便利。

2. 对乘坐轻轨的步骤有初步的了解。

活动准备：

轻轨调查表。

指导要点：

为了丰富孩子对轻轨的了解，家长利用周末时间与幼儿一起乘坐轻轨。在乘坐轻轨之前家长与幼儿一起进行谈话，针对孩子的问题，一起乘坐轻轨，与幼儿共同完成“S1线打卡”的家园互动表，如图5-3-5所示。

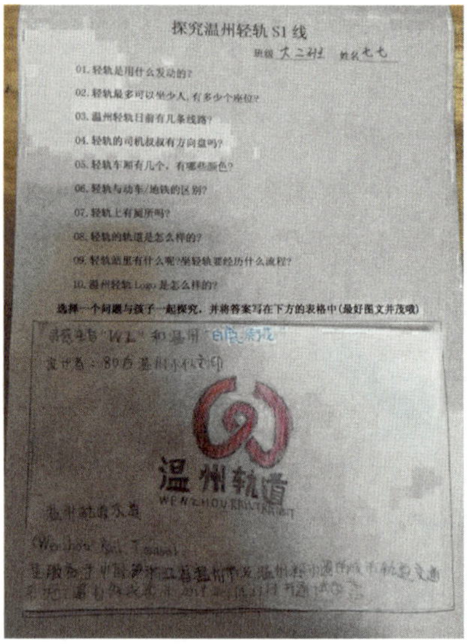
探究温州轻轨S1线

班级 大二班 姓名 七七

01. 轻轨是用什么发动的？

02. 轻轨最多可以坐多少人，有多少个座位？

03. 温州轻轨目前有几条线路？

04. 轻轨的司机叔叔有方向盘吗？

05. 轻轨车厢有几个，有哪些颜色？

06. 轻轨与动车/地铁的区别？

07. 轻轨上有厕所吗？

08. 轻轨的轨道是怎么样的？

09. 轻轨站里有什么呢?坐轻轨要经历什么流程？

10. 温州轻轨Logo是怎么样的？

选择一个问题与孩子一起探究，并将答案写在下方的表格中（最好图文并茂哦）

温州轨道

图5-3-5　S1调查表

### （三）环境创设

创设“城市的轻轨”主题墙网络图，分别呈现“坐轻轨出行啦”“我想知道的温州轻轨S1线”“轻轨小秘密”三个板块的内容，将幼儿在主题推进过程中的计划准备、感知探究、创作表达的痕迹展现在主题墙上，使孩子们的学习过程“看得见”，活动照片如图5-3-6所示。

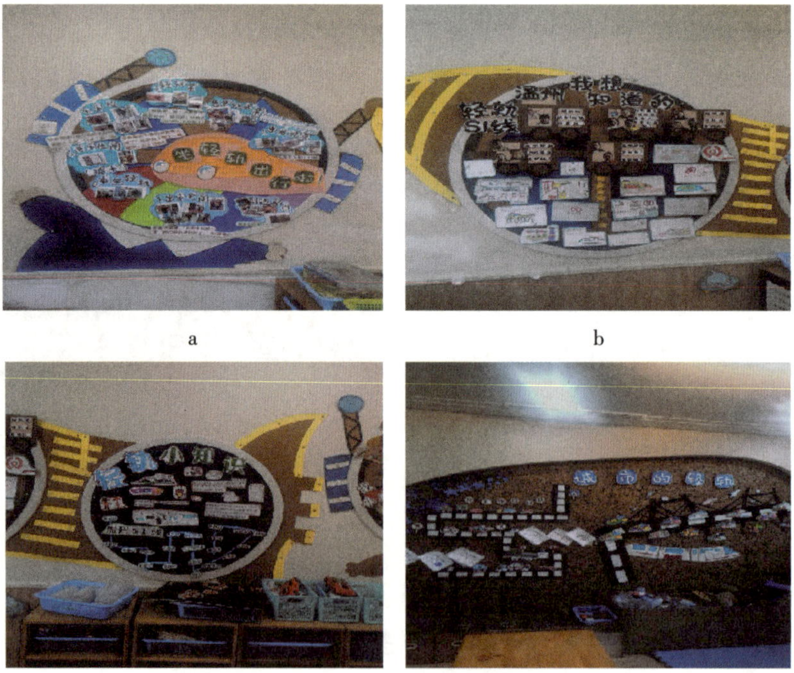

a　b　c　d

图5-3-6　小主题墙照片

## 四、整理故事，助力成长

每一次探究都是孩子发现新世界、学习新知识的有效途径。在整个探究过程中，教师要选择适当的时机，灵活地对幼儿的活动进行评价，总结幼儿活动中存在的问题及解决策略，获得幼儿学习、发展情况的信息。教师将幼儿关于轻轨的问卷调查、轻轨的特征、轻轨与人们生活的关系等图文并茂的素材，进行加工整理，形成属于幼儿自己的游戏故事，给予幼儿满满的成就感，让孩子们在活动中有所获、有所乐。

### （一）活动中的学习故事

预设活动中的学习故事，如表5-3-5所示。生成活动中的学习故事，如表5-3-6所示。

**表5-3-5 “城市的轻轨”预设活动中的学习故事记录表**

| 活动时间 | 2019年12月30日 | 活动地点 | 大(2)班教室 |
|---|---|---|---|
| 观察对象 | 心心、点点等 | 观察者 | 张媛媛 |
| 学习故事 | | | |
| 注意 | 上次活动让孩子们对轻轨都有所了解。今天米奇要乘坐轻轨出行啦，那么怎么过安检呢？心心说：“安检跟坐飞机一样，有个东西在你身上扫一扫。”接着她又说：“和坐动车安检一样，也是要把身上的包之类的东西放到机器里过一下。”点点说：“安检的时候要把身上的包包，水杯还有行李箱都拿下来，放在那个机器上。”点点接着又说：“那天我爸爸带了一把水果刀，想野餐的时候用，后来安检叔叔把他拦下了，说不可以携带，是危险品。”两个孩子在那议论纷纷，你一言我一语。<br>此时正好开展区域活动，孩子们到建构区一起合作搭建心中的轻轨站和自己看到的安检口。不一会儿，一个轻轨安检站搭建好了。孩子们各自分工，有的幼儿扮演乘客，有的幼儿扮演安检叔叔、阿姨，还有的幼儿扮演负责指引的工作人员，一个小型的安检站诞生了，活动紧而有序地开展了。<br>最后，点点说：“如果我能背着包拿着行李直接过安检，那就太好了！” | | |
| 识别 | 通过本次活动感知生活，体验如何去乘坐轻轨形成生活经验，从而经过思维加工后所形成的一个简单的游戏活动。点点的话，引起了孩子们的议论。不仅培养了幼儿热爱生活的情感，还加强了幼儿积极参与游戏的兴趣。 | | |
| 回应 | 孩子说：“如果能制造一个包、行李和人都能一起过安检的机器那该多好啊！”多么有创意的想法。下一步我们将引导孩子们自己创造和设想一个智能的安检站，并把自己的设计图画下来。 | | |

**表5-3-6 “城市的轻轨”生成活动中的学习故事记录表**

<table>
<tr><td>活动时间</td><td>2020年1月6日</td><td>活动地点</td><td>小(2)班教室</td></tr>
<tr><td>观察对象</td><td>橘子、小轩、小滨</td><td>观察者</td><td>张媛媛</td></tr>
<tr><td colspan="4">学习故事</td></tr>
<tr><td>注意</td><td colspan="3">周末时,孩子们都跟爸爸妈妈一起去乘坐温州S1线轻轨了,但是,橘子跟着她爸爸妈妈正好在上海,所以就去打卡上海地铁了。星期一来园里时,小朋友们都在讨论自己乘坐的轻轨是什么样的,都很开心的样子。但这时橘子跟小滨传来了不一样的声音,小滨说:“上海那没有轻轨,上海那个叫地铁。”橘子生气地回应着:“我去上海乘的那个就是轻轨,地铁就是轻轨,它们是一样的。”原来两人在那争执地铁是不是轻轨? 如图5-3-7所示。<br><br>图5-3-7 两个孩子在争执</td></tr>
<tr><td>识别</td><td colspan="3">在本次乘坐轻轨时,由于轻轨跟地铁非常相似,都是现代城市重要的交通工具,使得橘子小朋友对轻轨与地铁产生了混淆,显然小轩小朋友对于轻轨和地铁有了初步的概念。虽然轻轨跟地铁很像,但还是有所不同的。</td></tr>
<tr><td>回应</td><td colspan="3">幼儿通过乘坐轻轨,对轻轨的特征有了更直观的了解,活动中两个小朋友对轻轨与地铁是否相同产生争执。那么对于幼儿出现的争执问题,老师是不是要马上告诉幼儿答案呢? 当然不是的,我们应该鼓励和支持幼儿去探索问题、解决问题,引导幼儿主动学习,重视幼儿自身的实践过程。所以下一活动我们将围绕这个问题——轻轨与动车、地铁的区别进行深入了解。</td></tr>
</table>

### (二)设计者的话

《纲要》中指出:“充分利用自然环境和社区教育资源,扩展幼儿生活和学习的空间。”我们抓住生活中的热点“轻轨”进行探究。在整个主题活动中,围绕“预设—调查—计划—体验—分享—拓展延伸”的课程行进路线探究轻轨。孩子们知道了地铁标志的秘密,轻轨站内的安全小常识;进站的秘密,自动售票机的使用;乘坐轻轨的秘密,如何乘坐轻轨以及轻轨礼仪;等等,了解建造轻轨是为了缓解交通堵塞的情况,同时也给人们出行带来了极大的便利。在这过程中,幼儿基于兴趣不断探究并深入学习,表现出对事物极大的好奇心，也体验到自我学习的乐趣。这一切活动的发生都是孩子们自然生发的，幼儿基于自我需求，在真实情境中运用已有经验，在家园互动、师幼互动中，通过探究和反思形成新的经验。

孩子们乘坐轻轨，通过观察了解到轻轨票上有一串独一无二的编码，有感应刷卡的磁条，有代表温州地方特色的图案……根据这些，孩子们可以设计属于自己的独一无二的轻轨票设计。

（张媛媛　苏瑞芳）

## 设计4　玩具我设计（大班）

### 一、共享共探，确定主题

#### （一）问题缘起

在星期五玩具分享日这天，孩子们相互交换自己带来的玩具，玩得不亦乐乎。开心的时刻总是非常短暂，等到洋洋想玩弹射车时，已经到了整理的时间。“我还没有玩弹射车。”“我还想玩这个轮船。”“我也还想玩。”孩子们意犹未尽。“我要自己做一个一样的弹射车！这样子我就能天天玩了！”“我也要做玩具，怎么做呢？”孩子们七嘴八舌地议论开了。

#### （二）价值分析

玩具，是幼儿学习的载体，是幼儿游戏的伙伴。不管是在家里不是在幼儿园，到处都可以找到玩具的踪迹。工厂生产出来的玩具颜色鲜艳、牢固耐用、使用便捷，由于比较昂贵不适合幼儿园班级大范围使用。幼儿对自制玩具感兴趣，开展玩具我设计的探究式主题活动，既能满足幼儿对玩具的好奇心和探索欲望，又能在设计、制作玩具时培养幼儿“做中学”能力，提升他们发现问题和解决问题的能力，培养合作精神。

#### （三）主题确立

基于以上思考，我们组织幼儿开展“关于自制玩具我知道，我还想知道”的调查。以下是幼儿的调查记录，如表5-4-1所示。

表5-4-1 “我知道、我还想知道”调查表

| 关于自制玩具，我知道 | 关于自制玩具，我还想知道 |
| --- | --- |
| 1. 做玩具要画设计图。<br>2. 做弹射车要用到小球、木棒、双面胶、剪刀。<br>3. 做风车要用到纸、橡皮泥、剪刀、双面胶。<br>4. 做汽车需要用木棒、箱子、轮子、剪刀、纸笔。 | 1. 弹射车玩具要怎么做？<br>2. 怎么样让我的弹力车弹起来？<br>3. 制作风车玩具还要准备什么材料？<br>4. 怎么样能让我的汽车动起来？ |

根据调查，我们了解到孩子的已有经验：在制作玩具前，我们需要画设计图，并和同伴商量需要用到的材料和数量。同时他们又对自制玩具怎么样能动起来非常感兴趣，由此我们从幼儿的疑问中形成了新的探索方向，并梳理了探究的问题，如表5-4-2所示。

表5-4-2 “我还想知道”的关键经验梳理表

| 幼儿要探究的问题表述 | 所归属的关键经验范畴 |
| --- | --- |
| 弹射车玩具要怎么做？ | 玩具的制作 |
| 怎么样让我的弹射车能弹起来？ | 弹力的运动 |
| 制作风车玩具还要准备什么材料？ | 了解风车结构 |
| 怎么样能让我的汽车动起来？ | 运动的力 |

根据以上的调查、梳理，我们制订了认知、能力、情感三个维度的主题目标。

1. 初步感知物体运动与力的关系，了解力产生的因素，感知力的方向、大小对运动轨迹产生的影响。

2. 尝试按照设计图选择恰当的材料制作玩具，能装饰玩具，使其具有美感。

3. 愿意与同伴、父母合作讨论制作玩具，能大胆清楚地表述自己的想法，分享成功的喜悦。

## 二、厘清脉络，立点梳线

### （一）预设主题网络图

本主题从调查—预设—生成三个环节进行活动。

首先，组织幼儿进行关于自制玩具的头脑风暴，对幼儿提出“我想知道，我还想知道”的问题，根据幼儿的回答进行整理提炼。

其次，教师充分准备好活动预方案。预方案让教师的教学思路更加清晰、逻辑性更强，同时更加重视幼儿的需要和兴趣，引发幼儿的关注和思考，积极主动地探究和学习问题。

最后，根据幼儿的“关于自制玩具我知道，我还想知道”的调查生成活动，如图5-4-1所示。

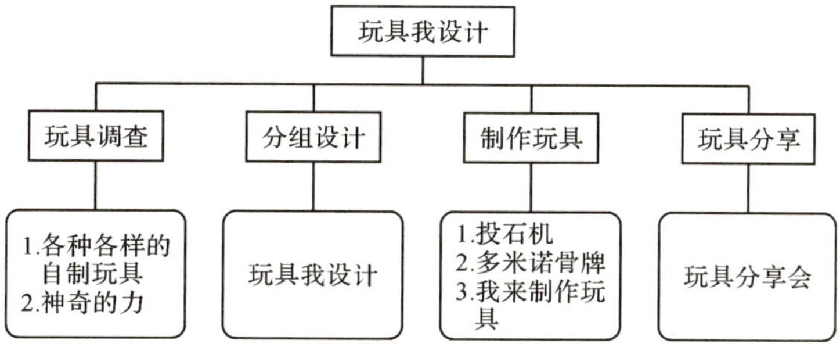


**图5-4-1 “玩具我设计”预设主题网络图**

### （二）预设活动导航表

活动内容分为四个阶段：玩具调查、分组设计、区域（亲子）制作、玩具分享。第一阶段，幼儿表达在日常生活中对于自制玩具的已有经验。通过观察、触摸等方式发现自制玩具的玩法。第二阶段，幼儿自由合作讨论并画下自制玩具的设计图。第三阶段，幼儿自己或与伙伴、家人合作制作玩具，了解其运动的原理，体验制作的乐趣。第四阶段，将自制玩具在班级中展示，并介绍其玩法和制作过程。同时，还预设了活动导航图，以活动时间顺序进行排列，具体如表5-4-3所示。

**表5-4-3 “玩具我设计”活动方案预设导航表**

| 序号 | 所属板块 | 活动名称 | 活动目标 | 涉及领域 |
|---|---|---|---|---|
| 1 | 玩具调查 | 各种各样的自制玩具 | （1）知道有各种各样的自制玩具，并能描述其特点。<br>（2）通过看、摸等方式感受各种自制玩具，大胆讲述它的玩法。 | 科学、语言 |
| 2 | 玩具调查 | 神奇的力 | （1）通过各种操作活动和游戏，初步感受物体的运动与力的关系。<br>（2）激发观察周围物体运动现象的兴趣，并乐意探索其原因。 | 科学 |
| 3 | 分组设计 | 玩具我设计 | （1）分组讨论要制作的玩具，用数字、符号等方式绘制设计图。<br>（2）愿意与同伴交流并分享自己的不同见解。 | 社会、科学 |

续 表

| 序号 | 所属板块 | 活动名称 | 活动目标 | 涉及领域 |
|---|---|---|---|---|
| 4 | 制作玩具 | 投石机 | (1)利用多种工具和材料,尝试与同伴、父母一起制作投石机,感受合作的乐趣及成功的喜悦。<br>(2)与伙伴一起玩投石机,锻炼手眼协调能力。 | 科学、社会 |
| 5 | 制作玩具 | 多米诺骨牌 | (1)探索骨牌的数量、间距及多样排法,并大胆交流自己的发现。<br>(2)能与同伴合作,体验骨牌游戏带来的乐趣,有进一步探究的欲望。 | 科学、数学 |
| 6 | 制作玩具 | 我来制作玩具 | (1)根据设计图和收集到的材料,用添加、裁剪、组合等方式制作玩具。<br>(2)在操作过程中,尝试与同伴协商解决遇到的问题。 | 社会、美术 |
| 7 | 制作玩具 | 我来装饰你 | (1)用各种材料或者绘画图案来装饰自己的自制玩具。<br>(2)体验自己装饰玩具的乐趣,并能用完整的语言进行介绍。 | 艺术、语言 |
| 8 | 玩具分享 | 玩具分享会 | (1)在幼儿园展示自制玩具,并讲解其玩法。<br>(2)愿意与同伴分享自己的玩具,体验成功的快乐。 | 社会、艺术 |

## 三、预设生成,灵动调整

探究式主题活动的过程是幼儿不断主动学习、发现的过程,也是教师在反思中实施教育、实现教学能力螺旋式上升的过程。幼儿依据自己的兴趣、经验和需要,在与环境和材料交互作用中自由探索,获得更多的经验。在探究的过程中,幼儿会遇到很多问题和困惑,教师应善于观察,捕捉幼儿兴趣,生成活动;并能积极为幼儿创设情境,提供丰富材料,支持幼儿的活动。教师以爱心、耐心和细心去倾听幼儿的心声,了解幼儿内心世界与情感需求,与幼儿进行沟通交流,并为幼儿生成活动创造条件,让幼儿发挥想象,发展创造性思维。

### (一)内容的调整与实施

我们在制订预方案之后,又根据幼儿的兴趣和疑问对活动内容做了以下调整。以下是“玩具我设计”探究式主题活动生成网络图,如图5-4-2所示。

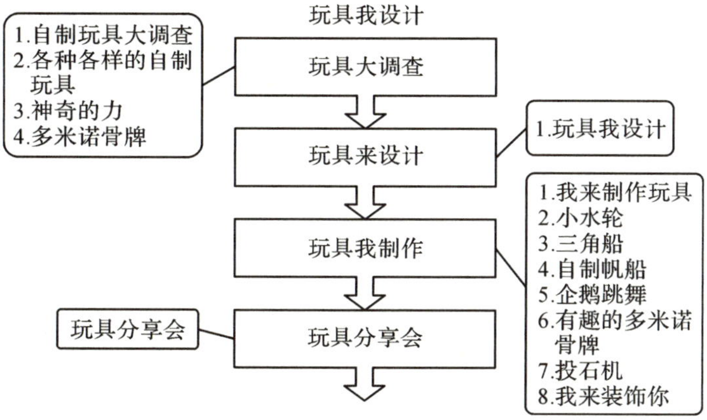


**图 5-4-2 “玩具我设计”生成主题网络图**

教师将预设活动与生成活动进行整合，形成最终实施活动的一览表，如表 5-4-4 所示。

**表 5-4-4 “玩具我设计”实施活动一览表**

| 活动名称 | 活动目标 | 涉及领域 | 实施途径 |
|---|---|---|---|
| 自制玩具大调查 | 1. 回忆已有的生活经验，大胆表达自己的想法。<br>2. 初步了解自制玩具的相关知识，激发对布探究的兴趣。 | 语言、科学 | 集体探究 |
| 各种各样的自制玩具 | 1. 知道各种各样的自制玩具，并能描述其特点。<br>2. 通过看、摸等方式感受各种自制玩具，大胆讲述它的玩法。 | 科学、语言 | 集体探究 |
| 神奇的力 | 1. 通过各种操作活动和游戏，初步感受物体的运动与力的关系。<br>2. 激发观察周围物体运动现象的兴趣，并乐意探索其原因。 | 科学 | 集体探究 |
| 多米诺骨牌 | 1. 初步了解力的作用可以使静止的物体动起来，以及使运动的物体静止的方法。<br>2. 培养幼儿大胆探索、仔细观察和主动积极的学习态度，体验合作的乐趣。 | 科学、数学 | 区域探究 |
| 玩具我设计 | 1. 分组讨论要制作的玩具，并画下设计图。<br>2. 愿意与同伴交流，分享自己的想法。 | 社会、科学 | 集体探究 |
| 我来制作玩具 | 1. 根据设计图和收集到的材料，用添加、裁剪、组合等方式制作玩具。<br>2. 在操作过程中，尝试与同伴协商解决遇到的问题。 | 社会、美术 | 区域探究 |

续　表

| 活动名称 | 活动目标 | 涉及领域 | 实施途径 |
| --- | --- | --- | --- |
| 小水轮 | 1. 感知水流冲击使小水轮转动的有趣现象。<br>2. 探索小水轮转动快慢的原因。 | 科学、语言 | 集体探究 |
| 三角船 | 1. 感知弹力的作用让三角船在水中行驶的现象。<br>2. 探索三角船在水中进退、行驶快慢的方法和原因。 | 科学、语言 | 区域探究 |
| 自制帆船 | 1. 尝试和爸爸妈妈合作制作帆船。<br>2. 在游戏中和父母合作制作玩具，体验亲子合作的乐趣。 | 科学、社会 | 亲子探究 |
| 企鹅跳舞 | 1. 尝试用酸奶盒做的“企鹅”跳舞，感知导致翅膀转动快慢的原因。<br>2. 初步了解人类利用水轮转动的原理及其在现实生活中的运用以及给人们的生活带来的方便。 | 科学、社会 | 区域探究 |
| 有趣的多米诺骨牌 | 1. 探索骨牌的数量、间距及多样排法，并大胆交流自己的发现。<br>2. 能与同伴合作，体验骨牌游戏带来的乐趣，有进一步探究的欲望。 | 科学、语言 | 集体探究 |
| 投石机 | 1. 利用多种工具和材料，尝试与同伴、父母一起制作投石机，感受合作的乐趣及成功的喜悦。<br>2. 与家人一起玩投石机，锻炼手眼协调能力。 | 科学、社会 | 亲子探究 |
| 我来装饰你 | 1. 用各种材料或者绘画图案来装饰自己的自制玩具。<br>2. 体验自己装饰玩具的乐趣，并能用完整的语言进行介绍。 | 艺术、语言 | 区域探究 |
| 玩具分享会 | 1. 在幼儿园展示自制玩具，并讲解其玩法。<br>2. 愿意与同伴分享自己的玩具，体验成功的快乐。 | 社会、艺术 | 集体探究 |

教师预设活动　　幼儿生成活动　　师生生成活动

### （二）案例呈现

#### 案例1　集体探究

**科学活动：神奇的力**

活动目标：

1. 通过各种操作活动和游戏，初步感受物体的运动与力的关系。

2. 激发观察周围物体运动现象的兴趣，并乐意探索其原因。

活动准备：

皮球、毽子、纸、橡皮筋、小汽车、沙包、飞盘、绒球、绳子若干，以及录音机一台。

活动过程：

**◎激发兴趣，导入主题活动**

师：今天我们一起来找一位看不见的朋友。你们猜猜是谁呀？（使幼儿感到神奇，萌发探究欲望）

师：我来抱抱我的朋友，为什么老师能抱起小朋友呢？今天我们一起与“力”交个朋友，好吗？

**◎出示游戏材料，感知物体的运动需要力**

师：请你想一想，怎么使这些物体动起来呢？请你告诉大家，你是怎么玩的？（教师参与到游戏活动中）

（集体把玩具放在桌上）师：咦，这些玩具放在这儿怎么不动了呢？

小结：物体的运动需要力，物体受了力的作用才会运动。

**◎通过幼儿的再次操作，引导幼儿发现力的大小与物体运动的关系**

师：我们的小朋友真能干，知道了物体受了力的作用才会运动。但刚刚老师还发现有的小朋友拍的皮球比较高，扔的沙包比较远，推的小汽车也比较远。而有的小朋友拍的皮球较低，扔的沙包、推的小汽车较近。为什么会这样呢？

幼儿操作比较，发现规律。

**◎总结**

师：今天我们找到了一位看不见的朋友，它的名字叫“力”。“力”能使物体动起来。一般来说，在一定条件下，用力大，物体动得快；用力小，物体动得慢；哪个方向用力，物体就向反方向运动。“力”真神奇，真是“神奇的力”。

## 科学活动：有趣的多米诺骨牌

活动目标：

1. 探索骨牌的数量、间距及多样排法，并大胆交流自己的发现。

2. 能与同伴合作，体验骨牌游戏带来的乐趣，有进一步探究的欲望。

活动准备：多米诺骨牌视频、骨牌一人10张、辅助材料。

活动过程：

**◎说说多米诺骨牌（观察游戏图片，聊聊多米诺的玩法）**

师：今天我们玩的游戏需要两个小朋友合作，知道什么是合作吗？

师：那多米诺骨牌怎么玩呢，怎样算成功？

小结：玩多米诺骨牌的时候要先将骨牌排好。推倒第一张骨牌，如果其余骨牌依次倒下则算成功。

◎趣玩多米诺骨牌

1. 两两合作,初次探索。

过渡:大家都玩过多米诺骨牌,今天我们有好几关,每一关都会越来越难。看下第一关,打开神秘的大门,大门后面有我们第一关的任务。我们来看下图片的意思。

(1)观看课件PPT,讲解闯关规则。

要求1:用10块多米诺,完成从A点到B点的搭建。

要求2:两个人合作,根据任务要求完成多米诺的搭建,搭建完成后即可停手。

师:一定要听好要求,有两个点A点和B点,一定要碰到A,B两点。

(2)幼儿第一次搭建,教师巡回指导。

(3)集中交流。

师:成功的秘诀是什么?

小结:完美合作,合适间距是成功的要素。

2. 任务升级,挑战多米诺任务。

(1)观看课件PPT,明确任务具体要求。

师:两人合作,用18块多米诺骨牌,要碰到A,B,C三点。我们要学会合作,保证能完成任务,两个人一定要配合好。

(2)幼儿第二次搭建,教师巡回指导。

观察指导:

(3)骨牌数量、间距的观察,思考对于转弯处的处理。

3. 集中交流。

师:这几组能成功吗,不能成功的会在哪里出现断掉的问题呢?是什么原因?

观看课件PPT中的两张图片,看看哪张能成功,并分析原因。

小结:原来转弯处更加需要注意骨牌间的距离,而且同样数量的骨牌能搭出那么多种不同的线路出来。

4. 限时游戏。

师:两人合作,18块多米诺骨牌,2分钟完成,要碰到A,B,C三点。

(1)幼儿第三次搭建,教师巡回指导。

(2)集中交流。

师:第三关有的小朋友成功了,有的小朋友还差那么一点点。让我们来看看第四关。

◎骨牌达人(观看游戏视频,引发进一步探究的兴趣)

师:只要有信心,哪怕有点困难,也可以去试试看。不过要完成这么厉害的多米诺骨牌任务,你们觉得还需要点什么?

师:骨牌数量要增加,需要这种机关。

小结：原来加入各种机关之后骨牌能有更多更刺激的搭法。以后尝试时需要注意骨牌的数量、摆放的位置，可能对于机关的选择也需要进行不断研究。

活动照片如图5-4-3所示。

图5-4-3　摆放多米诺骨牌

**科学活动：小水轮**

活动目标：

1. 感知水流冲击使小水轮转动的有趣现象。

2. 探索小水轮转动快慢的原因。

活动准备：

1. 木塞、铁丝、叶片、方形塑料大油桶、可乐瓶、杯子、抹布等。

2. 水轮车。

活动过程：

**◎利用生活中的材料组装一个小水轮，并让它转起来**

1. 出示玩具水轮。

师：老师今天带了个什么？它叫水轮车。

2. 玩一玩玩具水轮，观察它的结构。

师：请小朋友玩一玩水轮车，看看它里面是什么样的？

师：你能用什么方法让它动起来？用吹、拨的方法让它转起来。

**◎用水的力量让小水轮转起来**

1. 组织幼儿用水的力量让小水轮转起来。

师：我们一起用水来让水轮车动起来吧。

2. 组织学生分享经验。

师：你是怎么让他动的呢？漏斗不能挡住叶片，水流要落在叶片的外部。

小结：流动的水有力量，能让水轮车动起来。

**◎用水的力量让小水轮转得更快**

师：怎样让小水轮转得更快。

幼儿操作，探究水流量的大小对小水轮旋转快慢的影响。

师：请一个小朋友上来试一试，你是怎么操作的？

师：什么东西会让小水轮旋转更快？

小结：水流量越大，小水轮转得越快。

**◎拓展**

1. 播放图片和视频，展示人类对水力资源的利用。

2. 了解人类对水力资源的利用，以及生活中常见水力方面科技产品给人类生活带来的便利。

活动照片如图5-4-4所示。

a

b

图5-4-4　小水轮

## 案例2　区域探究

### 科学区：多米诺骨牌

活动目标：

1. 初步了解力的作用可以使静止的物体动起来，以及使运动的物体静止的方法。

2. 培养幼儿大胆探索、仔细观察和主动积极的学习态度，体验合作的乐趣。

活动准备：

多米诺骨牌、推牌录像、有关力作用的玩具若干。

指导要点：

欣赏推牌录像—幼儿尝试玩骨牌—讨论交流—探索阻止骨牌继续倒下的方法—体验其他体现力作用的游戏教育过程。

1. 欣赏推牌录像，激发幼儿参与热情。

2. 幼儿尝试玩骨牌。

(1)让幼儿带着问题去尝试：摆骨牌的过程中你感受到了什么？为什么骨牌会一个个地倒下？

(2)请幼儿自由尝试玩骨牌，不规定玩法和路线。

### 科学区："企鹅"跳舞

活动目标：

1. 尝试用酸奶盒做的"企鹅"跳舞，感知导致翅膀转动快慢的原因。

2. 初步了解人类利用水轮转动的原理，及其在现实生活中的运用，以及给人们的生活带来的方便。

活动准备:

1. 用酸奶盒制作“企鹅”:将酸奶盒外部做成“企鹅”的形象,内部中间安装一个有4—6个叶片的小水轮,将小水轮用一根16厘米长的铅丝或吸管固定在“企鹅”的中间,并在铅丝或吸管超出盒子的多余部分贴上纸片装饰成“企鹅”的翅膀。

2. 瓶子:瓶子灌满水,盖好盖子,盖子上钻一个小孔。

3. 操作盆,倒入适量的水。

指导要点:

1. 将“企鹅”放在操作盆里,拿一个灌满水的瓶子,用力挤瓶子,将射出的水柱对准“企鹅”内部的小水轮,观察“企鹅”跳舞的样子。

2. 对中班幼儿进行指导,教师的关键提问:请你用力挤瓶子,你会发现什么?“企鹅”为什么会跳舞?

3. 对大班幼儿指导,教师的关键提问:是谁在帮助“企鹅”跳舞? 为什么? 怎样让“企鹅”跳舞更加欢快或者更缓慢? 为什么?

4:对5—6岁幼儿,还可以拓展到生活中,初步了解人类利用水轮转动的原理以及现实生活中的运用,给人们带来方便。

**科学区:三角船**

活动目标:

1. 感知弹力的作用让三角船在水中行驶的现象。

2. 探索三角船在水中进退、行驶快慢的方法和原因。

活动材料:

材料:14厘米长的竹筷两根,在两端2厘米处和中点处各挖一个小槽,便于固定;8厘米长的竹筷一根;橡皮筋三根;长4厘米、宽3厘米的小木片一块。

制作方法:

1. 将两根竹筷一端交叉,成三角形,用橡皮筋扎住交叉处。再将8厘米长的竹筷分别扎在这两根筷的中点上,船体就做成了。

2. 在船的尾部系上橡皮筋。

指导要点:

1. 在橡皮筋中插上小木片,转动小木片使橡皮筋搅紧,小船放到水中就能行驶了。

2. 教师关键提问:你能让三角船开动吗? 你用了什么方法? 你有什么感兴趣的问题? 是谁在帮助三角船开动? 怎样让角船前进或后退? 怎样开得快,开得慢? 这是为什么?

## 案例3　亲子探究

### 自制帆船

活动目标：

1. 尝试和爸爸妈妈合作制作帆船。

2. 在游戏中和父母合作制作玩具，体验亲子合作的乐趣。

活动准备：

长方形泡沫塑料一块、彩色纸一至两张、剪刀一把、两面胶一卷、铅笔一支、小刀一把、方便筷子一双。

指导要点：

1. 用泡沫(木头等能浮于水的材料)做成船身。

2. 用筷子制作船帆架。

3. 用白纸或者棉布制作船帆，并与船帆支架连接。

4. 将船体与船帆组合。

5. 给船身画上好看的图案。

### 投石机

活动目标：

1. 利用多种工具和材料，尝试与同伴、父母一起制作投石机，感受合作的乐趣及成功的喜悦。

2. 与家人一起玩投石机，锻炼手眼协调能力。

活动准备：热熔枪、小碗容器、橡皮泥、冰棍棒、橡皮筋。

指导要点：

1. 将几个冰棍棒叠在一起，两端用橡皮筋绑着固定好。

2. 再重新拿两个冰棍棒，这两根冰棍棒只需要绑定其中的一端。

3. 将第一步的冰棍棒和第二步的冰棍棒交叉在一起，然后在交叉处用橡皮筋固定好。

4. 在没有绑定的那一端用热熔枪将小碗容器粘贴上，这样一个小的投石机就完成了。

活动照片如图5-4-5所示。

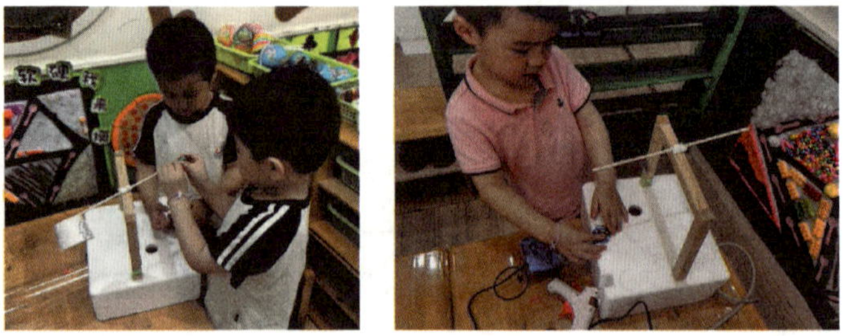

a　　b

图5-4-5　投石机实验

## 四、整理故事，助力成长

在探究式主题活动中，幼儿好问，天生爱探索，对许多事物感兴趣，并由此而产生探究的成果，教师在探究过程中及时收集幼儿的关于“自制玩具”的“我知道，我还想知道”的调查表，在探究过程中孩子们从玩具大调查、玩具我来设计、玩具我制作、玩具分享会四个板块循序渐进、层层深入。教师用手机摄像头和便利贴随时记录着孩子们探索的点点滴滴和有趣的瞬间。这些照片仿佛在向我们叙述着当时的生动故事。在自制玩具探究式主题活动中，我们着重观察幼儿在整个学习过程中的发展，思考幼儿在学习中的不同行为表现，探究众多事件所隐含的教育价值，从多个方面去解读孩子行为背后的原因，反馈幼儿的学习程度和发展情况并生成下一次的活动。

### （一）活动中的学习故事

预设活动中的学习故事，如表5-4-5所示。生成活动中的学习故事，如表5-4-6所示。

**表5-4-5　“玩具我设计”预设活动中的学习故事记录表**

| 活动时间 | 2018年6月5日 | 活动地点 | 科学发现室 |
|---|---|---|---|
| 观察对象 | 小A、小B | 观察者 | 黄颖慧 |
| 学习故事 | | | |
| 注意 | 在科学发现室中，小A拿出一部分多米诺骨牌开始拼摆在拼摆过程中，她用同样的橘色骨牌一个接一个地拼摆起来，多米诺骨牌之间的距离很近，快贴在一起了，小A按着这样的方法摆下去，摆得很直，已经摆到桌子边沿了。“你怎么摆得那么长呀？都要掉地上了。”妹妹小B对着姐姐喊道：“你要让它转个弯。沿着桌子一圈圈摆起来。于是小A和小B一起把桌角的骨牌移动然后沿着桌子往里面摆放。小A和小B你一个我一个进行合作拼摆，还依照颜色进行拼摆，可搭建到拐弯处的时候，小B不小心碰到了多米诺骨牌，导致之前建的骨牌都倒了。小A说：“啊呀，都倒了，我们再来一次吧”，小B不好意思地说：“下次我会小心些的。”两个人又重新合作拼摆起来，当拼摆到拐角处的时候，两个人小心翼翼，一边拼摆一边说：“这次可要慢一些，不要碰到骨牌了。” | | |
| 注意 | 过了一会，两个人顺利地完成了圆形的图案。当要把骨牌进行推倒时，发现骨牌在桌角拐弯处都没有倒下去。小A和小B重新拼摆起来，这时，小A说：“你看直的这边骨牌都倒下了，只有拐弯的没有倒下来，这是为什么呢？”小B说：“我感觉他们离得太远了。”空的地方大，才没有互相碰到。然后两个人对距离进行了调整，再次进行尝试，这次游戏中所有的骨牌都倒下了。 | | |

续　表

| | |
|---|---|
| 识别 | 从对小A和小B的观察中发现，小A对于多米诺骨牌基本的玩法还没有掌握，不清楚骨牌之间的大概距离，但知道骨牌是怎样摆放的。小B基本掌握了多米诺骨牌的玩法，对于玩多米诺骨牌有一定的经验。在遇到骨牌不倒时，孩子通过讨论发现距离影响骨牌能不能倒下，并重新进行调整。整个活动中，幼儿的专注力、耐心等学习品质得到了发展。 |
| 回应 | 多米诺骨牌是一项集动手和动脑为一体的游戏。幼儿在活动时，锻炼了手眼协调、合作及坚持毅力。后期我们可以启发幼儿探索骨牌的数量、间距及多样排法，并大胆交流自己的发现。同时将操作的桌面调整为较大的面积，方便幼儿操作，从而满足他们进一步探索的欲望。 |

**表5-4-6　“玩具我设计”生成故事中的学习故事记录表**

<table>
<tr><td>活动时间</td><td>2018年6月10日</td><td>活动地点</td><td>教室</td></tr>
<tr><td>观察对象</td><td>小文</td><td>观察者</td><td>鲁梦圆</td></tr>
<tr><td colspan="4">学习故事</td></tr>
<tr><td>注意</td><td colspan="3">在制作的过程中，小文用泡沫板当底座，用木棍支撑着两边，之后小文告诉我：“妈妈，这个白胶没有办法粘在这个底座上面，怎么办呢？”我没有直接告诉他答案，而是让他再尝试下其他的材料看可不可以固定住。他找来两根木棍合并在一起当作锤子来锤我们的羊角圈。再仔细看看，小文不止锤了这一个地方，泡沫板上已经有三个洞了。他说把这个钉子固定在那里面，但是钉子太长，怎么锤它还是会锤到下面的桌子上。思考了一会儿，他摸了摸自己的脑袋，最后用泡沫胶把羊角圈固定在了泡沫板上。活动照片如图5-4-6所示。<br><br>图5-4-6　制作投石机</td></tr>
<tr><td>识别</td><td colspan="3">这是小文妈妈在家里记录下的游戏片段。制作投石机的过程中，小文在固定羊角圈时遇到了困难，会寻求家长的帮助，也会自己动脑筋努力解决问题，具备了一定的问题解决能力和专注力，对于一件他觉得这样可以完成的事情，那他一定会坚持下去。但还是希望小文以后能多想些其他的方法，不要执着于一个东西。</td></tr>
</table>

**续 表**

| | |
|---|---|
| 回应 | 接下来,我们可以引导孩子在幼儿园与同伴进行沟通和交流,进行经验的共享,从而构建新的认知结构,作为教师需要适时引导内向的幼儿与其他孩子一起合作,遇事多与同伴协商交流,也可以帮助有困难的小朋友,促进交往能力、思辨能力的提高。 |

### (二)设计者的话

这次的整个活动以幼儿为主体,在幼儿的问题中延伸出探究的主题。幼儿根据自己的兴趣组队合作设计玩具。如何使玩具动起来,这是幼儿最关心的问题,也是必须解决的问题。他们在游戏中发现了水力、风力、弹力都能使物体动起来。通过小组讨论商量出各自选择的运动力作为玩具的动能。在整个活动中,我们作为设计者只是起到启发、辅助的作用,支持幼儿自己发现问题,通过思考、讨论、动手操作,解决问题,由此反复最终制作出想要的玩具。这是一个深度学习的过程。

在整个探究式主题活动中,幼儿一直都充满兴趣,动手动脑能力得到很大的提升。后续我们计划组织幼儿去科技馆参观,感受科技的奇妙并畅想未来的玩具,从而进行未来玩具的科幻画创作,将幼儿的探索继续延伸下去。

(黄颖慧)

# 参考文献


[1]唐雪梅.幼儿园探究课程怎么做[M].上海:复旦大学出版社,2010.

[2]汪秀宏,王微丽,霍力岩.支架儿童的主动探究[M].北京:北京师范大学出版社,2019.

[3]克里斯汀·夏洛,劳拉·布里坦.儿童像科学家一样[M].北京:北京师范大学出版社,2006.

[4]肖菊红.在探究中成长[M].上海:复旦大学出版社,2010.

[5]吴红梅.活动区游戏中教师的支持策略探析[J].大连教育学院学报,2017(12).

[6]沃伦·R.本特森.儿童观察——儿童行为观察记录指南[M].北京:人民教育出版社,2013.

[7]裘迪·哈里斯·赫尔姆.幼儿教育中的项目课程教学[M].南京:南京师范大学出版社,2004.

[8]甘第尼,福尔曼,爱德华兹.儿童的一百种语言[M].南京:南京师范大学出版社,2008.

[9]刘占兰.幼儿园科学教育资源[M].北京:人民教育出版社,2014.

[10]安·爱泼斯坦. 学前教育中的主动学习精要[M].北京:教育科学出版社,2012.